Lizenzverträge
und ihre Inhaltskontrolle
im unternehmerischen
Geschäftsverkehr

Europäische Hochschulschriften

European University Studies

Publications Universitaires Européennes

Reihe II **Rechtswissenschaft**

Series II Law

Série II Droit

Band/Volume **5427**

Roman Ullrich

Lizenzverträge und ihre Inhaltskontrolle im unternehmerischen Geschäftsverkehr

PL ACADEMIC RESEARCH

Bibliografische Information der Deutschen Nationalbibliothek
Die Deutsche Nationalbibliothek verzeichnet diese Publikation in der Deutschen Nationalbibliografie; detaillierte bibliografische Daten sind im Internet über http://dnb.d-nb.de abrufbar.

Zugl.: Siegen, Univ., Diss., 2012

Die vorliegende Arbeit wurde von der Fakultät III Wirtschaftswissenschaften, Wirtschaftsinformatik und Wirtschaftsrecht der Universität Siegen als Dissertation angenommen. Tag der Promotion war der 15. Oktober 2012.

D 467
ISSN 0531-7312
ISBN 978-3-631-64055-5

PL Academic Research ist ein Imprint der Peter Lang GmbH

www.peterlang.de

Meinen Eltern Siegfried und Heidi Ullrich

Vorwort

Die vorliegende Arbeit wurde im Sommersemester 2012 von der Universität Siegen als Dissertation angenommen. Sie entstand größtenteils während meiner Zeit als wissenschaftlicher Mitarbeiter am Lehrstuhl von Herrn Prof. Dr. Peter Krebs und ist auf dem Stand von April 2012.

Mein ebenso aufrichtiger wie herzlicher Dank gilt meinem verehrten Doktorvater Herrn Prof. Dr. Peter Krebs. Er hat mich an das wissenschaftliche Arbeiten herangeführt und mich bei der Erstellung der vorliegenden Arbeit zu jeder Zeit durch kritische Diskussionen und hilfreichen Rat gefördert. Die Arbeit an seinem Lehrstuhl war stets durch seinen unermüdlichen Arbeitseifer und seine vorbildliche Herzlichkeit geprägt. Die Erinnerungen an die besondere Arbeitsatmosphäre sowie die herausragende Zusammenarbeit mit allen Kollegen des Lehrstuhls wird mir für immer in wunderbarer Erinnerung bleiben. Ebenfalls ganz herzlich möchte ich mich bei Frau Prof. Dr. Nadine Klass für die Erstellung des Zweitgutachtens bedanken.

Die Entstehung einer solchen Arbeit ist stets ein Produkt wiederkehrender Motivation. Den entscheidenden Beitrag und notwendigen Rückhalt auf diesem Weg leisten Familie und Freunde. Mit großem Glück kann ich sagen, dass aus meinen Lehrstuhlkollegen Freunde wurden, denen ich für den gegenseitigen Austausch und Antrieb zu Dank verpflichtet bin. Ganz besonderer Dank gilt meiner Freundin Vera-Helena Nickelé, die mich von Beginn bis zur Fertigstellung der Arbeit liebevoll unterstützt hat. Mein größter und innigster Dank gebührt aber meinen Eltern. Sie haben mich in allen Lebensphasen vorbehaltlos und aufopfernd unterstützt. Ihnen ist diese Arbeit gewidmet.

München, im November 2012 *Roman Ullrich*

Inhalt

§ 3 Maßstab der Inhaltskontrolle
– 57 –

§ 4 Grundlagen der Inhaltskontrolle
– 133 –

§ 5 Inhaltskontrolle typischer lizenzvertraglicher Klauseln
– 169 –

Abkürzungsverzeichnis

a.A.	andere Ansicht
a.a.O.	am angeführten Ort
Abl.	Amtsblatt
Abs.	Absatz
Abschn.	Abschnitt
AcP	Archiv für die civilistische Praxis
a.E.	am Ende
a.F.	alte Fassung
AGB	Allgemeine Geschäftsbedingungen
AGBG	Gesetz zur Regelung des Rechts der Allgemeinen Geschäftsbedingungen
allg. M.	allgemeine Meinung
Alt.	Alternative
Amtl.	Amtlich(e)
Anm.	Anmerkung
Art.	Artikel
AT	Allgemeiner Teil
Aufl.	Auflage
BAG	Bundesarbeitsgericht
BB	Der Betriebsberater
Bd.	Band
Begr.	Begründung
BGB	Bürgerliches Gesetzbuch
BGBl.	Bundesgesetzblatt
BGH	Bundesgerichtshof
BGHZ	Entscheidungen des Bundesgerichtshofs in Zivilsachen
BT-Drucks.	Bundestagsdrucksache
BVerfG	Bundesverfassungsgericht
bzw.	beziehungsweise
CR	Computer und Recht
DB	Der Betrieb
ders.	derselbe
d.h.	das heißt
dies.	dieselbe(n)
DPMA	Deutsches Patent- und Markenamt

Einl.	Einleitung
et al.	et alii/et aliae/et alia
etc.	et cetera
EUGH	Gerichtshof der Europäischen Union
EuZW	Europäische Zeitschrift für Wirtschaftsrecht
EWG	Europäische Wirtschaftsgemeinschaft
f., ff.	folgende
Fn.	Fußnote
FS	Festschrift
GebrMG	Gebrauchsmustergesetz
gem.	gemäß
GeschmMG	Geschmacksmustergesetz
GG	Grundgesetz
GRUR	Gewerblicher Rechtsschutz und Urheberrecht
GRUR Int	Gewerblicher Rechtsschutz und Urheberrecht, Internationaler Teil
GRUR-Prax	Gewerblicher Rechtsschutz und Urheberrecht. Praxis im Immaterialgüter- und Wettbewerbsrecht
GRUR-RR	Gewerblicher Rechtsschutz und Urheberrecht, Rechtsprechungs-Report
GWB	Gesetz gegen Wettbewerbsbeschränkungen
HalblSchG	Halbleiterschutzgesetz
HGB	Handelsgesetzbuch
h.L.	herrschende Lehre
h.M.	herrschende Meinung
Hrsg.	Herausgeber
i.d.R.	in der Regel
i.E.	im Ergebnis
i.e.S.	im engeren Sinne
InsO	Insolvenzordnung
i.S.v.	im Sinne von
i.S.e.	im Sinne eines/einer
i.R.d.	im Rahmen des/der
i.V.m.	in Verbindung mit
i.w.S.	im weiteren Sinne
Jura	Juristische Ausbildung
JuS	Juristische Schulung
JZ	Juristen-Zeitung

Kap.	Kapitel
KG	Kammergericht
LG	Landgericht
Lit.	Literatur
MarkenG	Markengesetz
MDR	Monatsschrift für Deutsches Recht
MittRhNotK	Mitteilungen der Rheinischen Notarkammer
MMR	Multimedia und Recht
m.w.N.	mit weiteren Nachweisen
NJOZ	Neue Juristische Online Zeitschrift
NJW	Neue Juristische Wochenschrift
NJW-RR	Neue Juristische Wochenschrift, Rechtsprechungs-Report
Nr.	Nummer
NZA	Neue Zeitschrift für Arbeitsrecht
NZI	Neue Zeitschrift für das Recht der Insolvenz und Sanierung
NZM	Zeitschrift für Miet- und Wohnungsrecht
OLG	Oberlandesgericht
PatG	Patentgesetz
Prot.	Protokoll
RdA	Recht der Arbeit
RG	Reichsgericht
RGBl.	Reichsgesetzblatt
RGZ	Entscheidungen des Reichsgerichts in Zivilsachen
Rn.	Randnummer
ROHGE	Entscheidungen des Reichsoberhandelsgerichts
Rspr.	Rechtsprechung
S.	Seite
s.	siehe
s.a.	siehe auch
sic!	Zeitschrift für Immaterialgüter-, Informations- und Wettbewerbsrecht
s.u.	siehe unten
SortSchG	Sortenschutzgesetz
s.o.	siehe oben

TRIPS	Agreement on Trade Related Aspects of Intellectual Property Rights
UFITA	Zeitschrift für Urheber-, Film- und Theaterrecht
UrhG	Gesetz über Urheberrecht und verwandte Schutzrechte
UWG	Gesetz gegen den unlauteren Wettbewerb
VerlG	Verlagsgesetz
vgl.	vergleiche
VO	Verordnung
Vor	Vorbemerkung
WM	Wertpapier-Mitteilungen
WRP	Wettbewerb in Recht und Praxis
WuM	Wohnungswirtschaft und Mietrecht
z.B.	zum Beispiel
ZEuP	Zeitschrift für Europäisches Privatrecht
ZGS	Zeitschrift für das gesamte Schuldrecht
ZIP	Zeitschrift für Wirtschaftsrecht
ZMR	Zeitschrift für Miet- und Raumrecht
ZPO	Zivilprozessordnung
z.T.	zum Teil
ZUM	Zeitschrift für Urheber- und Medienrecht

Literaturverzeichnis

Acker, Ludwig/Thum, Kai
Zulässigkeit der Vereinbarung der freien Weiterübertragung von urheberrechtlichen Nutzungsrechten durch AGB
In: GRUR 2008, 671 – 678
(zit.: Acker/Thum GRUR 2008, 671, S.)

Ahrens, Hans Jürgen
Brauchen wir einen Allgemeinen Teil der Rechte des geistigen Eigentums?
In: GRUR 2006, 617 – 624
(zit.: Ahrens GRUR 2006, 617, S.)

Ahrens, Hans Jürgen/McGuire, Mary Rose
Modellgesetz für Geistiges Eigentum – Normtext
München 2011
(zit.: Ahrens/McGuire, Modellgesetz für Geistiges Eigentum, Buch §)

Akerlof, Georg A.
The Market for „Lemons“: Quality Uncertainty and the Market Mechanism
In: The Quarterly Journal of Economics, 84 (1970), No. 3, S. 488 – 500
(zit.: Akerlof, The Quarterly Journal of Economics, 84 (1970), S.)

Alisch, Herbert
Zur Kontrolle von allgemeinen Geschäftsbedingungen bei Verwendung im rein kaufmännischen Geschäftsverkehr
In: JZ 2001, 706 – 709
(zit.: Alisch JZ 2001, 706, S.)

Ann, Christoph
Know-how – Stiefkind des geistigen Eigentums?
In: GRUR 2007, 39 – 43
(zit.: Ann GRUR 2007, 39, S.)

Ann, Christoph/Barona, Alfredo
Schuldrechtsmodernisierung und gewerblicher Rechtsschutz
Köln/Berlin/Bonn/München 2002
(zit.: Ann/Barona, Schuldrechtsmodernisierung und gewerblicher Rechtsschutz, Rn.)

Arnold, Arnd
Freizeichnungsklauseln für leichte Fahrlässigkeit in AGB
In: ZGS 2004, 16 – 21
(zit.: Arnold ZGS 2004, 16, S.)

Baetge, Dietmar
Allgemeininteressen in der Inhaltskontrolle
In: AcP 202 (2002), 972 – 993
(zit.: Baetge AcP 202 (2002), S.)

v. Bar, Christian (Hrsg.)
Principles of European Law – Study Group on a European Civil Code
München 2009
(zit.: v. Bar, Principles of European Law)

v. Bar, Christian/Zimmermann, Reinhard (Hrsg.)
Grundregeln des Europäischen Vertragsrechts Teile I und II
München 2002
(zit.: v.Bar/Zimmermann, Grundregeln des Europäischen Vertragsrechts, Teile I und II)

dies. (Hrsg.)
Grundregeln des Europäischen Vertragsrechts Teil III
München 2005
(zit.: v.Bar/Zimmermann, Grundregeln des Europäischen Vertragsrechts, Teil III)

v. Bar, Christian/Clive, Eric (Hrsg.)
Principles, Definitions and Model Rules of European Private Law – Draft Common Frame of Reference (DCFR) – Full Edition
6 Volumes
München 2009
(zit.: v.Bar/Clive, Principles, Definitions and Model Rules of European Private Law – Draft Common Frame of Reference (DCFR), S.)

Bartenbach, Britta/Bartenbach, Kurt
Schutzrechtsverkauf und Lizenzierung von Schutzrechten und Know-how nach der Schuldrechtsreform
In: MDR 2003, 1270 – 1278
(zit.: Bartenbach/Bartenbach MDR 2003, 1270, S.)

Bartenbach, Kurt
Patentlizenz- und Know-how-Vertrag

6. Aufl., Köln 2007
(zit.: Bartenbach, Patentlizenz- und Know-how-Vertrag, Rn.)

Bartsch, Michael
Der Begriff des „Stellens“ Allgemeiner Geschäftsbedingungen dragestellt an der AGB-Kontrolle im Bauherrenmodell
In: NJW 1986, 28 – 31
(zit.: Bartsch NJW 1986, 28, S.)

ders.
Das BGB und die modernen Vertragstypen
In: CR 2000, 3 – 11
(zit.: Bartsch CR 2000, 3, S.)

Basedow, Jürgen
Eine Deponie wird geschlossen – Ein Rückblick auf die Karriere des AGBG
In: ZEuP 2001, 433 – 434
(zit.: Basedow ZEuP 2001, S.)

Baumann, Jürgen
Rechtssysteme und Rechtstechnik – Einführung in die Rechtswissenschaft
8. Aufl., München 1989
(zit.: Baumann, Rechtssysteme und Rechtstechnik, S.)

Bäuerle, Michael
Vertragsfreiheit und Grundgesetz. Normativität und Faktizität individueller Vertragsfreiheit in verfassungsrechtlicher Perspektive
Baden-Baden 2001
(zit.: Bäuerle, Vertragsfreiheit und Grundgesetz, S.)

Beck, Hans Dieter
Der Lizenzvertrag im Verlagswesen
München 1961
(Beck, Der Lizenzvertrag im Verlagswesen, S.)

Becker, Felix
Die gebotene Grenze zwischen AGB und Individualvereinbarungen im unternehmerischen Geschäftsverkehr
Berlin 2011
(zit.: Becker, AGB im unternehmerischen Geschäftsverkehr, S.)

ders.
Die Reichweite der AGB-Inhaltskontrolle im unternehmerischen Geschäftsverkehr aus teleologischer Sicht
In: JZ 2010, 1098 – 1106
(zit.: Becker JZ 2010, 1098, S.)

Becker, Thomas
Die Auslegung des § 9 Abs. 2 AGB-Gesetz
Heidelberg 1986
(zit.: Becker, Die Auslegung des § 9 AGBG, S.)

Beck'sches Formularbuch Bürgerliches, Handels- und Wirtschaftsrecht
Hrsg.: Hoffmann-Becking, Michael/Rawert, Peter
10. Aufl., München 2010
(zit.: Beck'sches Formularbuch Bürgerliches, Handels- und Wirtschaftsrecht/Bearbeiter, Kap., Vertragsbezeichnung)

Beck'sches Formularbuch Zivil-, Wirtschafts- und Unternehmensrecht
Hrsg.: Walz, Robert
2. Aufl., München 2010
(zit.: Beck'sches Formularbuch Zivil-, Wirtschafts- und Unternehmensrecht/Bearbeiter, Kap., Vertragsbezeichnung)

Beck'sche Formularsammlung zum gewerblichen Rechtsschutz mit Urheberrecht
4. Aufl., München 2009
(zit.: Beck'sche Formularsammlung zum gewerblichen Rechtsschutz mit Urheberrecht/Bearbeiter, S.)

Beck'sche Online-Formulare, Vertragsrecht
Hrsg.: Weise, Stefan/Krauß, Hans-Frieder
19. Edition 2012
(zit.: BeckOF/Bearbeiter, Kap., Vertragsbezeichnung)

Beck'scher Online Kommentar zum BGB
Bamberger, Georg/Roth, Herbert (Hrsg.)
Stand: 1.02.2012
München
(zit.: BeckOK BGB Bamberger/Roth/Bearbeiter, § Rn.)

Beck'scher Online Kommentar zum Grundgesetz
Epping, Volker/Hillgruber, Christian (Hrsg.)

Stand: 1.01.2012
München
(zit.: BeckOK GG Epping/Hillgruber/Bearbeiter, Art. Rn.)

Benkard, Georg
Patentgesetz
10. Aufl., München 2006
(zit.: Benkard/Bearbeiter, PatG, § Rn.)

ders.
Europäisches Patentübereinkommen, Kommentar
München 2002
(zit.: Benkard/Bearbeiter, EPÜ, Art. Rn.)

Berberich, Matthias
Die Doppelfunktion der Zweckübertragungslehre bei der AGB-Kontrolle
In: ZUM 2006, 205 – 211
(zit.: Berberich ZUM 2006, 205, S.)

Berger, Christian
Der Lizenzsicherungsnießbrauch – Lizenzerhaltung in der Insolvenz des Lizenzgebers
In: GRUR 2004, 20 – 25
(zit.: Berger GRUR 2004, 20, S.)

Berger, Christian/Wündisch, Sebastian (Hrsg.)
Urhebervertragsrecht
Baden-Baden 2008
(zit.: Berger/Wündisch/Bearbeiter, Urhebervertragsrecht, § Rn.)

Berger, Daniel
Der Anspruch auf angemessene Vergütung gemäß § 32 UrhG: Konsequenzen für die Vertragsgestaltung
In: ZUM 2003, 521 – 530
(zit.: Berger ZUM 2003, 521, S.)

Berger, Klaus Peter
Einbeziehung von AGB in B2B-Verträge
In: ZGS 2004, 415 – 422
(zit.: Berger ZGS 2004, 415, S.)

ders.
Für eine Reform des AGB-Rechts im Unternehmerverkehr
In: NJW 2010, 465 – 470
(zit.: Berger NJW 2010, 465, S.)

Berger, Klaus Peter/Kleine, Lucas
AGB-Gestaltung und Transparenzgebot – Beispiele aus der jüngeren BGH-Rechtsprechung zum unternehmerischen Geschäftsverkehr
In: NJW 2007, 3526 – 3530
(zit.: Berger/Kleine NJW 2007, 3526, S.)

Berger, Mathis
Durchsetzung der Lizenz gegenüber Dritten
In: sic! 2005, 163 – 178
(zit.: Berger sic! 2005, 163, S.)

Bieber, Hans-Jürgen
Mängel und Mietminderung in der Gewerbe- und Wohnraummiete
In: NZM 2006, 683 - 688
(zit.: Bieber NZM 2006, 683, S.)

Birner, Cornelia
Die Internet-Domain als Vermögensrecht
Tübingen 2005
(zit.: Birner, Die Internet-Domain als Vermögensrecht, S.)

Blank, Hubert/Börstinghaus, Ulf P.
Miete - Kommentar
3. Aufl., München 2008
(zit.: Blank/Börstinghaus/Bearbeiter, Miete, § Rn.)

Breuer, Isaac
Die rechtliche Natur der Patentlizenz
Berlin 1912
(zit.: Breuer, Die rechtliche Natur der Patentlizenz (1912), S.)

Bub, Wolf-Rüdiger/Treier, Gerhard (Hrsg.)
Handbuch der Geschäfts- und Wohnraummiete
3. Aufl., München 1999
(zit.: Bub/Treier/Bearbeiter, Handbuch der Geschäfts- und Wohnraummiete, Kap. Rn.)

Bühling, Jochen
Die Markenlizenz und ihre vertragliche Gestaltung
Köln 1999
(Bühling, Die Markenlizenz und ihre vertragliche Gestaltung, S.)

ders.
Die Markenlizenz im Rechtsverkehr
In: GRUR 1998, 196 – 200
(zit.: Bühling GRUR 1998, 196, S.)

Bulling, Alexander/Langöhrig, Angelika/Hellwig, Tillmann
Geschmacksmuster – Designschutz in Deutschland und Europa mit USA, Japan, China und Korea
3. Aufl., Köln 2011
(zit.: Bulling/Langöhrig/Hellwig, Geschmacksmuster, Rn.)

Bunte, Hermann-Josef
Das Transparenzgebot in der Rechtsprechung des XI. Zivilsenats
In: Horn, Norbert/Lwowski, Hans-Jürgen/Nobbe, Gerd (Hrsg.)
Festschrift für Herbert Schimansky
Köln 1999
(zit.: Bunte, FS Schimansky, S.)

ders.
Erfahrungen mit dem AGB-Gesetz – Eine Zwischenbilanz nach 4 Jahren
In: AcP 181 (1981), 31 – 67
(zit.: Bunte AcP 181 (1981), 31, S.)

ders.
Zehn Jahre AGB-Gesetz – Rückblick und Ausblick
In: NJW 1987, 921 – 928
(zit.: Bunte NJW 1987, 921, S.)

Busche, Jan
Privatautonomie und Kontrahierungszwang
Tübingen 1999
(zit.: Busche, Privatautonomie und Kontrahierungszwang, S.)

Büscher, Wolfgang/Dittmer, Stefan/Schiwy, Peter (Hrsg.)
Gewerblicher Rechtschutz, Urheberrecht, Medienrecht, Kommentar
Köln/München 2008

(zit.: Büscher/Dittmer/Schiwy/Bearbeiter, Gewerblicher Rechtschutz/Urheberrecht/Medienrecht, Teil Kap. Rn.)

Busse
Patentgesetz, Kommentar
6. Aufl., Berlin 2003
(zit.: Busse/Bearbeiter, PatG, § Rn.)

Bydlinski, Franz
Energielieferung im Kaufrecht
In: Wünsch, Horst (Hrsg.)
Festschrift für Hermann Hämmerle
Graz 1972
(zit.: Bydlinski, FS Hämmerle, S.)

ders.
Juristische Methodenlehre und Rechtsbegriff
2. Aufl., Wien et al. 1991
(zit.: Bydlinski, Juristische Methodenlehre, S.)

Canaris, Claus-Wilhelm
Die Verdinglichung obligatorischer Rechte
In: Jakobs, Heinrich/Knobbe-Keuk, Grigitte/Picker, Eduard/Wilhelm, Jan (Hrsg.)
Festschrift für Werner Flume zum 70. Geburtstag, S. 371 - 427
Köln 1978
(zit.: Canaris, in: FS Flume, S.)

ders.
Gesamtunwirksamkeit und Teilgültigkeit rechtsgeschäftlicher Regelungen
In: Baur, Jürgen F./Hopt, Klaus J./Mailänder, Karl-Peter (Hrsg.)
Festschrift für Ernst Steindorff zum 70. Geburtstag am 13. März 1990, S. 519 - 571
Berlin/New York 1990
(zit.: Canaris, FS Steindorff, S.)

ders.
Die AGB-rechtliche Leitbildfunktion des neuen Leistungsstörungsrechts
In: Habersack, Mathias/Hommelhoff, Peter/Hüffer, Uwe/Schmidt, Karsten (Hrsg.)

Festschrift für Peter Ulmer zum 70. Geburtstag am 2. Januar 2003, S. 1073 – 1096
(zit.: Canaris, FS Ulmer, S.)

ders.
Grundrechte und Privatrecht
In: AcP 184 (1984), 201 – 247
(zit.: Canaris AcP 184 (1984), S.)

ders.
Zinsberechnungs- und Tilgungsverrechnungsklauseln beim Annuitätendarlehen – Zugleich ein Beitrag zur Abgrenzung von § 8 und § 9 AGB-Gesetz
In: NJW 1987, 609 – 617
(zit.: Canaris NJW 1987, 609, S.)

ders.
Interessenslage, Grundprinzipien und Rechtsnatur des Finanzierungsleasings
In: AcP 190 (1990), 410 – 469
(zit.: Canaris AcP 190 (1990), 410, S.)

ders.
Wandlung des Schuldvertragsrechts – Tendenzen zu einer „Materialisierung“
In: AcP 200 (2000), 273 – 364
(zit.: Canaris AcP 200 (2000), 273, S.)

ders.
Die Reform des Rechts der Leistungsstörungen
In: JZ 2001, 499 – 524
(zit.: Canaris JZ 2001, 499, S.)

ders.
Schadensersatz wegen Pflichtverletzung, anfängliche Unmöglichkeit und Aufwendungsersatz im Entwurf des Schuldrechtsmodernisieruungsgesetzes
In: DB 2001, S. 1815 – 1821
(zit.: Canaris DB 2001, 1815, S.)

Canaris, Claus-Wilhelm/Larenz, Karl
Methodenlehre der Rechtswissenschaft
3. Aufl., Berlin et al. 1995
(zit. Larenz/Canaris, Methodenlehre der Rechtswissenschaft, S.)

Castendyk, Oliver
Lizenzverträge und AGB-Recht
In: ZUM 2007, S. 169 – 178
(zit.: Castendyk ZUM 2007, 169, S.)

Cebulla, Mario
Die Pacht nichtsächlicher Gegenstände
Berlin/NewYork 1999
(zit.: Cebulla, Die Pacht nichtsächlicher Gegenstände, S.)

Dauner-Lieb, Barbara/Dötsch, Wolfgang
Schuldrechtsreform: Haftungsgefahren für Zwischenhändler nach neuem Recht?
In: DB 2001, 2535 – 3540
(zit.: Dauner-Lieb/Dötsch DB 2001, 2535, S.)

Delp, Ludwig
Der Verlagsvertrag
8. Aufl., München 2008
(zit.: Delp, Der Verlagsvertrag, Kap. Rn.)

Derleder, Peter
Mängelrechte des Wohnraummieters nach Miet- und Schuldrechtsreform
In: NZM 2002, 676 – 685
(zit.: Derleder NZM 2002, 676, S.)

Dölemeyer, Barbara
Einführungsprivilegien und Einführungspatente als historische Mittel des Technologietransfers
In: GRUR Int 1985, 735 – 746
(zit.: Dölemeyer GRUR Int 1985, 735, S.)

Dreier, Thomas
Die Entwicklung des Schutzes integrierter Halbleiterschaltkreise
In: GRUR Int 1987, 645 – 663
(zit.: Dreier GRUR Int 1987, 645, S.)

Dreier, Thomas/Schulze, Gernot
Urheberrechtsgesetz, Kommentar
3. Aufl., München 2008
(zit.: Dreier/Schulze/Bearbeiter, UrhG, § Rn.)

Dreyer, Gunda/Kotthoff, Jost/Meckel, Astrid
Urheberrecht
2. Aufl., Heidelberg et al. 2009
(zit.: Dreyer/Kotthoff/Meckel/Bearbeiter, § Rn.)

Dulckeit, Gerhard
Die Verdinglichung obligatorischer Rechte
Tübingen 1951
(zit.: Dulckeit, Die Verdinglichung obligatorischer Rechte, S.)

Dylla-Krebs, Corinna
Schranken der Inhaltskontrolle Allgemeiner Geschäftsbedingungen
Baden-Baden 1990
(zit.: Dylla-Krebs, Schranken der Inhaltskontrolle, S.)

Eberstein, Hans Hermann
Die zweckmäßige Ausgestaltung von Allgemeinen Geschäftsbedingungen
4. Aufl., Heidelberg 1997
(zit.: Eberstein, Die zweckmäßige Ausgestaltung von AGB, S.)

Eichmann, Helmut/von Falckenstein, Roland Vogel
Geschmacksmustergesetz, Kommentar
4. Aufl., München 2010
(zit.: Eichmann/von Falckenstein/Bearbeiter, GeschmMG, § Rn.)

Eidenmüller, Horst/Faust, Florian/Grigoleit, Hans Christoph/Jansen, Nils/Wagner, Gerhard/Zimmermann, Reinhard
Der gemeinsame Referenzrahmen für das Europäische Privatrecht
In: JZ 2008, 529 – 550
(zit.: Eidenmüller/Faust/Grigoleit/Jansen/Wagner/Zimmermann JZ 2008, 529, S.)

Ekey, Friedrich L./Klippel, Diethelm/Bender, Achim (Hrsg.)
Heidelberger Kommentar zum Markenrecht
2. Aufl., Heidelberg 2009
(zit.: HK-MarkenR/Bearbeiter, § Rn.)

Ekkenga, Jens
Die Inhaltskontrolle von Franchise-Verträgen
Heidelberg 1990
(zit.: Ekkenga, Die Inhaltskontrolle von Franchise-Verträgen, S.)

Emde, Raimond
Zulässigkeit einer an Mindestpreisklauseln gebundenen Mindestlizenzgebühr
In: MDR 2006, 301 – 303
(zit.: Emde MDR 2006, 301, S.)

Emmerich, Volker
Neues Mietrecht und Schuldrechtsmodernisierung
In: NZM 2002, 362 – 367
(zit.: Emmerich NZM 2002, 362, S.)

Emmerich/Sonnenschein
Miete – Handkommentar
9.Aufl., Berlin 2007
(zit.: Emmerich/Sonnenschein/Bearbeiter, § Rn.)

Engels, Stephan
Die Rechtsnatur der Markenlizenz unter der Geltung des Markengesetzes 1995
Köln 1999
(zit.: Engels, Die Rechtsnatur der Markenlizenz, S.)

Ensthaler, Jürgen
Der patentrechtliche Schutz von Computerprogrammen nach der BGH-Entscheidung „Steuerungseinrichtung für Untersuchungsmodalitäten"
In: GRUR 2010, 1 – 6
(zit.: Ensthaler GRUR 2010, 1, S.)

Erdmann, Willi
Urhebervertragsrecht im Meinungsstreit
In: GRUR 2002, 923 – 931
(zit.: Erdmann GRUR 2003, 923, S.)

Erdmann, Willi/Rojahn, Sabine/Sosnitza, Olaf
Handbuch des Fachanwalts Gewerblicher Rechtschutz
Köln 2008
(zit.: FA-GewRS/Bearbeiter, Kap. Rn.)

Erman
Bürgerliches Gesetzbuch
Band I, §§ 1 – 758
13. Auflage, Köln 2011
(zit.: Erman/Bearbeiter, § Rn.)

Erman
Bürgerliches Gesetzbuch
Band II, §§759 – 2385
13. Auflage, Köln 2011
(zit.: Erman/Bearbeiter, § Rn.)
Esser, Philipp
Urheberrechtliche Lizenzen in der Insolvenz
Baden-Baden 2009
(zit.: Esser, Urheberrechtliche Lizenzen in der Insolvenz, S.)

von Falck, Kurt
Die Rechtsbehelfe gegen das rechtskräftige Verletzungsurteil nach rückwirkendem Wegfall
In: GRUR 1977, 308 – 312
(zit.: von Falck GRUR 1977, 308, S.)

Fastrich, Lorenz
Richterliche Inhaltskontrolle im Privatrecht
München 1992
(zit.: Fastrich, Richterliche Inhaltskontrolle, S.)

Fezer, Karl-Heinz
Kommentar zum Markenrecht
4. Aufl., München 2009
(zit.: Fezer, Markenrecht, § Rn.)

ders. (Hrsg.)
Handbuch der Markenpraxis – Markenverfahrensrecht, Markenvertragsrecht
2. Aufl., München 2012
(zit.: Fezer/Bearbeiter, Handbuch der Markenpraxis, Bd. Rn.)

ders.
Lizenzrechte in der Insolvenz des Lizenzgebers
In: WRP 2004, 793 – 809
(zit.: Fezer WRP 2004, 793, S.)

Fikentscher, Wolfgang
Methoden des Rechts, Band IV
Tübingen 1977
(zit.: Fikentscher, Methoden des Rechts, S.)

Fikentscher, Wolfgang/Heinemann, Andreas
Schuldrecht
10. Aufl., Berlin 2006
(Fikentscher/Heinemann, Schuldrecht, § Rn.)

Fischer, o.N.
Anmerkung zum Urteil des BGH: BGH 29.04.1965 Ia ZR 260/63 "Wellplatten"
In: GRUR, 1965, 596
(zit.: Fischer GRUR 1965, 596)

Fischer, Ernst
Zahlungsverpflichtung für Lizenzgebühren in Know-how-Verträgen, wenn der Lizenzgegenstand offenkundig geworden ist
In: GRUR 1985, 638 – 640
(zit.: Fischer GRUR 1985, 638, S.)

Flume, Werner
Allgemeiner Teil des Bürgerlichen Rechts, Zweiter Band: Das Rechtsgeschäft
3. Aufl., Berlin/Heidelberg/New York 1979
(zit.: Flume, Allgemeiner Teil des Bürgerlichen Rechts II, S.)

Forkel, Hans
Gebundene Rechtsübetragungen
Köln/Berlin/Bonn/München 1977
(zit.: Forkel, Gebundene Rechtsübertragungen, S.)

ders.
Zur dinglichen Wirkung einfacher Lizenzen
In: NJW 1983, 1764 – 1768
(zit.: Forkel NJW 1983, 1764, S.)

ders.
Patent- und Know-how-Lizenzvertrag
(Buchbesprechung des gleichnamigen Handbuchs von Günter Henn)
In: NJW 1990, 2805 – 2806
(zit.: Forkel NJW 1990, 2805, S.)

ders.
Zur Zulässigkeit beschränkter Übertragungen des Namensrechts
In: NJW 1993, 3181 – 3183
(zit.: Forkel NJW 1993, 3181, S.)

Frey, Conrad
Die Rechtsnatur der Patentlizenz. Zürcher Beiträge zur Rechtswissenschaft Bd. 505
Zürich 1976
(zit.: Frey, Die Rechtsnatur der Patentlizenz, S.)
Fritz, Jürgen
Die Entwicklung des Gewerberaummietrechts in den Jahren 2000 und 2001
In: NJW 2002, 3372 – 3379
(zit.: Fritz NJW 2002, 3372, S.)

von Gamm, Otto-Friedrich Freiherr
Urheberrechtsgesetz
München 1968
(zit.: v. Gamm, Urheberrechtsgesetz, § Rn.)

Giesler, Patrick/Nauschütt, Jürgen (Hrsg.)
Franchiserecht
2. Aufl., Köln 2007
(zit.: Giesler/Nauschütt/Bearbeiter, Franchiserecht, Kap. Rn.)

Gitter, Wolfgang
Gebrauchsüberlassungsverträge
In: Gernhuber, Joachim (Hrsg.)
Handbuch des Schuldrechts, Band 7
Tübingen 1988
(zit.: Gitter, Gebrauchsüberlassungsverträge, S.)

Goldmann, Bettina/Redecke, Rebecca
Gewährleistung bei Softwarelizenzen nach dem Schuldrechtsmodernisierungsgesetz
In: MMR 2002, 3 – 8
(zit.: Goldmann/Redecke MMR 2002, 3, S.)

Götting, Horst-Peter
Urheberrechtliche und vertragsrechtliche Grundlagen
In: Beier, Friedrich-Karl/Götting Horst-Peter/Lehmann, Michael/Moufang, Rainer (Hrsg.)
Urhebervertragsrecht – Festgabe für Gerhard Schricker zum 60. Geburtstag, S. 53 - 76
München 1995
(zit.: Götting, in: FS Schricker, S.)

ders.
Der Begriff des geistigen Eigentums
In: GRUR 2006, 353 – 358
(zit.: Götting GRUR 2006, 353, S.)

Götting, Horst-Peter/Meyer, Justus/Vormbrock, Ulf (Hrsg.)
Gewerblicher Rechtsschutz und Wettbewerbsrecht, Praxishandbuch
Baden-Baden 2011
(zit.: Götting/Meyer/Vormbrock/Bearbeiter, Gewerblicher Rechtsschutz, § Rn.)

Gottschalk, Eckart
Das Transparenzgebot und allgemeine Geschäftsbedingungen
In: AcP 206 (2006), 555 – 597
(zit.: Gottschalk AcP 206 (2006), 555, S.)

Graef, Ralph Oliver
Insolvenz des Lizenzgebers und Wahlrechte des Insolvenzverwalters – Lösungsansätze aus der Praxis
In: ZUM 2006, 104 – 108
(zit.: Graef ZUM 2006, 104, S.)

Groß, Michael
Der Lizenzvertrag
10. Aufl., München 2011
(zit.: Groß, Der Lizenzvertrag, Rn.)

Groß, Michael/Rohrer, Oswald
Lizenzgebühren
2. Aufl., Frankfurt 2008
(zit.: Groß/Rohrer, Lizenzgebühren, Rn.)

Güldenberg, Hans
Der volkswirtschaftliche Wert und Nutzen der Marke
In: GRUR 1999, 483 – 487
(zit.: Güldenberg GRUR 1999, 483, S.)

Hacker, Franz
Markenrecht
München 2007
(zit.: Hacker, Markenrecht, Rn.)

Haedicke, Maximilian
Rechtskauf und Rechtsmängelhaftung
Tübingen 2003
(zit.: Haedicke, Rechtskauf und Rechtsmängelhaftung, S.)

ders.
Patentrecht
Köln 2009
(zit.: Haedicke, Patentrecht, Kap. Rn.)

ders.
Die Gewährleistungshaftung bei Patentveräußerungs- und Patentlizenzverträgen und das neue Schuldrecht
In: GRUR, 2004, 123 – 127
(zit.: Haedicke GRUR 2004, 123, S.)

Hartig, Helge
Die Domain als Verfügungsgegenstand
Göttingen 2005
(zit.: Hartig, Die Domain als Verfügungsgegenstand, S.)

von Hartlieb, Holger/Schwarz, Mathias (Hrsg.)
Handbuch des Film-, Fernseh- und Videorechts
4. Aufl., München 2004
(zit.: von Hartlieb/Schwarz/Bearbeiter, Film-, Fernseh- und Videorecht, Kap. Rn.)

von Hase, Karl
Fristlose Kündigung und Abmahnung nach neuem Recht
In: NJW 2002, 2278 – 2283
(zit.: v. Hase NJW 2002, 2278, S.)

Hau, Wolfgang
Schuldrechtsmodernisierung 2001/2002 – Reformiertes Mietrecht und modernisiertes Schuldrecht
In: JuS 2003, 130 – 137
(zit.: Hau JuS 2003, 130, S.)
Heck, Philipp
Weshalb besteht ein von dem bürgerlichen Rechte gesondertes Handelsprivatrecht?
In: AcP 92 (1902), 438 – 466
(zit.: Heck AcP 92 (1902), 438, S.)

Heggen, Alfred
Erfindungsschutz und Industrialisierung in Preußen 1793 – 1877
Göttingen 1975
(zit.: Heggen, Erfindungsschutz und Industrialisierung in Preußen, S.)
ders.
Die Anfänge des Erfindungsschutzes in Preußen 1793 bis 1815
In: GRUR, 1972, 75 – 77
(zit.: Heggen GRUR 1974, S.)

ders.
Zur Vorgeschichte des Reichspatentgesetzes von 1877
In: GRUR 1977, 322 – 327
(zit.: Heggen, GRUR 1977, S.)

Heinrichs, Helmut
Das Transparenzgebot und die EG-Richtlinie über mißbräuchliche Klauseln in Verbraucherverträgen
In: Graf von Westphalen, Friedrich/Sandrock, Otto (Hrsg.)
Lebendiges Recht – Von den Sumerern bis zur Gegenwart;
Festschrift für Reinhold Trinkner zum 65. Geburtstag, S. 157 – 178
Heidelberg 1995
(zit.: Heinrichs, FS Trinkner, S.)

ders.
Die Entwicklung des Rechts der Allgemeinen Geschäftsbedingungen im Jahre 1993
In: NJW 1994, 1380 – 1388
(zit.: Heinrichs NJW 2004, 1380, S.)

Heintzmann, Walther
Die gewerbliche Untermiete
In: NJW 1994, 1177 – 1182
(zit.: Heintzmann NJW 1994, 1177, S.)

Hellebrand, Ortwin
Gewinn und Lizenzgebühr: Gibt es einen quantifizierbaren Zusammenhang?
in: GRUR 2001, 678 – 683
(zit.: Hellebrand GRUR 2001, 678, S.)

Hellner, Thorwald
Quo vadis AGB-Recht?
In: Baur, Jürgen F./Hopt, Klaus J./Mailänder, Karl-Peter (Hrsg.)

Festschrift für Ernst Steindorff zum 70. Geburtstag am 13. März 1990, S. 573 – 587
Berlin/New York 1990
(zit.: Hellner, FS Steindorff, S.)

Helm, Johann Georg
Zur Inhaltskontrolle von Allgemeinen Geschäftsbedingungen bei der Verwendung gegenüber Kaufleuten
In: BB 1977, 1109 – 1112
(zit.: Helm BB 1977, 1109, S.)

Henn, Günter
Patent- und Know-how-Lizenzvertrag
4. Aufl., Heidelberg 1999
(zit.: Henn, Patent- und Know-how-Lizenzvertrag, Rn.)
Henning-Bodewig, Frauke
Urhebervertragsrecht auf dem Gebiet der Filmherstellung und -verwertung
In: Beier, Friedrich-Karl/Götting Horst-Peter/Lehmann, Michael/Moufang, Rainer (Hrsg.)
Urhebervertragsrecht – Festgabe für Gerhard Schricker zum 60. Geburtstag, S. 389 - 425
München 1995
(zit.: Henning-Bodewig, in: FS Schricker, S.)

Herresthal, Carsten
Vertragsrecht
In: Langenbucher, Katja (Hrsg.)
Europarechtliche Bezüge des Privatrechts, S. 41 – 164
Baden-Baden 2008
(zit.: Langenbucher/Herresthal, Europarechtliche Bezüge des Privatrechts, § Rn.)

ders.
Ein Europäisches Vertragsrecht als Optionales Instrument
In: EuZW 2011, 7 – 12
(zit.: Herresthal EuZW 2011, 7, S.)

Heussen, Benno
Urheber- und Lizenzrechtliche Aspekte bei der Gewährleistung für Computersoftware – Zugleich zum Problem der Rechtsnatur von Lizenzverträgen
In: GRUR, 1987, 779 – 792
(zit.: Heussen GRUR 1987, S.)

Hilty, Reto M.
Lizenzvertragsrecht – Systematisierung und Typisierung aus schutz- und schuldrechtlicher Sicht
Bern 2001
(zit.: Hilty, Lizenzvertragsrecht, S.)

ders.
Zum urheberrechtlichen Leistungsschutz im schweizerischen Recht am Beispiel des Tonträgerproduzenten – Versuch einer dogmatischen Begründung
In: GRUR Int 1993, 818 – 825
(zit.: Hilty GRUR Int 1993, 818, S.)

ders.
Der Softwarevertrag – Ein Blick in die Zukunft
Konsequenzen der trägerlosen Nutzung und des patentrechtlichen Schutzes von Software
In: MMR 2003, S. 3 – 15
(zit.: Hilty MMR 2003, 3, S.)

Höfling, Wolfram
Vertragsfreiheit – eine grundrechtsdogmatische Studie
Heidelberg 1991
(zit.: Höfling, Vertragsfreiheit, S.)

Hombrecher, Lars
Die vertragliche Absicherung des Markenlizenznehmers gegen eine Insolvenz des Lizenzgebers
In: WRP 2006, 219 - 225
(zit.: Hombrecher WRP 2006, 219, S.)

Hommelhoff, Peter
Zivilrecht unter dem Einfluss europäischer Rechtsangleichung
In: AcP 192 (1992), 71 – 107
(zit.: Hommelhoff AcP 192 (1992), 71, S.)

von Hoyningen-Huene, Gerrick
Die Inhaltskontrolle nach § 9 AGB-Gesetz
Heidelberg 1991
(zit.: v. Hoyningen-Huene, Die Inhaltskontrolle nach § 9 AGBG, Rn.)

Huber, Ulrich
Die Praxis des Unternehmenskaufs im System des Kaufrechts
In: AcP 202 (2002), 180 – 242
(zit.: Huber AcP 202 (2002) 180, S.)

Ilzhöfer, Volker/Engels, Rainer
Patent-, Marken- und Urheberrecht
8. Aufl., München 2010
(zit.: Ilzhöfer/Engels, Patent-, Marken- und Urheberrecht, Rn.)

Ingerl, Reinhard/Rohnke, Christian
Markengesetz
3. Auflage, München 2010
(Ingerl/Rohnke, MarkenG, § Rn.)

Isele, Helmut Georg
Ein halbes Jahrhundert deutsches Bürgerliches Gesetzbuch
In: AcP 150 (1949), 1 – 27
(zit.: Isele AcP 150 (1949), 1, S.)

Jänich, Volker
Geistiges Eigentum – eine Komplementärerscheinung zum Sacheigentum?
Tübingen 2002
(zit.: Jänich, Geistiges Eigentum, S.)

Jansen, Nils/Zimmermann, Reinhard
Was ist und wozu der DCFR?
In: NJW 2009, 3401 – 3406
(zit.: Jansen/Zimmermann NJW 2009, 3401, S.)

Jauernig, Othmar (Hrsg.)
Bürgerliches Gesetzbuch – Kommentar
13. Aufl., München 2009
(zit.: Jauernig/Bearbeiter, § Rn.)

Jestaedt, Bernhard
Patentrecht – ein fallbezogenes Lehrbuch
2. Aufl., Köln/München 2008
(zit.: Jestaedt, Patentrecht, Rn.)

ders.
Auskunfts- und Rechnungslegungsanspruch bei Sortenschutzverletzung

In: GRUR 1993, 219 – 223
(zit.: Jestaedt GRUR 1993, 219, S.)
Joachim, Willi E.
Haftungsfreizeichnung im modernen Mietrecht
In: NZM 2003, 387 – 392
(zit.: Joachim NZM 2003, 387, S.)

Joost, Detlev
Der Ausschluss der Inhaltskontrolle bei Entgeltregelungen in Allgemeinen Geschäftsbedingungen
In: ZIP 1996, 1685 – 1693
(zit.: Joost ZIP 1996, 1685, S.)

Junker, Abbo
Rechtsvergleichung als Grundlagenfach
In: JZ 1994, 921 – 928
(zit.: Junker JZ 1994, 921, S.)

Juris Praxiskommentar BGB
Herberger, Maximilian/Martinek, Michael/Rüßmann, Helmut/Weth, Stephan (Gesamthrsg.)
5. Aufl., Saarbrücken 2010
(zit.: jurisPK-BGB/Bearbeiter, § Rn.)

Band 2.1, Schuldrecht (Teil 1: §§ 241 – 432)
5. Aufl., Saarbrücken 2010

Band 2.2, Schuldrecht (Teil 2: §§ 433 – 630)
5. Aufl., Saarbrücken 2010

Kandelhard, Ronald
Leistungsstörungen im Mietrecht
In: WuM 2003, 3 – 15
(zit.: Kandelhard WuM 2003, 3, S.)

Kappus, Andreas
Inhaltskontrolle gesetzesrezitierender Klauseln – Beispiele aus dem Miet- und Reisevertragsrecht
In: NJW 2003, 322 – 324
(zit.: Kappus NJW 2003, 322, S.)

ders.
BGH „succurit ignoranti“ – Transparenz des „Kardinalpflichten“-Begriffs im Unternehmerverkehr
In: NJW 2006, 15 – 17
(zit.: Kappus NJW 2006, 15, S.)

Katzenberger, Paul
Beteiligung des Urhebers an Ertrag und Ausmaß der Werkverwertung – Altverträge, Drittwirkung und Reform des § 36 UrhG
In: GRUR Int 1983, 410 – 421
(zit.: Katzenberger GRUR Int 1983, 410, S.)

Kilian, Wolfgang/Heussen, Benno (Hrsg.)
Computerrechts-Handbuch – Informationstechnologie in der Rechts- und Wirtschaftspraxis
Stand: April 2010
München 2010
(zit.: Kilian/Heussen/Bearbeiter, Computerrechts-Handbuch, Abschn. Teil Rn.)

Kindermann, Manfred
Vertrieb und Nutzung von Computersoftware aus urheberrechtlicher Sicht
in: GRUR 1983, 150 – 161
(zit.: Kindermann GRUR 1983, S.)

Kitz, Volker
Die Dauerschuld im Kauf
Baden-Baden 2005
(zit.: Kitz, Die Dauerschuld im Kauf, S.)

Kleespies, Mathias
Die Domain als selbständiger Vermögensgegenstand in der Einzelzwangsvollstreckung
In: GRUR 2002, 764 – 775
(zit.: Kleespies GRUR 2002, 764, S.)

Kliege, Helmut
Rechtsprobleme der Allgemeinen Geschäftsbedingungen in wirtschaftswissenschaftlicher Analyse
Göttingen 1966
(zit.: Kliege, Rechtsprobleme der AGB, S.)

Klostermann, Rudolf
Das Patentgesetz für das deutsche Reich vom 25. Mai 1877
Berlin 1877
(zit.: Klostermann, Das Patentgesetz für das deutsche Reich, S.)
ders.
Voraussetzungen des Urheberrechts, Gewerblichen Rechtschutzes, Patentrechts
In: Wilhelm Endemann (Hrsg.)
Handbuch des deutschen Handels-, See- und Wechselrechts, S. 265 - 351
Band 2
Leipzig 1882
(zit.: Klostermann, Patentrecht, S.)

Kluth, Peter/Böckmann, Julius
Zugangsbeeinträchtigung auf Grund staatlicher Baumaßnahmen – Risikoverteilung bei der Gewerberaummiete
In: NZM 2003, 882 – 885
(zit.: Kluth/Böckmann NZM 2003, 882, S.)

Knap, Karel
Der Lizenzvertrag als besonderer Vertragstypus
In: GRUR Int 1973, 226 – 229
(zit.: Knap, GRUR Int 1973, 226, S.)

Koch, Harald
Über die Entbehrlichkeit der gewillkürten Prozeßstandschaft
In: JZ 1984, 809 – 815
(zit.: Koch JZ 1984, 809, S.)

Koch, Robert
Auswirkungen der Schuldrechtsreform auf die Gestaltung Allgemeiner Geschäftsbedingungen – Teil I
In: WM 2002, 2173 – 2183
(zit.: Koch WM 2002, 2173, S.)

ders.
Auswirkungen der Schuldrechtsreform auf die Gestaltung Allgemeiner Geschäftsbedingungen – Teil II
In: WM 2002, 2217 – 2228
(zit.: Koch WM 2002, 2217, S.)

Koehler, Philipp/Ludwig, Daniel
Die „insolvenzfeste“ Gestaltung von Lizenzverträgen

In: WRP 2006, 1342 – 1347
(zit.: Koehler/Ludwig WRP 2006, 1342, S.)

dies.
Die Behandlung von Lizenzen in der Insolvenz
In: NZI 2007, 79 – 84
(zit.: Koehler/Ludwig NZI 2007, 79, S.)

Kohler, Josef
Handbuch des deutschen Patentrechts in rechtsvergleichender Darstellung
Mannheim 1900
(zit.: Kohler, Handbuch des deutschen Patentrechts, S.)

Kohler, Jürgen
Probleme der verschuldensunabhängigen Schadensersatzhaftung gemäß § 311a Abs. 2 BGB
In: Jura 2006, 241 – 253
(zit.: Kohler Jura 2006, 241, S.)

Kolle, Gert
Der Rechtsschutz von Computerprogrammen aus nationaler und internationaler Sicht
In: GRUR 1973, 611 – 620
(zit.: Kolle GRUR 1973, 611, S.)

Koller, Ingo
Das Transparenzgebot als Kontrollmaßstab Allgemeiner Geschäftsbedingungen
In: Baur, Jürgen F./Hopt, Klaus J./Mailänder, Karl-Peter (Hrsg.)
Festschrift für Ernst Steindorff zum 70. Geburtstag am 13. März 1990, S. 667 – 686
Berlin/New York 1990
(zit.: Koller, FS Steindorff, S.)

Kollmann, Andreas
AGB: Nicht nur theoretische Probleme (in) der Praxis
In: NJOZ 2011, 625 – 629
(zit.: Kollmann NJOZ 2011, 625, S.)

Köndgen, Johannes
Grund und Grenzen des Transparenzgebots im AGB-Recht – Bermerkungen zum „Hypothekenzins-“ und zum „Wertstellungs-Urteil“ des BGH

In: NJW 1989, 943 – 952
(zit.: Köndgen NJW 1989, 943, S.)

Koos, Stefan
Die Domain als Vermögensgegenstand zwischen Sache und Immaterialgut – Begründung und Konsequenz einer Absolutheit des Rechts an der Domain
In: MMR 2004, 359 – 365
(zit.: Koos MMR 2004, 359, S.)

Körner, Eberhard
Der Bestand bzw. Fortbestand von Schutzrechten und Know-how als Voraussetzung der Lizenzgebühren - bzw. Schadensersatzpflicht
In: GRUR 1982, 341 – 348
(zit.: Körner, GRUR 1982, 341, S.)

Kortunay, Ayhan
Patentlizenz und Know-How-Verträge im deutschen und europäischen Kartellrecht
Köln 2003
(zit.: Kortunay, Patentlizenz und Know-How-Verträge im deutschen und europäischen Kartellrecht,S.)

Kötz, Hein
Vertragsrecht
Tübingen 2009
(zit.: Kötz, Vertragsrecht, Rn.)

ders.
Gemeineuropäisches Zivilrecht
In: Bernstein, Herbert/Drobnig, Ulrich/Kötz, Hein (Hrsg.)
Festschrift für Konrad Zweigert zum 70. Geburtstag, S. 481 - 500
Tübingen 1981
(zit.: Kötz, FS Zweigert, S.)

ders.
Der Schutzzweck der AGB-Kontrolle – Eine rechtsökonomische Skizze
In: Basedow, Jürgen/Hopt, Klaus/Zimmermann, Reinhard (Hrsg.)
Undogmatisches – Rechtsvergleichende und rechtsökonomische Studien aus dreißig Jahren
Tübingen 2005
(zit.: Kötz, Der Schutzzweck der AGB-Kontrolle, S.)

ders.
Der Schutzzweck der AGB-Kontrolle – Eine rechtsökonomische Skizze
In: JuS 2003, 209 – 214
(zit.: Kötz JuS 2003, 209, S.)

Kraßer, Rudolf
Der Schutz vertraglicher Rechte gegen Eingriffe Dritter
Köln/Berlin/Bonn/München 1971
(zit.: Kraßer, Schutz vertraglicher Rechte, S.)

ders.
Patentrecht
6. Aufl., München 2009
(zit.: Kraßer, Patentrecht, S.)

ders.
Verpflichtung und Verfügung im Immaterialgüterrecht
In: GRUR Int 1973, 230 – 238
(zit.: Kraßer GRUR Int 1973, 230, S.)

ders.
Die Wirkung der einfachen Patentlizenz
In: GRUR Int 1983, 537 – 547
(zit.: Kraßer GRUR Int 1983, 537, S.)

ders.
Wirkungen der Nichtigkeit von Patenten oder Marken auf Lizenzverträge (Q 102) – Bericht für die Deutsche Landesgruppe, erstattet von Prof. Dr. Rudolf Kraßer, München
In: GRUR Int 1990, 611 – 616
(zit.: Kraßer GRUR Int 1990, 611, S.)

Kraßer, Rudolf/Schmid, Hans Dieter
Der Lizenzvertrag über technische Schutzrechte aus der Sicht des deutschen Zivilrechts
In: GRUR Int 1982, 324 – 341
(zit.: Kraßer/Schmid GRUR Int 1982, 324, S.)

Krause, Ulrich
Zivilrechtliche Probleme der Verpachtung von Unternehmen
In: MittRhNotK 1990, 237 – 248
(zit.: Krause MittRhNotK 1990, 237, S.)

Krebs, Peter
Sonderverbindung und außerdeliktische Schutzpflichten
München 2000
(zit.: Krebs, Sonderverbindung und außerdeliktische Schutzpflichten, S.)

ders.
Die Begründungslast
In: AcP 195 (1995), 171 – 211
(zit.: Krebs AcP 195 (1995), 171, S.)

Krebs, Peter/Becker, Maximilian
Die Teilverdinglichung und ihre Anwendung auf Internetdomains
In: JZ 2009, 932 – 943
(zit.: Krebs/Becker JZ 2009, 932, S.)

Krebs, Peter/Becker, Maximilian/Dück, Hermann
Das gewerbliche Veranstalterrecht im Wege richterlicher Rechtsfortbildung
In: GRUR 2011, 391 – 397
(zit.: Krebs/Becker/Dück GRUR 2011, 391, S.)

Krieger, Ulrich
Das Recht zur Benutzung der Marke
in: Pfeiffer, Gerd/Wiese, Günther/Zimmermann, Klaus (Hrsg.): Festschrift für Heinz Rowedder
München 1994, S.229
(zit.: Krieger, FS Rowedder, S.)

Kuck, Katja
Kontrolle von Musterverträgen im Urheberrecht
In: GRUR 2000, 285 – 289
(zit.: Kuck GRUR 2000, 285, S.)

Kuntz, Thilo
Angemessenheit weiter formularmäßiger Zweckerklärungen bei Globalbürgschaften, Grundschulden und anderer Sicherungsrechte
In: AcP 209 (2009), 242 – 284
(zit.: Kuntz AcP 209 (2009), 242, S.)

Kurtz, Constantin
(Un-)Übertragbarkeit von (ausschließlichen) Markenlizenzen
In: GRUR 2007, S. 292 – 295

(zit.: Kurtz GRUR 2007, 292, S.)
Lando, Ole/Beale, Hugh (Hrsg.)
The Principles of European Contract Law Parts I and II
The Hague/London/Boston 2000
(zit.: Lando/Beale, Principles of European Contract Law, Parts I and II)

Lando, Ole/Clive, Erice/Prüm, André/Zimmermann, Reinhard (Hrsg.)
The Principles of European Contract Law Part III
The Hague/London/Boston 2003
(zit.: Lando/Clive/Prüm/Zimermann, Principles of European Contract Law, Part III)

Lange, Paul
Marken- und Kennzeichenrecht
München 2006
(zit.: Lange, Marken- und Kennzeichenrecht, Rn.)
Langenbucher, Katja
Zusatzkreditkarten – Haftungsrisiko ohne Ende? – Zur dogmatischen Einordnung von „Partnerkarten“
In: NJW 2004, 3522 – 3524
(zit.: Langenbucher NJW 2004, 3522, S.)

Larenz, Karl
Lehrbuch des Schuldrechts
Erster Band, Allgemeiner Teil
12. Aufl., München 1979
(zit.: Larenz, Schuldrecht I, S.)

ders.
Lehrbuch des Schuldrechts
Zweiter Band, Besonderer Teil, 1. Halbband
13. Aufl., München 1986
(zit.: Larenz, Schuldrecht II/1, S.)

Larenz, Karl/Wolf, Manfred
Allgemeiner Teil des Bürgerlichen Rechts
9. Aufl. München 2004
(zit.: Larenz/Wolf, AT BGB, § Rn.)

Leenen, Detlef
Typus und Rechtsfindung
Berlin 1971

(zit.: Leenen, Typus und Rechtsfindung, S.)

Leßmann, Herbert/Würtenberger, Gert
Deutsches und europäisches Sortenschutzrecht
2. Aufl., Baden-Baden 2009
(zit.: Leßmann/Würtenberger, Sortenschutzrecht, § Rn.)

Leuschner, Lars
Gebotenheit und Grenzen der AGB-Kontrolle
In: AcP 207 (2007), 491 – 529
(zit.: Leuschner AcP 207 (2007), 491, S.)

Lichtenstein, Erich
Der Lizenzvertrag im engeren Sinne
In: NJW 1965, 1839 – 1844
(zit.: Lichtenstein NJW 1965, S.)

Lieb, Manfred
Das Leitbild des Finanzierungs-Leasing im Spannungsfeld von Vertragsfreiheit und Inhaltskontrolle
In: DB 1988, 946 – 954
(zit.: Lieb DB 1988, 946, S.)

Lindner-Figura, Jan/Oprée, Frank/Stellmann, Frank (Hrsg.)
Geschäftsraummiete
2. Aufl., München 2008
(zit.: Lindner-Figura/Oprée/Stellmann/Bearbeiter, Geschäftsraummiete, Kap. Rn.)

Lischek, Jan/Mahnken, Volker
Vertragsverhandlungen zwischen Unternehmen und AGB – Anmerkungen aus Sicht der Praxis
In: ZIP 2007, 158 – 163
(zit.: Lischek/Mahnken ZIP 2007, 158, S.)

Lober, Andreas/Weber, Olaf
Den Schöpfer verklagen – Haften Betreiber virtueller Welten ihren Nutzern für virtuelle Güter?
In: CR 2006, 837 – 844
(zit.: Lober/Weber CR 2006, 837, S.)

Loewenheim, Ulrich (Hrsg.)
Urheberrecht, Kommentar

4. Aufl., München 2010
(zit.: Schricker/Loewenheim/Bearbeiter, UrhG, § Rn.)

ders. (Hrsg.)
Handbuch des Urheberrechts
2. Aufl., München 2010
(zit.: Loewenheim/Bearbeiter, Handbuch des Urheberrechts, § Rn.)

ders.
Der Schutz der kleinen Münze im Urheberrecht
In: GRUR 1987, 761 – 769
(Loewenheim GRUR 1987, 761, S.)

Looschelders, Dirk
Schuldrecht, Besonderer Teil
4. Aufl., Köln 2010
(zit.: Looschelders, Schuldrecht BT, Rn.)

Loth, Hans-Friedrich
Gebrauchsmustergesetz, Kommentar
München 2001
(zit.: Loth, GebrmG, § Rn.)

Löwe, Walter/Graf v. Westphalen, Friedrich/Trinkner, Reinhold
Kommentar zum Gesetz des Rechts der Allgemeinen Geschäftsbedingungen
Heidelberg 1977
(zit.: Löwe/Graf v. Westphalen/Trinkner/Bearbeiter, AGBG, § Rn.)

Lüdecke, Wolfgang
Zur Auslegung von Lizenzverträgen
In: GRUR 1954, 379 – 384
(zit.: Lüdecke GRUR 1954, 379, S.)

ders.
Welchen Einfluß hat die Veräußerung des Patents auf bestehende Lizenzverträge?
In: GRUR 1964, 470 – 476
(zit.: Lüdecke GRUR 1964, 470, S.)

ders.
Zur rechtlichen Natur der Lizenz

In: NJW 1966, 815 – 817
(zit.: Lüdecke NJW 1966, S.)

Lüdecke, Wolfgang/Fischer, Ernst
Lizenzverträge
Weinheim 1957
(zit.: Lüdecke/Fischer, Lizenzverträge, S.)

Mager, Heinrich
Besonderheiten des dinglichen Anspruchs
In: AcP 193 (1993), 68 – 85
(zit.: Mager AcP 193 (1993), 68, S.)

Malzer, Erich
Zur Haftung für die Ausführbarkeit der technischen Lehre bei der Übertragung von Rechten aus dem Patentgesetz
In: GRUR 1970, 107 – 114
(zit.: Malzer GRUR 1970, 107, S.)

Manz, Friederike/Ventroni, Stefan/Schneider, Inge
Auswirkungen der Schuldrechtsreform auf das Urheber(vertrags)recht
In: ZUM 2002, 409 – 423
(zit.: Manz/Ventroni/Schneider ZUM 2002, 409, S.)

Martens, Sebastian A.E.
Nutzungsherausgabe und Wertersatz beim Rücktritt
In: AcP 210 (2010), 689 – 721
(zit.: Martens AcP 210 (2010), 689, S.)

ders.
Ein Europa, ein Privatrecht – Die Bestrebungen zur Vereinheitlichung des Europäischen Privatrechts
In: EuZW 2010, 527 – 530
(zit.: Martens EuZW 2010, 527, S.)

Martinek, Michael
Franchising
Heidelberg 1987
(zit.: Martinek, Franchising, S.)

ders.
Moderne Vertragstypen, Band I: Leasing und Factoring

München 1991
(zit.: Martinek, Moderne Vertragstypen I, S.)

ders.
Moderne Vertragstypen, Band II: Franchising, Know-how-Verträge, Management- und Consultingverträge
München 1992
(zit.: Martinek, Moderne Vertragstypen II, S.)

Maunz/Dürig
Herzog, Roman/Herdegen, Matthias/Klein, Hans/Scholz, Rupert (Hrsg.)
Grundgesetz – Kommentar
München
Stand: 63. Lieferung 2011
(zit.: Maunz/Dürig/Bearbeiter, Art. Rn.)

McGuire, Mary-Rose
Die Lizenz
Tübingen 2012
(zit.: McGuire, Die Lizenz, S.)

dies.
Nutzungsrechte an Computerprogrammen in der Insolvenz – Zugleich eine Stellungnahme zum Gesetzentwurf zur Regelung der Insolvenzfestigkeit von Lizenzen
In: GRUR 2009, 13 – 22
(zit.: McGuire GRUR 2009, 13, S.)

McGuire, Mary-Rose/von Zumbusch, Ludwig/Joachim, Björn
Verträge über Schutzrechte des geistigen Eigentums (Übertragung und Lizenzen) und dritte Parteien (Q190)
In: GRUR Int 2006, 682 – 697
(zit.: McGuire/von Zumbusch/Joachim GRUR Int 2006, 682, S.)

Medicus, Dieter
Allgemeiner Teil des BGB
10. Aufl., Heidelberg et al. 2010
(zit.: Medicus, AT BGB, Rn.)

ders.
Abschied von der Privatautonomie?
In: Vorstand der Münchener Juristischen Gesellschaft (Hrsg.)

Einheit und Vielfalt der Rechtsordnung – Festschrift zum 30jährigen Bestehen der Münchener Juristischen Gesellschaft, S. 9 - 25
München 1996
(zit.: Medicus, FS Münchener Juristische Gesellschaft, S.)

ders.
Schutzbedürfnisse (insbesondere Verbraucherschutz) und das Privatrecht
In: JuS 1996, 761 – 767
(zit.: Medicus JuS 1996, 761, S.)

Mehrings, Josef
Typische Beratungsfallen im Mietrecht – Haftungsklauseln, Schriftform, Untervermietung
In: NZM 2009, 386 – 392
(zit.: Mehrings NZM 2009, 386 – 392)

Mertz, Xavier
Die patentrechtliche Licenz, insbesondere der Licenzzwang
Bern 1907
(zit.: Mertz, Die patentrechtliche Licenz (1907), S.)

Mes, Peter
Patentgesetz Gebrauchsmustergesetz, Kommentar
3. Aufl., München 2011
(zit.: Mes, PatG GebrMG, § Rn.)

Miethaner, Tobias
AGB oder Individualvereinbarung – Die gesetzliche Schlüsselstelle „im Einzelnen ausgehandelt“
In: NJW 2010, 3121 – 3127
(zit.: Miethaner NJW 2010, 3121, S.)

Möhring, Philipp
Die Schutzfähigkeit von Programmen für Datenverarbeitungsmaschinen
In: GRUR 1967, 269 – 278
(zit.: Möhring GRUR 1967, 269, S.)

Mugdan, Benno (Hrsg.)
Die gesammelten Materialien zum Bürgerlichen Gesetzbuch für das Deutsche Reich
Band II – Recht der Schuldverhältnisse

Berlin 1899
(zit.: Mot./Prot. Mugdan II, S.)

Münchener Anwaltshandbuch Gewerblicher Rechtsschutz
2. Aufl., München 2005
(zit.: Münchener Anwaltshandbuch Gewerblicher Rechtsschutz/Bearbeiter, § Rn.)

Münchener Anwaltshandbuch Mietrecht
3. Aufl., München 2010
(zit.: Münchener Anwaltshanbuch Mietrecht/Bearbeiter, § Rn.)

Münchener Kommentar zum Bürgerlichen Gesetzbuch
Säcker, Jürgen/Rixecker, Roland (Gesamthrsg.)
Band 1, Allgemeiner Teil, §§ 1-240
6. Aufl., München 2012
(zit.: MünchKommBGB/Bearbeiter, § Rn.)

Band 2, Schuldrecht Allgemeiner Teil, §§ 241 - 432
6. Aufl., München 2012

Band 3, Schuldrecht Besonderer Teil, §§ 433 - 610
6. Aufl., München 2012

Band 4, Schuldrecht Besonderer Teil II, §§ 611 - 704
5. Aufl., München 2009

Band 5, Schuldrecht Besonderer Teil III, §§ 705 - 853
5. Aufl., München 2009

Münchener Kommentar zur Insolvenzordnung
Band 1, §§ 1 – 102
2. Aufl., München 2007
(zit.: MünchKommInsO/Bearbeiter, § Rn.)

Münchener Kommentar zur Zivilprozessordnung
Band 1, §§ 1 – 510c
3. Aufl., München 2008
(zit.: MünchKommZPO/Bearbeiter, § Rn.)

Münchener Vertragshandbuch
Band 3, Wirtschaftrecht II

5.Aufl., München 2004
(zit.: Münchener Vertragshandbuch/Bearbeiter, Band 3, S.)

Musielak, Hans-Joachim (Hrsg.)
Kommentar zur Zivilprozessordnung
7. Aufl., München 2009
(zit.: Musielak/Bearbeiter, ZPO, § Rn.)

Nicolini, Käte/Ahlberg, Hartwig (Hrsg.)
Urheberrechtsgesetz, Kommentar
2. Aufl., München 2000
(zit.: Möhring/Nicolini/Bearbeiter, UrhG, § Rn.)

Nirk, Rudolf
Die Einordnung der Gewährleistungsansprüche und Leistungsstörungen bei Verträgen über Patente in das Bürgerliche Gesetzbuch
In: GRUR 1970, 329 – 340
(zit.: Nirk GRUR 1970, 329, S.)

ders.
Der Lizenzvertrag nach französischem und deutschen Recht
In: Möhring, Philipp/Ulmer, Peter/Wilde, Günther (Hrsg.)
Neue Entwicklungen im Wettbewerbs- und Warenzeichenrecht – Festschrift für Wolfgang Hefermehl zum 65. Geburtstag
Heidelberg 1971
(zit.: Nirk, in: FS Herfermehl, S.)

Nomos Kommentar BGB
Dauner-Lieb, Barbara/Langen, Werner (Hrsg.)
Band 2/1, §§ 241 – 610
2. Aufl., Baden-Baden 2012
(zit.: NK-BGB/Bearbeiter, § Rn.)

Nordemann, Wilhelm
Urheberrvertragsrecht für Sendeanstalten
In: GRUR 1978, 88 – 92
(zit.: Nordemann GRUR 1978, 88, S.)

Nordemann, Wilhelm/Nordemann, Axel/Nordemann, Jan Bernd (Hrsg.)
Urheberrecht, Kommentar
10. Aufl., Stuttgart 2008
(zit.: Fromm/Nordemann/Bearbeiter, UrhG, § Rn.)

Oechsler, Jürgen
Gerechtigkeit im modernen Austauschvertrag
Tübingen 1997
(zit.: Oechsler, Gerechtigkeit im modernen Austauschvertrag, S.)

ders.
Aufwendungsersatzansprüche nach § 284 BGB im Mietrecht
In: NZM 2004, 647 – 651
(zit.: Oechsler NZM 2004, 647, S.)

Oehlrich, Marcus
Know-how und Tacit Knowledge als vernachlässigte Vertragsbestandteile bei Lizenzverträgen
In: GRUR 2010, 33 – 35
(zit.: Oehlrich GRUR 2010, 33 – 35)

Oetker, Hartmut
Das Dauerschuldverhältnis und seine Beendigung
Tübingen 1994
(zit.: Oetker, Das Dauerschuldverhältnis und seine Beendigung, S.)

Ohl, Albert
Der Rechtsschutz gegenüber unberechtigter Geltendmachung gewerblicher Schutzrechte
In: GRUR 1966, 172 – 187
(zit.: Ohl GRUR 1966, 172, S.)

ders.
Wegfall der Lizenz vor Ablauf des Patents
In: GRUR 1992, 77 – 82
(zit.: Ohl GRUR 1992, S.)

Ohly, Ansgar
„Volenti non fit iniuria“ – Die Einwilligung im Privatrecht
Tübingen 2002
(zit.: Ohly, Die Einwilligung, S.)

ders.
Gibt es einen numerus clausus der Immaterialgüterrechte?
In: Ohly, Ansgar/Bodewig, Theo/Dreier, Thomas/Götting, Horst-Peter/Haedicke, Maximilian/Lehmann, Michael (Hrsg.)
Perspektiven des Geistigen Eigentums und Wettbewerbsrechts -

Festschrift für Gerhard Schricker, S. 105 - 121
München 2005
(zit.: Ohly, in: FS Schricker, S.)

ders.
Geistiges Eigentum?
In: JZ 2003, 545 – 554
(zit.: Ohly JZ 2003, 545, S.)

Osterrieth, Christian
Patentrecht
4. Aufl., München 2010
(zit.: Osterrieth, Patentrecht, Rn.)

Pagenberg, Jochen/Beier, Dietrich
Lizenzverträge/License Agreements
6.Aufl., Köln/München 2008
(zit.: Pagenberg/Geissler, Lizenzverträge, Muster Rn.)

Pahlow, Louis
Lizenz und Lizenzvertrag im Recht des geistigen Eigentums
Tübingen 2006
(zit.: Pahlow, Lizenz und Lizenzvertrag, S.)

ders.
Das einfache Nutzungsrecht als schuldrechtliche Lizenz
In: ZUM 2005, 865 – 874
(zit.: Pahlow ZUM 2005, 865, S.)

ders.
Erfindungsschutz vor Patenterteilung
In: GRUR 2008, 97 – 103
(zit.: Pahlow GRUR 2008, 97, S.)

Palandt
Bürgerliches Gesetzbuch
71. Aufl., München 2012
(zit.: Palandt/Bearbeiter, § Rn.)

Peukert, Alexander
Güterzuordnung als Rechtsprinzip

Tübingen 2008
(zit.: Peukert, Güterzuordnung als Rechtsprinzip, S.)

Pfaff, Dieter/Nagel, Sibilla
Internationale Rechtsgrundlagen für Lizenzverträge im gewerblichen Rechtsschutz
München 1993
(zit.: Pfaff/Nagel, Internationale Rechtsgrundlagen für Lizenzverträge im gewerblichen Rechtsschutz, S.)

Pfaff, Dieter/Osterrieth, Christian (Hrsg.)
Lizenzverträge – Formularkommentar
2. Aufl., München 2004
(zit.: Pfaff/Osterrieth/Bearbeiter, Lizenzverträge, Teil Rn.)

Pfeiffer, Thomas
Aushandlung und Verhandlung von Vertragsklauseln im Unternehmensverkehr: Die Korrekturbedürftigkeit des deutschen AGB-Begriffs
In: ZGS 2004, 401
(zit.: Pfeiffer ZGS 2004, 401)

ders.
Methodik der Privatrechtsangleichung in der EU – Der gemeinsame Referenzrahmen zum europäischen Vertragsrecht
In: AcP 208 (2008), 228 – 247
(zit.: Pfeiffer AcP 208 (2008), 228, S.)

Pfister, Bernhard
Das technische Geheimnis „Know-how" als Vermögensrecht
München 1974
(zit.: Pfister, Know-how als Vermögensrecht, S.)

Pietzcker, Eduard
Patentgesetz und Gebrauchsmusterschutzgesetz
Erster Halbband, §§ 1-12 PatG
Berlin 1929
(zit.: Pietzcker, Patg GebrMG, § Anm.)

Pietzcker, Rolf
Die sogenannte Abhängigkeit im Patentrecht
In: GRUR 1993, 272 – 276
(zit.: Pietzcker GRUR 1993, 272, S.)

Plassmeier, Guido/Steden, Robin
Lizenzverträge in der Praxis
Bonn 2007
(zit.: Plassmeier/Steden, Lizenzverträge in der Praxis, § Rn.)

Plaß, Gunda
Die Rechtsstellung des Markenlizenznehmers nach § 30 III und IV MarkenG
In: GRUR 2002, 1029, 1036
(zit.: Plaß GRUR 2002, 1029, S.)

Plath, Kai-Uwe
Nießbrauch an Software
In: CR 2005, 613 - 619
(zit.: Plath CR 2005, 613, S.)

Prince-Smith, John
Über Patente und Erfindungen
In: Faucher, Julius (Hrsg.)
Vierteljahrschrift für Volkswirthschaft und Culturgeschichte, S. 150 - 162
Band 3
Berlin, 1863
(zit.: Prince-Smith, Vierteljahrschrift für Volkswirthschaft und Culturgeschichte, S.)

Raiser, Ludwig
Das Recht der allgemeinen Geschäftsbedingungen
Neudruck der Auflage von 1935, Bad Homburg 1961
(zit.: Raiser, AGB, S.)

Ranieri, Filippo
Europäisches Obligationenrecht
3. Aufl., Wien/New York 2009
(zit.: Ranieri, Europäisches Obligationenrecht, S.)

Redeker, Helmut
IT-Recht
4. Aufl., München 2007
(zit.: Redeker, IT-Recht, Rn.)

Reese, Nicole
Konkurrenzschutz zwischen mietrechtlichen und allgemeinen Vorschriften bei anfänglicher auf einem Sachmangel beruhender Unmöglichkeit

In: JA 2003, 162 – 168
(zit.: Reese JA 2003, 162, S.)

Reimer
Patentgesetz und Gebrauchsmustergesetz
3. Aufl., Köln/Berlin/Bonn/München 1968
(zit.: Reimer/Bearbeiter, PatG GebrMG, § a.F. Rn.)

Riesenhuber, Karl
Europäisches Vertragsrecht
2. Aufl., Berlin 2006
(zit.: Riesenhuber, Europäisches Vertragsrecht, Rn.)

ders.
Beim Abschluss des Wahrnehmungsvertrages sind die Berechtigten Unternehmer i.S.v. § 14 BGB –
Zur AGB-Kontrolle des Wahrnehmungsvertrages
In: ZUM 2002, S.777 – 781
(zit.: Riesenhuber ZUM 2002, 777, S.)

Rippert, Stephan/Weimer, Katharina
Rechtsbeziehungen in der virtuellen Welt
In: ZUM 2007, 272 – 282
(zit.: Rippert/Weimer ZUM 2007, 272, S.)

Römermann, Volker
Die zweite Stufe der Insolvenzrechtsreform: Geplante Änderungen und praktische Folgen des Referentenentwurfs
In: GWR 2012, 328098
(zit.: Römermann GWR 2012, 328098)

Roscher, Falk
Vertragsfreiheit als Verfassungsproblem
Berlin 1974
(zit.: Roscher, Vertragsfreiheit als Verfassungsproblem, S.)

Rosenberger, Hans-Peter
Zur Auskunftspflicht des Arbeitgebers gegenüber dem Arbeitnehmer-Erfinder im Hinblick auf die Kriterien für den Erfindungswert
In: GRUR 2000, 25 – 34
(zit.: Rosenberger GRUR 2000, 25, S.)

Rosenthal, J.
Das Deutsche Patentgesetz vom 25. Mai 1877 unter Berücksichtigung der ausländischen Gesetzgebung
In: Ernst Bezold (Hrsg.)
Die Gesetzgebung des Deutschen Reiches mit Erläuterungen
Theil 3, Band 3
Erlangen 1881
(zit.: Rosenthal, Das Deutsche Patentgesetz vom 25. Mai 1877, § Anm. S.)

Rossbach, Claudia/Joos, Ulrich
Vertragsbeziehungen im Bereich der Musikverwertung unter besonderer Berücksichtigung des Musikverlags und der Tonträgerherstellung
In: Beier, Friedrich-Karl/Götting Horst-Peter/Lehmann, Michael/Moufang, Rainer (Hrsg.)
Urhebervertragsrecht – Festgabe für Gerhard Schricker zum 60. Geburtstag, S. 333 - 387
München 1995
(zit.: Rossbach/Joos, in: FS Schricker, S.)

Roth, Herbert
Die Reform des Werkvertragsrechts
In: JZ 2001, 543 – 551
(zit.: Roth JZ 2001, 543, S.)

Ruijsenaars, Heijo
WIPO-Studie über Character-Merchandising
In: GRUR Int 1994, 309 – 314
(zit.: Ruijsenaars GRUR Int 1994, 309, S.)

Sachs, Michael (Hrsg.)
Grundgesetz, Kommentar
4. Aufl., München 2007
(zit.: Sachs/Bearbeiter, Art. Rn.)

Sack, Rolf
Die rechtlichen Funktionen des Warenzeichens
In: GRUR 1972, 402 – 412
(zit.: Sack GRUR 1972, 402, S.)

Sandrock, O.
Subjektive und objektive Gestaltungskräfte bei der Teilnichtigkeit von Rechtsgeschäften

In: AcP 159 (1960), 481 – 546
(zit.: Sandrock AcP 159 (1960), 481, S.)

Schack, Haimo
Rezension zu Louis Pahlow: Lizenz und Lizenzvertrag im Recht des geistigen Eigentums
In: AcP 207 (2007), 666 – 671
(zit.: Schack AcP 207 (2007), 666, S.)

ders.
Urheber- und Urhebervertragsrecht
4. Aufl. Tübingen 2007
(zit.: Schack, Urheber- und Urhebervertragsrecht, Rn.)

Schade, Peter
Die Ausübungspflicht bei Lizenzen
Köln/Berlin/Bonn/München 1967
(zit.: Schade, Die Ausübungspflicht bei Lizenzen, S.)

Schäfer, Hans-Bernd/Ott, Claus
Lehrbuch der ökonomischen Analyse des Zivilrechts
4. Aufl. Berlin/Heidelberg/New York 2005
(zit.: Schäfer/Ott, Lehrbuch der ökonomischen Analyse des Zivilrechts, S.)

Schäfers, Alfons/Schennen, Detlef
Die Lissaboner Konferenz über das Gemeinschaftspatent 1992
In: GRUR Int 1992, 638 – 642
(zit.: Schäfers/Schennen GRUR Int 1992, 638, S.)

Schäffle, Albert E. Fr.
Die nationalökonomische Theorie der ausschließenden Absatzverhältnisse
Tübingen 1867
(zit.: Schäffle, Die nationalökonomische Theorie, S.)

Schanda, Reinhard
Die Wirkung der Markenlizenz gegenüber Dritten - Eine Untersuchung zum österreichischen und deutschen Recht
In: GRUR Int 1994, 275 – 288
(zit.: Schanda GRUR Int 1994, S.)

Schippel, Helmut
Die Berechtigung zur Erhebung der Nichtigkeitsklage im Patentrecht und ihre Beschränkung durch Lizenzverträge
In: GRUR 1955, 321 – 327
(zit.: Schippel GRUR 1955, S.)

Schluep, Walter R.
Das Markenrecht als subjektives Recht
Basel 1964
(zit.: Schluep, Das Markenrecht als subjektives Recht, S.)

Schlüter, Andreas
Leistungsbefreiung bei Leistungserschwerung
In: ZGS 2003, 346 – 354
(zit.: Schlüter ZGS 2003, 346, S.)

Schmid, Gregor
Insolvenzfestigkeit von Lizenzen: Neuer Referentenentwurf für die Zweite Stufe der Insolvenzrechtsreform
In: GRUR-Prax 2012, 328358
(zit.: Schmid GRUR-Prax 2012, 328358)

Schmidt-Futterer
Mietrecht – Großkommentar des Wohn- und Gewerberaummietrechts
10. Aufl., München 2011
(Schmidt-Futterer/Bearbeiter, Mietrecht, § Rn.)

Schmidt-Rimpler, Walter
Zum Vertragsproblem
In: Baur, Fritz/Esser, Josef/Kübler, Friedrich/Steindorff, Ernst (Hrsg.)
Funktionswandel der Privatrechtsinstitutionen – Festschrift für Ludwig Raiser zum 70. Geburtstag, S. 3 – 26
(zit.: Schmidt-Rimpler, FS Raiser, S.)

ders.
Grundfragen einer Erneuerung des Vertragsrechts
In: AcP 147 (1941), 130 – 197
(zit.: Schmidt-Rimpler AcP 147 (1941), 130, S.)

Schramm, Carl
Der Patentverletzungsprozess

6. Aufl., Köln 2010
(zit.: Schramm/Bearbeiter, Der Patenverletzungsprozess, Kap. Rn.)

Schricker, Gerhard
Verlagsrecht, Kommentar
3. Aufl., München 2001
(zit.: Schricker, VerlagsR, § Rn.)

ders.
Lizenzverträge über löschbare Warenzeichen
In: GRUR 1980, 650 – 660
(zit.: Schricker GRUR 1980, 650, S.)
von Schultz, Detlef (Hrsg.)
Markenrecht, Kommentar
2. Aufl., Frankfurt a. M. 2007
(zit.: v. Schultz/Bearbeiter, Markenrecht, § Rn.)

Schulze, Gernot
Der Schutz der kleinen Münze im Urheberrecht
In: GRUR 1987, 769 – 778
(zit.: Schulze GRUR 1987, 769, S.)

Schulze, Reiner et al.
Bürgerliches Gesetzbuch, Handkommentar
6. Aufl., Baden-Baden 2009
(zit.: HK-BGB/Bearbeiter, § Rn.)

Schulze, Reiner
Kurs auf ein optionales Europäisches Vertragsrecht
In: EuZW 2010, 801
(Schulze EuZW 2010, 801)

Schur, Wolfgang
Leistung und Sorgfalt
Tübingen 2001
(zit.: Schur, Leistung und Sorgfalt, S.)

Schwab, Dieter
Einführung in das Zivilrecht
17. Aufl., Heidelberg et al. 2007
(zit.: Schwab, Einführung in das Zivilrecht, Rn.)

Schwabe, Jürgen
Grundrechte und Privatrecht
In: AcP 185 (1985), 1 – 9
(zit.: Schwabe AcP 185 (1985), S.)

Seckelmann, Margrit
Industrialisierung, Internationalisierung und Patentrecht im Deutschen Reich, 1871 – 1914
Frankfurt am Main 2006
(zit.: Seckelmann, Industrialisierung, Internationalisierung und Patentrecht im Deutschen Reich, S.)

Seligsohn, Arnold
Gesetz zum Schutz der Warenbezeichnung
3. Aufl., Berlin 1925
(zit.: Seligsohn, Gesetz zum Schutz der Warenbezeichnung, § Rn.)

Seyfarth, Sebastian
Vermieterpflichten bei Untervermietungsanfragen
In: NZM 2002, 200 – 205
(zit.: Seyfarth NZM 2002, 200, S.)

Silberstein, Marcus
Erfindungsschutz und merkantilistische Gewerbeprivilegien
Zürich 1961
(zit.: Silberstein, Erfindungsschutz und merkantilistische Gewerbeprivilegien, S.)

Sosnitza, Olaf
Gedanken zur Rechtsnatur der ausschließlichen Lizenz
In: Ohly, Ansgar/Bodewig, Theo/Dreier, Thomas/Götting, Horst-Peter/Haedicke, Maximilian/Lehmann, Michael (Hrsg.)
Perspektiven des Geistigen Eigentums und Wettbewerbsrechts - Festschrift für Gerhard Schricker, S. 183 – 196
München 2005
(zit.: Sosnitza, in: FS Schricker, S.)

ders.
Deutsches und Europäisches Markenrecht
München 2010
(zit.: Sosnitza, Deutsches und Europäisches Markenrecht, § Rn.)

Spindler, Gerald/Schuster, Fabian
Recht der elektronischen Medien
München 2008
(zit.: Spindler/Schuster/Bearbeiter, Recht der elektronischen Medien, § Rn.)

J. von Staudinger
Kommentar zum Bürgerlichen Gesetzbuch
Buch 1, Allgemeiner Teil 4a, §§ 134 – 138, ProstG
Neubearbeitung, Berlin 2011
(zit.: Staudinger/Bearbeiter, § Rn.)

Buch 1, Allgemeiner Teil 4, §§ 139 – 163
Neubearbeitung, Berlin 2010

Buch 2, Recht der Schuldverhältnisse, §§ 255 – 304
Neubearbeitung, Berlin 2009

Buch 2, Recht der Schuldverhältnisse, §§ 305 – 310
Neubearbeitung, Berlin 2006

Buch 2, Recht der Schuldverhältnisse, §§ 311, 311a, 312, 312a - f
Neubearbeitung, Berlin 2005

Buch 2, Recht der Schuldverhältnisse, §§ 315 – 326
Neubearbeitung, Berlin 2009

Buch 2, Recht der Schuldverhältnisse, §§ 328 – 359
Neubearbeitung, Berlin 2004

Buch 2, Recht der Schuldverhältnisse, §§ 535 – 562d
Neubearbeitung, Berlin 2011

Buch 2, Recht der Schuldverhältnisse, §§ 581 – 606
Neubearbeitung, Berlin 2005

Stoffels, Markus
AGB-Recht
2. Aufl., München 2009
(zit.: Stoffels, AGB-Recht, Rn.)

ders.
Gesetzlich nicht geregelte Schuldverhältnisse

Tübingen 2001
(zit.: Stoffels, Gesetzlich nicht geregelte Schuldverhältnisse, S.)

ders.
Schranken der Inhaltskontrolle
In: JZ 2001, 843 – 849
(zit.: Stoffels JZ 2001, 843, S.)

Ströbele, Paul et al.
Markengesetz, Kommentar
10. Aufl., Köln 2012
(zit.: Ströbele/Hacker/Bearbeiter, MarkenG, § Rn.)

Taeger, Jürgen
Die Entwicklung des IT-Rechts im Jahr 2010
In: NJW 2010, 3759 – 3764
(zit.: Taeger NJW 2010, 3759, S.)

Teplitzky, Otto
Die jüngste Rechtsprechung des BGH zum wettbewerbsrechtlichen Anspruchs- und Verfahrensrecht X
In: GRUR 2003, 272 – 282
(zit.: Teplitzky GRUR 2003, 272, S.)

Tettinger, Peter
Zu den Freizeichnungsmöglichkeiten des Verkäufers einer mangelhaften Sache
In: AcP 205 (2005), 1 – 35
(zit.: Tettinger AcP 205 (2005), 1, S.)

Thomas, Stefan
Preisfreiheit im Recht der Allgemeinen Geschäftsbedingungen
In: AcP 209 (2009), 84 – 129
(zit.: Thomas AcP 209 (2009), 84, S.)

Timme, Michael
Anfängliche Mängel der Mietsache – immer noch ungelöst?
In: NZM 2003, 703 – 704
(zit.: Timme NZM 2003, 703, S.)

Traumann, Clemens
Nebenpflichten des Markenlizenzgebers

in: GRUR 2008, 470 – 474
(zit.: Traumann GRUR 2008, 470, S.)

Trips-Herbert, Roman
Lizenzen in der Insolvenz – die deutsche Insolvenzordnung als Bremsklotz
In: ZRP 2007, 225 – 228
(zit.: Trips-Herbert ZRP 2007, 225, S.)

Troller, Alois
Immaterialgüterrecht Band 2
3. Aufl., Basel 1985
(zit.: Troller, Immaterialgüterrecht II, S.)

ders.
Die mehrseitigen völkerrechtlichen Verträge im nationalen gewerblichen Rechtsschutz und Urheberrecht
Basel 1965
(zit.: Troller, Die mehrseitigen völkerrechtlichen Verträge, S.)

ders.
Ist der immaterialgüterrechtliche numerus clausus der Rechtsobjekte gerecht?
In: Juristische Fakultät der Universität Fribourg (Hrsg.)
Ius et lex, Festgabe zum 70. Geburtstag von Max Gutzwiller, S. 769 – 786
Basel 1959
(zit.: Troller, in: FS Gutzwiller, S.)

ders.
Das technische Geheimnis im System des Immaterialgüterrechts
In: GRUR Ausl 1958, 385 – 394
(zit.: Troller GRUR Ausl 1958, 385, S.)

ders.
Markenrecht und Landesgrenzen
In: GRUR Int 1967, 261 – 268
(zit.: Troller GRUR Int 1967, 261, S.)

Ulmer, Peter
Vom deutsche zum europäischen Privatrecht?
In: JZ 1992, 1 – 8
(zit.: Ulmer JZ 1992, 1, S.)

ders.
Teilunwirksamkeit von teilweise unangemessenen AGB-Klauseln? – Zum Verhältnis von geltungserhaltender Reduktion und ergänzender Vertragsauslegung
In: NJW 1981, 2025 – 2033
(zit.: Ulmer NJW 1981, 2025, S.)

ders.
Das AGB-Gesetz: ein eigenständiges Kodifikationswerk
In: JZ 2001, 491 – 498
(zit.: Ulmer JZ 2001, 491, S.)

Ulmer, Peter/Brandner, Erich/Hensen, Dieter
AGB-Recht
11. Aufl., Köln 2011
(Ulmer/Brandner/Hensen/Bearbeiter, AGB-Recht, § Rn.)

Ulmer, Eugen/Kolle, Gert
Der Urheberrechtsschutz von Computerprogrammen
In: GRUR Int 1982, 489 – 500
(zit.: Ulmer/Kolle GRUR Int 1982, 489, S.)

van Venrooy, Gerd
Patentrecht im Mittel- und Klein-Unternehmen
In: BB 1991, 7 – 14
(zit.: van Venrooy BB 1991, 7, S.)

Wandtke, Artur-Axel/Bullinger, Winfried (Hrsg.)
Praxiskommentar zum Urheberrecht
3. Aufl., München 2009
(zit.: Wandtke/Bullinger/Bearbeiter, § Rn.)

von Weichs, Elisabeth Freifrau/Foerstl, Uli
Der allgemeine Auskunftsanspruch im Urheberrechtsprozess
In: ZUM 2000, 897 – 904
(zit.: von Weichs/Foerstl ZUM 2000, 897, S.)

Weick, Günter
Die Idee des Leitbildes und die Typisierung im gegenwärtigen Vertragsrecht
In.: NJW 1978, 11 – 15
(zit.: Weick NJW 1978, 11, S.)

Weinmann, Conrad
Die Rechtsnatur der Lizenz
Bern 1996
(zit.: Weinmann, Die Rechtsnatur der Lizenz, S.)

Weitemeyer, Birgit
Rentabilitätsvermutung und Ersatz frustrierter Aufwendungen unter der Geltung von § 284 BGB
In: AcP 205 (2005), 275 – 296
(zit.: Weitemeyer AcP 205 (2005), 275, S.)

Welzel, Stephan
Zwangsvollstreckung in Internet-Domains
In: MMR 2001, 131 – 139
(zit.: Welzel MMR 2001, 131, S.)

Wertenbruch, Johannes
Gibt es lizenzierbare Hörfunk-Übertragungsrechte des Sportveranstalters?
In: SpuRt 2001, 185 – 187
(zit.: Wertenbruch SpuRt 2001, 185, S.)

Westermann, Harm Peter
Vertragsfreiheit und Typengesetzlichkeit im Recht der Personengesellschaften
Berlin/Heidelberg/New York 1970
(zit.: Westermann, Vertragsfreiheit und Typengesetzlichkeit, S.)

ders.
Das Transparenzgebot – ein neuer Oberbegriff der AGB-Inhaltskontrolle?
In: Baur, Jürgen F./Hopt, Klaus J./Mailänder, Karl-Peter (Hrsg.)
Festschrift für Ernst Steindorff zum 70. Geburtstag am 13. März 1990, S. 817 – 832
Berlin/New York 1990
(zit.: Westermann, FS Steindorff, S.)

ders.
Das neue Kaufrecht
In: NJW 2002, 241 – 253
(zit.: Westermann NJW 2002, 241, S.)

Graf v. Westphalen, Friedrich
Die Nutzlosigkeit von Haftungsfreizeichnungs- und Haftungsbegrenzungsklauseln im kaufmännischen Verkehr

In: DB 1997, 1805 – 1810
(zit.: Graf v. Westphalen DB 1997, 1805, S.)

ders.
AGB-Recht ins BGB – Eine erste Bestandsaufnahme
In: NJW 2002, 12 – 25
(zit.: Graf v. Westphalen NJW 2002, 12, S.)

ders.
Die Entwicklung des AGB-Rechts im Jahr 2001
In: NJW 2002, 1688 – 1698
(zit.: Graf v. Westphalen NJW 2002, 1688, S.)

ders.
Mietrecht und Schuldrechtsreform
In: NZM 2002, 368 – 377
(zit.: Graf v. Westphalen NZM 2002, 368, S.)

ders.
AGB-Recht im Jahr 2003
In: NJW 2004, 1993 - 2001
(zit.: Graf v. Westphalen NJW 2004, 1993, S.)

ders.
AGB Recht im Jahr 2005
In: NJW 2006, 2228 – 2236
(zit.: Graf v. Westphalen NJW 2006, 2228, S.)

ders.
Wider einen Reformbedarf beim AGB-Recht im Unternehmerverkehr
In: NJW 2009, 2977 – 2982
(zit.: Graf v. Westphalen NJW 2009, 2977, S.)

ders.
AGB-rechtliche Reformbestrebungen und das Europäische Kaufrecht
In: NJW 2012, 893 – 894
(zit.: Graf v. Westphalen NJW 2012, 893, S.)

Graf v. Westphalen, Friedrich/Thüsing, Gregor (Hrsg.)
Vertragsrecht und AGB-Klauselwerke
28. Aufl., München 2011

(zit.: Graf v. Westphalen/Bearbeiter, Vertragsrecht und AGB-Klauselwerke, Teil, Kap. Rn.)

Wieling, Josef
Die Bedeutung der Regel „falsa demonstratio non nocet" im Vertragsrecht
In: : AcP 172 (1972), 297 – 316
(zit.: Wieling AcP 172 (1972), 297, S.)

Wilhelm, Jan
Sachenrecht
4. Aufl., Berlin/New York 2010
(zit.: Wilhelm, Sachenrecht, Rn.)

Winter, Michael
Fußball im Radio: Live aus dem Stadion?
In: ZUM 2003, 531 – 539
(zit.: Winter ZUM 2003, 531, S.)

Wolf, Eckhard/Eckert, Hans-Georg/Ball, Wolfgang
Handbuch des gewerblichen Miet-, Pacht- und Leasingrechts
9. Aufl., Köln 2004
(zit.: Wolf/Eckert/Ball, Handbuch des gewerblichen Miet-, Pacht- und Leasingrechts, Rn.)

Wolf, Manfred
Inhaltskontrolle von Sicherungsgeschäften
In: Grunsky, Wolfgang/Stürner, Rolf/Walter, Gerhard/Wolf, Manfred (Hrsg.)
Festschrift für Fritz Baur, S. 147 - 168
Tübingen 1981
(zit.: Wolf, FS Baur, S.)

Wolf, Manfred/Lindacher, Walter F./Pfeiffer, Thomas
AGB-Recht, Kommentar
5. Aufl., München 2009
(zit.: Wolf/Lindacher/Pfeiffer/Bearbeiter, AGB-Recht, § Rn.)

Wündisch, Sebastian/Bauer, Stephan
Patent-Cross-Lizenzverträge – Terra incognita?
In: GRUR Int 2010, 641 – 649
(zit.: Wündisch/Bauer GRUR Int 2010, 641, S.)

Wuesthoff, Franz/Leßmann, Herbert/Wendt, Diethard
Sortenschutzgesetz, Kommentar
2. Aufl., Weinheim 1990
(zit.: Wuesthoff/Leßmann/Wendt, SortSchG, § Rn.)

Zöllner, Wolfgang
Immanente Grenzen arbeitsvertraglicher Regelungen
In: RdA 1989, 152 – 162
(zit.: Zöllner RdA 1989, 152, S.)

Zwecker, Kai-Thorsten
Inhaltskontrolle von Franchiseverträgen: eine methodische Untersuchung zu den zivilrechtlichen Gestaltungsgrenzen von Franchise-Verträgen unter besonderer Berücksichtigung der institutionenökonomischen Analyse
Frankfurt am Main et al. 2000
(zit.: Zwecker, Inhaltskontrolle von Franchiseverträgen, S.)

§ 1 Gegenstand und Relevanz der Arbeit

Der Lizenzvertrag zählt ebenso wie etwa der Franchise-, der Factoring- oder der Leasingvertrag zu jenen „modernen“ Vertragstypen[1], die ihre Entstehung den wirtschaftlichen Entwicklungen der jüngeren Geschichte zu verdanken haben. Ihnen allen ist gemein, dass sie – anders als etwa die BGB-Vertragstypen - keiner kodifizierten Regelungsprogrammatik unterliegen.[2] In den einschlägigen Gesetzen zu den einzelnen Immaterialgütern finden sich nur extrem lückenhafte Regelungen zum Immaterialgütervertragsrecht.[3] Über Hinweise auf die Existenz des Lizenzvertrages gehen die Regelungen kaum hinaus. So obliegt es bislang[4] der wissenschaftlichen und rechtspraktischen Literatur[5], sowie der Recht-

---

1 Zum Begriff „moderner Vertragstyp“ *Martinek*, Moderne Vertragstypen I, S. 9.

2 Aufgrund zu langsamer bzw. gänzlich mangelnder Anpassung an die wirtschaftliche Realität wird dem Gesetz teilweise attestiert, dass ihm – obschon anfangs passend - die Realität davon gelaufen sei (*Westermann*, Vertragsfreiheit und Typengesetzlichkeit, S. 104). Das Problem der Abweichung aufgrund veränderter Lebensverhältnisse hat sich allerdings nicht erst im Laufe der globalen wirtschaftlichen Verflechtung und des technischen Fortschritts ergeben, sondern allenfalls beschleunigt (vgl. *Isele* AcP 150 (1949), 1, 6 f. zur Zwischenbilanz „Ein halbes Jahrhundert deutsches Bürgerliches Gesetzbuch“: „Das Gesetzbuch ist juristische Filigranarbeit von außergewöhnlicher Präzision. Auch seine Einzelentscheidungen sind größtenteils hervorragend. Mitunter allerdings erweist sie der eingetretene wirtschaftliche, soziale und politische Gestaltwandel als überholt.“). *Leuschner* AcP 207 (2007), 491, 504 weist darauf hin, dass eine entsprechende Anpassung durch den Gesetzgeber allein aufgrund begrenzter Ressourcen des Gesetzgebers nicht möglich ist. Zum Verhältnis des BGB zu modernen Vertragstypen insbesondere auch *Bartsch* CR 2000, 3 ff.

3 Vgl. § 22 II 1 GebrMG, § 31 I GeschmMG, § 11 II HalblSchG i.V.m. § 22 II 1 GebrMG, § 30 MarkenG, § 15 II PatG, § 11 II SortSchutzG §§ 29 II, 31 UhrG; treffemd hierzu *McGuire*, Die Lizenz, S. 1: „Vorgesehen sind in den Schutzgesetzen nur einzelne Regelungen, die ein Konzept der Lizenz eher voraussetzen als bestimmen.“

4 Besondere Erwähnung verdient der Entwurf eines Modellgesetzes für das gesamte geistige Eigentumsrecht von *Ahrens/McGuire*, die ohne konkrete gesetzgeberische Veranlassung einen Gesetzesvorschlag anbieten, der als Grundlage und Anregung für die weitere Fachdiskussion verstanden werden darf. Darin wird in einem allgemeinen Teil das Lizenz- und Lizenzvertragsrecht den einzelnen Schutzrechten vorangestellt, *Ahrens/McGuire*, Modellgesetz für Geistiges Eigentum, Buch 1 §§ 110 ff.

5 Zur schutzrechtsübergreifenden Literatur insbesondere *McGuire*, Die Lizenz; *Pahlow*, Lizenz und Lizenzvertrag im Recht des Geistigen Eigentums; für das schweizerische Recht: *Hilty*, Lizenzvertragsrecht. Systematisierung und Typisierung aus schutz- und schuldrechtlicher Sicht; *Weinmann*, Die Rechtsnatur der Lizenz; zu Praxiskommentaren und Formularbüchern vgl. z.B. Z.B. *Bartenbach*, Patentlizenz- und Know-how-Vertrag; *Fammler*, Der Markenlizenzvertrag; *Henn*, Der Patent- und Know-howlizenzvertrag;

sprechung[6], die dogmatischen Grundlagen des Lizenzvertrages abzustecken.[7] Die Beurteilung des Lizenzvertrages erweist sich aber bis heute als einzelfallorientiert. Fragen im Zusammenhang mit dem Lizenzvertrag werden überwiegend nur unter Betrachtung des jeweils zugrundeliegenden Schutzrechts beantwortet.[8] Allerdings lässt sich in jüngerer Zeit ein deutliches Bestreben der grundlegenden Aufarbeitung und der Zusammenfassung des Rechts der Lizenzierung geistiger Eigentumsrechte ausmachen.[9] Die Beschäftigung mit der Vereinheitlichung des Lizenzrechts bietet die Chance, Struktur und Wertmaßstäbe der wirtschaftlichen Nutzung von Immaterialgüterrechten herauszubilden.

Die Auseinandersetzung mit der Inhaltskontrolle von Lizenzverträgen im unternehmerischen Geschäftsverkehr (B2B) setzt einerseits an einem spezifischen Aspekt des lizenzvertraglichen Verkehrs an, i.e. bei der Kontrolle formularvertraglich geschlossener Immaterialgüterverträge im Wirtschaftsverkehr. Andererseits versucht sie sich aber auch in den wissenschaftlichen Diskurs um die generelle Einbindung des Lizenzvertragsrechts mit dem allgemeinen Zivilrecht mit einzubringen.

Damit möchte die Arbeit einerseits Anknüpfungs- oder Reibungspunkt in der akademischen Auseinandersetzung sein. Vor allem bietet sie aber auch praktisch wichtige Anhaltspunkte für den betroffenen Unternehmerkreis. Schließlich zeichnet es den Geschäftsverkehr auf dem Gebiet moderner Vertragstypen aus, dass die Vertragsverhältnisse überhaupt erst ausgestaltet und explizit geregelt

---

Pagenberg/Beier, Lizenzverträge; *Pfaff/Osterrieth*, Lizenzverträge; *Groß*, Der Lizenzvertrag; kapitelweise z.B. aber auch in: Münchener Anwaltshandbuch Gewerblicher Rechtschutz; Beck'sche Formularsammlung zum gewerblichen Rechtsschutz mit Urheberrecht.

6 Zur Begründung der quasi-dinglichen Rechtsnatur vgl. nur RGZ 57, 38, 40 f.; RGZ 130, 275, 282; RGZ 134, 91, 96; BGH GRUR 1982 411, 413; BGH GRUR 2005, 48, 50; BGH GRUR 2007, 877, 879; OLG München NJW-RR 1997, 1266, 1267.

7 Mit kritischem Blick auf den Gesetzgeber *McGuire*, Die Lizenz, S. 2: „Hier zeigt sich, dass dieses Rechtsgebiet in besonderem Maße von den Anforderungen der Rechtspraxis und Wirtschaft sowie punktuellen Reaktionen des Gesetzgebers auf diese geprägt ist. Zugleich ist das Recht des Geistigen Eigentums in Deutschland auf eine Fülle von Sondergesetzen einschließlich der zugehörigen Rechtsverordnungen verteilt, die eine übergeordnete Strukturbildung wenn nicht verhindern, so doch jedenfalls nicht erleichtern.

8 Vgl. *Bühling*, Die Markenlizenz und ihre vertragliche Gestaltung; *Engels,* Die Rechtsnatur der Markenlizenz; *Fammler*, der Markenlizenzvertrag; *Kortunay*, Patentlizenz und Know-How-Verträge im deutschen und europäischen Kartellrecht.

9 *McGuire,* Die Lizenz; *Pahlow*, Lizenz und Lizenzvertrag im Recht des Geistigen Eigentums; für das schweizerische Recht: *Hilty,* Lizenzvertragsrecht; *Weinmann,* Die Rechtsnatur der Lizenz.

werden müssen, die durch das Gesetz nur unzureichend erfasst werden.[10] Wirtschaftlich und kalkulierbar werden die gesetzten Regelungen aber erst, wenn sie vielfach und gleichförmig verwendet werden können.[11] Hierin unterscheidet Lizenzverträge nichts von anderen Vertragstypen.[12] Damit unterliegen die Vertragsbedingungen aber stets dem Risiko, der AGB-Kontrolle nicht stand zu halten.[13] Eine fundierte Einschätzung der Bestandskraft der Klauseln ist dabei in jeder Vertragsphase von entscheidender Bedeutung. In der Entwurfsphase kann die Bestandskraft eigener oder aber auch aus Formularbüchern übernommener Klauseln eingeschätzt werden. In der Verhandlungsphase können kritische Klauseln individuell verhandelt werden, oder aber eine AGB-gestützte Verhandlungstaktik verfolgt werden: Wird eine nachteilige Klausel als unwirksam erkannt, kann die Gegenseite vorbehaltslos zustimmen.[14] In der Vertragsabwicklung können schließlich i.R.d. Claimmanagement eigene Ansprüche begründet oder gegnerische Ansprüche abgewehrt werden.

Der Anreiz, den die Beschäftigung mit einem modernen Vertragstyp und seiner Inhaltskontrolle bietet, stellt zugleich auch die Herausforderung einer solchen Arbeit dar. Die Dynamik des Rechtsgebiets eines nicht kodifizierten Vertragstyps bietet die Möglichkeit stetigen Wandels.[15] Eine Abhandlung erhebt

---

10 Vgl. *Stoffels*, AGB-Recht, 2009, Rn. 71; *Medicus,* FS Münchener Juristische Gesellschaft, S. 11 ff. *Medicus*, JuS 1996, 761, 764.

11 BegrRegE BT-Drucks. 7/3919, S. 9; Ulmer/Brandner/Hensen/*Ulmer/Habersack*, AGB-Recht, Einl. Rn. 4; MünchKommBGB/*Basedow*, Vor § 305 Rn. 2; Staudinger/*Schlosser*, §§ 305 ff. Rn. 4; *Bunte*, FS Schimansky, S. 25; *Canaris,* FS Steindorff, S. 548; *Kötz*, Vertragsrecht, Rn. 242; vgl. auch *Canaris*, AcP 200 (2000), 273, 324 der zu Recht anmerkt, dass es ein Merkmal der modernen Wirtschaft ist, dass sie „...weitgehend auf festen und standardisierten Bedingungen [beruht], die grundsätzlich nicht verhandlungsfähig sind.“ Dies ist “...kein Mißstand, sondern im Gegenteil eine selbstverständliche Voraussetzung effizienten Wirtschaftens.“

12 Selbst in Fällen, in denen komplexe Vertragsverhandlungen geführt werden, geschieht dies auf der Basis von Vertragsentwürfen oder Standardbedingungen, die von einer Seite eingebracht werden. Häufig werden diese vorformulierten Texte von der verhandlungsstärkeren Partei, im Lizenzvertragsverhältnis also häufig vom Lizenzgeber, eingebracht, *Lischek/Mahnken*, ZIP 2007, 158, 159.

13 Zur deutlichen Kritik an der strengen AGB Kontrolle im B2B Bereich vgl. Wolf/Lindacher/Pfeiffer/*Pfeiffer*, AGB-Recht, Einl. Rn. 35; *Berger* ZGS 2004, 415 f.; *Berger* NJW 2010, 465 ff. *Lischek/Mahnken*, ZIP 2007, 158, 163; *Pfeiffer*, AcP 208 (2008), 228, 240 [FN. 55]; *Pfeiffer* ZGS 2004, 401.

14 Damit kann gleichzeitig vermieden werden, dass sich Verhandlungen in die Länge ziehen oder gar aufgrund konträrer Positionen gänzlich scheitern, *Lischek/Mahnken*, ZIP 2007, 158, 159.

15 Vgl. nur den Referentenentwurf für die zweite Stufe der Insolvenzrechtsreform mit dem Vorstoß der klaren Regelung zur Insolvenzfestigkeit von Lizenzen, § 108a InsO-E

schließlich nur den Anspruch, Schlussfolgerungen unter der Prämisse der Bestandskraft des status quo zu ziehen. Gleichwohl bietet die vorliegende Arbeit mit der Auseinandersetzung auf dem Gebiet des Vertragsrechts, zumal im Rahmen der Inhaltskontrolle, die Chance der vertraglichen Risikobegrenzung und Ergebnisverbesserung.

(Entwurf abrufbar auf der Homepage des Bundesjustizministerium, http://www.bmj.de/DE/Buerger/verbraucher/Insolvenzrecht/Stufe2/ _node.html). Dazu auch *Römermann* GWR 2012, 328098; *Schmid* GRUR-Prax 2012, 328358. Zu konkreten Reformvorschlägen auf dem Gebiet der Inhaltskontrolle vgl. *Becker,* AGB im unternehmerischen Geschäftsverkehr, S. 165; *Berger* NJW 2010, 465, 467 ff.; *Kollmann* NJOZ 2011, 625, 629; *Miethaner* NJW 2010, 3121, 3127.

§ 2 Grundlagen, Gegenstand und Beteiligte des Lizenzvertrages

Erstes Kapitel: Grundlagen des Lizenzvertrages

A. Überblick über die historische Entwicklung des Lizenzvertrages

Die rechtlichen Grundlagen des Lizenzvertrages sind zunächst in enger Verbindung mit dem zugrundeliegenden geistigen Eigentumsrecht diskutiert worden. In den Mittelpunkt der Diskussion um die Gewährung von Schutzrechten geriet die Lizenz dabei gegen Ende des 19. Jahrhunderts. Zwar wurden bereits seit dem Ende des 18. Jahrhunderts in verschiedenen deutschen Einzelstaaten Schutzrechte für technische Neuerungen gewährt.[16] Eine Vereinheitlichung der z.T. erheblich voneinander abweichenden Regelungen[17] zum Schutz von Erfindungen wurde aber erst gegen Ende des 19. Jahrhunderts durchgesetzt. Mit der Einführung des Urheberrechtsgesetzes 1870[18], des Markenschutzgesetzes von 1874[19] und des Patentgesetzes von 1877[20] wurden die geistigen Schutzrechte erstmals einheitlich auf dem Gebiet des deutschen Reiches geregelt. Der Lizenzvertrag fand in diesen Gesetzen allerdings keine nähere Regelung. Getragen von der Industrialisierung des 19. Jahrhunderts kam dem Patent die größte wirtschaftliche Bedeutung zu, so dass die dogmatischen Grundlagen der Immaterialgüter zunächst anhand des Patents entwickelt wurden und später auf andere geistige Eigentumsrechte übertragen wurden.[21]

Während die Befürworter der Sicherung geistiger Eigentumsrechte in dieser den Anreiz für weitere Forschung und Entwicklung sahen, begründeten die Patentgegner ihre Haltung mit der Unvereinbarkeit eines derartigen gesetzlichen Monopols mit den Prinzipien der Wettbewerbsfreiheit und sahen eine einseitige

---

16 Ausführlich zur Entwicklung in den deutschen Territorien *Klostermann,* Das Patentgesetz für das deutsche Reich, 103 f.; *Pahlow*, Lizenz und Lizenzvertrag, S. 16 ff.; *Seckelmann,* Industrialisierung, Internationalisierung und Patentrecht im Deutschen Reich, S. 86 ff.; zusammenfassend Benkard/*Rogge*, PatG, Einleitung Rn. 5; zu den Anfängen des preußischen Erfindungsschutzes *Heggen* GRUR 1974, 75 ff.; aus österreichischer Perspektive *Dölemeyer* GRUR Int 1985, 735 ff.

17 *Silberstein*, Erfindungsschutz und merkantilistische Gewerbeprivilegien, S. 252 ff.

18 BGBl. 1870, S. 339 ff.

19 RGBl. 1874, S. 143 ff.

20 RGBl. 1877, S. 501 ff.

21 Vgl. *Pahlow*, Lizenz und Lizenzvertrag, S. 32 ff.; *Dölemeyer* GRUR Int 1985, 735 ff.; *Heggen* GRUR 1974, 75 ff.

Sicherung einer Innovation auch im Widerspruch zum Ziel ihrer raschen und intensiven Verbreitung zum Wohle des gesamtwirtschaftlichen Fortschritts.[22] Zur Lösung der Kontroverse zugunsten eines einheitlichen gesetzlichen Schutzes trugen letztlich zwei Maßnahmen bei: Erstens sorgte eine zeitliche Begrenzung des Rechtsschutzes dafür, dass die Erfindung nach dem Ablauf der Schutzzeit jedem zugänglich wird. Zweitens wird durch die Möglichkeit der Lizenzierung des Rechts sowie durch einen Monopolverlust bei Nichtbenutzung (§ 11 PatG 1877) eine gemeinförderliche wirtschaftliche Verwertung gesichert.[23]

Bezeichnenderweise wurde aber schon im Ursprung der einheitlichen gesetzlichen Regelung der Immaterialgüterrechte auf die Entwicklung einer rechtsdogmatischen Grundlage von Lizenzen und eine entsprechende Regelung im Gesetzestext verzichtet. Lediglich mittelbar wurde ihre Existenz bestätigt[24] und somit die rechtsdogmatische Erfassung a priori der Literatur und Rechtsprechung überlassen. Diese konstruierten die Lizenz – analog zum Verständnis des Patents als Abwehrrecht – zunächst nur als negative Lizenz, i.e. als Verzicht auf das Abwehrrecht gegenüber dem Lizenzpartner.[25]

Eine wörtliche Erfassung des Begriffes Lizenz fand erst im Patentgesetz von 1936[26] statt. Zwar wurde im Zusammenhang mit der regulären Erlaubniserteilung des Patentinhabers lediglich von „Benutzung“ gesprochen. Zumindest § 15 enthielt aber den Begriff der Lizenz in Form der „Zwangslizenz“. Neben der wörtlichen Fassung der Lizenz im Gesetzestext vollzog sich aber der grundlegendere Wandel durch eine geänderte Auffassung in Literatur und Rechtsprechung. Gestützt durch ein differenziertes Verständnis der geistigen Leistungen als dem Eigentum nahestehende Rechte wurde die Lizenz nunmehr nicht

---

22 *Prince-Smith* urteilte 1863 auf dem 6. Kongress der Volkswirte die Erteilung eines Patents als „…Errichtung eines Monopols durch Gesetzeszwang ab“, durch die der gesamtgesellschaftliche Kapitalertrag geschmälert werde, *Prince-Smith,* Vierteljahrschrift für Volkswirthschaft und Culturgeschichte, 150 f.; auch ohne gesetzlichen Schutz könne der Erfinder durch zeitlichen Vorsprung und Geheimhaltung die ihm zustehende Entschädigung erlangen, *Schäffle,* Die nationalökonomische Theorie, S. 265 f.; ausführlich zur deutschen Kontroverse auch *Heggen,* Erfindungsschutz und Industrialisierung in Preußen, S. 72 ff.

23 *Klostermann,* Das Patentgesetz für das deutsche Reich, 184 ff.; ausführlich zur Kontroverse *Pahlow,* Lizenz und Lizenzvertrag, 16 ff. mit zahlreichen Nachweisen.

24 „…, ohne *Erlaubnis* des Patentinhabers den Gegenstand der Erfindung gewerbsmäßig herzustellen…“, § 4 PatG v. 1877.

25 ROHGE 19, 403,405; RGZ 17, 53 ff.; RGZ 33, 103 f.; *Klostermann,* Patentrecht, S. 329; *Rosenthal,* Das Deutsche Patentgesetz vom 25. Mai 1877, § 4 Anm. 6 S. 116.

26 RGBl. II 1936, 117 ff.

nur als obligatorisches sondern auch als quasidingliches, positives Nutzungsrecht begriffen.[27]

Dieses Verständnis hat sich bis heute nicht grundlegend verändert. Zwar ist die Position des geistigen Eigentums gefestigt: Es wird geschützt von Art. 14 GG[28], zählt zu den subjektiv-absoluten Vermögensrechten[29] und fällt zumindest als sonstiges Recht auch unter den Schutz von § 823 I BGB.[30] Auch hat die Lizenz mittlerweile auf allen Gebieten des gewerblichen Rechtsschutzes gesetzliche Anerkennung gefunden.[31] Dennoch findet sich in den entsprechenden gesetzlichen Regelungen noch immer keine Aussage zum Lizenzbegriff oder zu den Inhalten des Lizenzvertrages. Gefestigt ist wohl nur die Auffassung, dass es sich bei der Lizenz um die Einräumung eines positiven Rechts handelt.[32] Unsicherheiten bestehen aber weiterhin sowohl bei der Bestimmung der Rechtsnatur des Lizenzvertrages als auch bei der Kategorisierung der verschiedenen Lizenzarten hinsichtlich ihrer Struktur und ihres Rechtscharakters.

B. Das Lizenzvertragsverhältnis

I. Gegenstand der Lizenz

1. Patent und Gebrauchsmuster

Aus der Reihe der lizenzierbaren Rechte des geistigen Eigentums ist zunächst das Patent anzusprechen. Im Patentrecht wird die Lizenz seit 1.01.1981 ausdrücklich in § 15 Abs. 2 PatG[33] erwähnt. Danach können „Rechte nach Absatz 1 [können] ganz oder teilweise Gegenstand von ausschließlichen oder nicht aus-

---

27 RGZ 12, 50, 52; *Breuer,* Die rechtliche Natur der Patentlizenz (1912), S. 10 f.; *Kohler,* Handbuch des deutschen Patentrechts, 508; *Mertz,* Die patentrechliche Licenz (1907), S. 5.

28 BVerfG GRUR 1972, 481; BVerfG GRUR 1980, 44, 46; BeckOK GG Epping/Hillgruber/*Axer,* Art. 14 Rn. 50; Maunz/Dürig/*Papier*, Art. 14 Rn. 197; *Götting* GRUR 2006, 353, 357.

29 *Schwab*, Einführung in das Zivilrecht, Rn 301.

30 BeckOK BGB Bamberger/Roth/*Spindler*, § 823 Rn. 86 f.

31 Vgl. § 22 II 1 GebrMG, § 31 I GeschmMG, § 11 II HalblSchG i.V.m. § 22 II 1 GebrMG, § 30 MarkenG, § 15 II PatG, § 11 II SortSchutzG, §§ 29 II, 31 UhrG. Zum begrifflichen Unterschied des „Nutzungsrechts" i.S.d. §§ 11 II SortSchutzG und §§ 29 II, 31 UrhG vgl. unten Erstes Kapitel B. I. 4.

32 RGZ 148, 146; 159, 11, 12; 169, 289, 290; BGHZ 107, 161, 163; Benkard/*Scharen,* PatG, § 9 Rn. 5; *Mes*, PatG GebrMG, § 15 PatG Rn. 32; *Liechtenstein* NJW 1965, 1839, 1840 f.; *Lüdecke* NJW 1966, 815; *Groß,* Der Lizenzvertrag, Rn. 13; *Pahlow,* Lizenz und Lizenzvertrag, S. 47 ff.

33 In der Fassung vom 16.12.1980 (BGBl. 1981 I S. 1), zuletzt geändert durch Art. 2 des Gesetzes vom 7. Juli 2008 (BGBl. I, 1191).

schließlichen Lizenzen" sein. Die Aufnahme des Lizenzbegriffes in das Patentgesetz diente lediglich der Klarstellung, da dadurch lediglich die Prinzipien wiedergegeben wurden, die durch Literatur und Rechtsprechung schon vorher entwickelt worden waren und praktiziert wurden.[34] Da § 15 I PatG, auf den sich Absatz 2 bezieht, nicht nur das Recht aus dem Patent, sondern auch den Anspruch auf Erteilung des Patents sowie das Recht auf das Patent erwähnt, können bereits Vorstufen des Vollrechts Gegenstand der Lizenz sein.[35] Diese Vorstufen umfassen sowohl bereits angemeldete aber noch nicht eingetragene Erfindungen, als auch noch nicht zum Patent angemeldete Erfindungen bis hin zu Erfindungen, deren Anmeldung nicht beabsichtigt ist.[36] Die weite Ausdehnung der lizenzierbaren Vorstufen eines Patents lässt vor allem in beweisrechtlicher Hinsicht die Trennlinie zwischen einer unangemeldeten Erfindung und reinem Know-how verschwimmen. Dies ist für das Vorliegen eines Lizenzvertrages aber insoweit irrelevant als auch technisches Wissen *per se* Gegenstand von Lizenzvereinbarungen sein kann, solange es sich um ein Betriebsgeheimnis handelt.[37] Liegt eine Erfindung vor, wird diese, auch wenn sie noch nicht angemeldet ist, ihrem Erfinder zugewiesen.[38]Aufgrund dieser Zuweisung kann sie von diesem dann an Dritte lizenziert werden. Dies gilt sowohl nach deutschem als auch nach europäischem Recht (§§ 6 S. 1, 15 II PatG, Art. 60 I 1, 73 EPÜ).[39]

---

34 BT-Drs. 8/2087, 25; Benkard/*Ullmann*, PatG, § 15 Rn. 1; *Mes*, PatG GebrMG, § 15 PatG Rn. 32.

35 Vgl. dazu auch Art. 73 EPÜ: Eine europäische Patentanmeldung kann ganz oder teilweise Gegenstand von Lizenzen für alle oder einen Teil der Hoheitsgebiete der benannten Vertragsstaaten sein; dazu auch Benkard/*Ullmann/Grabinski,* EPÜ, Art. 73 Rn. 1; zur Parallele zum deutschen Recht vgl. Benkard/*Ullmann*, PatG, § 15 Rn. 85.

36 BGH GRUR 1961, 466, 467 f.; BGH GRUR 1969, 493; BGH GRUR 1969, 677, 678; BGH GRUR 1980, 750, 751; Benkard/*Ullmann*, PatG, § 15 Rn. 85; Busse/*Keukenschrijver,* PatG, § 15 Rn. 61; *Mes*, PatG GebrMG, § 15 PatG Rn. 32.

37 BGH GRUR 1980, 750, 751; Busse/*Keukenschrijver,* PatG, § 15 Rn. 61; näher sogleich unten Erstes Kapitel B. I. 4.

38 Mit dem Schöpfungsakt der Erfindung steht dem Erfinder sowohl eine immaterialgüterrechtliche Komponente als auch eine Persönlichkeitsrechtliche Komponente an der Erfindung zu. Der immaterialgüterrechtliche Bestandteil schützt den Erfinder vor allem vor einer widerrechtlichen Anmeldung durch Dritte (§§ 8, 21I Nr. 3, 59 I, 7 II PatG). Der persönlichkeitsrechtliche Bestandteil sichert dem Erfinder Nennung sowohl durch den Anmelder (§ 37 PatG) als auch durch das Patentamt (§ 63 PatG). Beide Komponenten genießen Schutz gem. § 823 I BGB, vgl. RGZ 83, 37, 41; BGH GRUR 1978, 583, 585; BGH GRUR 1979, 145, 148; OLG Frankfurt GRUR 1987, 886, 887; Benkard/*Melullis,* PatG, § 6 Rn. 10 ff.; Busse/*Keukenschrijver,* PatG, § 6 Rn. 11 f.; *Pahlow* GRUR 2008, 97, 102.

39 Benkard/Ullmann/Grabinski, EPÜ, Art. 73 Rn. 1.

Auch im Gebrauchsmusterrecht, das in seinem Wesen dem Patent ähnelt, wird die Lizenzerteilung als Möglichkeit der positiven Benutzungserlaubnis erwähnt. Analog zu den Vorschriften im Patentrecht können bereits geschützte, als Gebrauchsmuster eingetragene Erfindungen, sowie die jeweiligen Vorstufen i.S.d. § 22 I GebrMG[40] Gegenstand von ausschließlichen oder nicht ausschließlichen Lizenzen sein (§ 22 II GebrMG).

2. *Marke*

Für die Marke ergibt sich die Möglichkeit der Lizenzierung ebenfalls aus dem Gesetz. § 30 MarkenG[41] bestimmt, dass die Marke Gegenstand von ausschließlichen und nicht ausschließlichen Lizenzen sein kann.[42] Ebenso wie beim Patentgesetz, hatte die Aufnahme des Begriffes der Lizenz in das Markengesetz lediglich die bereits durch Rechtsprechung anerkannte Rechtslage klargestellt.[43] Auch das Markenrecht gewährt seinem Inhaber die Möglichkeit der Lizenzierung noch vor Erlangung des Vollrechts durch Eintragung in das vom Patentamt geführte Markenregister, sofern die Marke bereits angemeldet ist (§§ 31, 30 I MarkenG).

3. *Geschmacksmuster*

Auch für das Geschmacksmuster lassen sich nach dem ausdrücklichen Gesetzeswortlaut ausschließliche sowie nicht ausschließliche Lizenzen erteilen (§ 31 I GeschmMG[44]). Dies gilt ferner auch für lediglich angemeldete Geschmacksmuster (§§ 32, 31 I GeschmMG).

4. *Urheberrecht*

Angesichts der uneinheitlichen Terminologie im Urheberrecht können Zweifel aufkommen, ob die Verwendung eines dem gewerblichen Rechtsschutz gleichstehenden Lizenzbegriffes im Urheberrecht angebracht ist. In der Praxis findet

---

40 In der Fassung vom 28. August 1986 (BGBl. I S. 1455), zuletzt geändert durch Artikel 3 des Gesetzes vom 7. Juli 2008 (BGBl. I S. 1191).

41 In der Fassung vom 25. Oktober 1994 (BGBl. I S. 3082 (1995, 156); 1996, 682), zuletzt geändert durch Artikel 4 des Gesetzes vom 7. Juli 2008 (BGBl. I S. 1191).

42 § 30 I und II setzt damit Art. 8 der Markenrechtsrichtlinie (2008/95/EG) um. Die Regelungen der Abs. 3 bis 5 sind mit Art. 8 vereinbar, auch wenn sich dort keine entsprechende Vorgabe befindet, *Fezer*, Markenrecht, § 30 Rn. 3.

43 BT-Drs. 12/6581, 86.

44 In der Fassung vom 12. März 2004 (BGBl. I S. 390), zuletzt geändert durch Artikel 7 des Gesetzes vom 7. Juli 2008 (BGBl. I S. 1191).

dieser Begriff zwar Verwendung.[45] Im Urheberrechtsgesetz ist aber hinsichtlich der wirtschaftlichen Verwertung von Urheberrechten lediglich die Rede von Verwertungs- und Nutzungsrechten.[46] Erstere stellen ausschließliche Rechte des Urhebers dar und sichern ihm die Möglichkeit der wirtschaftlichen Verwertung seines Werkes.[47] Sie sind in den §§ 15 ff. UrhG geregelt. Da das Urheberrecht als Ganzes in Deutschland grundsätzlich nicht übertragbar ist (§ 29 UrhG), sind die an den Urheber gebundenen Verwertungsrechte ebenfalls grundsätzlich nicht übertragbar.

Hingegen kann der Urheber sogenannte Nutzungsrechte erteilen, für die er eine entsprechende Vergütung erhält, und kann das Werk somit wirtschaftlich verwerten. Die Nutzungsrechte – somit als Derivate der Verwertungsrechte anzusehen - gewähren Dritten eine Rechtsposition, die sie zur Nutzung in dem bestimmten Umfang berechtigen.[48] Art und Umfang der Nutzungsberechtigung wiederum werden in § 31 UrhG nahezu identisch zum Lizenzbegriff im gewerblichen Rechtsschutz beschrieben. Genau wie § 15 II PatG eine Einräumung von ausschließlichen oder nicht ausschließlichen Lizenzen erlaubt, sieht § 31 I 2 UrhG die Möglichkeit der Erteilung eines einfachen oder ausschließlichen Nutzungsrechts vor. Ferner sieht § 31 I 2 UrhG die Möglichkeit der räumlichen, zeitlichen oder inhaltlichen Beschränkung vor. Dieselben Beschränkungsmöglichkeiten bieten sich aufgrund der Vertragsfreiheit auch im Patentrecht[49], wenngleich in § 15 II 1 PatG nur die örtliche Beschränkung wörtlich erwähnt ist.

Die Gleichheit von Inhalt und Funktion der Erteilung eines Nutzungsrechts im Urheberrecht mit der Erteilung einer Lizenz im gewerblichen Rechtsschutz spricht mithin gegen einen terminologischen Unterschied. Auch die parallele historische Entwicklung des Rechtscharakters des Patentrechts und des Urheberrechts und deren wirtschaftlicher Verwertungsmöglichkeiten[50] und der Rückgriff

---

45 BGH GRUR 2010, 418; BGH ZUM 2010, 427; BGH GRUR 2009, 407; OLG Köln BeckRS 2011, 00291; BeckOF/*Kreile,* 21.1.3, (Buch-)Lizenzvertrag; Pfaff/Osterrieth/-*Pfaff,* Lizenzverträge, Teil A. Rn. 2; *Beck,* Der Lizenzvertrag im Verlagswesen, passim; *Castendyk* ZUM 2007, 169 ff.

46 Vgl. §§ 31 UrhG,

47 Wandtke/Bullinger/*Heerma,* § 15 Rn. 1.

48 Loewenheim/*Loewenheim/Nordemann,* Handbuch des Urheberrechts, § 24 Rn. 4.

49 Benkard/*Ullmann*, PatG, § 15 Rn. 63; *Mes*, PatG GebrMG, § 15 PatG Rn. 42ff; Pfaff/Osterrieth/*Osterrieth,* Lizenzverträge, Teil B. Rn. 43 ff.

50 Vgl. *Pahlow,* Lizenz und Lizenzvertrag, S. 96 ff.

urheberrechtlicher Judikatur auf patentrechtliche Erwägungen[51] sprechen gegen eine sprachliche Differenzierung.

Eine sprachliche Differenzierung wird heute nur noch bei Nutzungsrechten erster Stufe, also originären, vom Urheber direkt abgeleiteten und umfassenden Nutzungsrechte, vereinzelt als geboten angesehen.[52] Inhaltlich und funktional aber dienen die Nutzungsrechte erster Stufe, genauso wie davon abgeleitete weitere Nutzungsrechte, der wirtschaftlichen Verwertung gegen Entgelt. Im Ergebnis besteht also zwischen der Einräumung einer Lizenz im gewerblichen Rechtschutz und der Einräumung eines Nutzungsrechts kein funktionaler Unterschied, der eine differenzierende Behandlung rechtfertigen würde.[53]

5. Software

Auf Computerprogramme finden die §§ 69a – g UrhG Anwendung. Dabei bestimmt § 69a IV UrhG, dass auf Computerprogramme die für Sprachwerke geltenden Vorschriften Anwendung finden, soweit in diesem Abschnitt nichts anderes bestimmt ist. Daher finden die Vorschriften des Urheberrechts über die Vererbung, Übertragung und Rechtsnachfolge (§§ 28 – 30 UrhG) ebenso Anwendung wie die Vorschriften über die Nutzungsrechte gem. §§ 31 – 41 UrhG.

Bei der wirtschaftlichen Verwertung von Computerprogrammen ergeben sich zu dem oben Gesagten keine wesentlichen Unterschiede, so dass auch hierin Lizenzverträge zu sehen sind. Entgegen der im Urheberrecht angeführten Zweifel an einem einheitlichen Sprachgebrauch scheinen die Begriffe „Lizenz" und „Lizenzvertrag" ausweislich ihrer Verwendung auch keinen praktischen Bedenken zu unterliegen.[54] Der Grund dafür dürfte darin liegen, dass in der Software ein eigenes schützenswertes Gut erkannt wurde[55], das lediglich den urheberrechtlichen Regelungen unterworfen wurde. Die Einbindung von Computerprogrammen in den urheberrechtlichen Schutz gem. §§ 69a ff. UrhG dient dabei der Umsetzung der Computerprogrammrichtlinie (91/250/EWG), vor der an ei-

---

51 RGZ 106, 362, 366 leitet mit Verweis auf RGZ, 57, 38 ff. und RGZ 75, 400, 402 das Wesen und den Umfang der urheberrechtlichen Lizenz von den bereits gefestigten Grundsätzen der patentrechtlichen Lizenz ab .

52 BGH BeckRS 2010, 28511; Schricker/Loewenheim/*Schricker,* UrhG, Vor § 28 Rn. 21.

53 Loewenheim/*Loewenheim/Nordemann,* Handbuch des Urheberrechts, § 24 Rn. 4; *Pahlow,* Lizenz und Lizenzvertrag, S. 191; *Ohly*, JZ 2003, 545, 549 f.

54 BGH GRUR 2003, 416; OLG Köln MMR 2004, 356; Pfaff/Osterrieth/*Pfaff,* Lizenzverträge, Teil A. Rn. 2; BeckOF/*Grapentin/Schultze-Melling*, 9.1.3, Software-Lizenzvertrag; Kilian/Heussen/*Heydn,* Computerrechts-Handbuch, 1. Abschn. Teil 2. II Rn. 27.

55 BGH GRUR 1985, 1041, 1046; Dreier/Schulze/*Dreier*, UrhG, § 69a Rn. 3; *Kolle* GRUR 1973, 611 ff.; *Möhring* GRUR 1976, 269 ff.; *Ulmer/Kolle* GRUR Int 1982, 489, 490 ff.

nen urheberrechtlichen Schutz von Computerprogrammen sehr hohe Voraussetzungen gestellt wurden.[56] Parallel dazu ist die Erlangung eines Patentschutzes für Computerprogramme im Rahmen des § 1 PatG möglich. Nach neuerer Rechtsprechung[57] ist der bisher angelegte Maßstab der Technizität deutlich leichter zu überwinden. Das hat für den Softwareinhaber den Vorteil, dass im Gegensatz zum Urheberrecht auch die „Idee“, i.e. die dem Programm zugrunde liegende technische Lehre der Neuerung, geschützt wird. Die Software kann dann im Rahmen der Patentlizenz gem. § 15 II PatG vom Softwareinhaber wirtschaftlich verwertet werden.

6. *Sortenschutz*

Der Sortenschutz für eine Pflanzensorte wird unter den Voraussetzungen des § 1 SortSchG erteilt.[58] Er gewährt dem Inhaber ein Ausschließlichkeitsrecht[59] mit entsprechenden positiven Nutzungsbefugnissen (§ 10 SortSchG) sowie negativen Abwehrbefugnissen (§§ 37 ff. SortSchG). Gem. § 11 II SortSchG kann der Sortenschutz Gegenstand ausschließlicher oder nichtausschließlicher Nutzungsrechte sein. Wenngleich das Sortenschutzgesetz wie das Urheberrechtsgesetz von Nutzungsrechten anstatt von Lizenzen spricht, ist dieser Unterschied rein terminologischer nicht aber inhaltlicher Natur.[60]

7. *Halbleiterschutz*

Das Halbleiterschutzgesetz gewährt gem. § 1 I 1 HalblSchG einen Schutz dreidimensionaler Strukturen von mikroelektronischen Halbleitererzeugnissen (To-

---

56 BGH GRUR 1991, 449; OLG Hamm GRUR 1990, 185; OLG Karlsruhe CR 1987, 767; OLG Frankfurt GRUR 1989, 678; OLG Hamm CR 1986, 811; jeweils auf der Grundlage der durch BGH GRUR 1985, 1041 gesetzten Voraussetzung des „schöpferischen Eigentümlichkeitsgrades“, der erst bei einem „...deutlichen Überragen der Gestaltungstätigkeit...gegenüber dem allgemeinen Durchschnittskönnen...“ gesehen wurde.

57 BGH GRUR 2010, 613 ff.; dazu auch *Taeger* NJW 2010,3759, 3760 f.; vgl. aber zuvor BGH GRUR 2009, 479, 480; BGH GRUR 2004, 667, 669; BGH GRUR 2002, 143, 144; *Ensthaler* GRUR 2010, 1 ff.

58 Neben dem deutschen Sortenschutz kann auch ein gemeinschaftlicher Sortenschutz nach der Gemeinschaftssortenverordnung erlangt werden (VO EG Nr. 2100/94), näher *Kraßer,* Patentrecht, S. 202 ff.; *Leßmann/Würtenberger,* Sortenschutzrecht, § 3 Rn. 8.

59 *Leßmann/Würtenberger,* Sortenschutzrecht, § 1 Rn. 27 ff.

60 Vgl. BGH GRUR 2010, 1087; OLG Düsseldorf NJOZ 2007, 1572; OLG Düsseldorf BeckRS 2010, 22894; OLG München BeckRS 2010, 252774; *Leßmann/Würtenberger,* Sortenschutzrecht, § 4 Rn. 21 ff.; *Ohl* GRUR 1966, 172; *Jestaedt* GRUR 1993, 219.

pographien).[61] Auch der Halbleiterschutz stellt ein seinem Inhaber zugewiesenes Ausschließlichkeitsrecht dar (vgl. §§ 6, 9 HalblSchG). Dieses ist aber nicht so weit gefasst wie etwa der Patentschutz. So ist zum Beispiel die Nachbildung der geschützten Topographie verboten (§ 6 I HalblSchG), nicht aber die Herstellung derselben Struktur aus eigener Leistung.[62] Darüber hinaus erstreckt sich der Schutz der Topographie auch nicht auf die Nachbildung der Topographie zum Zwecke der Analyse, der Bewertung oder der Ausbildung (§ 6 II Nr. 2 HalblSchG) sowie auf die geschäftliche Verwertung einer Topographie, die das Ergebnis einer Analyse oder Bewertung nach Nummer 2 ist und Eigenart aufweist (§ 6 II Nr. 3 HalblSchG). Damit wird das sogenannte „reverse engineering" ermöglicht.[63] Die Topographie kann zerlegt, analysiert und für eigene Topographien nutzbar gemacht werden. Zwar muss die neue Topographie „Eigenart" aufweisen. Im Einzelfall dürften aber zulässige Verwertung der Analyse und unerlaubte Kopie dicht beieinander liegen.

Hinsichtlich der wirtschaftlichen Verwertung des Halbleiterschutzes wird aber durch § 11 II HalblSchG auf § 22 GebrMG verwiesen. Dieser sieht nach seinem Wortlaut die Möglichkeit zur Erteilung von ausschließlichen und nicht ausschließlichen Lizenzen vor (§ 22 II 1 GebrMG).[64]

8. *Nicht durch Ausschließlichkeitsrechte geschützte Immaterialgüter*

a) Unterscheidung

Insbesondere die schnelle technologische Entwicklung der letzten Jahre hat eine Reihe *neuer* Güter hervorgebracht, die *de lege lata* (noch) keinen Ausschließ-

---

61 Näher zum Halbleiterschutz Benkard/*Goebel*, PatG, Vorbemerkung zum GebrMG Rn. 5c; *Redeker,* IT-Recht, Rn. 158; *Kraßer,* Patentrecht, S. 14 f.; *Osterrieth,* Patentrecht, Rn. 173; vor dem Inkrafttreten des HalblSchG *Dreier* GRUR Int 1987, 645 ff.

62 *Kraßer,* Patentrecht, S. 15; der Schutz einer identischen (nicht kopierten) Neuerfindung ist im Patentrecht aufgrund des Merkmals der Neuheit nicht möglich. Im Urheberrecht hingegen ergibt sich mit der Doppelschöpfung ebenfalls die Möglichkeit des Rechts am selben Gegenstand, vgl. BGH GRUR 1988, 812; KG ZUM 2001, 503 ff.; LG München I ZUM 2003, 245; Dreier/Schulze/*Schulze*, UrhG, § 2 Rn 17; Kilian/Heussen/*Harte-Bavendamm,* Computerrechts-Handbuch, Abschn. 1 Teil 5 Rn. 13; Loewenheim/*Loewenheim,* Handbuch des Urheberrechts, § 8 Rn. 29 ff.; Wandtke/Bullinger/-*Bullinger,* § 23 Rn. 19 ff.

63 *Kraßer,* Patentrecht, S. 15; *Redeker,* IT-Recht, Rn. 161; Die Idee, dass reverse Engineering zulässig und wünschenswert für einen technologischen Fortschritt ist, wurde aus dem US-amerikanischen Recht übernommen vgl. *Brooktree Corp. v. Advanced Micro Devices, Inc,* U.S. District Court for the Southern District of California, GRUR Int 1989, 594 ff.; *Dreier* GRUR Int 1987, 645, 658 f.

64 Siehe dazu oben Erstes Kapitel B. I. 1.

lichkeitsschutz vergleichbar dem Patent oder der Marke genießen.[65] Hierzu zählen zum Beispiel das gewerbliche Veranstalterrecht,[66] die Internetdomain,[67] das Know-how,[68] sowie weitere werthafte z.B. digitalisierte Güter und ungeschützte Formgestaltungen, die geeignet sind am Rechtsverkehr teilzunehmen.[69] Zu klären ist also, welche vertraglichen Vereinbarungen zur Nutzbarmachung eines Rechts im hier verstandenen Sinne als Lizenz bezeichnet werden sollen. Mit anderen Worten muss eine qualitative Abgrenzung der Rechte vorgenommen werden, die der Bearbeitung zugrunde liegen.

Unproblematisch kann man den Lizenzbegriff auf Immaterialgüter anwenden, die unter den – zugegebenermaßen umstrittenen[70] - numerus clausus der Immaterialgüterrechte fallen. Dazu gehören die oben beschriebenen Rechte.[71]

---

65 Der Grund für den mangelnden Schutz ist dabei nicht in dem geringen Wert des betrachteten Gutes *per se* zu suchen. Vielmehr befördert die rapide technologische Entwicklung der letzten 30 Jahre sowohl die Entstehung neuer werthafter Güter als auch die Möglichkeiten der Fremdnutzung bisher bereits anerkannter Güter, vgl. *Troller,* in: FS Gutzwiller, S. 771. Im Idealfall steht am Ende einer durch Rechtswissenschaft und Rechtspraxis erkannten Zuordnung oder eines erkannten erweiterten Schutzbedarfs die Positivierung durch den Gesetzgeber. Beispiele der letzten Jahre hierfür sind Computerprogramme (§ 69a ff. UrhG) und Pflanzenzüchtungen (§§ 1 ff. SortSchG).

66 Unter diesem Begriff wird insbesondere das Recht der medialen Vermarktung vor allem von Sportveranstaltungen diskutiert, vgl. BGH GRUR 2006, 249; OLG Hamburg NJW-RR 2003, 1485; OLG Frankfurt a.M. SpuRt 1999, 200; *Wertenbruch* SpuRt 2001, 185; *Winter* ZUM 2003, 531; *Krebs/Becker/Dück* GRUR 2011, 391 ff.

67 Vgl. BVerfG GRUR 2005, 261; BVerfG GRUR 2006, 735; BGH NJW 2008, 3716; BGH MMR 2005 685; OLG Hamm MMR 2005, 381; LG Essen GRUR 2000, 453; LG München MMR 2001, 319 mit Anmerkung von *Welzel*; *Birner,* Die Internet-Domain als Vermögensrecht, passim; *Hartig,* Die Domain als Vermögensgegenstand, passim; *Wilhelm,* Sachenrecht, Rn. 233; *Welzel* MMR 2001, 131; *Kleespies* GRUR 2002, 764; *Krebs/Becker* JZ 2009, 932.

68 Vgl. nur BGH GRUR 1955, 424, 426; BGH NJW 1960, 1999, 2000; BGH GRUR 1961, 40, 43; BGH GRUR 2003, 356, 358; *Groß*, Der Lizenzvertrag, Rn. 16; *Osterrieth,* Patentrecht, Rn. 358; Pfaff/Osterrieth/*Winzer,* Lizenzverträge, Teil B. Rn. 553 f.; *Ann* GRUR 2007, 39; *Oehlrich* GRUR 2010, 33.

69 Vgl. *Haedicke,* Rechtskauf und Rechtsmängelhaftung, S. 295 ff.; *Peukert,* Güterzuordnung als Rechtsprinzip, S. 136 ff. mit weiterführenden Gedanken auch zum Schutz virtueller Güter aus Online-Welten, vgl. dazu auch *Lober/Weber* CR 2006, 837; *Rippert/Weimer* ZUM 2007, 272, 274 f.

70 Für einen numerus clausus *Gitter,* Gebrauchsüberlassungsverträge, S. 445; *Jänich,* Geistiges Eigentum, S. 234 ff.; *Troller,* in: FS Gutzwiller, S. 769 ff.; *Hilty* GRUR Int 1993, 818, 825; dagegen *Fezer*, Markenrecht, § 2 Rn. 41; ausführlich *McGuire*, Die Lizenz, S. 274 ff.; *Ohly,* in: FS Schricker, 105 ff.; *Weinmann,* Die Rechtsnatur der Lizenz, S. 282 f.; *Kraßer* GRUR Int 1973, 230, 232; *Forkel* NJW 1983, 1764, 1767.

71 Vgl. oben Erstes Kapitel B. I. 1 – 7.

Diese vom Gesetzgeber besonders qualifizierten Immaterialgüterrechte genießen einen subjektiven absoluten Schutz, der sich jeweils in einem positiven Nutzungsrecht[72] und einem negativen Verbietungsrecht[73] äußert. Von Belang für das Lizenzvertragsverhältnis ist dies insofern, als der Bestand des zugrundeliegenden Rechts grundsätzlich gesichert scheint. Die Vertragsparteien dürfen darauf vertrauen, dass das werthafte Gut nicht ohne weiteres entfällt.

Den darüber hinaus existierenden immateriellen Gütern kommen diese Eigenschaften aber entweder nur teilweise oder aber gar nicht zu. Teilverdinglichte Rechte[74] z.B. sind relative Rechte, denen durch die Rechtsordnung bestimmte Wirkungen gegenüber Dritten zugestanden werden, die sonst nur absoluten Rechten zu eigen sind. Da sie aber nur teilweise die Wirkung eines absoluten Rechts haben, kommt ihnen nicht die Ausschlussfunktion eines absoluten subjektiven Rechts zu. Noch geringere Bestandskraft haben wirtschaftlich wertvolle Güter, denen noch nicht einmal teilweise quasi-dingliche Eigenschaften zugesprochen werden. Darunter fällt etwa das Know-how. Ihm kommt keine Ausschlussfunktion zu. Die immateriellen Rechte außerhalb des sogenannten numerus clausus sind also keine absoluten subjektiven Rechte. Sie fallen damit nach wohl h.M. nicht unter den Schutz des § 823 BGB[75] und genießen auch keine anderweitig gesetzlich normierte Ausschlussfunktion.

In funktionaler Sicht liegt aber bei diesen Gütern ebenso ein Lizenzvertrag vor.[76] Wirtschaftlich werthafte Güter werden gegen eine Gebühr zugänglich gemacht. In allen Fällen sind die grundsätzlichen Interessen der Vertragsparteien gleich gelagert[77]: Der Lizenzgeber verfügt über ein Gut, für das er ein Entgelt erhalten will.[78] Der Lizenznehmer ist bereit die Gebühren zu zahlen, solange

---

72 Vgl. §§ 15 UrhG, 9 S. 1 PatG, 11 I 1 GebrMG, 14 I, 15 I MarkenG, 38 I 1 GeschmMG.

73 Vgl. §§ 97 ff. UrhG, 9 S. 2 PatG, 11 I 2 GebrMG, 14 II, 15 II MarkenG, 38 I 1 GeschmMG.

74 Zum Begriff der Teilverdinglichung vgl. *Dulckheit,* Die Verdinglichung obligatorischer Rechte, passim; *Jänich,* Geistiges Eigentum, S. 200; *Kraßer,* Schutz vertraglicher Rechte, S. 99 ff.; *Peukert,* Güterzuordnung als Rechtsprinzip, S. 50 f.; *Wilhelm,* Sachenrecht, Rn. 83 ff.; *Krebs/Becker* JZ 2009, 932, 935; sowie unten Erstes Kapitel B. II. 6.

75 Vgl. BGH NJW 2004, 3102, 3105; BGH MMR 2005, 685 mit Anm. *Hoffmann*; BeckOK BGB Bamberger/Roth/*Spindler*, § 823 Rn. 86 f.; MünchKommBGB/*Wagner*, § 823 Rn. 142; strittig vor allem für die Domain, dagegen BVerfG GRUR 2005, 261 (obiter dictum); BGH GRUR 2008, 1099, 1100; *Utz* Anm. zu OLG Köln MMR 2006, 469, 471; dafür OLG Köln MMR 2006, 469; MünchKommBGB/*Wagner*, § 823 Rn. 162; *Fezer*, Markenrecht, Einl. G Rn. 14; *Krebs/Becker* JZ 2009, 932, 942; *Koos* MMR 2004, 359, 364.

76 Vgl. dazu eingehend am Beispiel des Know-how *McGuire*, Die Lizenz, S. 72 ff.

77 Zu den Interessen der Lizenzvertragsparteien eingehend unten Zweites Kapitel B.

78 Zum Vergütungsinteresse des Lizenzgebers siehe unten Zweites Kapitel B. I. 1.

ihm das Gut in der vertraglich vorausgesetzten Qualität zur Verfügung gestellt wird.[79]

Nicht unerwähnt bleiben soll auch, dass das Gesetz selbst den Lizenzbegriff auch für Vorstufen von Ausschließlichkeitsrechten verwendet, die noch kein Vollrecht darstellen.80 So kann die Lizenz auch schon für das Recht auf das Patent (§ 15 II i.V.m. I PatG) oder für das Recht auf Sortenschutz (§ 11 II i.V.m. I SortSchG) erteilt werden. In Frage steht aber, ob der Unterschied der rechtlichen Qualität des zugrundeliegenden Leistungssubstrats der Einordnung als Lizenz im engeren Sinne entgegensteht. Dies soll kurz am Beispiel des Know-how geklärt werden. Kann bei diesem vergleichsweise schwach geschützten Gut schon berechtigterweise von einem Lizenzvertrag gesprochen werden, so muss dies erst recht für stärker geschützte, etwa teilverdinglichte Rechte gelten.

b) Darstellung am Beispiel des Know-how

Unter Know-how wird Spezialwissen verstanden – dies mag technischer oder kaufmännischer Natur sein -, das aufgrund seiner fehlenden allgemeinen Zugänglichkeit[81] wirtschaftlich verwertbar ist.[82] Als solches ist es zwar durch bestimmte Abwehrrechte geschützt (§§ 1 UWG, 823 II BGB i.V.m. 17 ff. UWG). Gleichwohl stellt es nach überwiegender Meinung kein Recht i.S.d.

---

79 Zu den Interessen des Lizenznehmers eingehend unten Zweites Kapitel C.

80 RGZ GRUR 1951, 278; BGH GRUR 1955, 388, 389; OLG München GRUR 1951, 157, 158; Benkard/*Melullis*, PatG, § 6 Rn. 14; *Leßmann/Würtenberger,* Sortenschutzrecht, § 2 Rn. 1; MünchKommBGB/*Wagner*, § 823 Rn. 165.

81 Auf das Vorliegen eines Geheimnisses kommt es nicht an. Es genügt, dass das Wissen nicht allgemein zugänglich ist und der Lizenznehmer die Zahlung einer Gebühr niedriger einschätzt als die Kosten einer selbständigen Aneignung des Wissens, vgl. Anm. *Fischer* zu BGH GRUR 1976, 140, 143; *Fischer* GRUR 1985, 638, 639.

82 Vgl. BGH GRUR 1955, 424, 426; BGH NJW 1960, 1999, 2000; BGH GRUR 1961, 40, 43; BGH GRUR 1976, 140 ff. mit Anm. *Fischer;* BGH GRUR 2003, 356, 358; *Groß*, Der Lizenzvertrag, Rn. 16; Pfaff/Osterrieth/*Winzer,* Lizenzverträge, Teil B. Rn. 553 f.; *Fischer* GRUR 1985, 638 ff.; *Troller* GRUR Ausl 1958, 385 ff.; eine gesetzliche Definition von Know-how existiert nicht, es wird aber in einigen gesetzlichen Vorschriften umschrieben. § 17 UWG spricht von Geschäfts- und Betriebsgeheimnissen. Art. 1 I lit. i) TT-GVO definiert für den Bereich der Richtlinie Know-how als „…eine Gesamtheit nicht patentierter praktischer Erkenntnisse, die durch Erfahrungen und Versuche gewonnen werden und die geheim…,wesentlich,…und identifiziert sind…". Die Lizenzierung wurde auch von § 18 GWB in der bis zum 1.07.2005 gültigen Fassung: „…die Veräußerung oder Lizenzierung von gesetzlich nicht geschützten Erfindungsleistungen, Konstruktionen, sonstigen die Technik bereichernden Leistungen…soweit sie wesentliche Betriebsgeheimnisse darstellen…".

§ 823 I BGB dar und kann kein Gegenstand einer Verfügung sein.[83] Es unterliegt keinem subjektiven Ausschließlichkeitsschutz. Aufgrund seiner Eigenschaft als Spezialwissen kann es aber für Dritte wirtschaftlich wertvoll sein und gegen ein Entgelt zur Verfügung gestellt werden.[84] Diesbezüglich ist dann von Know-how-Lizenzverträgen[85] oder neutral von Know-how-Verträgen[86] die Rede. Hier zeigt sich nicht nur die funktionale sondern auch die in der Rechtspraxis terminologische Vergleichbarkeit.

Diese Ähnlichkeit kann aber nicht darüber hinwegtäuschen, dass bei der Verwertung eines werthaften Gutes seiner Rechtsstruktur erhebliche Bedeutung zukommt. Beispielsweise verlassen sich die Lizenzvertragsparteien einer Patentlizenz darauf, dass der Patentinhaber grundsätzlich eine Monopolstellung inne hat, die nur ihm zugewiesen ist, die er gegen eine zufällige Verbreitung und ungerechtfertigte Angriffe entsprechend verteidigen kann und an der der Lizenznehmer gegen eine bestimmte Gebühr teilhaben kann.[87] Der Know-how-Inhaber kann den Monopolzustand aber durch Verteidigung des immateriellen Guts nur bedingt aufrechterhalten. Wird das Know-how vor oder nach Vertragsschluss öffentlich bekannt, stellt es kein geheimes Spezialwissen mehr dar. Das Leistungssubstrat kann somit vollständig wegfallen, ohne dass den Vertragsparteien eine Schutzmöglichkeit gewährt wäre.[88]

---

83 BeckOK BGB Bamberger/Roth/*Spindler*, § 823 Rn. 87; Erman/*Schiemann*, § 823 Rn. 40; MünchKommBGB/*Wagner*, § 823 Rn. 165; a.A. *Pfister*, Know-how als Vermögensrecht, passim.

84 *Henn*, Patent- und Know-how-Lizenzvertrag, Rn. 63; *Körner*, GRUR 1982, 341, 343; *Lüdecke/Fischer*, Lizenzverträge, 33; *Pahlow*, Lizenz und Lizenzvertrag, S.256.

85 BGH NJW 1981, 2684, 2685; OLG Hamm NJW-RR 1993, 1270; Beck'sche Formularsammlung zum gewerblichen Rechtsschutz mit Urheberrecht/*Schubert/Pitz*, 134; Pfaff/Osterrieth/*Winzer*, Lizenzverträge, Teil B. Rn. 551; Die Lizenzierung wurde auch von § 18 GWB in der bis zum 1.07.2005 gültigen Fassung beschrieben als „...die Veräußerung oder Lizenzierung von gesetzlich nicht geschützten Erfindungsleistungen, Konstruktionen, sonstigen die Technik bereichernden Leistungen...soweit sie wesentliche Betriebsgeheimnisse darstellen..."; vgl. auch die Gruppenfreistellungsverordnung für Technoligietransfer-Vereinbarungen, Verordnung (EG) Nr. 772/2004.

86 *Groß*, Der Lizenzvertrag, Rn. 16.

87 Zu den Interessen der Vertragsparteien, insbesondere auch zum Nutzungs und Verteidigungsinteresse des Lizenznehmers siehe unten Zweites Kapitel C.

88 Dies gilt letztlich obwohl die Geheimhaltung durch den Inhaber faktisch eine Zuweisung des Know-hows an ihn bedeutet und die entsprechende Sanktionierung einer Weitergabe faktisch Ausschlusswirkung entfaltet, *Ann* GRUR 2007, 39, 43. Im Ergebnis muss den Interessen des Lizenznehmers sogar eine effektive Geheimhaltung besser entsprechen als eine (teilweise) Verbreitung mit Verletzungsklagemöglichkeiten.

Die Möglichkeit des Wegfalls an sich stellt dabei noch keine Besonderheit dar. Auch die absoluten geistigen Eigentumsrechte können nachträglich entfallen.[89] Dem Wertverfall durch Benutzung durch Dritte kann aber im Wege der Schutzrechtsverletzungsklage entgegengewirkt werden. Dort wo eine Pflicht zur Klage des Schutzrechtsinhabers im Lizenzvertragsverhältnis angenommen wird[90], kann freilich nicht dieselbe Pflicht für einen Know-how-Lizenzvertrag angenommen werden. Soweit dem aber das Prinzip der Vermeidung des Verfalls des wirtschaftlichen Guts zugrunde liegt, kann analog eine Verpflichtung des Know-how-Inhabers zur Geheimhaltung angenommen werden. Die Verpflichtung zur Wahrung eines spezifischen Interesses gestaltet sich somit gleich, die konkrete Umsetzung variiert aber.

Auch hinsichtlich der Haftung für den Bestand ergeben sich keine Unterschiede, die eine Beschränkung des Lizenzbegriffes auf absolute Immaterialgüterrechte nahe legen. Um ein Beispiel vorwegzunehmen: Teilweise wird eine verschuldensunabhängige Haftung des Lizenzgebers für den Bestand des lizenzierten Guts befürwortet.[91] Als Begründung wird angeführt, dass nur der Lizenzgeber eine umfängliche Recherchemöglichkeit hinsichtlich etwaiger Schutzrechtsüberschneidungen oder –verletzungen hat.[92] Für das Know-how hingegen kann eine solche Pflicht nicht behauptet werden. Eine Anfrage, ob in Betrieben derselben oder ähnlicher Branchen zumindest vergleichbares Know-how vorhanden ist, dürfte entweder auf wenig Kooperationsbereitschaft stoßen oder in einer zumindest teilweisen Preisgabe des Spezialwissens selbst münden. Wiederum ist aber die zugrundeliegende Bewertung übertragbar. Auch der Know-how-Inhaber hat einen dem Patentinhaber vergleichbaren besseren Einblick in Ausführbarkeit und Bestand seines Immaterialguts. Dass er sich der Eigenschaften seines Guts mit anderen Mittel versichert als etwa der Markeninhaber ändert daher im Grundsatz nichts an der Übertragbarkeit der Bewertung.

---

89 Eine Marke kann z.B. aufgrund relativer Eintragungshindernisse mit ex-tunc Wirkung gelöscht werden (vgl. §§ 50 I, 51 I, 52 II MarkenG). Ein Patent kann z.B. aufgrund mangelnder Patentfähigkeit nachträglich für nichtig erklärt werden (vgl. §§ 21, 22 PatG). Zum Ganzen vgl. unten Viertes Kapitel D. II.

90 Vgl. BGH GRUR 1965, 591, 596; Benkard/*Ullmann*, PatG, § 15 Rn. 153; Busse/*Keukenschrijver*, PatG, § 15 Rn. 113; *Fezer*, Markenrecht, § 30 Rn. 15; *Groß*, Der Lizenzvertrag, Rn. 279; *Henn*, Patent- und Know-how-Lizenzvertrag, Rn. 321; *Kraßer/Schmid* GRUR Int 1982, 324, 330.

91 BGH GRUR 1960, 44, 46; BGH GRUR 1979, 768, 769; Ströbele/Hacker/*Hacker*, MarkenG, § 30 Rn. 57; *Goldmann/Redecke* MMR 2002, 3, 5; *Haedicke* GRUR 2004, 123, 126 f.

92 *Goldmann/Redecke* MMR 2002, 3, 6; *Haedicke* GRUR 2004, 123, 127.

c) Ergebnis und Übertragung auf weitere Güter

Für die Benutzungserlaubnis und den Pflichtenkatalog der Parteien besteht im Ergebnis kein grundsätzlicher Unterschied hinsichtlich der rechtlichen Qualität des geistigen Eigentumsrechts.[93] Die Verträge werden jeweils nach denselben Gesichtspunkten beurteilt.[94] Gilt dies – wie oben gezeigt - schon für den Know-how-Vertrag, so muss dies erst recht für weitere immaterielle Güter gelten, deren Verdinglichung weiter fortgeschritten ist. Sowohl in Bezug auf Immaterialgüter, die zum sogenannten *numerus clausus* der Immaterialgüterrechte gehören, als auch in Bezug auf solche, die außerhalb dieses *numerus clausus* liegen, kann man daher einheitlich den Begriff des Lizenzvertrages verwenden.

Dennoch müssen in der konkreten Umsetzung der Maßstäbe Unterschiede gemacht werden. Sie münden u. U. nicht in denselben, spezifischen Handlungs- oder Unterlassungsverpflichtungen für die Parteien. In sprachlicher Hinsicht können Vertragspflichten, die sich auf die absolute Rechtsposition des Schutzrechtsinhabers beziehen, nicht in gleichlautender Weise für jene Immaterialgüter formuliert werden, die eben diese Rechtsposition nicht bieten. In inhaltlicher Hinsicht ist auf Immaterialgüter außerhalb des *numerus clausus*[95] teilweise die zugrundeliegende Wertung, nicht aber die konkrete Handlungs- oder Unterlassungsverpflichtung zu formulieren.[96] Am Beispiel des Know-how mündet die Verpflichtung zur Verteidigung des absolut geschützten Immaterialguts in der Verpflichtung zur Geheimhaltung.[97] Beiden liegt aber die Wertung der Aufrechterhaltungspflicht des Lizenzgebers zugrunde.

Im Rahmen der Arbeit werden zugunsten der Einheitlichkeit und aufgrund des begrenzten Rahmens nur die *Kernrechte,* i.e. die absolut subjektiven Immaterialgüterrechte[98] betrachtet.[99] Nur ausnahmsweise wird auch auf Lizenzverträge eingegangen, denen eine schwächere Rechtsposition zugrunde liegt.

---

93 Vgl. oben Erstes Kapitel B. I. 8. a) sowie eingehend zu den Interessen der Lizenzvertragsparteien unten Zweites Kapitel.

94 *McGuire*, Die Lizenz, S. 67 ff.

95 Zu der umstrittenen Ansicht des numerus clausus der Immaterialgüterrechte vgl. oben Fn. 70; ausführlich insbesondere *Ohly,* in: FS Schricker, 105 ff.

96 Vgl. insofern auch die Unterscheidung Hiltys zwischen echten Lizenzen an absolut subjektiven Immaterialgüterrechten und unechten Lizenzen an nicht absolut subjektiven Immaterialgüterrechten, *Hilty*, Lizenzvertragsrecht, S. 10 ff.

97 Erstes Kapitel B. I. 8. b).

98 Vgl. oben Erstes Kapitel B. I 1 – 7.

99 Für diese Ausklammerung auch *McGuire*, Die Lizenz, S. 77 ff.; vgl. auch *Hilty*, Lizenzvertragsrecht, S. 10 ff.

II. Arten der Lizenz

1. Gestaltungsfreiheit und Differenzierungen

Genannt wird die *Lizenz* vom Gesetzgeber in den §§ 30 I MarkenG, 15 II 1 PatG, 22 II 1 GebrMG sowie 31 I 1 GeschmMG.[100] Die Normen geben dem Rechtsanwender allerdings nur Hinweise auf die Gestaltungsmöglichkeiten der Verwertung seines geistigen Eigentumsrechts im Wege der Lizenzierung. Genannt wird z.B. die Möglichkeit der Erteilung einer ausschließlichen bzw. nicht ausschließlichen Lizenz (§§ 30 I MarkenG, 15 II 1 PatG, 22 II 1 GebrMG, 31 I 2 GeschmMG). Damit wird auf die persönliche Beschränkbarkeit der Lizenzierung verwiesen. Desweiteren sieht das Gesetz nach seinem Wortlaut eine sachliche[101] und geographische[102] Beschränkungsmöglichkeit vor.

Die im Gesetz genannten Beschränkungen zeigen beispielhaft Möglichkeiten der privatautonomen Gestaltung von Lizenzverträgen. Nähere Vorgaben oder sogar Grenzen werden von den immaterialgüterrechtlichen Spezialgesetzen nicht erwähnt. Damit unterliegen Lizenzverträge der Vertragsfreiheit i.S.d. § 311 I BGB und sind innerhalb der allgemeinen rechtlichen Grenzen, insbesondere der kartell- und warenverkehrsrechtlichen Regelungen, frei gestaltbar.[103] Anders als im Sachenrecht des BGB ist daher eine Aufspaltung der vom geistigen Eigentumsrecht umfassten Befugnisse möglich und an keinen vorgegebenen Vertragstypen gebunden.[104]

---

100 § 11 II HalblSchG führt zwar das Wort „Lizenz“ an, verweist aber insofern auf die entsprechende Bestimmung im GebrMG. Zum begrifflichen Unterschied des „Nutzungsrechts“ i.S.d. §§ 11 II SortSchutzG und §§ 29 II, 31 UrhG vgl. oben Erstes Kapitel B. I. 4. Zum Begriff der Lizenz auf europäischer und internationaler Ebene siehe unten Drittes Kapitel A.

101 „...für alle oder für einen Teil der Waren oder Dienstleistungen...“ § 30 I MarkenG, „ganz oder teilweise“ §§ 15 II 1 PatG, 22 II 1 GebrMG; auch wenn der Wortlaut des § 31 GeschmMG diese Einschränkung nicht erfasst, ist sie gleichwohl gegeben Eichmann/von Falckenstein/*Eichmann,* GeschmMG, § 31 Rn. 6; Bulling/Langöhrig/Hellwig, Geschmacksmuster, Rn. 231 f.

102 „...für das Gebiet der Bundesrepublik Deutschland insgesamt oder einen Teil dieses Gebiets...“ §30 I MarkenG, „...für den Geltungsbereich dieses Gesetzes oder einen Teil desselben...“ §§ 15 II 1 PatG, 22 II 1 GebrMG, „...für das gesamte Gebiet oder einen Teil des Gebiets der Bundesrepublik Deutschland...“31 I 1 GeschmMG.

103 Benkard/*Ullmann*, PatG, § 15 Rn. 60; *Mes,* PatG GebrMG, § 15 PatG Rn. 43; *Fezer,* Markenrecht, § 30 Rn. 11; *Ingerl/Rohnke*, MarkenG, § 30 Rn. 51 ff.; Pfaff/Osterrieth/-*Pfaff,* Lizenzverträge, Teil A. Rn. 56 f.; Spindler/Schuster/*Müller,* Recht der elektronischen Medien, § 30 MarkenG Rn. 4; *Pahlow*, Lizenz und Lizenzvertrag, S. 257.

104 *Jänich,* Geistiges Eigentum, S. 240.

Infolge der Gestaltungsfreiheit hat sich eine Vielzahl von Lizenzvertragstypen etabliert, die neben der persönlichen und räumlichen Beschränkung auch zeitliche und sachliche Vereinbarungen beinhalten.[105] Die Vertragsparteien können dadurch die Benutzungsberechtigung ihren individuellen Verwertungsinteressen anpassen. So kann es dem Interesse der Parteien entsprechen, den Lizenzvertrag auf die zugrundeliegende vorrübergehende Geschäftsverbindung zeitlich zu beschränken.[106] Einschränkungen in sachlicher Hinsicht erhalten z.B. im Patent- und Markenrecht besondere Relevanz bei der Vergabe von Lizenzen als Herstellungs- und Vertriebslizenz.[107] Im Markenrecht hingegen sind sachliche Einschränkungen marken- und produktbezogener Art üblich.[108] Die Markenlizenz wird z.B. auf das Recht der Anbringung der lizenzierten Marke auf bestimmte Waren- oder Dienstleistungsgruppen beschränkt.[109]

Angesichts der möglichen Bandbreite der inhaltlichen Gestaltung von Lizenzverträgen stellt sich schließlich die Frage nach einer sinnvollen Kategorisierung. Die Differenzierung nach der persönlichen Beschränkung i.S.v. ausschließlichen bzw. nicht ausschließlichen Lizenzverträgen bietet sich dabei aus zwei Gründen als geeignetes Kriterium an. *Erstens* werden schon gemäß dem Wortlaut des Gesetzes in fast allen entsprechenden Paragraphen ausschließliche und nicht ausschließliche Lizenzen unterschieden.[110] Lediglich im Urheberrecht ist die Rede von *einfachen* und ausschließlichen Nutzungsrechten.[111] Hinsichtlich der personellen Beschränkung ergeben sich aber zwischen dem *einfachen* Nutzungsrecht und der *nicht ausschließlichen* Lizenz bzw. zwischen dem *ausschließlichen* Nutzungsrecht und der *ausschließlichen* Lizenz keine Unterschiede.[112] *Zweitens* dient diese Aufteilung der Lizenzen als Dreh- und Angelpunkt der Diskussion um die absolute Wirkung der Lizenz. Es bietet sich daher die kategorische Unterteilung der Lizenz in diese zwei (Grund-)Typen an.

---

105 *Fezer,* Markenrecht, § 30 Rn. 12 ff.; *Kraßer,* Patentrecht, S. 934 ff.; Wandtke/Bullinger/-*Wandtke/Grunert,* § 31 UrhG Rn. 4.

106 RG GRUR 1935, 962, 965.

107 Vgl. BGH GRUR 1959, 528, 530; BGH GRUR 1966, 579, 580; BGH GRUR 1967, 378; *Pagenberg/Beier,* Lizenzverträge, Muster 7 Rn. 1; *Groß*, Der Lizenzvertrag, Rn. 26 ff.

108 Vgl. *Fezer,* Markenrecht, § 30 Rn. 15.

109 *Fezer,* Markenrecht, § 30 Rn. 15.

110 Vgl. §§ 15 II 1 PatG, 22 II 1 GebrMG, 30 I MarkenG, 31 I 2 GeschmMG.

111 Vgl. § 31 I 2 UrhG; vgl. zur inhaltlichen Parallelität des „Nutzungsrechts" und der „Lizenz" oben Erstes Kapitel B. I 4.

112 Vgl. nur *Mes*, PatG GebrMG, § 15 PatG Rn. 39 f.; *Ingerl/Rohnke*, MarkenG, § 30 Rn. 16 ff.; Dreier/Schulze/*Schulze,* UrhG, § 31 Rn. 50, 56.

2. *Vorweg: Der Begriff der absoluten Wirkung*

Die eben erwähnte absolute Wirkung der Lizenz wird danach beurteilt, welche Art der Lizenz zugrundeliegt. Gestritten wird im Ergebnis darum, ob, und wenn ja in welchem Maße, die Lizenz dem Lizenznehmer eine absolute Rechtsposition einräumt. Auffällig ist dabei die vorherrschende Verwendung unterschiedlicher Termini zur Bezeichnung einer eben nicht nur schuldrechtlichen Wirkung *inter partes* sondern einer absoluten Wirkung *erga omnes*. In Teilen der Literatur und Rechtsprechung wird die Wirkung der Lizenz im zweiten Fall als dinglich[113] und/oder quasi-dinglich[114], gegenständlich[115] oder als absolut[116] beschrieben.[117] Zur Klarheit auf dem Gebiet des Lizenzrechts tragen solche Differenzen im Sprachgebrauch indes nicht bei.

Sofern einem Berechtigten ein bestimmtes Recht in der Weise zugeordnet ist, dass jeder andere das Recht zu achten und nicht zu verletzen hat, spricht man von einem absoluten Recht.[118] Sofern sich dieses Recht auf eine körperliche Sache bezieht, spricht man von einem dinglichen, oder einem absoluten dinglichen Recht.[119] Absolute Wirkung kann aber auch durch nicht dingliche, also nicht gegenständliche Rechte erzielt werden.[120] Die Begriffe Absolutheit und Dinglichkeit sind also nicht deckungsgleich. Das dingliche Recht ist vielmehr nur der Prototyp des absoluten Rechts.[121] Hinsichtlich der Lizenz bedeutet dies also folgendes: Weist die Lizenz ihrem Inhaber, dem Nutzungsberechtigten, ein Recht

---

113 RGZ 57, 38, 40 f.; 130, 275, 282; 134, 91, 96; OLG Hamburg GRUR-RR 2005, 181, 182; *Groß*, Der Lizenzvertrag, Rn. 36; Benkard/*Ullmann*, PatG, § 15 Rn. 63; *Mes*, PatG GebrMG, § 15 PatG Rn. 39; *Fezer,* Markenrecht, § 30 Rn. 6; *Ingerl/Rohnke*, MarkenG, § 30 Rn. 12; „dingliche Wirkung" der ausschließlichen Lizenz: BGH GRUR 2007, 877, 879; OLG München NJW-RR 1997, 1266, 1267.

114 *Mes*, PatG GebrMG, § 15 PatG Rn. 39; *Schulte,* PatG, §15 Rn. 29.

115 Dreyer/Kotthoff/Meckel/*Kotthoff,* Urheberrecht, § 31 Rn. 105.

116 Benkard/*Ullmann*, PatG, § 15 Rn. 63.

117 Vgl. zur Terminologie auch *Forkel,* Gebundene Rechtsübertragungen, S. 76 ff.

118 *Larenz/Wolf,* AT BGB, § 13 Rn. 10, § 15 Rn. 2 ff.; *Medicus*, AT BGB, Rn. 62; vgl. aber zur Gleichsetzung der Begriffe „dinglich" und „absolut" *Canaris,* in: FS Flume, S. 375; ferner erscheint es schon aus rein sprachlichen Gründen sinnvoll dort von „Teilverdinglichung" zu sprechen, wo die gewährte Rechtsposition weder rein relativ noch rein absolut ist, vgl. *Krebs/Becker* JZ 2009, 932, 933 ff.

119 Prägnant insofern *Mager* AcP 193 (1993), 68, 71: „Wenn von dinglichen Rechten die Rede ist, werden oft diese Rechte an unkörperlichen Gegenständen mitumfaßt (unscharf), weil eben die dinglichen Rechte die wichtigsten ausschluießlichen Rechte sind (Sachwerte)."

120 Z.B. durch Persönlichkeitsrechte oder die Immaterialgüterrechte, vgl. *Larenz/Wolf,* AT BGB, § 15 Rn. 3 ff.

121 *Jänich,* Geistiges Eigentum, S. 199; *Larenz/Wolf,* AT BGB, § 15 Rn. 5.

an der Nutzung in der Weise zu, dass er andere, bis hin zum Schutzrechtsinhaber selbst, von der gleichen Nutzung ausschließen kann und ihm jeder andere diese Nutzung überlassen muss, so liegt darin ein absolutes Recht. Da es sich bei der Lizenz und dem geistigen Eigentumsrecht[122] aber nicht um einen körperlichen Gegenstand, bzw. das Recht an einem solchen handelt, scheint es grundsätzlich nicht überzeugend von einem dinglichen bzw. verdinglichten Recht zu sprechen. Gleichermaßen müsste eine Bezeichnung als gegenständliches Recht unterbleiben. Begriffslogisch müsste von einem absoluten bzw. „verabsolutierten" Recht die Rede sein.[123] Einleuchtend scheint auch noch der Begriff der quasidinglichen Lizenz zu sein, da er andeutet, dass es sich zwar nicht um ein Recht an einem körperlichen Gegenstand handelt, dieses Recht aber durchaus die den dinglichen Sachenrechten eigene Wirkung haben soll. Im Rahmen dieser Arbeit soll daher eine begriffliche Beschränkung eingehalten werden. Da die Bezeichnung der Lizenz als „dinglich" streng genommen falsch ist, soll dieser Terminus hier auch nicht weitergetragen werden. Es wird insofern die Rede von einer quasi-dinglichen bzw. absoluten Wirkung der Lizenz sein.

3. *Die negative Lizenz als bloßer Verbotsverzicht*

Neben den Kategorien der einfachen und der ausschließlichen Lizenz wird auch die negative Lizenz aufgeführt.124 Dabei handelt es sich aber – um das Ergebnis vorwegzunehmen – nicht um eine Lizenz im eigentlichen Sinne.125 Durch die negative Lizenz verzichtet der Lizenzgeber im Sinne eines pactum de non petendo auf seine Verbots- oder Schadensersatzansprüche gegenüber dem Lizenznehmer. Ein positiver Gehalt, wie etwa die Verpflichtung zur Nutzungsermöglichung durch Bereitstellen notwenigen Know-hows oder entsprechender Unterlagen, haftet der negativen Lizenz nicht an.126 Sie befindet sich somit auf

---

122 Kritisch zum irreführenden Begriff „geistiges Eigentum" *Hilty* MMR 2003, 3, 9.

123 *Jänich,* Geistiges Eigentum, S. 214.

124 *Leßmann/Würtenberger,* Sortenschutzrecht, § 4 Rn. 32; *Osterrieth,* Patentrecht, Rn. 352; eingehend *Kraßer,* Patentrecht, S. 930; *Ohly,* Die Einwilligung, S. 143 ff.; *Pahlow*, Lizenz und Lizenzvertrag, S. 247 ff.

125 Benkard/*Ullmann*, PatG, § 15 Rn. 111; *Loth,* GebrmG, § 22 Rn. 38; *Mes*, PatG GebrMG, § 15 PatG Rn. 41; Dreier/Schulze/*Schulze*, UrhG, § 31 Rn. 6; Schricker/-Loewenheim/*Schricker/Loewenheim*, UrhG, Vor §§ 28 ff. Rn. 55 ff.; *Henn,* Patent- und Know-how-Lizenzvertrag, Rn. 54; Pfaff/Osterrieth/*Osterrieth,* Lizenzverträge, Teil 3 Rn. 352; *Kraßer,* Patentrecht, S. 930; a.A. *Bartenbach,* Patentlizenz- und Know-how-Vertrag, Rn. 136.

126 *Bartenbach,* Patentlizenz- und Know-how-Vertrag, Rn. 132; FA-GewRS/*Bartenbach/-Kunzmann,* Kap. 9 Rn. 31; Pfaff/Osterrieth/*Osterrieth,* Lizenzverträge, Teil 3 Rn. 352; *Kraßer,* Patentrecht, S. 930.

der „untersten Stufe" der Nutzungsermöglichungen127 und stellt entweder eine schuldrechtliche Verpflichtung dar, nur das Verbotsrecht nicht auszuüben, oder eine einseitige Einwilligung in die Vornahme der schutzrechtsverletzenden Handlung.128 Ein gesetzlicher Schutz, wie etwa der Sukzessionsschutz kommt ihr nicht zugute.129 Insbesondere entstehen dem Lizenzgeber auch keine Gewährleistungspflichten.130 Somit fehlen der negativen Lizenz die Eigenschaften einer echten Lizenz und es ergeben sich erhebliche Differenzen, die einer gleichlaufenden Interessensbeurteilung im Rahmen des Lizenzvertrages widersprechen. Die negative Lizenz bleibt daher für die weitere Untersuchung außer Betracht.

4. *Die einfache Lizenz*

a) Umfang der einfachen Lizenz

Die nicht ausschließliche Lizenz (§§ 15 II 1 PatG, 22 II 1 GebrMG, 30 I MarkenG, 31 I GeschmMG) bzw. das einfache Nutzungsrecht (§§ 31 I 2 UrhG, 11 II SortSchG) werden im Gesetz der ausschließlichen Lizenz bzw. dem ausschließlichen Nutzungsrecht gegenübergestellt. Vereinfachend wird schutzrechtsübergreifend zumeist von der *einfachen* Lizenz gesprochen.[131] Durch diese erhält der Lizenznehmer ein einfaches Benutzungsrecht, das ihm erlaubt das lizenzierte Schutzrecht im vertraglich bestimmten Rahmen rechtmäßig zu nutzen, ohne dabei gegen das Ausschließlichkeitsrecht des Lizenzgebers zu verstoßen. Der Lizenzgeber verliert insoweit sein Verbietungsrecht gegenüber dem Lizenznehmer. Positiv formuliert wird der Lizenznehmer in den Kreis derer mitaufgenommen, denen die Ausschlusswirkung des Schutzrechts gegenüber

---

127 Zur Begründung der „Stufenleiter" der Nutzungsermöglichung *Ohly,* Die Einwilligung, S. 143 ff.; vgl. auch *Pahlow*, Lizenz und Lizenzvertrag, S. 247 ff.

128 Schricker/Loewenheim/*Schricker/Loewenheim*, UrhG, Vor §§ 28 ff. Rn. 57; *Leßmann/Würtenberger,* Sortenschutzrecht, § 4 Rn. 32; Loewenheim/*Loewenheim/-J.B.Nordemann,* Handbuch des Urheberrechts, § 26 Rn. 16; Pfaff/Osterrieth/*Osterrieth,* Lizenzverträge, Teil 3 Rn. 352; *Ohly,* Die Einwilligung, S. 146.

129 BGH GRUR 1982, 411, 412; Benkard/*Ullmann*, PatG, § 15 Rn. 111; *Loth,* GebrMG, § 22 Rn. 38; *Mes*, PatG GebrMG, § 15 PatG Rn. 39; *Leßmann/Würtenberger,* Sortenschutzrecht, § 4 Rn. 32; *Lüdecke* GRUR 1964, 470, 473; a.A. *Bartenbach,* Patentlizenz- und Know-how-Vertrag, Rn. 136.

130 *Pahlow*, Lizenz und Lizenzvertrag, S. 254.

131 Vgl. BGH GRUR 2009, 946 ff; Benkard/*Ullmann*, PatG, § 15 Rn. 87; *Mes*, PatG GebrMG, § 15 PatG Rn. 39; *Fezer,* Markenrecht, § 30 Rn. 16; *Ingerl/Rohnke*, MarkenG, § 30 Rn. 18; Dreier/Schulze/*Schulze,* UrhG, § 112 Rn. 21 ff.; Wandtke/Bullinger/-*Wandtke/Grunert,* § 31 Rn. 2; Benkard/*Ullmann*, GebrMG, § 22 Rn. 4; Eichmann/von Falckenstein/*Eichmann,* GeschmMG, § 31 Rn. 8; *McGuire*, Die Lizenz, S. 101 f.; *McGuire/von Zumbusch/Joachim* GRUR Int 2006, 682 ff.

Dritten zugutekommt.[132] Bei der einfachen Lizenz behält sich der Lizenzgeber aber nicht nur vor, das geschützte Recht selbst weiter zu nutzen, sondern kann – vorbehaltlich vertraglicher Einschränkungen – weitere Lizenzen derselben Art an beliebig viele Lizenznehmer erteilen.[133]

Eine einfache Lizenz hat somit zwar für den Lizenznehmer den offensichtlichen Nachteil der Vielzahl der Wettbewerber auf dem entsprechenden Gebiet des Schutzrechts. Im Gegenzug wird aber die Lizenzgebühr – je nach etwaiger schuldrechtlicher Verpflichtung zur quantitativen Beschränkung der Lizenznehmer durch den Lizenzgeber – entsprechend niedriger ausfallen.[134] Ihre Anwendung findet diese Art der Lizenz daher zumeist bei geistigen Eigentumsrechten, die für die Teilnahme auf einem bestimmten Wettbewerbsgebiet Voraussetzung sind, deren Benutzungsmöglichkeit allein aber zunächst nicht für den wettbewerblichen Erfolg ausreicht.[135] Die Vereinbarung überwiegend gleicher Vertragsbedingungen mit einer Vielzahl von Lizenznehmern legt eine formularmäßige Vertragsverwendung nahe. Daher stellt sich hier in besonderem Maße die Frage der Inhaltskontrolle. Zu denken ist dabei etwa an die weit verbreiteten AGB-Verträge für Softwarelizenzen, die Übertragung von Nutzungs- und Verwertungsrechten von Urhebern auf Verwertungsgesellschaften im Rahmen von vorformulierten Klauseln,[136] oder die in großer Anzahl vergebenen Standardverträge für Technologielizenzen.

b) Wirkung der einfachen Lizenz

Hinsichtlich der Wirkung einer einfachen Lizenz bestehen für einzelne geistige Eigentumsrechte unterschiedliche Auffassungen. Während im Urheberrecht die h.M.[137] von einer quasi-dinglichen Rechtsnatur auch der einfachen Lizenz aus-

---

132 Vgl. *Kraßer,* Patentrecht, S. 931: „Der Patentinhaber teilt, soweit es sich um die Benutzung handelt, die ihm durch das Patent gewährleistete Alleinstellung nunmehr mit einem (gegebenenfalls weiteren) Lizenznehmer.“.

133 BGH GRUR 1974, 463; *Fezer,* Markenrecht, § 30 Rn. 16; *Ingerl/Rohnke*, MarkenG, § 30 Rn. 18; *Mes*, PatG GebrMG, § 15 PatG Rn. 39; Dreier/Schulze/*Schulze*, UrhG, § 51 Rn. 31; Wandtke/Bullinger/*Wandtke/Grunert,* § 31 Rn. 28; von § 31 II UrhG wird insoweit ausdrücklich klargestellt: „Das einfache Nutzungsrecht berechtigt den Inhaber, das Werk auf die erlaubte Art zu nutzen, ohne dass eine Nutzung durch andere ausgeschlossen ist“.

134 Pfaff/Osterrieth/*Osterrieth,* Lizenzverträge, Teil B. Rn. 82.

135 *Hilty,* Lizenzvertragsrecht, S. 245.

136 Wandtke/Bullinger/*Wandtke/Grunert,* Vor §§ 31 ff. Rn. 97; *Kuck* GRUR 2000, 285 ff.

137 BGH GRUR 2009, 946, 948; Loewenheim/*Loewenheim/J.B.Nordemann,* Handbuch des Urheberrechts, § 25 Rn. 1; Schricker/Loewenheim/*Schricker,* UrhG, Vor §§ 28 ff. Rn. 49 mwN auch zur Gegenansicht; a.A. Fromm/Nordemann/*Hertin*, UrhG, § 31/32 Rn. 2.

geht, geht die h.M.[138] beim Patent- und Gebrauchsmusterrecht lediglich von einer schuldrechtlichen Wirkung der einfachen Lizenz aus. Im Markenrecht hingegen scheint sich eine eindeutige Meinungsführerschaft nicht bestimmen zu lassen. Wohl überwiegend wird aber von einem schuldrechtlichen Institut ausgegangen.[139] Die Argumente werden bisweilen im jeweils selben Kontext einfach umgekehrt:[140] Vor allem im Patentrecht wird argumentiert, dass der gesetzliche Sukzessionsschutz (§ 15 III PatG) gerade deshalb nötig sei, weil die einfache, schuldrechtliche Lizenz diesen sonst aufgrund ihrer Rechtsnatur dem Lizenznehmer nicht bieten könne.[141] Im Urheberrecht hingegen soll der Sukzessionsschutz des § 33 UrhG und im Markenrecht das Pendant des § 30 V MarkenG gerade den Beweis für die quasi-dingliche Natur des einfachen Nutzungsrechts erbringen.[142]

Der Literaturstreit um die Einordnung der einfachen Lizenz hat gerade in jüngster Zeit an Intensität gewonnen. Wünschenswerte Vereinheitlichungsversuche für das geistige Eigentumsrecht insgesamt bleiben dabei zumeist außer Be-

---

138 BGH GRUR 1965, 591, 595; BGH GRUR 1974, 463, 464; Benkard/*Ullmann*, PatG, § 15 Rn. 61; *Mes*, PatG GebrMG, § 15 PatG Rn. 40; *Groß*, Der Lizenzvertrag, Rn. 39; *Pahlow,* Lizenz und Lizenzvertrag, S. 289; *Pahlow* ZUM 2005, 865.

139 Für die schuldrechtliche Wirkung der Markenlizenz insgesamt: Ströbele/Hacker/*Hacker,* MarkenG, § 30 Rn. 21; *Hacker,* Markenrecht, Rn. 697; *Sosnitza* in: FS Schricker, 183, 195 f.; für das schweizerische Recht *Berger* sic! 2005, 163, 164; für das österreichische Recht in enger Anlehnung an das deutsche Recht vgl. *McGuire*, Die Lizenz, S. 497 ff.; krit. zum Nutzwert des Streits aber i.E. wohl mit der Annahme schuldrechtlicher Natur noch *Ingerl/Rohnke*, 2.Aufl., MarkenG, § 30 Rn. 8; für die grundsätzlich quasidingliche Wirkung der einfachen wie der ausschließlichen Lizenz *Fezer,* Markenrecht, § 30 Rn. 6; mit fortgeführter Kritik zum Nutzwert nunmehr auch *Ingerl/Rohnke*, MarkenG, § 30 Rn. 13 f.; *Fezer* WRP 2004, 793, 806.

140 Deutlich insbesondere *McGuire*, Die Lizenz, S. 394:“Sowohl bei der Klagebefugnis als auch bei Sukzessionsschutz besteht eine Tendenz zu zirkulärer Argumentation.“

141 BGH GRUR 1982, 411 ff.; siehe dazu auch Regierungsbegründung zur Einfügung des § 15 III PatG, BT-Drs. 10/5720 S. 23 f.

142 Loewenheim/*Loewenheim/J.B.Nordemann,* Handbuch des Urheberrechts, § 25 Rn. 1; *Fezer,* Markenrecht, § 30 Rn. 8; aA Möhring/Nicolini/*Spautz,* UrhG, § 31 Rn. 39; richtigerweise ist der Sukzessionsschutz als gesetzgeberische Gestaltung der Quasi-Dinglichkeit in dem betreffenden Bereich anzuerkennen. Bestimmte Rechte des geistigen Eigentums verwehren sich der traditionellen Einordnung in ein entweder rein obligatorisches Recht oder ein rein absolutes Recht. Dort wo durch Gesetzgebung oder Rechtsprechung eine klare Entscheidung für eine quasi-dingliche Wirkung gefällt worden ist, muss das Recht als teilverdinglicht bezeichnet werden, vgl. *Krebs/Becker* JZ 2009, 932, 935.

tracht. Im Gegenteil werden Versuche einer übergreifenden Lehre[143] oftmals abgelehnt und der Fokus weiter auf lediglich einen Teil des geistigen Eigentumsrechts gelegt. Fraglich ist aber, inwieweit die unterschiedliche Bewertung der verschafften Rechtsposition bei der einfachen Lizenz zu unterschiedlichen Ergebnissen führt. Die anerkannten Merkmale einer absoluten Rechtsposition, im Einzelnen der Sukzessionsschutz, ein umfassender Klageschutz, sowie die Konkurs- und Zwangsvollstreckungsfestigkeit[144] dürften bei einem lediglich obligatorischen Recht nicht gegeben sein.

Jedoch ist z.B. der Sukzessionsschutz der Lizenz gesetzlich festgelegt (§ 15 III PatG, § 22 III GebrMG, § 30 V MarkenG, § 31 V GeschmMG, § 33 UrhG). Er besteht mithin für die einfache Lizenz unabhängig von der Annahme einer obligatorischen oder quasi-dinglichen Rechtsnatur. Lediglich im Sortenschutzgesetz fehlt es an einer Positivierung des Sukzessionsschutzes. Er soll aber aufgrund einer entsprechenden Anwendung des § 15 III PatG bzw. § 22 III GebrMG auch dort bestehen.[145]

Zu unterschiedlichen Ergebnissen führen die verschiedenen Ansichten allerdings bei der Beurteilung der Klageberechtigung im Falle der Verteidigung des Schutzrechts. Auf dem Gebiet des Markenrechts spielt § 30 III MarkenG die zentrale Rolle, der bestimmt, dass der Lizenznehmer nur mit Zustimmung des Lizenzgebers wegen der Verletzung einer Marke Klage erheben kann. Diese Vorschrift, die (bewusst[146]) mangels Differenzierung sowohl für die erstrebte Klage des ausschließlichen wie auch des einfachen Lizenznehmers gilt,[147] wird in der Literatur vielfach als Indiz für die schuldrechtliche Natur der Markenlizenz insgesamt gewertet.[148] Die Möglichkeit der Klageerhebung i.S.d.

---

143 Vgl. *Pahlow,* Lizenz und Lizenzvertrag, S. 279 ff.; krit dazu *Schack* AcP 207 (2007), 666, 668 ff.; s.a. *Sosnitza,* in: FS Schricker, S. 183 ff. der zwar die Kategorisierung der ausschließlichen Lizenz als dinglich, der einfachen Lizenz als schuldrechtlich ablehnt, letztlich aber eine schutzrechtsübergreifende Lehre der grundsätzlich schuldrechtlichen Natur des Lizenzvertrages anregt.

144 *Canaris,* in: FS Flume, S. 373.

145 *Leßmann/Würtenberger,* Sortenschutzrecht, § 4 Rn. 31; *Wuesthoff/Leßmann/Wendt,* SortSchG, § 11 Rn. 19; vgl. auch *Forkel* NJW 1983, 1764 ff.

146 Vgl. BT-Drs. 12/6581 S. 86.

147 *Fezer,* Markenrecht, § 30 Rn. 31; *Ingerl/Rohnke,* MarkenG, § 30 Rn. 93; *McGuire/von Zumbusch/Joachim* GRUR Int 2006, 682, 685; die Zustimmung zur Prozessführung kann schriftlich, mündlich oder konkludent im Rahmen des Lizenzvertrages oder durch ein gemeinsames Vorgehen gegen einen Verletzer erteilt werden, OLG Hamburg GRUR-RR 2001, 231, 232; OLG Hamburg GRUR-RR 2001, 233, 234.

148 Vgl. Ströbele/Hacker/*Hacker,* MarkenG, § 30 Rn. 24; *Pahlow,* Lizenz und Lizenzvertrag, S. 286 ff.; sowie noch in der Vorauflage *Ingerl/Rohnke,* 2. Aufl., MarkenG, § 30 Rn. 8; aA und im Sinne einer quasi-dinglichen Wirkung *Fezer* mit dem Ergebnis,

§ 30 III MarkenG wird dabei überwiegend getrennt von der zusätzlichen Möglichkeit der gewillkürten Prozessstandschaft gesehen.[149] Diese Unterscheidung ist aber nur insofern sinnvoll, als man annimmt, die Lizenz würde eine quasidingliche Rechtsposition verleihen und der Lizenznehmer könne daher nach Zustimmung des Lizenzgebers aus eigenem Recht vorgehen.[150] Nimmt man aber die lediglich schuldrechtliche Wirkung der einfachen Lizenz an, so steht dem Lizenznehmer nur die Möglichkeit der Geltendmachung eines fremden Rechts nach Zustimmung durch den Markeninhaber zur Verfügung. Dies entspricht dann der gewillkürten Prozessstandschaft durch den Lizenznehmer.[151] Diese kommt solange in Frage, als der Markeninhaber seine Ansprüche nicht selbst geltend macht.[152]

Im Patentrecht hingegen wird die einfache Lizenz von der h.M. als schuldrechtlich aufgefasst.[153] Konsequenterweise ergibt sich daher für den Lizenznehmer der einfachen Lizenz kein eigenes Klagerecht,[154] sondern lediglich, wie bereits vorangegangen beschrieben, die Möglichkeit der gewillkürten Prozessstandschaft.[155]

---

dass der Lizenznehmer bei Zustimmung iSd § 30 III MarkenG die Verletzung eines eigenen Rechts geltend machen kann. Einen genaueren Aufschluss erlaubt auch nicht Art. 8 der Markenrechtsrichtlinie (89/104/EWG), dessen Umsetzung § 30 MarkenG dient. Dort (§ 30 II MarkenG, Art. 8 II MarkenRiLi) wird lediglich bestimmt, dass bestimmte Verstöße des Lizenznehmers gegen den Lizenzvertrag nicht nur eine Vertragsverletzung, sondern gleichzeitig eine Markenverletzung darstellen. Ein weiterer Schluss hinsichtlich der Quasi-Dinglichkeit lässt sich dem nicht entnehmen, vgl. *Fezer,* Markenrecht, § 30 Rn. 3; Ströbele/Hacker/*Hacker,* MarkenG, § 30 Rn. 25.

149 *Fezer,* Markenrecht, § 30 Rn. 8; *Ingerl/Rohnke,* MarkenG, § 30 Rn. 92; vgl. aber Ströbele/Hacker/*Hacker,* MarkenG, § 30 Rn. 77.

150 Konsequent daher *Fezer,* Markenrecht, § 30 Rn. 8.

151 BGH NJW 1980, 2461, 2462; BGH NJW 1985, 1826, 1827; BGH NJW 1986, 850; BGH NJW-RR 1988, 126; BGH NJW 1993, 3072; BGH NJW 1998, 3205; Schramm/-*Oldekop,* Der Patentverletzungsprozess, Kap. 9 Rn. 189; MünchKommZPO/*Lindacher,* Vor §§ 50 ff. Rn. 55; Musielak/*Weth,* ZPO, § 51 Rn. 25 ff.; kritisch *Koch* JZ 1984, 809 ff.

152 BGH GRUR 1989, 350, 353; BGH GRUR 1992, 130, 131; *Ingerl/Rohnke,* MarkenG, VOR §§ 14-19 Rn. 15.

153 BGH GRUR 1974, 463, 464; Benkard/*Ullmann*, PatG, § 15 Rn. 61; Busse/*Keukenschrijver,* PatG, § 15 Rn. 60; *Mes*, PatG GebrMG, § 15 PatG Rn. 40; *Groß*, Der Lizenzvertrag, Rn. 381; a.A. *Forkel* NJW 1983, 1764.

154 *Kraßer,* Patentrecht, S. 933; *Mes*, PatG GebrMG, § 15 PatG Rn. 40; *Kraßer* GRUR Int 1973, 230, 235.

155 *Kraßer,* Patentrecht, S. 883; *McGuire/von Zumbusch/Joachim* GRUR Int 2006, 682, 686 f.

Im Urheberrecht wird bei der einfachen Lizenz überwiegend von einem quasi-dinglichen Institut ausgegangen.[156] Wie im Patent- und Markenrecht soll der Lizenznehmer einer einfachen Lizenz im Urheberrecht aber trotz quasidinglicher Wirkung nicht aus eigenem Recht klagen können.[157] Ihm bleibt lediglich die Möglichkeit im Rahmen gewillkürter Prozessstandschaft, also nach Erteilung der Prozessführungsbefugnis durch Rechtsgeschäft vom Schutzrechtsinhaber, fremdes Recht im eigenen Namen geltend zu machen.[158]

Desweiteren ist die Insolvenzfestigkeit der Lizenz ein Anhaltspunkt für eine etwaige quasi-dingliche Rechtsnatur der Lizenz. Denn es ist ein Merkmal dinglicher Rechte, dass sie im Gegensatz zu obligatorischen Rechten insolvenzfest sind.[159] Weder die Gesetze des geistigen Eigentumsrechts, noch die Insolvenzordnung enthalten aber eine ausdrückliche, auf Lizenzen bezogene Regelung.[160] Grundsätzlich gehört aber das gesamte Vermögen des Schuldners zur Zeit der Verfahrenseröffnung zur Insolvenzmasse (§ 35 I InsO). Dazu werden Lizenzen aber nur gezählt, soweit diese übertragbar sind. Da einfache Lizenzen nicht übertragbar sind, sind sie gem. §§ 857 I, 851 I ZPO nicht pfändbar und fallen daher nicht in die Insolvenzmasse (§ 36 I 1 InsO).[161] Sie unterfallen den allge-

---

156 LG München I ZUM 2004, 861, 863; Dreier/Schulze/*Schulze*, UrhG, § 31 Rn. 52; Loewenheim/*Loewenheim/J.B.Nordemann,* Handbuch des Urheberrechts, § 25 Rn. 1; Schricker/Loewenheim/ *Schricker/Loewenheim*, UrhG, § 31 Rn. 14; Wandtke/Bullinger/-*Wandtke/Grunert,* § 31 UrhG Rn. 31; *Schack,* Urheber- und Urhebervertragsrecht, Rn. 540; *Forkel* NJW 1983, 1764 ff.; a.A. Fromm/Nordemann/*Hertin,* UrhG, §§ 31/32 Rn. 2; Möhring/Nicolini/*Spautz,* UrhG, § 31 Rn. 39; *Pahlow* ZUM 2005, 865 ff.

157 Dreier/Schulze/*Schulze,* UrhG, § 31 Rn. 51; Schricker/Loewenheim/*Wild,* UrhG, § 97 Rn. 30; Wandtke/Bullinger/*v. Wolff,* § 97 Rn. 11; *McGuire/von Zumbusch/Joachim* GRUR Int 2006, 682, 687.

158 BGH GRUR 1959, 200, 201; BGH GRUR 1961, 635; BGH GRUR 1981, 652; Dreier/Schulze/*Schulze*, UrhG, § 31 Rn. 51; Möhring/Nicolini/*Spautz,* UrhG, § 31 Rn. 39; Loewenheim/*Loewenheim/J.B.Nordemann,* Handbuch des Urheberrechts, § 25 Rn. 8; Kilian/Heussen/*Harte-Bavendamm,* Computerrechts-Handbuch, Abschn. 1 Teil 5 Rn. 84; *McGuire/von Zumbusch/Joachim* GRUR Int 2006, 682, 687.

159 *Canaris,* in: FS Flume, S. 374; *Sosnitza,* in: FS Schricker, S. 188.

160 Vgl. aber § 36 VerlG.

161 BGH NJW 2006, 915, 916; LG Mannheim ZIP 2004, 576; Benkard/*Ullmann*, PatG, § 15 Rn. 50; Dreier/Schulze/*Schulze*, UrhG, § 112 Rn. 28; *Fezer,* Markenrecht, § 30 Rn. 3; *Ingerl/Rohnke,* MarkenG, § 29 Rn. 17; MünchKommInsO/*Lwowski/Peters,* § 35 Rn. 311; *Berger* GRUR 2004, 20 ff.; *McGuire* GRUR 2009, 13, 14; a.A.und für eine analoge Heranziehung des § 108 I InsO insbesondere *Fezer* WRP 2004, 793, 799 f.; zustimmend *Koehler/Ludwig* WRP 2006, 1342, 1344 f.; die Insolvenzfestigkeit soll indes durch § 108a InsO-RegE positiv festgelegt werden, BT-Drucks. 16/7416; vgl. dazu auch *Stellungnahme GRUR* GRUR 2008, 138 ff.

meinen Regeln. Ihre Erfüllung hängt allein von der Wahl des Insolvenzverwalters ab (§ 103 InsO).[162] Sie sind somit nicht insolvenzfest.

Neben diesen klassischen Merkmalen der Dinglichkeit oder Quasi-Dinglichkeit könnte auch eine anerkannte Befugnis des einfachen Lizenznehmers zur Erteilung von Unterlizenzen als Hinweis auf eine Quasi-Dinglichkeit gesehen werden. Durch die Verschaffung einer quasi-dinglichen Rechtsposition tritt regelmäßig eine Zuständigkeitsänderung hinsichtlich des betroffenen Rechts ein.[163] Durch die Verfügung wird im entsprechenden Umfang die Herrschaftsbefugnis auf den Verfügungsempfänger übertragen. Könnte der einfache Lizenznehmer also ohne weiteres Unterlizenzen erteilen kann insoweit ein Wechsel der Zuständigkeit gesehen und dies als Indiz für eine quasi-dingliche Rechtsposition gedeutet werden.[164]

Dem stehen jedoch die Auffassungen im gewerblichen Rechtsschutz entgegen. Rechtsprechung[165] und Literatur[166] stimmen überein, dass dem einfachen Lizenznehmer eine solche Befugnis nicht zusteht. Im Urheberrecht hingegen findet sich ein Hinweis schon im Gesetz. Gem. § 35 I 1 UrhG hat der Inhaber eines ausschließlichen Nutzungsrechts die Befugnis weitere Nutzungsrechte einzuräumen. Dies auch nur mit Zustimmung des Urhebers (§ 35 I 1 UrhG). Im Umkehrschluss ergibt sich daher, dass der einfache Lizenznehmer nicht zur Erteilung befugt ist. Dies wird auch von der h.M. im Urheberrecht so gesehen.[167]

Im Ergebnis lassen einfache Lizenzen also die typischen Merkmale eines dinglichen Rechts vermissen. Dem Lizenznehmer steht kein eigenes Klagerecht zu und die Lizenz erweist sich als nicht insolvenzfest. Darüber hinaus kann der

---

162 Siehe oben Fn. 134.

163 *Kraßer* GRUR Int 230, 232; *Krebs/Becker* JZ 2009, 932, 936.

164 *Sosnitza,* in: FS Schricker, S. 184.

165 BGH GRUR 1974, 463, 464; BGH GRUR 1982, 411, 412; OLG Stuttgart GRUR-RR 2004, 8, 12.

166 Für das Markenrecht *Fezer,* Markenrecht, § 30 Rn. 24; *Ingerl/Rohnke,* MarkenG, § 30 Rn. 49; Ströbele/Hacker/*Hacker,* MarkenG, § 30 Rn. 67 f.; für das Patentrecht *Mes*, PatG GebrMG, § 15 PatG Rn. 40; *Henn,* Patent- und Know-how-Lizenzvertrag, Rn. 168; *Kraßer,* Patentrecht, S. 933; für das Gebrauchsmuster durch Verweis auf die entsprechenden Regelungen des Patentrechts Benkard/*Ullmann*, PatG, § 22 GebrMG Rn. 4; *Mes*, PatG GebrMG, § 22 GebrMG Rn. 2 ; für das Geschmacksmuster Eichmann/von Falckenstein/*Eichmann,* GeschmMG, § 31 Rn. 10; schutzrechtsübergreifend *McGuire*, Die Lizenz, S. 738.

167 *v. Gamm,* Urheberrechtsgesetz, § 35 Rn. 1; Loewenheim/*Loewenheim/J.B.Nordemann,* Handbuch des Urheberrechts, § 25 Rn. 8; Möhring/Nicolini/*Spautz,* UrhG, § 31 Rn. 39; Schricker/Loewenheim/*Schricker/Loewenheim,* UrhG, § 35 Rn. 2; aA Dreier/Schulze/*Schulze,* UrhG, § 31 Rn. 55.

Lizenznehmer keine Unterlizenzen erteilen. Lediglich ein Sukzessionsschutz ist *ex lege* gegeben.

5. *Ausschließliche Lizenz*

a) Umfang der ausschließlichen Lizenz

Die *ausschließliche Lizenz* vermittelt dem Lizenzinhaber ein alleiniges Recht zur Nutzung des lizenzierten Immaterialgutes. Sie verleiht ihm ein gegen jedermann, selbst gegen den Schutzrechtsinhaber, wirkendes positives Recht zur Benutzung.[168] Dritte werden im sachlich, zeitlich und örtlich bestimmten Umfang ausgeschlossen. Der Schutzrechtsinhaber kann in dem vertraglich festgelegten Umfang[169] keine weiteren Lizenzen mehr vergeben und verbleibt durch den eigenen Nutzungsausschluss mit der entkleideten formalen Hülle des Schutzrechts.[170] Eine räumliche, zeitliche oder sachliche Einschränkung der ausschließlichen Lizenz bietet dem Lizenzgeber die Möglichkeit, die Ausschließlichkeit lediglich hinsichtlich eines Teilgebiets zu vereinbaren.[171]

Die ausschließliche Lizenz kann dadurch einerseits in Verhältnissen Anwendung finden, in denen der Schutzrechtsinhaber selbst vollständig auf eine Verwertung seines Schutzrechts verzichten will und diese exklusiv einem Dritten überlassen will. Der Schutzrechtsinhaber kann somit die Kosten der Produktion und der Verbreitung vermeiden. Gleichzeitig profitiert er von einer entsprechen hohen Lizenzgebühr, die der Lizenznehmer aufgrund der Sicherheit der Konkurrenzlosigkeit zu zahlen bereit ist.[172] Andererseits finden ausschließliche Lizenzverträge aber auch Anwendung in Konkurrenzverhältnissen: Um eine entsprechende Gebietsverteilung zu sichern,[173] wird jeweils nur für ein eingeschränktes geographisches Gebiet Ausschließlichkeit vereinbart. Das Vorliegen eines ausschließlichen Lizenzvertrages bedeutet daher nicht zwingend einen Individualvertrag der im Einzelnen zwischen zwei Parteien ausgehandelt worden ist. Vielmehr finden auch hier, gefördert durch die internationale Standardisierung von Lizenzvertragsmustern,[174] Formularverträge Anwendung.

---

168 RGZ 57, 38, 40; 75, 400, 403; 76, 235, 236; 130, 275, 282; *Fezer,* Markenrecht, § 30 Rn. 16; *Ingerl/Rohnke*, MarkenG, § 30 Rn. 12; *Kraßer,* Patentrecht, S. 931; Benkard/*Ullmann*, PatG, § 15 Rn. 63; *Mes*, PatG GebrMG, § 15 PatG Rn. 39; für das UrhR ausdrücklich § 31 III UrhG.

169 Vgl. BGH GRUR 1992, 310, 311.

170 RG GRUR 37, 627, 629; *Groß*, Der Lizenzvertrag, Rn. 36.

171 Vgl zur Einschränkbarkeit RGZ 130, 275, 282 f.; BGH GRUR 1974, 335.

172 Pfaff/Osterrieth/*Osterrieth,* Lizenzverträge, Teil B. Rn. 50.

173 Münchener Vertragshandbuch/*Schultz-Süchting,* Band 3, S. 518; Pfaff/Osterrieth/-*Osterrieth,* Lizenzverträge, Teil B. Rn. 48 ff.

174 Pfaff/Osterrieth/*Osterrieth,* Lizenzverträge, Teil B. Rn. 2.

Darüber hinaus wird die *alleinige Lizenz,* dort wo sie Erwähnung findet,[175] als besondere Art der ausschließlichen Lizenz gesehen.[176] Ihre begriffliche Herkunft verdankt sie der Übersetzung der im englischsprachigen Rechtsraum bekannten Sole Licence.[177] Genau wie die ausschließliche Lizenz wird bei ihr das Nutzungsrecht nur an einen Lizenznehmer in einem vertraglich festgelegten Umfang erteilt. Der Unterschied zur „reinen" ausschließlichen Lizenz besteht darin, dass sich der Lizenzgeber vorbehält den Lizenzgegenstand selbst noch zu nutzen.

b) Wirkung der ausschließlichen Lizenz

Aufgrund der weitgehenden Befugnisse die dem Lizenzinhaber zugestanden werden, stellt sich die Frage, welcher Natur dieses überlassene Recht ist. Wie bei der einfachen Lizenz hat der Gesetzgeber eine ausdrückliche Regelung zu dieser Frage nicht vorgenommen. Zwar wird teilweise vertreten, auch die ausschließliche Lizenz sei lediglich schuldrechtlicher Natur.[178] Die h.M. schreibt jedoch der ausschließlichen Lizenz, unabhängig von dem zugrunde gelegten geistigen Eigentumsrecht eine absolute Wirkung zu.[179] Die Auswirkungen dieser Beurteilung auf den Sukzessionsschutz, die Klageberechtigung, die Insolvenzfestigkeit und die Möglichkeit der Vergabe von Unterlizenzen werden daher kurz dargestellt.[180]

---

175 Vgl. BeckOF/*Jahn,* 12.2.1, Lizenzvertrag alleinige Lizenz; *Groß*, Der Lizenzvertrag, Rn. 38; *Henn,* Patent- und Know-how-Lizenzvertrag, Rn. 145; *Pagenberg/Beier,* Lizenzverträge, Muster 1 Rn. 3.

176 Busse/*Keukenschrijver,* PatG, § 15 Rn. 55; *Bartenbach,* Patentlizenz- und Know-how-Vertrag, Rn. 79; *Groß*, Der Lizenzvertrag, Rn. 38; *Henn,* Patent- und Know-how-Lizenzvertrag, Rn. 145; *Pagenberg/Beier,* Lizenzverträge, Muster 1 Rn. 3; *McGuire*, Die Lizenz, S. 107; *Bühling* GRUR 1998, 196.

177 *Groß*, Der Lizenzvertrag, Rn. 38; *Cawthra* IIC 1977, 430; *Theune* GRUR Int 1977, 63, 67.

178 Ströbele/Hacker/*Hacker,* MarkenG, § 30 Rn. 24 f.; *Sosnitza* in: FS Schricker, S. 183, 195 f.; *Schanda* GRUR Int 1994, 275, 288.

179 RGZ 57, 38, 40 f.; 130, 275, 282; 134, 91, 96; BGH GRUR 2005, 48, 50; BGH GRUR 2007, 877, 879; OLG München NJW-RR 1997, 1266, 1267; Benkard/*Ullmann*, PatG, § 15 Rn. 92; *Mes*, PatG GebrMG, § 15 PatG Rn. 39; *Fezer,* Markenrecht, § 30 Rn. 7; Dreier/Schulze/*Schulze*, UrhG, § 31 Rn. 56; Fromm/Nordemann/*J.B.Nordemann*, UrhG, § 31 Rn. 92; Schricker/Loewenheim/*Schricker/Loewenheim,* UrhG, Vor § 28 ff. Rn. 81, § 31 Rn. 13; Wandtke/Bullinger/*Wandtke/Grunert,* UrhG, § 31 Rn. 31; kritisch Busse/*Keukenschrijver,* PatG, § 15 Rn. 60; *Sosnitza,* in: FS Schricker, S. 183 ff.

180 Zur Maßgeblichkeit dieser Kriterien vgl. oben Erstes Kapitel B. II. 4. b).

Aufgrund der gesetzlichen Normierung des Sukzessionsschutzes ergeben sich auf diesem Gebiet zunächst keine Abweichungen der Wirkung der einfachen Lizenz von der ausschließlichen Lizenz.[181]

Auch die Klagebefugnis des ausschließlichen Lizenznehmers im Markenrecht ergibt sich – wie bei der einfachen Lizenz - nur nach Zustimmung des Markeninhabers (§ 30 III MarkenG).[182] Dadurch wird der Lizenznehmer zum einfachen Streitgenossen. Ein eigener Schadensersatzanspruch des Lizenzinhabers ergibt sich aber nicht. Der Markeninhaber kann lediglich den vom Lizenznehmer behaupteten Schaden im Rahmen der Drittschadensliquidation geltend machen.[183]

Im Patentrecht hingegen ist neben dem Patentinhaber auch der ausschließliche Lizenznehmer klagebefugt.[184] Soweit die Verletzungshandlung das Gebiet des ausschließlichen Lizenznehmers berührt, hat auch nur dieser, nicht also der Patentinhaber selbst, einen Schadensersatzanspruch.[185]

---

181 Im Sortenschutzrecht wird mangels gesetzlicher Normierung von einem Sukzessionsschutz kraft der quasi-dinglichen Wirkung der ausschließlichen Lizenz ausgegangen, *Leßmann/Würtenberger,* Sortenschutzrecht, § 4 Rn. 28.

182 Dazu schon oben Erstes Kapitel B. II. 3. b); Insbesondere bei der ausschließlichen Lizenz könnte bei wirklicher Anwendung des Gesetzes ein Untätigbleiben des Lizenzgebers entgegen dem Gebot von Treu und Glauben die ausschließliche Lizenz des Lizenznehmers faktisch zu einer einfachen Lizenz degradieren. Gem. § 242 BGB kann sich daher nach h.M. eine Verpflichtung zur Zustimmungserteilung ergeben, Ströbele/Hacker/*Hacker,* MarkenG, § 30 Rn. 68; *Bühling* GRUR 1998, 196, 198; *McGuire/von Zumbusch/Joachim* GRUR Int 2006, 682, 685; a.A. *Plaß* GRUR 2002, 1029, 1036; Diese These findet auch eine entsprechende Stütze im Gemeinschaftsrecht. Zwar enthält die Markenrechtsrichtlinie (89/104/EWG), deren Umsetzung das Markengesetz in weiten Teilen dient, in dem Punkt der Ansprüche des Lizenznehmers bei Markenverletzungen durch Dritte und in einer etwaigen Durchsetzung keine Vorgaben. Bei Betrachtung der GMVO (40/94/EG) hingegen fällt Art. 22 III 2 GMVO auf. Obwohl sich der Wortlaut des § 30 III und IV MarkenG und der des Art. 22 III und IV GMVO weitgehend entsprechen, besagt Art. 22 III 2 GMVO über die deutsche Norm hinaus, dass der „...Inhaber einer ausschließlichen Lizenz..." ein Verletzungsverfahren anhängig machen kann, „...wenn der Inhaber der Gemeinschaftsmarke nach Aufforderung nicht selber innerhalb einer angemessenen Frist die Verletzungsklage erhoben hat.". Aufgrund der Harmonisierungsbestrebungen im Bereich des Markenrechts auf europäischer Ebene dürfte die GMVO vorsichtig zur Interpretation heranzuziehen sein und daher von einer entsprechenden Zustimmungsverpflichtung des ausschließlichen Lizenznehmers auch im deutschen Recht auszugehen sein.

183 BGH GRUR 2007, 877, 880; aA *Fezer,* Markenrecht, § 30 Rn. 7.

184 BGH GRUR 1995, 338, 340; *Kraßer,* Patentrecht, § 36 II 1; *Mes*, PatG GebrMG, § 15 PatG Rn. 39.

185 *Kraßer,* Patentrecht, § 35 VI a) 2.

Auch im Urheberrecht hat der ausschließliche Lizenznehmer ein von der Zustimmung des Lizenzgebers unabhängiges Abwehrrecht. Er ist mithin klagebefugt und kann gegen Rechtsverletzungen im eigenen Namen vorgehen. Verletzt der Urheber selbst die Verwertungsrechte des ausschließlichen Lizenznehmers, kann er auch gegen diesen vorgehen.[186] Eine zusätzliche Klagebefugnis auch des Urhebers ergibt sich daneben aber insoweit, als seine ideellen[187] oder materiellen[188] Interessen durch die Schutzrechtsverletzung berührt werden.[189]

Hinsichtlich der Insolvenzfestigkeit ergibt sich für die ausschließlich Lizenz keine Abweichung von der Behandlung der einfachen Lizenz. Auch sie ist, trotz aller Kritik[190] und Versuche der vertraglichen Kompensation[191], *de lege lata* nicht insolvenzfest.[192] Gemäß ihrer Einordnung als Dauerschuldverhältnis kann der Insolvenzverwalter wählen, ob er die sich ergebenden Verpflichtungen weiterhin erfüllen will oder nicht (§ 103 InsO). [193] § 108 InsO ist nach h.M.[194] weder direkt noch analog anwendbar.

---

186 Möhring/Nicolini/*Spautz,* UrhG, § 31 Rn. 40.

187 OLG München GRUR 1984, 524, 525; OLG Düsseldorf GRUR 1993, 903, 907.

188 BGH GRUR 1957, 614, 615; BGH GRUR 1960, 251, 252; BGH GRUR 1992, 697, 698; BGH GRUR 1994, 191, 192; BGH ZUM 1998, 934, 936.

189 Dreier/Schulze/*Schulze,* UrhG, § 31 Rn. 56, 59; Wandtke/Bullinger/*Wandtke/Grunert,* § 31 UrhG Rn. 29.

190 *Fezer,* Markenrecht, § 29 Rn. 50; Schricker/Loewenheim/*Wild,* UrhG, § 112 Rn. 26; *Berger* GRUR 2004, 20 ff.; *Trips-Herbert* ZRP 2007, 225 ff.; *McGuire* GRUR 2009, 13 ff.

191 Vgl. *Graef* ZUM 2006, 104 ff.; *Berger* GRUR 2004, 20 ff.; *Hombrecher* WRP 2006, 219 ff.; *Koehler/Ludwig* NZI 2007, 79 ff.

192 Vgl. zur aktuellen Entwicklung: § 108 InsO-E, Referentenentwurf für die zweite Stufe der Insolvenzrechtsreform mit dem Vorstoß der klaren Regelung zur Insolvenzfestigkeit von Lizenzen (abrufbar auf der Homepage des Bundesjustizministerium, http://www.bmj.de/DE/Buerger/verbraucher/Insolvenzrecht/ Stufe2/_node.html). Zur Diskussion des Entwurfs *Römermann* GWR 2012, 328098; *Schmid* GRUR-Prax 2012, 328358.

193 BGH NZI 2006, 229, 230; LG Mannheim ZIP 2004, 576, 577; Benkard/*Ullmann*, PatG, § 15 Rn. 50 ff.; *Fezer,* Markenrecht, § 29 Rn. 50; Dreier/Schulze/*Schulze,* UrhG, § 112 Rn. 28; Loewenheim/*Kreuzer/Reber,* Handbuch des Urheberrechts, § 95 Rn. 64; *McGuire/von Zumbusch/Joachim* GRUR Int 2006, 682, 692; differenzierend zur Annahme des Dauerschuldverhältnisses Wandtke/Bullinger/*Bullinger,* §§ 103 – 108 InsO Rn. 5; für den urheberrechtlichen Verlagsvertrag sieht § 36 VerlG allerdings eine Sonderregelung vor.

194 Benkard/*Ullmann*, PatG, § 15 Rn. 54; Dreier/Schulze/*Schulze*, UrhG, § 112 Rn. 28; Wandtke/Bullinger/*Bullinger,* §§ 103 – 108 InsO Rn. 4; *Plath* CR 2005, 613, 614; *Hombrecher* WRP 2006, 219; *McGuire* GRUR 2009, 13; a.A. *Fezer* WRP 2004, 793, 799 f.; *Koehler/Ludwig* WRP 2006, 1342, 1344 f.

Die Einräumung von Unterlizenzen durch den ausschließlichen Lizenznehmer einer Markenlizenz ist (wohl) nur nach Zustimmung durch den Markeninhaber zulässig.[195] Dies steht der Annahme einer umfassenden Zuständigkeitsänderung aber entgegen. Der Lizenznehmer einer ausschließlichen Patentlizenz hingegen soll zur Einräumung einer Unterlizenz befugt sein. Nach wohl überwiegender Ansicht kann er aber lediglich einfache Unterlizenzen erteilen.[196] Auch im Urheberrecht kann der ausschließliche Lizenznehmer zwar gem. § 31 III 1 UrhG Unterlizenzen einräumen. Dies erfordert aber eine Zustimmung des Urhebers, §§ 31 III 3 i.V.m. 35 UrhG. Soweit diese jedoch vorliegt, kann der Lizenznehmer einfache wie ausschließliche Unterlizenzen einräumen.[197] Für das Geschmacksmusterrecht wird eine Übertragung dieser urheberrechtlichen Regelung vorgeschlagen.[198]

Ausschließliche Lizenzen weisen also einen Teil, aber nicht alle Merkmale eines absoluten Rechts auf. Die Merkmale, die von der ausschließlichen Lizenz erfüllt werden, sind die eigene Klagebefugnis im Patent und Urheberrecht, sowie die Befugnis im Patentrecht zur Erteilung einer Unterlizenz, die zumindest als Indiz für das Vorliegen eines absoluten Rechts gewertet werden kann. Es fehlt der ausschließlichen Lizenz hingegen an dinglicher Wirkung soweit der Markenlizenzinhaber nur nach Zustimmung des Lizenzgebers klagebefugt ist und die ausschließliche Lizenz generell nicht insolvenzfest ist.

6. Zusammenfassung und kritische Würdigung

Der einfache Lizenznehmer erhält nach h.M. im Markenrecht und im Patentrecht eine lediglich schuldrechtliche Rechtsposition, während im Urheberrecht auch die einfache Lizenz quasi-dingliche Wirkung haben soll.[199] Dagegen wird schutzrechtsübergreifend die ausschließliche Lizenz als quasi-dinglich angese-

---

195 BGH GRUR-RR 2004, 8, 12 der sich in seinem Urteil allerdings unzutreffend auf die Entscheidung in BGH GRUR 1974, 463, 464 bezieht. Dort wird (zur Patentlizenz) ausdrücklich nur dem *einfachen* Lizenznehmer ein Recht zur Erteilung einer Unterlizenz ohne Zustimmung des Schutzrechtsinhabers versagt. Ebenfalls für Zustimmungserfordernis *Fezer,* Markenrecht, § 30 Rn. 24; Ströbele/Hacker/*Hacker,* MarkenG, § 30 Rn. 68; *Kurtz* GRUR 2007, 292, 295; aA *Ingerl/Rohnke*, MarkenG, § 30 Rn. 49.

196 *Kraßer,* Patentrecht, § 40 V d); *Mes*, PatG GebrMG, § 15 PatG Rn. 39; aA mit der Erlaubnis auch zur Erteilung einer ausschließlichen Unterlizenz Benkard/*Ullmann*, PatG, § 15 Rn. 92.

197 Dreier/Schulze/*Schulze,* UrhG, § 31 Rn. 62; *Schricker,* VerlagsR, § 28 Rn. 23; nunmehr klargestellt durch die Formulierung des § 35 UrhG „…kann *weitere* Nutzungsrechte…einräumen.“.

198 Eichmann/von Falckenstein/*Eichmann,* GeschmMG, § 31 Rn. 10.

199 Vgl. oben Erstes Kapitel B. II. 4. b).

hen.[200] Die Einordnung immaterialgüterrechtlicher Lizenzen in die vorgegebenen *Kategorien* der obligatorischen bzw. absoluten Rechte ist aber durchgehend mit Problemen und Widersprüchen behaftet. Gesichert erscheint insoweit nur, dass sich der Gesetzgeber einer Regelung enthalten hat, die einen unzweifelhaften Rückschluss auf die Rechtsnatur zuließe.[201]

Für die einfache Lizenz ergibt sich Folgendes: Ein Sukzessionsschutz besteht auf allen Gebieten des geistigen Eigentumsrechts schon *ex lege*.[202] Stets steht dem Lizenznehmer ein Klagerecht erst nach Zustimmung des Schutzrechtsinhabers im Wege der gewillkürten Prozessstandschaft zu.[203] Die Möglichkeit der Erteilung einer Unterlizenz durch den einfachen Lizenznehmer ohne eine entsprechende Vereinbarung mit dem Schutzrechtsinhaber wird abgelehnt.[204] Inwiefern bei diesem einheitlichen Erscheinungsbild der Befugnisse die Annahme eines Unterschieds der durch die Lizenz vermittelten Rechtsposition gerechtfertigt sein soll erscheint zweifelhaft.

Noch eklatanter erscheinen die Abweichungen bei der ausschließlichen Lizenz zu sein, insbesondere bei der Markenlizenz. Eine starke Meinung vertritt auf allen Gebieten eine quasi-dingliche Wirkung der Lizenz.[205] Für den Sukzessionsschutz ergeben sich aufgrund der gesetzlichen Bestimmung zwar keine Unterschiede. Während im Patent- und im Urheberrecht der Lizenzinhaber aber ein eigenes Klagerecht haben soll, wird dies im Markenrecht aufgrund gesetzlicher Bestimmung nicht erlaubt.[206] Dies scheint ein Indiz für die lediglich obligatorische Wirkung der Markenlizenz zu sein. Hinsichtlich der Unterlizenzen widerspricht die Annahme, dass sowohl im Markenrecht als auch im Urheberrecht der Lizenznehmer der Zustimmung des Schutzrechtsinhabers bedarf, der Unterstellung einer quasi-dinglichen Wirkung der ausschließlichen Lizenz.[207] Zwar soll der Lizenznehmer einer ausschließlichen Lizenz eine quasi-dingliche Rechtsposition erhalten. Faktisch ist er aber nicht lückenlos mit der dazugehörigen Befugnis ausgestattet. Im Markenrecht tritt dieser Unterschiede im besonderen Maße hervor: Ein Klagerecht des Lizenznehmers ergibt sich nur nach Zustim-

---

200 Vgl. oben Erstes Kapitel B. II. 5. b).

201 Treffend verweist diesbezüglich *Kraßer* darauf, dass etwa eine dingliche Interpretation der einfachen Lizenz rechtssystematisch nicht zwingend geboten ist. „[…]Für das gegenteilige Ergebnis läßt sich ebenfalls eine rechtssystematisch tragbare […]Grundlegung und Einordnung denken.“, *Kraßer* GRUR Int 1983, 537, 544.

202 Vgl. oben Erstes Kapitel B. II. 4. b).

203 Vgl. oben Erstes Kapitel B. II. 4. b).

204 Vgl. oben Erstes Kapitel B. II. 4. b).

205 Vgl. oben Erstes Kapitel B. II. 5. b).

206 Vgl. oben Erstes Kapitel B. II. 5. b).

207 Vgl. oben Erstes Kapitel B. II. 5. b).

mung des Lizenzgebers.[208] Ein eigener Schadensersatzanspruch wird ihm verwehrt. Die Einräumung der Unterlizenz bedarf ebenfalls der Zustimmung.[209] Deutlich näher – wenn auch nicht ohne Modifikationen – kommen Lizenzen im Urheberrecht und im Patentrecht dem Verständnis einer quasi-dinglichen Teilbefugnis.[210]

Eine strenge Einordnung der Lizenzen in die bekannten Kategorien ist nicht widerspruchsfrei möglich. *De lege lata* wirkt eine vereinheitlichende Auffassung von Lizenzen aufgrund der dargestellten Unterschiede erzwungen. Eine Rechtfertigung in der Struktur der zugrundeliegenden geistigen Eigentumsrechte finden die bestehenden Differenzen indes nicht.[211] Am besten erklärt die vorherrschende Lage wohl die Annahme einer lediglich schuldrechtlichen Beziehung zwischen Lizenzgeber und Lizenznehmer, unabhängig davon, ob eine ausschließliche oder eine einfache Lizenz vorliegt.[212] Wann und inwieweit einer Lizenz dann quasi-dingliche Wirkung zukommt wird durch die Vorgaben des Gesetzes oder der Rechtsprechung bestimmt. Somit kann man von einer (Teil-)Verdinglichung eines relativen Rechts sprechen.[213] Die ausschließliche Lizenz ist daher im Ergebnis „nur" stärker verdinglicht als die einfache Lizenz, aber nicht von generell unterschiedlicher Qualität. *De lege ferenda* hingegen ist an die Erschaffung eines allgemeinen Teils der geistigen Eigentumsrechte zu denken,[214] der schließlich für alle Schutzrechte einheitlich die bisher auftretenden Differenzen klärt.

---

208 Vgl. oben Erstes Kapitel B. II. 5. b).

209 Vgl. oben Erstes Kapitel B. II. 5. b).

210 Vgl. oben Erstes Kapitel B. II. 5. b).

211 *Sosnitza* in: FS Schricker, S. 195.

212 Ströbele/Hacker/*Hacker,* MarkenG, § 30 Rn. 21 ff.; vgl. auch *McGuire*, Die Lizenz, S. 394 f., 554 ff.; kritisch zur deutschen Auffassung *Hilty,* Lizenzvertragsrecht, S. 112 ff.; *Sosnitza* in: FS Schricker, S. 195; *Weinmann,* Die Rechtsnatur der Lizenz, S. 507 et passim; für das schweizerische Recht *Berger* sic! 2005, 163, 164.

213 Siehe hierzu *Dulckheit,* Die Verdinglichung obligatorischer Rechte, passim; *Jänich,* Geistiges Eigentum, S. 200; *Kraßer,* Schutz vertraglicher Rechte, S. 99 ff.; *McGuire*, Die Lizenz, S. 478; *Peukert,* Güterzuordnung als Rechtsprinzip, S. 50 f.; *Wilhelm,* Sachenrecht, Rn. 83 ff.; *Krebs/Becker* JZ 2009, 932, 935.

214 *Jänich,* Geistiges Eigentum, S. 359 ff.; *Ahrens* GRUR 2006, 617, 623; einen Vorschlag dafür beinhaltet nunmehr der Entwurf eines Modellgesetzes für das gesamte geistige Eigentumsrecht von *Ahrens/McGuire*, Modellgesetz für Geistiges Eigentum, Buch 1.

Zweites Kapitel: Die Vertragsparteien des Lizenzvertrages und ihre Interessen

A. Vorüberlegung

Sowohl die Beurteilung der Rechtsnatur als auch die konkrete Inhaltskontrolle des Lizenzvertrages setzen eine interessensgerechte Abwägung voraus.[215] Hierfür sollen zumindest die grundlegenden Interessen, aufgeteilt nach den Vertragsparteien Lizenznehmer und Lizenzgeber, skizziert werden.

B. Die Interessen des Lizenzgebers

I. Schutzrechtsübergreifende Interessen

1. Vergütungsinteresse

a) Grundsatz

Der Lizenzgeber ist an der wirtschaftlichen Verwertung seines Schutzrechts interessiert.[216] Diese erfolgt in den meisten Fällen durch die Erteilung der Benutzungserlaubnis gegen eine Lizenzgebühr. Eine nicht-monetäre Gegenleistung im Sinne eines Austausches von Know-how oder von Erfindungen spielt daher nur eine untergeordnete Rolle. Doch auch dieser Austausch dient im Ergebnis einer – wenn auch nur mittelbaren – wirtschaftlichen Verwertung von Schutzrechten. Einerseits wird bei diesem sogenannten Cross-Licensing dem Lizenzgeber im Austausch die Nutzung eines geschützten Immaterialgutes eines kompetenten Wettbewerbers eingeräumt.[217] Die so geschaffenen Technologie-Pools ersparen den Teilnehmern Entwicklungskosten und sichern ihnen Synergieeffekte.[218] Andererseits kann der Austausch auch lediglich die Aufhebung von Sperrpositionen bewirken.[219] Parteien, die nicht ohne wechselseitige Verletzung von Schutzrech-

---

[215] Im Rahmen der Inhaltskontrolle folgt dies primär aus der „im Zweifel“-Regelung des § 307 II BGB, die eine umfassende Interessensabwägung zur Bestimmung der Unangemessenheit der betrachteten Klausel erfordert, vgl. unten Achtes Kapitel F.

[216] Vgl. auch *Weinmann,* Die Rechtsnatur der Lizenz, S. 232, der das Verwertungsinteresse als Primärinteresse bezeichnet, aufgrund dessen alle anderen Funktionen dem Verwertungsinteresse untergeordnet oder atypisch sind; ähnlich *Plassmeier/Steden*, Lizenzverträge in der Praxis, § 2 Rn. 4: Lizenzgebührenpflicht ist „Herzstück“ des Lizenzvertrages.

[217] Auch wenn beim Cross-Licensing die gegenseitige Lizenzgewährung im Mittelpunkt steht, können darüber hinaus Einmalzahlungen oder die Beilegung von Schutzrechtsverletzungsverfahren vereinbart werden, näher dazu *Wündisch/Bauer,* GRUR Int 2010, 641, 642 ff.

[218] FA-GewRS/*Bartenbach/Kunzmann,* Kap. 9 Rn. 3.

[219] Pfaff/Osterrieth/*Pfaff,* Lizenzverträge, Teil A. Rn. 15ff.

ten auskommen, sichern sich so zumindest den Verzicht auf die gegenseitige Geltendmachung von Verletzungsansprüchen zu. In diesem Fall, genauso wie bei der Beilegung von Streitigkeiten über Schutzrechtsverletzungen liegt aber regelmäßig eine „negative Lizenz“ vor.[220]

Seltener als diese, zumindest mittelbare wirtschaftliche Verwertung, ist das Vorkommen einer echten Frei- oder Gratislizenz.[221] Selbst bei fehlender vertraglicher Regelung einer Lizenzgebühr kann im Wege der ergänzenden Vertragsauslegung am Maßstab der §§ 133, 157 BGB[222] nicht vermutet werden, dass eine unentgeltliche Lizenz gewollt ist,[223] denn die Höhe der Lizenzgebühr wäre dann vom Lizenzgeber nach billigem Ermessen zu bestimmen (§§ 316, 315 BGB).[224]

b) Art und Höhe der Vergütung

Die Lizenzgebühr wird sowohl durch die Vergütungsstruktur als auch durch die Höhe der jeweiligen Vergütung bestimmt. Zur Regelung der Vergütungsstruktur sind verschiedene Gestaltungsmöglichkeiten denkbar, die in der Praxis auch teilweise miteinander verbunden werden.[225] Grundtypen der Lizenzgebühr sind die Pauschallizenz, die Umsatzlizenz und die Stücklizenz.[226]

Bei der Pauschallizenz zahlt der Lizenznehmer einen bestimmten Fixbetrag in den vertraglich vereinbarten Abständen an den Lizenzgeber.[227] Während diese Art der Lizenzzahlung den Vorteil der Planbarkeit[228] der Einnahmen bzw. Aus-

---

220 *Bartenbach,* Patentlizenz- und Know-how-Vertrag, Rn. 133; zur negativen Lizenz s. o. Erstes Kapitel B. II 2.

221 *Hilty,* Lizenzvertragsrecht, S. 485; Pfaff/Osterrieth/*Osterrieth,* Lizenzverträge, Teil B. Rn. 102.

222 BGH GRUR 1969, 677, 679; zur Auslegung gem. § 157 allgemein BGH NJW-RR 1990, 817; NJW 2002, 2310; Palandt/*Ellenberger,* § 157 Rn. 2ff; *Larenz/Wolf,* AT BGB, S. 540 ff.

223 *Hilty,* Lizenzvertragsrecht, S. 485; *Kraßer*, Patentrecht, S. 940.

224 Zur ausdrücklichen Regelung des § 32 UrhG vgl. nur Dreier/Schulze/*Schulze,* UrhG, § 32 Rn. 20 ff; zu den wesentlichen Bewertungsfaktoren für die Höhe der Lizenzgebühr vgl. *Groß/Rohrer,* Lizenzgebühren, Rn. 3.

225 *Bartenbach,* Patentlizenz- und Know-how-Vertrag, Rn. 1712; Fezer/*Fammler,* Handbuch der Markenpraxis, Bd. II Rn. 122; *Hilty,* Lizenzvertragsrecht, S. 489 f.

226 *Bartenbach,* Patentlizenz- und Know-how-Vertrag, Rn. 1712, 1750 ff., 1753 ff., 1764 ff.; *Ilzhöfer/Engels,* Patent-, Marken- und Urheberrecht, Rn. 1511; *Pagenberg/Beier,* Lizenzverträge, Muster 1 Rn. 150 ff.; *Plassmeier/Steden*, Lizenzverträge in der Praxis, § 2 Rn. 12 ff.

227 *Hilty,* Lizenzvertragsrecht, S. 486; *Pagenberg/Beier,* Lizenzverträge, Muster 1 Rn. 153 f.; *Plassmeier/Steden*, Lizenzverträge in der Praxis, § 2 Rn. 21.

228 Die Pauschallizenz bietet vor allem dann Vorteile, wenn sich die Vertragsparteien hinsichtlich des Umfangs der Nutzung unsicher sind oder die koresspondierende Rech-

gaben mit sich bringt, stellt sie für beide Parteien ein Risiko dar. Erweist sich das lizenzierte Schutzgut als weniger ertragreich als gedacht, übersteigen die Lizenzgebühren den wirtschaftlichen Vorteil des Lizenznehmers. Kann der Lizenznehmer allerdings das Gut besser als geplant verwerten, wird der Lizenzgeber mit dem Pauschalbetrag unterkompensiert. Der Unsicherheit des Verwertungserfolges kann wiederum durch eine entsprechende Beteiligung am Umsatz des vom Lizenznehmer getätigten Verkaufs der Lizenzprodukte (Umsatzlizenz)[229] oder durch die Zahlung eines festen Betrages pro verkauftem Stück des lizenzierten Gutes (Stücklizenz)[230] Rechnung getragen werden. Die beiden letztgenannten Varianten werden dabei häufig mit einer sogenannten Mindestlizenzgebühr verbunden, um dem Lizenzgeber eine Mindestentschädigung für das zur Verfügung gestellte Gut zu sichern und um eine Mindestbemühung des Lizenznehmers bei der Verwertung des Produktes sicherzustellen.[231]

Die Höhe der jeweiligen Lizenzgebühr variiert dann unter anderem nach der Vermarktungsstrategie und nach dem Wert des Schutzgutes.[232] Bestimmungsfaktoren der Wertigkeit des lizenzierten Gutes sind unter anderem der technische oder der ideelle Vorsprung, der durch das Immaterialgut gewonnen wird, die Qualität des Schutzrechts, der Schutzumfang und die Beständigkeit gegen Angriffe, der zu erwartende Wettbewerb und der Umfang der Lizenzeinräumung.[233]

Außerdem ergeben sich Unterschiede in der Lizenzgebühr nach der Art der erteilten Lizenz. Ein einfacher Lizenznehmer wird aufgrund der zu erwartenden

---

nungslegung zu aufwändig ist, vgl. *Plassmeier/Steden*, Lizenzverträge in der Praxis, § 2 Rn. 21.

229 BGH GRUR 2010, 223; BGH GRUR 2010, 239; BGH GRUR 2010, 1107; Fezer/-*Fammler*, Handbuch der Markenpraxis, Bd. II Rn. 122; *Groß/Rohrer*, Lizenzgebühren, Rn. 11 ff.; *Pagenberg/Beier*, Lizenzverträge, Muster 1 Rn. 150 ff.; Pfaff/Osterrieth/-*Osterrieth*, Lizenzverträge, Teil B. Rn. 110 ff.

230 BGH GRUR 1955, 87, 88; BGH GRUR 1961, 466; BGH GRUR 1969, 677; BGH 2003 BeckRS 30335553; BGH GRUR 2006, 143, 144; BGH GRUR 2010, 223, 224; Fezer/*Fammler*, Handbuch der Markenpraxis, Bd. II Rn. 122; *Groß/Rohrer*, Lizenzgebühren, Rn. 14 ff.; *Pagenberg/Beier*, Lizenzverträge, Muster 1 Rn. 155; Pfaff/Osterrieth/-*Osterrieth*, Lizenzverträge, Teil B. Rn. 114 ff.

231 Busse/*Keukenschrijver*, PatG, § 15 Rn. 119; *Groß*, Der Lizenzvertrag, Rn. 118; Pfaff/-Osterrieth/*Osterrieth*, Lizenzverträge, Teil B. Rn. 120 ff.

232 Zu den wesentlichen Bewertungsfaktoren für die Höhe der Gebühr allgemein *Groß*, Der Lizenzvertrag, Rn. 98 ff..; *Groß/Rohrer*, Lizenzgebühren, Rn. 3 ff., passim; *Hilty*, Lizenzvertragsrecht, S. 491 ff.; *Pagenberg/Beier*, Lizenzverträge, Muster 1 Rn. 168.

233 FA-GewRS/*Bartenbach/Kunzmann*, Kap. 9A. Rn 167 ff.; *Bartenbach*, Patentlizenz- und Know-how-Vertrag, Rn.1694 ff; vgl. auch *Groß/Rohrer*, Lizenzgebühren, Rn. 3 et passim, mit Praxisvorschlägen für die Berechnung von Lizenzgebühren, Berechnungsmodellen und Erfahrungswerten.

hohen Konkurrenz weniger zu zahlen bereit sein als bei einer garantierten Ausschließlichkeitsstellung im Rahmen einer exklusiven Lizenz.[234] Letztlich kann es daher in der Hand des Lizenznehmers liegen, ob er sich für eine teurere ausschließliche Lizenz entscheidet, deren Preis er aber durch das alleinige Benutzungsrecht zu kompensieren erhofft, oder für eine billigere einfache Lizenz. Maßgeblich für diesen Entscheidungsprozess wiederum kann die innovative Qualität des Lizenzgutes sein: Eröffnet ein Schutzrecht überhaupt erst den Marktzutritt, ist für sich allein genommen aber nicht der Hauptbestandteil des erhofften wirtschaftlichen Erfolges, wird der Lizenznehmer nur an einer einfachen Lizenz interessiert sein.[235] Dieser Fall ist denkbar bei bestimmter Standardsoftware zur Datenverarbeitung oder bei der Benutzung von Dienstleistungsmarken, insbesondere beim Franchising.

c) Kontrollinteresse

Ist die Höhe der Lizenzgebühr abhängig vom Umsatz oder von den verkauften Stückzahlen des Lizenznehmers,[236] hat der Lizenzgeber ein berechtigtes Interesse daran, die Richtigkeit der bezahlten Gebühren zu kontrollieren und deren Berechnung nachzuprüfen. 237 Da nur der Lizenznehmer die Möglichkeit hat, die im Rahmen seines Betriebes umgesetzten Stückzahlen und erzielten Gewinne einzusehen, entspricht es dem Interesse des Lizenzgebers, die als Grundlage zur Berechnung seiner Lizenzgebühren herangezogenen Daten einsehen zu können.

---

234 *Osterrieth,* Patentrecht, Rn. 387.

235 *Hilty,* Lizenzvertragsrecht, S. 243.

236 Zu den verschiedenen Modellen der Lizenzgebühr vgl. soeben vorangehend Zweites Kapitel B. I. 1. b), sowie zur Stück- bzw. Umsatzlizenz im Speziellen *Bartenbach,* Patentlizenz- und Know-how-Vertrag, Rn. 1712, 1750 ff., 1753 ff., 1764 ff.; *Ilzhöfer/Engels,* Patent-, Marken- und Urheberrecht, Rn. 1511; *Pagenberg/Beier,* Lizenzverträge, Muster 1 Rn. 150 ff.; *Plassmeier/Steden,* Lizenzverträge in der Praxis, § 2 Rn. 12 ff.

237 Vgl. zum Rechnungslegungsanspruch des Arbeitnehmererfinders BGH GRUR 1998, 684; BGH GRUR 1998, 689 ff.; *Hellebrand* GRUR 2001, 678 ff.; *Rosenberger* GRUR 2000, 25 ff.; zum Anspruch bei Schutzrechtsverletzung BGH GRUR 1993, 897 ff.; BGH NJW 1995, 1905 ff.; OLG Köln GRUR 1995, 676; OLG Karlsruhe GRUR 1995, 772 ff.; *Jestaedt* GRUR 1993, 219 ff.; *von Weichs/Foerstl* ZUM 2000, 897 ff.; zum lizenzvertraglichen Auskunftsverlangen allgemein BGH GRUR 2004, 532, 533; Busse/*Keukenschrijver,* PatG, § 15 Rn. 125 ff.; *Bartenbach,* Patentlizenz- und Know-how-Vertrag, Rn. 1842 ff.; *Groß,* Der Lizenzvertrag, Rn. 136 ff.; *Jestaedt,* Patentrecht, Rn. 776; *Kraßer,* Patentrecht, S. 940; *Pagenberg/Beier,* Lizenzverträge, Muster 1 Rn. 212 ff.; Pfaff/Osterrieth/*Osterrieth,* Lizenzverträge, Teil B. Rn. 134 ff.

Dies geschieht in der Praxis durch die Vereinbarung von Auskunfts-, Buchführungs- und Abrechnungspflichten.[238]

Der Umfang der Pflichten, die zur Befriedigung des Kontrollinteresses des Lizenzgebers dienen, variiert vor allem danach, welche Art der Lizenz vereinbart ist.[239] Vereinbaren die Parteien eine Stücklizenz, so umfasst die Auskunftspflicht des Lizenzgebers häufig die Zahl der Gegenstände, die fortlaufenden Nummern der verkauften Gegenstände, die Lieferdaten, bis hin zum Namen des Kunden.[240] Bei der Umsatzlizenz hingegen wird dem Kontrollinteresse durch die zusätzliche Angabe der Preise, der gewährten Rabatte, sowie etwaiger Nebenkosten genügt.[241]

Im Übrigen kann der Lizenznehmer verpflichtet werden weitere Umstände mitzuteilen, die entweder für die Berechnung erheblich sind oder diese zumindest erleichtern (z.B. Auskünfte über die mit Kunden vereinbarte Zahlungsweise).[242]

2. *Benutzung durch den Lizenznehmer*

Der Lizenzgeber kann ein Interesse an der Ausübung bzw. an der Verwertung des lizenzierten Gegenstandes haben.[243] Dieses Interesse kann insbesondere bei ausschließlichen Lizenzen bestehen, da für das räumlich vereinbarte Gebiet die Lizenzgebühr die einzig mögliche Einnahme darstellt. 244 Er gibt für das be-

---

238 *Bartenbach,* Patentlizenz- und Know-how-Vertrag, Rn. 1846; Fezer/*Fammler,* Handbuch der Markenpraxis, Bd. II Rn. 126; *Pagenberg/Beier,* Lizenzverträge, Muster 1 Rn. 212 ff.; *Plassmeier/Steden,* Lizenzverträge in der Praxis, § 2 Rn. 26 ff.

239 RG GRUR 1930, 430; BGH GRUR 1997, 610, 611 f.; BGH GRUR 2002, 801; *Bartenbach,* Patentlizenz- und Know-how-Vertrag, Rn. 1846; *Teplitzki* GRUR 2003, 272, 276 f.

240 *Bartenbach,* Patentlizenz- und Know-how-Vertrag, Rn. 1846; *Jestaedt,* Patentrecht, Rn. 776; *Pagenberg/Beier,* Lizenzverträge, Muster 1 Rn. 212.

241 *Pagenberg/Beier,* Lizenzverträge, Muster 1 Rn. 212.

242 *Groß*, Der Lizenzvertrag, Rn. 140; vgl. auch *Pagenberg/Beier,* Lizenzverträge, Muster 1 Rn. 220; *Plassmeier/Steden,* Lizenzverträge in der Praxis, § 2 Rn. 31.

243 Im Urheberrecht wird diesem Interesse schon durch das Gesetz Rechnung getragen. Im Verlagsrecht ist der Verleger gem. § 1 S. 2 VerlG verpflichtet das Werk zu vervielfältigen und zu verbreiten. Auch wenn die Ausübung eines lizenzierten Schutzrechts durch den Lizenznehmer natürlich erscheint, kann eine gezielte Blockadepolitik des Lizenzgebers vor allem aus Konkurrenzschutzgründen, das Vorhandensein einer besseren Alternative oder aber Kostensparmaßnahmen auf der Seite des Lizenznehmers zu einem Brachliegen des lieznzierten Schutzgutes führen, *Hilty,* Lizenzvertragsrecht, S. 500 f.; Pfaff/Osterrieth/*Osterrieth,* Lizenzverträge, Teil B. Rn. 140.

244 BGH GRUR 2000, 138; Benkard/*Ullmann*, PatG, § 15 Rn. 134; *Bartenbach,* Patentlizenz- und Know-how-Vertrag, Rn. 1896; *Groß*, Der Lizenzvertrag, Rn. 151; *Ilzhöfer/-*

stimmte Gebiet die Verwertung seines Schutzrechts vollständig aus der Hand und überlässt sie dem Lizenznehmer.[245] Noch verstärkt wird das Interesse an der Ausübung, wenn keine Mindestlizenz oder kein vergleichbarer Pauschbetrag vereinbart worden ist.[246] Denn dies deutet darauf hin, dass der Lizenzgeber das weitere Verfahren mit dem lizenzierten Schutzrecht vollkommen dem freien Gestaltungswillen des Lizenznehmers überlassen will.[247] Bei Vergabe einer ausschließlichen Markenlizenz ergibt sich das Interesse des Lizenzgebers schon aus der Verpflichtung zur Benutzung gem. §§ 25, 26 MarkenG, da der Schutzrechtsinhaber anderenfalls seine Rechte gegen Dritte nicht mehr vollständig geltend machen kann.

Aber auch unabhängig von der Gestaltung der Lizenz als einfache oder ausschließliche Lizenz, kann die Vereinbarung einer umsatz- oder stückabhängigen Lizenzgebühr den Grund für ein Ausübungsinteresse des Lizenzgebers darstellen.[248] Zu beachten ist freilich, dass der Lizenzgeber der einfachen Lizenz jederzeit die Möglichkeit hat, das Schutzrecht weiter zu verwerten, entweder durch eigene Verwertung, oder durch die Vergabe weiterer Lizenzen. Einleuchtend ist zwar, dass der Lizenzgeber bei den genannten variablen Lizenzgebühren immer an einer erschöpfenden Verwertung interessiert ist, da sie für ihn gesteigerte Einnahmen bedeuten. In Anbetracht dessen, dass bei einer ausschließlichen Li-

---

Engels, Patent-, Marken- und Urheberrecht, Rn. 1512; *Pagenberg/Beier,* Lizenzverträge, Muster 1 Rn. 141 ff.; *Schade,* Die Ausübungspflicht bei Lizenzen, S. 31; *Lüdecke* GRUR 1952, 211, 213; im Urheberrecht hat der Urheber bei Nichtausübung im Rahmen einer ausschließlichen Lizenz ein Rückrufsrecht gem. § 41 UrhG. Damit ergibt sich schon *ex lege* ein Schutz der materiellen und ideelen Ausübungsinteressen des ausschließlichen Lizenzgebers, vgl. Dreier/Schulze/*Schulze*, UrhG, § 41 Rn. 1; Möhring/Nicolini/*Spautz,* UrhG, § 41 Rn. 1; Wandtke/Bullinger/*Wandtke,* § 41 Rn. 2; *Schack,* Urheber- und Urhebervertragsrecht, Rn. 946; *Katzenberger* GRUR Int 1983, 410, 411.

245 Zur Beschränkung der ausschließlichen Lizenz oben Erstes Kapitel B. II. 5. a).

246 In der Praxis empfiehlt sich die Kombination der Mindestlizenzgebühr mit einer Ausübungspflicht zur Absicherung gegen einen Erwerb eines reinen Defensivrechts durch einen Mitbewerber, vgl. *Pagenberg/Beier,* Lizenzverträge, Muster 1 Rn. 144.

247 *Bartenbach,* Patentlizenz- und Know-how-Vertrag, Rn. 1896; Busse/*Keukenschrijver,* PatG, § 15 Rn. 129; *Henn,* Patent- und Know-how-Lizenzvertrag, Rn. 279; *Kraßer,* Patentrecht, S. 940; im Falle der Vereinbarung einer Pauschal- oder Mindestlizenzgebühr können auch beim ausschließlichen Lizenznehmer Zweifel an seinem Ausübungsinteresse bestehen, vgl. *Schade,* Die Ausübungspflicht bei Lizenzen, S. 39 f.; kritisch dazu Pfaff/Osterrieth/*Osterrieth,* Lizenzverträge, Teil B. Rn. 144.

248 BGH GRUR 1961, 470, 471; BGH GRUR 2000, 138; Benkard/*Ullmann*, PatG, § 15 Rn. 134; Büscher/Dittmer/Schiwy/*Schmoll,* Gewerblicher Rechtschutz/Urheberrecht/Medienrecht, Teil 1 Kap. 12 Rn. 147; Busse/*Keukenschrijver,* PatG, § 15 Rn. 129; *Henn,* Patent- und Know-how-Lizenzvertrag, Rn. 279; *Lüdecke* GRUR 1952, 211, 213.

zenz die weitere Vergabe ausgeschlossen ist, wird man sein Ausübungsinteresse – zumindest soweit variable Lizenzgebühren i.S.v. umsatz- oder stückabhängigen Lizenzgebühren vereinbart sind – als berechtigt bezeichnen müssen.[249] Für die einfache Lizenz hingegen kann dies nicht gelten.[250] Hier kann der Lizenzgeber seinem Interesse durch weitere Lizenzvergabe nachkommen.

Über das rein monetäre Interesse hinaus, können einem Ausübungsinteresse des Lizenzgebers aber noch weitere Überlegungen zugrunde liegen. Aus der intensiven Ausübung folgt die Verbreitung des lizenzierten Schutzgutes.[251] Dies kann z.B. dem Erfinder an der Durchsetzung seiner Erfindung am Markt dienen (Standardsetzung) oder allgemein Schutzrechtsinhabern zu entsprechender Marktpräsenz dienen.[252] Daraus kann die angestrebte Marktmacht oder ein entsprechender Imagegewinn folgen.

3. Aufrechterhaltung des Schutzgutes

Da der Bestand des Immaterialguts Voraussetzung für dessen wirtschaftliche Verwertung ist, hat der Lizenzgeber ein Interesse an der Aufrechterhaltung des Schutzgutes. Daher wird er grundsätzlich das in seiner Macht stehende tun, um den Bestand zu gewährleisten. Dies kann sich zum einen darin äußern, dass er regelmäßig die zur Aufrechterhaltung der Marke oder des Patents anfallenden Gebühren entrichtet.[253] Zum anderen wird er bei einem Angriff Dritter auf das Schutzrecht eine Verletzungsklage anstrengen, bzw. unberechtigte Klagen Dritter abwehren.[254] Ausnahmen von diesem Interesse des Lizenzgebers können ins-

---

249 Vgl. BGH GRUR 1961, 470, 471; BGH GRUR 2000, 138; Busse/*Keukenschrijver,* PatG, § 15 Rn. 129; *Kraßer,* Patentrecht, S. 940.

250 Busse/*Keukenschrijver,* PatG, § 15 Rn. 129; *Jestaedt,* Patentrecht, Rn. 772; *Kraßer,* Patentrecht, S. 940.

251 Die Ausübung und somit die Verbreitung des lizenzierten Schutzguts wird üblicherweise dadurch sicher gestellt, dass die Herstellung einer Mindestmenge vereinbart wird, bei deren Nichterreichen der Lizenzgeber ein Kündigungsrecht erhält, *Plassmeier/Steden,* Lizenzverträge in der Praxis, § 2 Rn. 44.

252 *Groß,* Der Lizenzvertrag, Rn. 149; *Henn,* Patent- und Know-how-Lizenzvertrag, Rn. 277.

253 Zur Aufrechterhaltungsgebühr siehe §§ 17 I PatG, 47 III MarkenG; zur Pflicht des Lizenzgebers zur Zahlung RGZ 155, 306, 314; Benkard/*Ullmann,* PatG, § 15 Rn. 152; *Mes,* PatG GebrMG, § 15 PatG Rn. 47; *Ingerl/Rohnke,* MarkenG, § 30 Rn. 57; Pfaff/Osterrieth/*Osterrieth,* Lizenzverträge, Teil B. Rn. 165; *Kraßer/Schmid* GRUR Int 1982, 324, 330 f.

254 Abweichend hiervon sind Situationen denkbar, in denen der Lizenzgeber zwar ein grundsätzliches Interesse am Bestehen bzw. an der Verteidigung seines Schutzrechts hat, er aber aufgrund des Aufwands und des Risikos eines Verletzungsprozesses, oder auf-

besondere dann gegeben sein, wenn ihm aus der Nichtverlängerung bzw. aus der Nichtverteidigung kein wirtschaftlicher Nachteil erwächst, weil zum Beispiel das lizenzierte Gut nur eine sehr nachrangige Einnahmequelle des Lizenzgebers darstellt, oder weil der Lizenzgeber einer Markenlizenz an dem von der Verletzung betroffenen Marktsegment kein Interesse hat.[255] In diesem Zusammenhang verfolgt er gegenüber dem Lizenznehmer sowohl das Interesse, dass ihm dieser Mitteilung über ihm bekannte Verletzungen des Schutzrechts oder Vorbereitungen auf Angriffsklagen macht,[256] als auch das Interesse, dass nicht der Lizenznehmer selbst das Schutzrecht klageweise angreift oder dessen Löschung beantragt.[257]

4. Weitere Interessen

Neben die skizzierten Interessen des Lizenzgebers können zahlreiche weitere Interessen bestehen, die sich wegen der Vielgestaltigkeit von Lizenzverträgen nicht vollständig aufführen lassen. Beispielhaft können hier Interessen des Lizenzgebers an der Qualitätssicherung, das Bezugsinteresse, Interessen im Zusammenhang mit Verbesserungen am Schutzgut, sowie Werbungs- und Kennzeichnungsinteressen genannt werden.

Abhängig von der Eigenschaft des lizenzierten Schutzgutes kann der Lizenzgeber darauf bedacht sein, einen Qualitätsstandard in der Herstellung seines Schutzgutes oder im Zusammenhang mit dessen Verwendung zu sichern.[258] Qualitativ minderwertige Ware kann z.B. das Markenimage schädigen, selbst wenn der Lizenznehmer andere als die vom Lizenzgeber angebotenen Produkte mit der Marke versieht. In Verbindung damit kann der Lizenzgeber auch die Absicht haben, den Lizenznehmer zum Bezug bestimmter Zubehör- und Ersatzteile sowie sonstiger auf das lizenzierte Schutzgut zu verwendender Gegenstände zu verpflichten. Diese muss der Lizenznehmer dann entweder vom Lizenzgeber selbst, oder aber von einem bestimmten Dritten beziehen. Auf diese Weise kann

---

grund der Besorgnis eines Gegenangriffs des Verletzers vor der Verteidigung zurückschreckt, *McGuire*, Die Lizenz, S. 465.

255 Fezer/*Fammler,* Handbuch der Markenpraxis, Bd. II Rn. 135.

256 Fezer/*Fammler,* Handbuch der Markenpraxis, Bd. II Rn. 138 f.

257 Vgl. BGH GRUR 1956, 264, 265; BGH GRUR 1957, 482, 483; BGH GRUR Int 1969, 31; BGH GRUR 1987, 900, 901; BGH GRUR 1989, 39, 40; *Bartenbach,* Patentlizenz- und Know-how-Vertrag, Rn. 2042 ff.; Fezer/*Fammler,* Handbuch der Markenpraxis, Bd. II Rn. 144 f.; *Henn,* Patent- und Know-how-Lizenzvertrag, Rn. 336 f.; *Kraßer,* Patentrecht, S. 941; *Kraßer/Schmid* GRUR Int 1982, 324, 330; *Kraßer* GRUR Int 1990, 611.

258 Büscher/Dittmer/Schiwy/*Schmoll,* Gewerblicher Rechtschutz/Urheberrecht/-Medienrecht, Teil 1 Kap. 12 Rn. 153; Fezer/*Fammler,* Handbuch der Markenpraxis, Bd. II Rn. 103; Pfaff/Osterrieth/*Osterrieth,* Lizenzverträge, Teil B. Rn. 149 ff., 985 f.

der Lizenzgeber bei entsprechender Vereinbarung nicht nur den Absatz weiterer Güter sichern, sondern gleichzeitig die Qualität des lizenzierten Schutzgutes positiv beeinflussen.[259]

Im gewerblichen Rechtsschutz, vor allem im Bereich des Patentrechts, des Sortenschutzes und der Software sind Weiterentwicklungen des lizenzierten Gegenstandes durch den Lizenznehmer denkbar. Bildet ein neues Schutzgut das Ergebnis dieser Weiterentwicklungen, kann der Lizenzgeber dann daran interessiert sein, selbst ein Nutzungsrecht an diesen neuen Schutzgütern vom Lizenznehmer zu erhalten, 260 oder zumindest vom Entstehen der neuen Schutzgüter durch den Lizenznehmer zu erfahren.[261]

Das Interesse des Lizenzgebers an der Werbung durch den Lizenznehmer ist am stärksten bei der Vergabe einer ausschließlichen Lizenz.[262] Schließlich genießt der Lizenznehmer in dem vereinbarten räumlichen Gebiet ein monopolisiertes Verwertungsrecht und dient durch die Werbung für das Produkt der Absatzförderung. Dies kann daher auch als ein Teil der Ausübungs- oder Benutzungspflicht verstanden werden.[263]

Schließlich kann der Lizenzgeber auch ein Interesse an der Kennzeichnung des Schutzgutes in der Weise haben, dass dieses mit einem Vermerk versehen wird, dass es unter Lizenz des mit Namen genannten Lizenzgebers hergestellt

---

259 Büscher/Dittmer/Schiwy/*Schmoll,* Gewerblicher Rechtschutz/Urheberrecht/-Medienrecht, Teil 1 Kap. 12 Rn. 156; *Henn,* Patent- und Know-how-Lizenzvertrag, Rn. 289; vgl. auch *Pagenberg/Beier,* Lizenzverträge, Muster 1 Rn. 239 ff.

260 Büscher/Dittmer/Schiwy/*Schmoll,* Gewerblicher Rechtschutz/Urheberrecht/Medienrecht, Teil 1 Kap. 12 Rn. 165; *Groß*, Der Lizenzvertrag, Rn. 169 f.; *Henn,* Patent- und Know-how-Lizenzvertrag, Rn. 292 ff; *Hilty,* Lizenzvertragsrecht, S. 528 ff.; zu beachten ist allerdings, dass eine Klausel, die dem Lizenzgeber eine Mitbenutzung der neuen Erfindung zusichert oder aber dem Lizenzgeber eine Übertragung der Neuerfindung zusichert i.d.R. eine Wettbewerbsbeschränkung darstellt, *Pagenberg/Beier,* Lizenzverträge, Muster 1 Rn. 229.

261 *Bartenbach,* Patentlizenz- und Know-how-Vertrag, Rn. 2001; *Groß*, Der Lizenzvertrag, Rn. 169 f.; *Hilty,* Lizenzvertragsrecht, S. 528 ff.

262 KG GRUR 1939, 66 ff.; *Groß*, Der Lizenzvertrag, Rn. 162; *Henn,* Patent- und Know-how-Lizenzvertrag, Rn. 284; Pfaff/Osterrieth/*Osterrieth,* Lizenzverträge, Teil B. Rn. 157 ff.; vgl. auch *Pagenberg/Beier,* Lizenzverträge, Muster 1 Rn. 226; a.A. *Kraßer/-Schmid* GRUR Int 1982, 324, 334.

263 Vgl. KG GRUR 1939, 66; Büscher/Dittmer/Schiwy/*Schmoll,* Gewerblicher Rechtschutz/Urheberrecht/Medienrecht, Teil 1 Kap. 12 Rn. 150; Pfaff/Osterrieth/*Osterrieth,* Lizenzverträge, Teil B. Rn. 158; *Kraßer/Schmid* GRUR Int 1982, 324, 334.

wurde.[264] Dieses Interesse kann aus Werbungsgründen oder Gründen der technischen Identifikation bestehen.[265]

II. Schutzrechtsspezifische Interessen

1. Urheberpersönlichkeit

Neben das wirtschaftliche Verwertungsinteresse tritt vor allem im Urheberrecht das Persönlichkeitsrecht des Urhebers (vgl. § 11 UrhG). Dieses liegt, als Ausfluss des allgemeinen Persönlichkeitsrechts, originär in der Hand des Urhebers. Während § 11 UrhG ganz allgemein den Grundsatz festschreibt, dass das Urheberrecht den Urheber in seinen geistigen und persönlichen Beziehungen zum Werk schützt, zählen die §§ 12 – 14 UrhG die Kernbestandteile des Urheberpersönlichkeitsrechts auf.[266] Bedingt durch die persönliche Bindung des Urhebers zu seinem Werk, kann der Urheber also weitere, ideelle Interessen an der Verwertung seines Werkes verfolgen. Neben den Vorschriften zum Urheberpersönlichkeitsrecht im engeren Sinne (§§ 12 – 14 UrhG) tritt dies deutlich zutage in den Vorschriften über die Unübertragbarkeit des Urheberrechts (§ 29 UrhG), über die erforderliche Zustimmung zur Weiterübertragung von Nutzungsrechten (§§ 34 I, 35 I UrhG), oder über das Änderungsverbot (§ 62 UrhG).[267]

2. Markenimage

Ein spezielles Interesse des Markeninhabers besteht am Imageerhalt seiner Marke durch den Lizenznehmer.[268] Das Image, bzw. der gute Ruf der Marke, erfüllt für den Markeninhaber verschiedene Funktionen. Das Produkt oder die Dienstleistung als Träger der Marke erfährt durch die Kennzeichnung mit der Marke eine Aufwertung aus der Sicht des Konsumenten durch die hinzugewonnen

---

264 Vgl. BeckOF/*Jahn,* 12.2.2, Lizenzvertrag ausschließliche Lizenz; Büscher/Dittmer/-Schiwy/*Schmoll,* Gewerblicher Rechtschutz/Urheberrecht/Medienrecht, Teil 1 Kap. 12 Rn. 178; Pfaff/Osterrieth/*Osterrieth,* Lizenzverträge, Teil B Rn. 162.

265 *Henn,* Patent- und Know-how-Lizenzvertrag, Rn. 296; *Leßmann/Würtenberger,* Sortenschutzrecht, § 4 Rn. 89; *Pagenberg/Beier,* Lizenzverträge, Muster 1 Rn. 221 ff.; Pfaff/Osterrieth/*Osterrieth,* Lizenzverträge, Teil B. Rn. 162.

266 Zu den Urheberpersönlichkeitsrechten vgl. nur Dreier/Schulze/*Schulze,* UrhG, Vor § 12 Rn. 1ff.; Fromm/Nordemann/*Dustermann,* UrhG, Vor § 12 Rn. 3ff.

267 Zum Ganzen vgl. nur Loewenheim/*Dietz/Peukert,* § 15 Rn. 2.

268 Vgl. BGH GRUR 1985, 550, 552; BGH GRUR 1991, 465, 466; BGH GRUR 1991, 609; BGH GRUR 1994, 808; *Güldenberg* GRUR 1999, 843 f.

Unterscheidbarkeit und Wiedererkennbarkeit[269] sowie durch das mit ihr verbundene Qualitätsversprechen[270] und die ideelle Identifikation des Konsumenten.

Die Vorstellungen des Konsumenten über den Markenartikel haben einen wesentlichen Einfluss auf die Entscheidung des Konsumenten.[271] Der Lizenzgeber hat daher ein über das Interesse an der monetären Gegenleistung hinausgehendes Interesse an der Wahrung des jeweiligen Images. Schädigt der Lizenznehmer das Image der Marke, etwa durch schlechte Qualität des Produkts oder der Dienstleistung[272], wird dieser Schaden auf den Lizenzgeber übertragen.[273] Um eine für Dritte erkennbare Differenzierung der Produkte vorzunehmen, kann daher vom Lizenzgeber ein entsprechender Hinweis auf die Lizenz auf den Produkten des Lizenznehmers verlangt werden.[274] Ohne eine entsprechende Kennzeichnung der Ware hingegen hat der Lizenzgeber der Markenlizenz ein erhöhtes Interesse an Qualitätskontrollen.[275]

C. Die Interessen des Lizenznehmers

I. Die Nutzungsmöglichkeit

Als synallagmatische Gegenleistung für das bezahlte Entgelt will der Lizenznehmer zunächst das lizenzierte Gut nutzen können. Er will nicht nur, wie das bei der negativen Lizenz der Fall ist[276], in seiner Benutzung vom Lizenzgeber

---

269 *Fezer*, Markenrecht, Einleitung D. Rn. 1; *Schluep,* Das Markenrecht als subjektives Recht, S. 68 ff.; *Sack* GRUR 1972, 402, 404 f.; *Troller* GRUR Int 1967, 261, 265.

270 BGHZ 41, 84, 89; BGH GRUR 1977, 488, 489; *Fezer*, Markenrecht, Einleitung D. Rn. 8; *Lange,* Marken- und Kennzeichenrecht, Rn. 11.

271 Die Wertschätzung der Marke, bzw. das positive Markenimage bezieht sich insbesondere auf Güte- bzw. Qualitätsvorstellungen hinsichtlich des Produkts einschließlich bestimmter Prestigevorstellungen, darüber hinaus aber auch auf Vorstellungen über das herstellende oder vertreibende Unternehmen, vgl. BGH GRUR 1983, 247 f.; BGH GRUR 1985, 550, 552; BGH GRUR 1994, 732, 734; BGH GRUR 1996, 508 f.; KG GRUR 2000, 906, 907; *Ingerl/Rohnke*, MarkenG, § 14 Rn. 1366.

272 Vgl. dazu schon oben Zweites Kapitel B. I. 4.

273 Ebenso kann der Lizenzgeber einer Patentlizenz an der einwandfreien Ausnutzung seines Patents und der Wahrung der entsprechenden Qualität interessiert sein. Dahinter dürfte aber immer (auch) das Interesse der Vermarktung entsprechender Produkte stehen, vgl. Pfaff/Osterrieth/*Osterrieth,* Lizenzverträge, Teil B. Rn. 149 ff.

274 *Hilty,* Lizenzvertragsrecht, S. 535.

275 Pfaff/Osterrieth/*Harte-Bavendamm,* Lizenzverträge, Teil B. Rn. 1037; vgl. auch zum erhöhten Kontrollinteresse beim Franchisevertrag Pfaff/Osterrieth/*Metzlaff,* Lizenzverträge, Teil B. Rn. 1107; wo dies aus Geheimhaltungs- oder Konkurrenzgründen angezeigt ist, wird idR ein neutraler Sachverständiger zur Qualitätskontrolle bestimmt, *Groß,* Der Lizenzvertrag, Rn. 158 f.

276 Zum Umfang der negativen Lizenz vgl. oben Erstes Kapitel B. II. 2.

geduldet und nicht von dessen Verbotsrechten beeinträchtigt werden, sondern die zur Ausübung notwendigen Einweisungen und Unterlagen erhalten. Wodurch genau dem Interesse an der Nutzungsermöglichung über den Verzicht auf das Verbotsrecht hinaus Genüge getan wird, ist wiederum vom jeweiligen Schutzrecht abhängig.[277] Bei Patent- und Softwarelizenzen kommt insbesondere technische Hilfe sowie die Überlassung notwendigen Know-hows und entsprechender Unterlagen und Aufzeichnungen in Frage.[278] Bei der Markenlizenz können Vorlagen und Schablonen zur geeigneten Reproduzierbarkeit vonnöten sein.[279] Im Sortenschutzrecht kann es auf Vermehrungsmaterial (§ 2 Nr. 2 SortSchG) ankommen.[280]

II. Nutzungserhaltung

1. Aufrechterhaltung des Schutzrechts/Wiedererlangung

Über die erstmalige Verschaffung der Nutzungsmöglichkeit hinaus ist die Aufrechterhaltung der Nutzungsmöglichkeit für den Lizenznehmer von Bedeutung.[281] Hat der Lizenznehmer erst einmal alle zur Nutzung des Schutzrechts notwendigen Materialien und Unterlagen erhalten, verlangt sein Interesse der weiteren Nutzung aber nicht zwingend die Aufrechterhaltung des Schutzrechts. Schließlich könnte er beim Wegfall des Schutzrechts das Schutzgut weiter verwenden und wäre dann von der Entrichtung der Lizenzgebühr befreit.[282] Sofern von einem Interesse des Lizenznehmers an einer Aufrechterhaltung der Nutzungsmöglichkeit ausgegangen wird, muss damit also gleichzeitig sein Interesse an der andauernden Ausnutzung seines wettbewerblichen Vorteils durch das monopolisierte Schutzrecht gemeint sein.

---

277 Ausführlich *Hilty,* Lizenzvertragsrecht, S. 457 ff.

278 Busse/*Keukenschrijver,* PatG, § 15 Rn. 105; Büscher/Dittmer/Schiwy/*Schmoll,* Gewerblicher Rechtschutz/Urheberrecht/Medienrecht, Teil 1 Kap. 12 Rn. 190; *Henn,* Patent- und Know-how-Lizenzvertrag, Rn. 34 ff.; *Jestaedt,* Patentrecht, Rn. 770; *Pagenberg/Beier,* Lizenzverträge, Muster 1 Rn. 138.

279 *Groß*, Der Lizenzvertrag, Rn. 243 f.; *Hilty,* Lizenzvertragsrecht, S. 457.

280 Vgl. *Wuesthoff/Leßmann/Wendt,* SortSchG, § 2 Rn. 3.

281 Benkard/*Ullmann*, PatG, § 15 PatG Rn. 152, § 22 GebrMG Rn. 4; *Mes*, PatG GebrMG, § 15 PatG Rn. 47; Büscher/Dittmer/Schiwy/*Schmoll,* Gewerblicher Rechtschutz/Urheberrecht/Medienrecht, Teil 1 Kap. 12 Rn. 180; Fezer/*Fammler,* Handbuch der Markenpraxis, Bd. II Rn. 143; *Henn,* Patent- und Know-how-Lizenzvertrag, Rn. 327; *Osterrieth,* Patentrecht, Rn. 367; Pfaff/Osterrieth/*Osterrieth,* Lizenzverträge, Teil B Rn. 164 ff.; *Kraßer/Schmid* GRUR Int 1982, 324, 330.

282 Zur Leistungsstörung auf Seiten des Lizenzgebers und den Folgen siehe unten Erstes Kapitel B. VI. 5.

Soweit das Schutzrecht nicht wie im Urheberrecht schon *ex lege* entsteht und bestehen bleibt[283], sondern die Entstehung und der Bestand des Schutzrechts von einer staatlichen Erteilungsinstanz abhängt, wird dem Nutzungsinteresse des Lizenznehmers durch entsprechende Schutzrechtsverlängerungsanträge und Bezahlung der entsprechenden Gebühren entsprochen.[284] Zahlt z.B. der Lizenzgeber einer Marken- oder Patentlizenz die Verlängerungsgebühren[285] nicht, erlischt die Marke gem. §47 VI MarkenG bzw. das Patent gem. § 20 I Nr. 3 PatG.[286]

Darüber hinaus behält der Lizenznehmer seine Vorteilsstellung, solange der Schutzrechtsinhaber nicht auf sein Schutzrecht verzichtet.[287]

2. *Rechtsverfolgung bei Verletzung*

Soweit der Lizenznehmer nicht durch die vorgenannten Registerakte bzw. deren Unterlassung an der Nutzung gehindert wird, kann dem Nutzungsinteresse die Verletzungshandlung Dritter entgegenstehen.[288] Dritte, die rechtswidrig das Schutzgut verwerten, haben dem Lizenznehmer gegenüber den Kostenvorteil der gebührenfreien Ausnutzung des Schutzrechts. Treten sie auf demselben Markt in Konkurrenz zum Lizenznehmer, können sie das jeweilige Produkt bil-

---

283 Dreier/Schulze/*Schulze*, UrhG, § 2 Rn. 245; Loewenheim/*Götting,* Handbuch des Urheberrechts, § 3 Rn. 12; Möhring/Nicolini/*Ahlberg,* UrhG, § 7 Rn. 2 f. ; Wandtke/Bullinger/*Thum,* § 7 Rn. 3; *Schack,* Urheber- und Urhebervertragsrecht, Rn. 223; die Unabhängigkeit des Urheberschutzes von Förmlichkeiten entspricht auch dem Verständnis des internationalen Urheberschutzes gemäß der Berner Übereinkunft zum Schutz von Werken der Literatur und Kunst, Art 5 II RBÜ.

284 Vgl. RGZ 155, 306, 314; Benkard/*Ullmann,* PatG, § 15 Rn. 152; *Mes*, PatG GebrMG, § 15 PatG Rn. 47; *Ingerl/Rohnke*, MarkenG, § 30 Rn. 57; *Wuesthoff/Leßmann/Wendt,* SortSchG, § 11 Rn. 25; Büscher/Dittmer/Schiwy/*Schmoll,* Gewerblicher Rechtschutz/-Urheberrecht/Medienrecht, Teil 1 Kap. 12 Rn. 181; Pfaff/Osterrieth/*Osterrieth,* Lizenzverträge, Teil B Rn. 164 ff.; *Kraßer/Schmid* GRUR Int 1982, 324, 330 f.

285 Diese ergeben sich aus §§ 2 I, 3 I PatKostG i.V.m. der Anlage zum Patentkostengesetz.

286 Vgl. die entsprechenden Regelungen gem. § 23 III Nr. 2 GebrMG, § 28 III GeschmMG, § 31 IV Nr.3 SortSchG.

287 Vgl. zur Verzichtsmöglichkeit § 20 I Nr.1 PatG, § 23 III Nr.1 GebrMG, § 48 I MarkenG, § 36 I Nr.2 GeschmMG, näher Benkard/*Grabinski*, PatG, § 23 GebrMG Rn. 19 f.; Bulling/Langöhrig/Hellwig, Geschmacksmuster, Rn. 447 ff.; *Jestaedt,* Patentrecht, Rn. 922 ff.; *Sosnitza,* Deutsches und Europäisches Markenrecht, § 7 Rn. 6 f.

288 Vgl. BGH GRUR 1965, 591, 595; Busse/*Keukenschrijver,* PatG, § 15 Rn. 114; *Ingerl/Rohnke*, MarkenG, § 30 Rn. 58; *Bartenbach,* Patentlizenz- und Know-how-Vertrag, Rn. 1385; Büscher/Dittmer/Schiwy/*Schmoll,* Gewerblicher Rechtschutz/Urheberrecht/-Medienrecht, Teil 1 Kap. 12 Rn. 185; Fezer/*Fammler,* Handbuch der Markenpraxis, Bd. II Rn. 133 ff.; *Groß*, Der Lizenzvertrag, Rn. 279 ff.; *Henn,* Patent- und Know-how-Lizenzvertrag, Rn. 321; *Kraßer/Schmid* GRUR Int 1982, 324, 330 f.; *Traumann* GRUR 2008, 470, 471 f.

liger anbieten und verdrängen somit den Lizenznehmer. Aber auch die Verfolgung von Schutzrechtsverletzungen auf anderen Märkten kann im Interesse des Lizenznehmers stehen: Werden die Rechtsverletzungen nicht verfolgt kann dies ein Signal für ein nachlässige Rechtsverfolgung sein und potentielle Verletzer auch auf heimischen Markt hervorbringen.

Einschränkend ist aber anzumerken, dass es nicht zwingend im Interesse des Lizenznehmers liegen muss, dieselben Zugangskosten hinsichtlich des Lizenzgutes zu haben wie die übrigen Marktteilnehmer. Vor allem der einfache Lizenznehmer nimmt von vornherein in Kauf, dass zahlreiche weitere Lizenzen, unter Umständen auch zu günstigeren Bedingungen vergeben werden.[289] Ist das lizenzierte Immaterialgut nur mittelbar für den Markterfolg verantwortlich, wie dies zum Beispiel bei einfachen Softwarelizenzen für eine spezielle Datenverarbeitungssoftware der Fall sein kann, berühren den Lizenznehmer geringe Schwankungen der Lizenzkonditionen kaum.

Liegt jedoch die Vergabe von Lizenzen zu den gleichen Bedingungen im Interesse des Lizenznehmers, liegt in dieser Hinsicht die Verfolgung jedweder Verletzung in seinem Interesse. Kann ein striktes Interesse an der Vergabe zu gleichen Bedingungen nicht behauptet werden, hat der Lizenznehmer zumindest ein Interesse an der grundsätzlichen Verfolgung von Rechtsverletzungen um nicht durch vielzählige Verletzungen den Schutz zu entwerten und faktisch aufzuheben.

Neben dem monetären Interesse an der Rechtsverfolgung kann dem Lizenznehmer aber auch noch aus anderen Gründen an der Rechtsverfolgung gelegen sein. Zum Beispiel können im Rahmen der Verletzungshandlung verwendete Schutzgüter ohne entsprechende Qualitätskontrollen passieren. Eine dadurch verbreitete mindere Qualität kann dann Ausstrahlungswirkung auch auf die Produktwahrnehmung der Produkte des Lizenznehmers haben.[290]

Dem Lizenznehmer ist nach alledem grundsätzlich daran gelegen, dass etwaige Verletzer klageweise verfolgt werden.[291]

3. *Verteidigung gegen Angriffe*

Neben einer teilweisen bis vollständigen Aushöhlung der Position des Lizenznehmers durch schutzrechtsverletzende Verwendung durch Dritte ist schließlich

---

289 Zum Interesse des einfachen Lizenznehmers an einer Meistbegünstigung vgl. unten Zweites Kapitel C. III.

290 Vgl. auch insbesondere zur Pflicht zur Image-Pflege bei der Marke durch Auswahl der richtigen Lizenznehmer und zur Qualitätskontrolle bei bereits erteilten Lizenzen *Traumann* GRUR 2008, 470, 471.

291 *Wuesthoff/Leßmann/Wendt,* SortSchG, § 11 Rn. 25.

der vollkommene Wegfall des Schutzrechts durch Löschungsanträge[292] oder Nichtigkeitsklagen[293] Dritter denkbar. Der Lizenznehmer hat in diesem Fall ein Interesse daran, dass der Schutzrechtsinhaber das geschützte Gut verteidigt und somit für eine entsprechende Nutzungserhaltung sorgt. Dies ergibt sich schon daraus, dass allein der Lizenzgeber bei einer gegen das Schutzrecht gerichteten Nichtigkeits- oder Löschungsklage passivlegitimiert ist.[294] Dies kann er nicht nur durch das Vorbringen entsprechender Gegenbeweise erreichen, sondern z.B. im Patentrecht durch Teilung des Patents oder Änderung des Patents. Im Falle der Teilung (§ 60 PatG) bleibt trotz der Abtrennung eines Teils für das Restpatent Schutzwirkung bestehen.[295]

4. Übertragung von Rechten und Pflichten

Wird das Schutzrecht übertragen, genießt der Lizenznehmer zwar Sukzessionsschutz.[296] Dies bedeutet aber lediglich, dass der Erwerber des Schutzrechts den bestehenden Lizenzvertrag gegen sich gelten lassen muss, da insofern kein Austausch der Lizenzvertragsparteien stattfindet.[297] Vertragspartner des Lizenznehmers bleibt weiterhin der ursprüngliche Lizenzgeber. Der Lizenznehmer ist daher daran interessiert, dass Rechte und Pflichten des Lizenzvertrages auf den Rechtsnachfolger übertragen werden.[298] Da ein Vertrag zu Lasten Dritter nicht wirksam vereinbart werden kann[299], besteht die einzige Möglichkeit, dem Interesse des Lizenznehmers nachzukommen, in der Vereinbarung, bei Veräußerung des Schutzrechts die sich aus dem Lizenzvertrag ergebenden Pflichten auch dem Rechtsnachfolger aufzuerlegen. Wird das Patent geändert und erweist sich in

---

292 §§ 53 ff. MarkenG, 16 f. GebrMG, 18 SortSchG.

293 §§ 81 ff. PatG, 33 ff. GeschmMG, 13 HalblSchG.

294 Gem. §§ 81 I PatG, 16, 17 GebrMG, vgl. dazu *Bartenbach,* Patentlizenz- und Know-how-Vertrag, Rn. 1385; Büscher/Dittmer/Schiwy/*Schmoll,* Gewerblicher Rechtschutz/Urheberrecht/Medienrecht, Teil 1 Kap. 12 Rn. 184; Pfaff/Osterrieth/*Osterrieth,* Lizenzverträge, Teil B Rn. 194.

295 *Jestaedt,* Patentrecht, Rn. 951.

296 Zum Sukzessionsschutz der einfachen und der ausschließlichen Lizenz siehe schon oben Erstes Kapitel B. II. 4. b) sowie Erstes Kapitel B. II. 5.b)

297 Benkard/*Ullmann,* PatG, § 15 Rn. 114; *Fezer*, Markenrecht, § 30 Rn. 41; *Ingerl/Rohnke*, MarkenG, § 30 Rn. 113; Fezer/*Fammler,* Handbuch der Markenpraxis, Bd. II Rn. 150; *Hilty,* Lizenzvertragsrecht, S. 469.

298 Fezer/*Fammler,* Handbuch der Markenpraxis, Bd. II Rn. 150 f.; *Hilty,* Lizenzvertragsrecht, S. 469 f.

299 BGH NJW 1970, 2157; BGH NJW 1972, 942, 943; BGH NJW 1974, 96; BGH NJW 1981, 275, 276; BGH NJW 1995, 3183, 3184; Jauernig/*Stadler,* § 328 Rn. 7; MünchKommBGB/*Gottwald*, § 328 Rn. 188.

seiner neuen Form als patentfähig, erfolgt nur im Übrigen die Teilnichtigerklärung bzw. der Teilwiderruf.[300]

III. Meistbegünstigung

Der einfache Lizenznehmer nimmt die Vergabe weiterer Lizenzen in Kauf. Jedoch kann er ein Interesse daran haben, dass er im Vergleich zu seinen Konkurrenten nicht wirtschaftlich benachteiligt wird.[301] Zwar wird die direkte Vergleichbarkeit der lizenzvertraglichen Leistungen verschiedener Verträge erschwert durch etwaige Unterschiede in Art und Höhe der einzelnen Leistungen.[302] Dem Lizenznehmer ist aber grundsätzlich daran gelegen bei gleicher Leistung keine höhere Lizenzgebühr zu zahlen als sein Konkurrent und damit am Markt eine schlechtere Wettbewerbsposition zu erhalten. Ausnahmen davon sind freilich denkbar in Fällen der zahlreichen Vergabe einfacher Lizenzen. Handelt es sich bei dem zugrundeliegenden Schutzrecht um ein Gut, das für den Lizenznehmer eine Zugangsvoraussetzung für einen bestimmten Markt darstellt oder das nur mittelbar in das vom Lizenznehmer angebotene Produkt einfließt, kann er kein spezifisches Interesse an absoluter Gleichbehandlung behaupten.

In allen übrigen Fällen hat er aber ein Interesse daran, die Nutzungserlaubnis zu denselben Bedingungen zu erhalten. Erhält ein weiterer Lizenznehmer das Schutzrecht nach Vertragsabschluss zu günstigeren Konditionen, entspricht es seinem Interesse, dass sein Vertrag entsprechend diesen Konditionen angepasst wird.

IV. Weitere Interessen

Die weiteren Interessen des Lizenznehmers sind jeweils abhängig von den Vereinbarungen der Vertragsparteien. Sie werden bedingt durch die Unterschiede lizenzvertraglicher Verhältnisse sowohl nach dem zugrundeliegenden Schutzgegenstand, nach dem Lizenztyp, als auch nach den individuellen Parteiinteressen. Im Einzelfall können die Vertragsparteien spezielle Eigenschaften des Lizenzgegenstandes vereinbart haben, deren Vorhandensein im besonderen Interesse des Lizenznehmers liegt.

Von grundlegender Bedeutung ist für den Lizenznehmer auch die Einhaltung einer lizenzvertraglich vereinbarten persönlichen Beschränkung der Lizenz. Sei-

---

300 *Jestaedt,* Patentrecht, Rn. 965.

301 Büscher/Dittmer/Schiwy/*Schmoll,* Gewerblicher Rechtschutz/Urheberrecht/Medienrecht, Teil 1 Kap. 12 Rn. 188; *Henn,* Patent- und Know-how-Lizenzvertrag, Rn. 443; *Hilty,* Lizenzvertragsrecht, S. 479.

302 Reimer/*Reimer,* PatG GebrMG, § 9 a.F. Rn. 81; *Bartenbach,* Patentlizenz- und Know-how-Vertrag, Rn. 1479; *Hilty,* Lizenzvertragsrecht, S. 480.

ne mehr oder weniger exklusive Stellung auf dem Markt und der daraus resultierende Wettbewerbsvorsprung bilden die Grundlage seiner wirtschaftlichen Kalkulation.[303] Die Vereinbarung einer Beschränkung der weiteren Lizenzvergabe kann wiederum sein Interesse an der Verteidigung von Schutzrechtsverletzungen erhöhen.[304]

Darüber hinaus können auch – wie schon aus der Sicht des Lizenzgebers erläutert – Interessen des Lizenznehmers an der Teilhabe an weiteren Verbesserungen des Lizenzvertrages bestehen.[305]

Ferner kann der Lizenznehmer auch schutzrechtsspezifische Interessen verfolgen: Vor allem im Urheberrecht kann der Lizenznehmer neben der wirtschaftlichen Verwertung eines Musikstücks oder eines Bildes auch ein ideelles Interesse am Genuss des Werkes haben.[306]

---

303 *Bartenbach,* Patentlizenz- und Know-how-Vertrag, Rn. 1687 ff.; *Groß*, Der Lizenzvertrag, Rn. 99; *Groß/Rohrer,* Lizenzgebühren, Rn. 3; *Henn,* Patent- und Know-how-Lizenzvertrag, Rn. 245; *Pagenberg/Beier,* Lizenzverträge, Muster 1 Rn. 168.

304 *Bartenbach,* Patentlizenz- und Know-how-Vertrag, Rn. 1385; Büscher/Dittmer/Schiwy/-*Schmoll,* Gewerblicher Rechtschutz/Urheberrecht/Medienrecht, Teil 1 Kap. 12 Rn. 185; *Groß*, Der Lizenzvertrag, Rn. 279; *Henn,* Patent- und Know-how-Lizenzvertrag, Rn. 321; *Pagenberg/Beier,* Lizenzverträge, Muster 1 Rn. 254; *Kraßer/Schmid* GRUR Int 1982, 324, 330 f.

305 Büscher/Dittmer/Schiwy/*Schmoll,* Gewerblicher Rechtschutz/Urheberrecht/Medienrecht, Teil 1 Kap. 12 Rn. 187; *Groß*, Der Lizenzvertrag, Rn. 287 ff.; *Henn,* Patent- und Know-how-Lizenzvertrag, Rn. 325; *Hilty,* Lizenzvertragsrecht, S. 528 ff.; *Pagenberg/Beier,* Lizenzverträge, Muster 1 Rn. 235 ff.

306 Geichwohl tritt im Rahmen von Urheberrechtsverträgen das Interesse des Lizenznehmers am Genuss des lizenzierten Schutzrechts oftmals hinter dem Recht des Urhebers auf Schaffensfreiheit zurück, vgl. RG GRUR 1937, 485, 488; BGH GRUR 1960, 642, 644; OLG Hamm UFITA 1930, 528, 529; OLG Karlsruhe UFITA 1982, 229, 234 ff.; Fromm/Nordemann/*J.B.Nordemann,* UrhG, Vor §§ 31 ff. Rn. 181; Schricker/Loewenheim/*Schricker/Loewenheim,* UrhG, § 31 Rn. 30; *Schricker,* VerlagsR, § 31 Rn. 9; Loewenheim/*Nordemann,* Handbuch des Urheberrechts, § 62 Rn. 12.

§ 3 Maßstab der Inhaltskontrolle

Drittes Kapitel: Rechtliche Grundlagen des Lizenzvertrages

A. Europäische und internationale Rechtsgrundlagen

I. Grundsätzliche Bedeutung internationaler Regelungen

Sowohl auf europäischer als auch auf der darüber hinausgehenden, internationalen Ebene eröffnet sich ein Geflecht an immaterialgüterrechtlichen Regelungen, die das Gebiet des Lizenzvertrages berühren.[307] Die Bedeutung dieser Regelungen für das nationale Recht reicht von der reinen Interpretationshilfe bis hin zur direkten Einwirkung auf die Gestaltung und Durchsetzung des nationalen Rechts durch europarechtliche Richtlinien und Verordnungen.

Eine in sich geschlossene, umfassende Rechtsgrundlage findet der Lizenzvertrag allerdings in keiner internationalen Regelung. Vielmehr sind sowohl europäische als auch andere staatsvertragliche Regelungen – vergleichbar dem deutschen Recht – geprägt von der Behandlung der einzelnen Rechtsgebiete des geistigen Eigentumsrechts. Lizenzrechtliche Fragen werden daher in den entsprechenden Regelungswerken lediglich mitgeregelt. Dies schmälert aber nicht die Bedeutung internationaler und europarechtlicher Regelungen, gerade für einen Vertragstyp, der realtypisch von Internationalität geprägt ist.[308] Anhaltspunkte für die Natur des Lizenzvertrages auf europäischer und internationaler Ebene werden daher vorweg untersucht.

II. Europäische Regelungen

Auf europäischer Ebene existiert weder ein kohärentes System, das das Vertragsrecht und die Leistungsstörung im Allgemeinen regelt, noch eine spezielle Regelung, die den Lizenzvertrag im Besonderen umfassend beschreibt. Vielmehr werden durch die EG primär- und sekundärrechtliche Rechtsakte erlassen, die jeweils konkrete Einzelfragen mit privatrechtlichem Inhalt lösen.[309] Auf ein ge-

---

[307] Vgl. Benkard/*Ullmann*, PatG, Internationaler Teil – Das zwischenstaatliche Recht, Rn. 1 ff.; *Kraßer*, Patentrecht, S. 108 ff.; *Pfaff/Nagel*, Internationale Rechtsgrundlagen für Lizenzverträge im gewerblichen Rechtsschutz, passim; *Troller*, Die mehrseitigen völkerrechtlichen Verträge, S. 10 ff.

[308] Vgl. Kritik zur Ausklammerung internationaler Bezüge auf dem Gebiet des Lizenzvertrages bei *Schack* AcP 207 (2007), 666.

[309] Kritisch zu dieser punktuellen Einwirkung v.a. *Kötz*, FS Zweigert, S. 483; *Hommelhoff* AcP 192 (1992), 71, 102; *Ulmer* JZ 1992, 1, 6; *Junker* JZ 1994, 921, 924.

schlossenes System zur Klärung lizenzvertraglicher Probleme kann also nicht zurückgegriffen werden.

Jedoch findet der Lizenzvertrag in einzelnen europäischen Vorschriften Erwähnung.[310] Dazu gehören das Europäische Patentübereinkommen (EPÜ)[311], das Gemeinschaftspatentübereinkommen (GPÜ)[312], die Marken-Richtlinie (MRL)[313], sowie die Gemeinschaftsmarkenverordnung (GMV).[314]

Das EPÜ begnügt sich mit der Feststellung in Art. 73 EPÜ, dass die europäische Patentanmeldung ganz oder teilweise Gegenstand von Lizenzen sein kann. Auch das GPÜ erwähnt lediglich in Art. 43 GPÜ die Lizenzierbarkeit des Gemeinschaftpatents (Abs. 1) sowie die Möglichkeit des Lizenzgebers der Geltendmachung der Rechte aus dem Patent gegen den Lizenznehmer bei Verstoß gegen eine Beschränkung der Lizenz (Abs. 2). Eine weitergehende Erfassung der rechtlichen Natur oder des Regelungsprogramms des Lizenzvertrages findet damit nicht statt. In ihrem jeweiligen Wortlaut gleich regeln auch Art. 8 I, II MRL und Art. 22 I, II GMV die Lizenzierbarkeit der Marke bzw. der Gemeinschaftsmarke sowie die Möglichkeit des Vorgehens des Lizenzgebers gegen den Lizenznehmer bei Verstoß gegen eine lizenzvertragliche Restriktion der Benutzung. Darüber hinaus wird dann aber von der Gemeinschaftmarkenverordnung bestimmt, dass der Lizenznehmer ein Klagerecht grundsätzlich nur nach Zustimmung des Lizenzgebers hat (Art. 22 III 1 GMV), es sei denn, es handelt sich um einen ausschließlichen Lizenznehmer und der Lizenzgeber erhebt nach Aufforderung nicht innerhalb einer angemessenen Frist die Verletzungsklage (Art. 22 III 2 GMV). Sukzessionsschutz genießt die Lizenz erst nach Eintragung (Art. 23 I 1 GMV), soweit der Dritte bei Erwerb des Schutzrechts keine positive Kenntnis von der Lizenz hatte (Art. 23 I 2 GMV). Aufgrund der Regelung zum Beitritt zur Verletzungsklage werden teilweise weitergehende Schlüsse auf dog-

---

310 Vgl. *Hilty,* Lizenzvertragsrecht, S. 120 ff.; *Pfaff/Nagel,* Internationale Rechtsgrundlagen für Lizenzverträge im gewerblichen Rechtsschutz, S. 403 f.

311 Europäisches Patentübereinkommen vom 5.10.1973 (BGBl. 1976 II S. 649, 826) in der ab 31.12.2007 geltenden Fassung (BGBl. 2007 II S. 1082, 1129).

312 Gemeinschaftspatentübereinkommen, Zustimmung der Bundesrepublik sowie Abdruck des Übereinkommens in BGBl. 1979 II, S. 833 ff.; es wird jedoch nicht mehr damit gerechnet, dass alle Staaten das Übereinkommen ratifizieren, bzw. dass das Übereinkommen auch ohne die Ratifizierung der übrigen Staaten inkrafttritt. Zum Stand vgl. Benkard/*Joos,* EPÜ, Vor Art. 142-149 Rn. 8 ff.; *Kraßer,* Patentrecht, S. 99; zu den Schwierigkeiten vgl. auch den Bericht über die Regierungskonferenz 1992 in Lissabon in GRUR Int 1992, 560; sowie *Schäfers/Schennen* GRUR Int 1992, 638 ff.

313 Richtlinie 2008/95/EG des Europäischen Parlaments und des Rates zur Angleichung der Rechtsvorschriften der Mitgliedstaaten über die Marken vom 22. Oktober 2008.

314 Verordnung (EG) Nr. 207/2009 des Rates über die Gemeinschaftsmarke vom 26. Februar 2009.

matische Grundlagen der Lizenz im europäischen Recht gezogen. Die Regelung wird insoweit als Beweis für die dingliche Natur der Lizenz gewertet.[315] Diese Schlussfolgerung unterliegt aber in zweifacher Hinsicht Bedenken. Erstens entspringen diese Regelungen einer pragmatischen Sicht, die die wirtschaftlichen Bedürfnisse der Lizenzvertragsparteien angemessen lösen will.[316] Der Wille zur Setzung einer dogmatischen Grundlage ist den Regelungen nicht zu entnehmen. Zweitens sprechen gerade die Normierung des Klagerechts nach Zustimmung des Lizenzgebers sowie der bedingte Sukzessionsschutz im Zweifel eher gegen die Annahme eines dinglichen Verständnisses der Lizenz durch das europäische Recht.[317] Der Gesetzgeber weist dem Lizenznehmer durch entsprechende Kodifikation Rechte zu, die ihm die Lizenz aus ihrer Natur allein nicht verleihen könnte. Es scheint daher im europäischen wie im deutschen Recht konsequent von einer teilweise verdinglichten Rechtsposition zu sprechen.[318]

Über das geltende Gemeinschaftsrecht hinaus kann berücksichtigt werden, dass eine gemeinschaftsrechtliche Regelung des allgemeinen Zivilrechts angestrebt wird.[319] Bei der Betrachtung europäischen Rechts können daher auch Ergebnisse wissenschaftlicher Erarbeitung zum Gemeinschaftsprivatrecht ins Blickfeld gerückt werden. Zu nennen sind hier vor allem der von der europäischen Kommission in Auftrag gegebene Draft Common Frame of Reference (DCFR)[320], die Ergebnisse der Lando Kommission in Form der Principles of Eu-

---

315 *Fezer* schreibt sowohl der MRL als auch der GMV ein dingliches Markenlizenzverständnis zu, *Fezer*, Markenrecht, § 30 Rn. 8;nach *Forkel* NJW 1993, 3181, 3183 sieht die „Verordnung über die Gemeinschaftsmarke...die dingliche Lizenz vor (Art. 22, 23)".

316 *Hilty*, Lizenzvertragsrecht, S. 121 f. mit dem Hinweis in Fn. 69, dass die Lizenz in den EU-Staaten überwiegend als lediglich obligatorisches Recht aufgefasst wird und dass französische Pragmatik der Regelung eher Pate gestanden hat als deutsche Dogmatik; vgl. auch *McGuire*, Die Lizenz, S. 488 f.

317 Zur selben Argumentation im deutschen Recht vgl. Erstes Kapitel B. II 4. ff.

318 Zur Annahme der Teilverdinglichung im Lizenzrecht vgl. Erstes Kapitel B. II 6.

319 Als politische Forderung ist dies erstmals 1989 vom Europäischen Parlament formuliert worden, s. *Entschließung des Europäischen Parlaments zu den Bemühungen um eine Angleichung des Privatrechts der Mitgliedsstaaten,* ABl. C 158 vom 26.6.1989, S. 400; Aus der Literatur vgl. vor allem Langenbucher/*Herresthal,* Europarechtliche Bezüge des Privatrechts, § 2 Rn. 1 ff.; *Ranieri,* Europäisches Obligationenrecht, S. 100 ff; *Riesenhuber,* Europäisches Vertragsrecht, Rn. 55 ff.; *Martens* EuZW 2010, 527.

320 *V.Bar/Clive,* Principles, Definitions and Model Rules of European Private Law – Draft Common Frame of Reference (DCFR); Kritisch zum DCFR *Eidenmüller/Faust/-Grigoleit/Jansen/Wagner/Zimmermann* JZ 2008, 529; *Jansen/Zimmermann* NJW 2009, 3401.

ropean Contract Law (PECL)[321], sowie und die generelleren Principles of European Law.[322] Aus diesen Regelungen lassen sich bei näherer Betrachtung zwar keine lizenzvertragsspezifischen Regelungen ableiten. Jedoch beinhalten sie durch ihre allgemeinvertraglichen Prinzipien durchaus Leitlinien für die Behandlung von Leistungsstörungen im Lizenzvertrag nach europäischem Recht.

Hervorzuheben ist an dieser Stelle der DCFR. Er soll als Grundlage eines europäischen Vertragsrechtsinstruments dienen. Im Grünbuch der Kommission[323] wurde vorgeschlagen, dieses Instrument als fakultatives Vertragsrecht innerhalb der Europäischen Gemeinschaft einzuführen.[324] Der DCFR behandelt im Hinblick auf das allgemeine Schuldrecht z.B. den Erfüllungsanspruch und die Behandlung der anfänglichen Unmöglichkeit. Gemäß Art. III.-3:301 Abs. I DCFR hat der Gläubiger einer Geldschuld das Recht die fällige Zahlung zu fordern. Der Gläubiger einer nicht monetären Leistung hat dasselbe Recht gem. Art. III.-3:302 Abs. I DCFR. Ist die Leistung von Anfang an unmöglich, steht dies der Wirksamkeit des Vertrages nicht entgegen (Art. II.-7:102 DCFR). Soweit aber im Buch IV des DCFR besondere Schuldvertragstypen[325] angeführt sind, ist der Lizenzvertrag nicht als eigenständiger Vertragstyp geregelt. Lediglich ein Hinweis auf die Voraussetzung der Existenz eines Lizenzvertrages lässt sich Art. IV.E.-4:201 Abs. 1 DCFR im Rahmen des Franchisevertrages entnehmen: „The franchisor must grant the franchisee a right to use the intellectual property rights to the extent necessary to operate the franchise business." Die genaue Bedeutung der Gewährung des Rechts zur Nutzung der geistigen Eigentumsrechte bleibt aber absichtlich ohne weitere Konkretisierung, um nicht in Widerspruch zu den nationalen Rechtssystemen zu stehen.[326]

---

321 *Lando/Beale,* Principles of European Contract Law Parts I and II; deutsche Ausgabe *v.Bar/Zimmermann,* Grundregeln des Europäischen Vertragsrechts, Teile I und II; *Lando/Clive/Prüm/Zimmermann,* Principles of European Contract Law, Part III; deutsche Ausgabe *v.Bar/Zimmermann,* Grundregeln des Europäischen Vertragsrechts, Teil III.

322 *V. Bar,* Pricnciples of European Law.

323 Grünbuch der Kommission, Optionen für die Einführung eines Europäischen Vertragsrechts für Verbraucher und Unternehmen, Kom (2010) 348 endgültig, vom 1.07.2010.

324 Vgl. dazu auch *Herresthal* EuZW 2011, 7 ff.; *Schulze* EuZW 2010, 801.

325 Vgl. Im Gegensatz zum Vorschlag der Kaufrechtsregelungen des DCFR (Buch IV Teil A) aber nunmehr den Entwurfs einer Verordnung über ein Gemeinsames Europäisches Kaufrecht (KOM [2011] 635 [endg.]).

326 Vgl. Comment C on Art. Art. IV.E.-4:201 Abs. 1 DCFR, *v.Bar/Clive,* Principles, Definitions and Model Rules of European Private Law – Draft Common Frame of Reference (DCFR), S. 2395.

III. Internationale Abkommen

Auf dem Gebiet des geistigen Eigentums findet sich eine Fülle von internationalen Konventionen. Als wichtigste sind hier die Pariser Verbandsübereinkunft (PVÜ)[327], der Patent Cooperation Treaty (PCT)[328], das Madrider Markenabkommen (MMA)[329], die Revidierte Berner Übereinkunft (RBÜ)[330], sowie das Übereinkommen über handelsbezogene Aspekte der Rechte des geistigen Eigentums (TRIPS)[331] zu nennen.[332]

Gegenstand dieser multilateralen und von Deutschland ratifizierten Abkommen ist aber überwiegend die strukturelle Rechtsvereinheitlichung und die Rechtsanerkennung inklusive der Rechtsdurchsetzung der jeweils zugrundeliegenden geistigen Eigentumsrechte. Spezielle Regelungen zum Lizenzvertrag sind in den Konventionen nicht enthalten. Lediglich in Form einer Regelung zur Erteilung einer Zwangslizenz wird die Lizenz in den Abkommen wörtlich erwähnt (vgl. Art. 5 IV PVÜ, Art. 11bis RBÜ). Die multilateralen Abkommen liefern somit keine Interpretationshilfe zum Lizenzvertrag.

B. Der Lizenzvertrag als Schuldvertrag

Als moderner Vertragstyp[333] steht der Lizenzvertrag in der Reihe der Vertragstypen, die keinem ausformulierten gesetzlichen Regelungsprogramm unterstehen.[334] Innerhalb der Grenzen vor allem wettbewerbsrechtlicher Vorschriften sowie der §§ 134, 138 BGB kann dieser Vertragstyp entsprechend der allgemei-

---

327 Pariser Verbandsübereinkunft zum Schutz des gewerblichen Eigentums vom 20. März 1883, BGBl. 1970 II, S. 391, ber. BGBl. 1985 II, S. 975.

328 Vertrag über die internationale Zusammenarbeit auf dem Gebiet des Patentwesens vom 19. Juni 1970, BGBl. 1976 II, S. 664.

329 Madrider Abkommen über die internationale Registrierung von Marken vom 14. April 1891, BGBl. 1970 II, S. 293, 418.

330 Berner Übereinkunft zum Schutz von Werken der Literatur und Kunst vom 9. September 1886, BGBl. 1974 II, S. 1071.

331 Übereinkommen über handelsbezogene Aspekte der Rechte des geistigen Eigentums vom 15. April 1994, BGBl. 1994 II, S. 1730.

332 Vgl. auch Überblicke zu multilateralen Verträgen bei Benkard/*Ullmann*, PatG, Internationaler Teil – Das zwischenstaatliche Recht, Rn. 9 ff.; *Kraßer,* Patentrecht, S. 108 ff.; *Pfaff/Nagel,* Internationale Rechtsgrundlagen für Lizenzverträge im gewerblichen Rechtsschutz, Teil A.; *Troller,* Die mehrseitigen völkerrechtlichen Verträge, S. 10 ff.

333 Zum Begriff „moderner Vertragstyp“ insbesondere *Martinek*, Moderne Vertragstypen I, S.9.

334 Zum Konflikt der Entstehung moderner Vertragstypen und der gesetzgeberischen Tätigkeit vgl. *Westermann*, Vertragsfreiheit und Typengesetzlichkeit, S. 104; *Bartsch* CR 2000, 3 ff.; *Leuschnner* AcP 207 (2007), 491, 504.

nen Vertragsfreiheit[335] somit grundsätzlich frei vereinbart werden. Der Lizenzgeber kann nicht nur entscheiden, ob er Nutzungsrechte an seinem Schutzgut einräumt, sondern auch an wen er eine solche privilegierte Position vergeben will und in welchem zeitlichen, örtlichen und sachlichen Umfang.[336]

In den hier betrachteten Fällen des Grundtypus des Lizenzvertrages im unternehmerischen Geschäftsverkehr, steht die Verpflichtung des Lizenzgebers, das Schutzrecht zugänglich zu machen, der Verpflichtung des Lizenznehmers, die Lizenzgebühr zu entrichten, gegenüber.[337] Somit handelt es sich um ein synallagmatisches Schuldverhältnis.[338] Da dieses regelmäßig nicht nur auf einen einmaligen[339], sondern vielmehr auf einen regelmäßig wiederkehrenden Leistungsaustausch gerichtet ist, stellt der Lizenzvertrag ein Dauerschuldverhältnis dar.[340] Ein solches lässt sich mangels gesetzlicher Definition[341] als ein Vertrag charakterisieren, der häufig auf unbestimmte Dauer angelegt ist und der auf ein fortgesetztes Verhalten gerichtet ist.[342] Unabhängig von der Zuordnung des Lizenzvertrages zu einem bestimmten Vertragstypus, gelten für ihn also die Regeln

---

335 Zum Umfang und zur verfassungsrechtlichen Wurzel der Vertragsfreiheit vgl. nur BVerfGE 8, 274, 328; BVerfGE 12, 341, 347; BVerfGE 25, 371, 407; BVerfGE 37, 132, 141; BVerfGE 50, 290, 386; BVerfGE 65, 169, 210; BVerfGE 73, 261, 270; MünchKommBGB/*Emmerich* § 311 Rn. 1 ff.; Staudinger/*Löwisch* § 311 Rn. 1 ff.; *Bäuerle*, Vertragsfreiheit und Grundgesetz, passim; *Höfling*, Vertragsfreiheit, passim.

336 Vgl. aber BGH GRUR 2004, 966 ff.; zu den Gestaltungsfreiheiten und Differenzierungen der einzelnen Lizenzarten vgl. bereits oben Erstes Kapitel B. II. 1.

337 Vgl. dazu auch die Darstellung der Interessen der Lizenzvertragsparteien oben, Zweites Kapitel B. und Zweites Kapitel C.

338 *Groß*, Der Lizenzvertrag, Rn. 43; Benkard/*Ullmann*, PatG, § 15 Rn. 165; HK-MarkenR/*Pahlow*, § 30 Rn. 11; vgl. aber *McGuire*, Die Lizenz, S. 623 f.

339 Ausnahmen sind freilich insbesondere bei unentgeltlichen Lizenzen oder bei Einmalzahlungen vorstellbar. Zur Ausnahme echter Unentgeltlichkeit von Lizenzen vgl. bereits oben Zweites Kapitel B. I. 1. a). Zur abweichenden Interessenslage bei Lizenzen, die auf einen einmaligen Austausch gerichtet sind vgl. v.a. unten Sechstes Kapitel.

340 BGH GRUR 1964, 326, 329; BGH GRUR 1977, 551, 553; BGH GRUR 1992, 112, 114; *Fezer*, Markenrecht, § 30 Rn. 42; Benkard/*Ullmann*, Patentgesetz, § 15 Rn. 83; Busse/*Keukenschrijver*, PatG, § 15 Rn. 57; Schricker/Loewenheim/*Schricker*, UrhG, § 31 Rn. 15; *Bartenbach*, Patentlizenz- und Know-how-Vertrag, Rn. 38; *Pahlow*, Lizenz und Lizenzvertrag, S.256; *Groß*, Der Lizenzvertrag, Rn. 20; *McGuire*, Die Lizenz, S. 624 f.; *Haedicke* GRUR 2004, 123, 125; *Ohl* GRUR 1992, 77, 78.

341 Vgl. BT-Drucks 14/6040, S. 177.

342 Vgl. BeckOK BGB Bamberger/Roth/*Sutschet*, § 241 Rn. 27; MünchKommBGB/*Gaier*, § 314 Rn. 6; *Michalski* JA 1979, 401, 402; kritisch gegenüber einer strengen formalen Definition und für eine teleologische Begriffsbestimmung NK-BGB/*Krebs* § 314 Rn. 8; Staudinger/*Olzen* § 241 Rn. 350; *Oetker*, Das Dauerschuldverhältnis und seine Beendigung, S. 99 ff.;

des Allgemeinen Teils des BGB, sowie die des allgemeinen Schuldrechts unter Anwendung der Regeln über Dauerschuldverhältnisse.[343]

Der Vertrag kommt somit durch ein verbindliches Angebot und eine entsprechend übereinstimmende Annahme zustande, §§ 145 ff. BGB. Die essentialia negotii, deren Bestimmbarkeit für das Zustandekommen des Vertrages unerlässlich ist, umfassen die Vertragsparteien, Lizenzgeber und Lizenznehmer, die Erteilung des Nutzungsrechts am bezeichneten Vertragsgegenstand, sowie im Bereich der gewerblichen Schutzrechte, sofern kein Sonderfall einer echten Freilizenz oder eines Lizenzaustauschverhältnisses besteht, die Einigung über eine entsprechende Vergütung.[344] Lässt sich auch auf dem Wege der ergänzenden Vertragsauslegung[345] keine Vergütungsvereinbarung bestimmen, gilt der Vertrag als nicht geschlossen gem. § 154 BGB.[346] Im Urheberrecht hingegen muss eine Regelung über die Vergütung nicht vereinbart werden. Hier statuiert § 32 I 2 UrhG, dass eine angemessene Vergütung als vereinbart gilt, sofern sie im Vertrag nicht bestimmt ist.[347]

---

343 Dreier/Schulze/*Schulze,* UrhG, § 31 Rn. 15; Schricker/Loewenheim/*Schricker,* UrhG, Vor §§ 28 ff. Rn. 45, § 31 Rn. 13; Ströbele/Hacker/*Hacker,* MarkenG, § 30 Rn. 35; *Groß,* Der Lizenzvertrag, Rn. 20 ff.; *McGuire*, Die Lizenz, S. 691 ff.; *Kraßer/Schmid* GRUR Int 1982, 324, 327; *Nirk* GRUR 1970, 329, 330; damit fällt der Lizenzvertrag insbesondere in den Anwendungsbereich des § 314 BGB, der in seinem Kern zwingendes Recht ist BGH NJW 1986, 3134; NK-BGB/*Krebs* § 314 Rn. 55; BeckOK BGB Bamberger/Roth/*Unberath*, § 314 Rn. 26; jurisPK/*Weth* § 314 Rn. 36; vgl. auch Begr. zu § 314 RegE, BT-Drucks. 14/6040, S. 176.

344 Busse/*Keukenschrijver,* PatG, § 15 Rn. 78; *Bartenbach,* Patentlizenz- und Know-how-Vertrag, Rn. 34; *Henn,* Patent- und Know-how-Lizenzvertrag, Rn. 23; a.A. Ströbele/Hacker/*Hacker,* MarkenG, § 30 Rn. 40; vgl. auch *McGuire*, Die Lizenz, S. 691.

345 BGH NJW 1984, 1177, 1178; BGH NJW 1993, 3193, 3194; BGH NJW 1997, 2592; BGH NJW-RR 2003, 1453; Erman/*Armbrüster* § 157 Rn. 2; *Larenz/Wolf,* AT BGB, § 28 Rn. 116.

346 BGH GRUR 1958, 564, 566; Benkard/*Ullmann,* PatG, § 15 Rn. 132; Busse/*Keukenschrijver,* PatG, § 15 Rn. 78; *Fezer* schlägt aber für den Markenlizenzvertrag in Analogie zu § 689 BGB eine stillschweigende Vereinbarung einer Lizenzgebühr vor, wenn die Lizenzierung den Umständen nach nur gegen eine Lizenzgebühr zu erwarten ist. Teilweise wird auch eine stillschweigende Vereinbarung eines einseitigen Leistungsbestimmungsrechts gem. §§ 315, 316 BGB angenommen, RGZ 60, 174, 177 f.; Benkard/*Ullmann,* Patentgesetz, § 15 Rn. 132; *Kraßer,* Patentrecht, S. 940.

347 Zum Vorrang der ergänzenden Vertragsauslegung und ggf. zur Korrektur der so ermittelten Vergütung gem. § 32 I 3 UrhG Schricker/Loewenheim/*Schricker,* UrhG, § 32 Rn. 26.

Grundsätzlich kann der Lizenzvertrag formfrei geschlossen werden.348 Gem. § 34 GWB in der Fassung bis zum 31.12.1998 bedurften Lizenzverträge, die kartellrechtlich relevant waren zwar der Schriftform. Mit der Aufhebung dieses Paragraphen durch die 6. GWB-Novelle wurden allerdings auch solche Lizenzvereinbarungen vom Schriftformerfordernis entbunden. Auch wenn somit theoretisch die Möglichkeit der mündlichen Lizenzvereinbarung gegeben ist, wird diese Variante kaum praxistauglich sein.349 Der Lizenzvertrag ist zu komplex in seinen Bestimmungen und zu weitreichend in seinen Folgen, als dass in der Praxis auf die Schriftform verzichtet werden würde.

C. Die Notwendigkeit einer vertragstypologischen Zuordnung

Zwar findet sich der Lizenzvertrag nicht als geregelter Vertragstyp im BGB wieder. Dies bedeutet aber nicht, dass er einem Vergleich mit den im Gesetz vorgegebenen Vertragstypen entzogen ist. Zunächst ist festzuhalten, dass Vertragsparteien einer schuldrechtlichen Vereinbarung in der formalen Benennung ihres Vertrages frei sind. Entscheidend für die rechtliche Beurteilung sind nur die zugrunde liegenden, faktischen Verpflichtungen zum Austausch unter Betrachtung ihres wirtschaftlichen Zwecks. Entspricht der Schuldvertrag nach dieser Beurteilung einem im BGB geregelten Vertrag, so handelt es sich um diesen Vertrag unbeschadet einer abweichenden Bezeichnung (*falsa demonstratio non nocet*).[350] Die im BGB festgehaltenen Regelungen sind – in Ermangelung abweichender parteivertraglicher Vereinbarungen – anwendbar. Handelt es sich aber darüber hinaus nicht faktisch um einen bereits geregelten Vertragstyp, haben die Parteien ihr Austauschverhältnis also insoweit abweichend vom BGB modifiziert, kommt den geregelten Vertragstypen eine weitere Bedeutung zu: Die Präjudizwirkung. Als standardisierte Vertragsmodelle stellen sie Regelungskomplexe dar, die den Anspruch erheben durch Ausgewogenheit gekennzeichnet zu sein und Vereinbarungen darzustellen, die billig und gerecht denkende Ver-

---

348 Schricker/Loewenheim/*Schricker*, UrhG, Vor §§ 28 ff. Rn. 45; Ströbele/Hacker/*Hacker*, MarkenG, § 30 Rn. 35; *Henn*, Patent- und Know-how-Lizenzvertrag, Rn. 24; *Kraßer*, Patentrecht, S. 929; *Groß*, Der Lizenzvertrag, Rn. 46; *McGuire*, Die Lizenz, S. 693; Abweichendes gilt im Urheberrecht kraft Gesetzes gem. § 40 I 1 UrhG für die Einräumung von Nutzungsrechten an künftigen Werken; ebenfalls anders kann dies z.B. im Falle einer Freilizenz liegen. Handelt es sich dabei um eine Schenkung, fordert § 518 die Schriftform, vgl. BGH GRUR 2000, 788, 790.

349 *Henn*, Patent- und Know-how-Lizenzvertrag, Rn. 26; *Groß*, Der Lizenzvertrag, Rn. 46.

350 RGZ 99, 147, 148; BGH NJW 1956, 665; BGH NJW 1978, 1483; BGH NJW-RR 1987, 1284, BGH JZ 1991, 632; MünchKommBGB/*Armbrüster*, § 119 Rn. 49 f.; *Flume*, Allgemeiner Teil des Bürgerlichen Rechts II, S. 619; *Wieling* AcP 172 (1972), 297 ff.

tragsparteien redlicherweise treffen würden.[351] Erklärt man ein solches bereits existierendes Vertragsmodell zumindest teilweise für anwendbar auf einen neuen, gesetzlich ungeregelten Vertrag, so enthebt man diesen aus dem rechtsunsicheren Raum[352] und verleiht ihm ein überindividuelles Leitbild.[353] Das für anwendbar erklärte gesetzliche Vertragsrecht bildet sodann die Grundlage sowohl für die Lückenfüllung als auch für die Inhaltskontrolle nach § 307 II BGB. Somit gibt die gesetzliche Vertragsnorm dem ungeregelten und nicht zwischen den Parteien im Detail ausgehandelten Vertrag seine Gestalt und vermeidet Konflikte durch gleiche und absehbare Rechtsfolgen.[354] Kann ein im Gesetz bereits vorgegebenes Referenzmodell hingegen nicht gefunden werden, wird seine Entwicklung entweder zur Aufgabe rechtsfortbildender Rechtsprechung gemacht, oder von (entstehenden) billigen Verkehrssitten abhängig gemacht.[355] Die anschließende Prüfung muss sich also darauf beziehen, ob der Lizenzvertrag mit einem bereits festgelegten Vertrag übereinstimmt, oder ob ein BGB Vertragstyp dem Lizenzvertrag ähnlich ist.[356] Eine Gesamtanalogie des Lizenzvertrages zu einem gesetzlich geregelten Vertrag ist indes nicht notwendig.[357] Es genügt eine hinreichende typologische Zuordnung, die Entscheidung also, dass das typische Rege-

---

351 *Larenz,* Schuldrecht II/1, S. 5.

352 Kritisch gegenüber der Tendenz der Lizenzvertragspraxis dogmatische Diskussionen um die Einordnung der Lizenz mit dem Verweis auf einen geringen praktischen Ertrag zu vermeiden *McGuire*, Die Lizenz, S. 138: „Ob dieser Einwand verfängt ist letztlich eine Frage des Anspruchs an ein konsistentes und Rechtssicherheit gewährendes System."

353 Zwar ist eine durchgehende Behandlung des Lizenzvertrages auch auf der Grundlage des allgemeinen Teils des Schuldrechts denkbar, vgl. *Bartenbach/Bartenbach* MDR 2003, 1270, 1273 ff., der Anwendung konkreter gewährleistungsrechtlicher Vorschriften, soweit die Interessenslagen gleich laufen, sollte aber Vorrang eingeräumt werden, vgl. *Haedicke,* Rechtskauf und Rechtsmängelhaftung, S. 281.

353 Zwar ist eine durchgehende Behandlung des Lizenzvertrages auch auf der Grundlage des allgemeinen Teils des Schuldrechts denkbar, vgl. *Bartenbach/Bartenbach* MDR 2003, 1270, 1273 ff., der Anwendung konkreter gewährleistungsrechtlicher Vorschriften, soweit die Interessenslagen gleich laufen, sollte aber Vorrang eingeräumt werden, vgl. *Haedicke,* Rechtskauf und Rechtsmängelhaftung, S. 281.

354 *Stoffels*, Gesetzlich nicht geregelte Schuldverhältnisse, S. 107.

355 Näher dazu *Flume,* Allgemeiner Teil des Bürgerlichen Rechts II, S. 324 f.; *Leenen,* Typus und Rechtsfindung, S. 187.

356 *Leenen,* Typus und Rechtsfindung, S. 183.

357 Hinderlich ist sie freilich auch nicht, da sie durch die Interessensabwägung im Rahmen des Analogieschlusses wie die typologische Zuordnung darauf abzielt gleiches gleich und ungleiches ungleich zu behandeln, vgl. *Bydlinski,* Juristische Methodenlehre, S. 548; *Larenz/Canaris,* Methodenlehre der Rechtswissenschaft, S.202 ff..

lungsprogramm eines BGB-Vertrages den objektivierten Interessen der Lizenzvertragsparteien gerecht wird.[358]

Ob und in welchem Umfang gesetzliche Vertragstypen als Referenzrahmen herangezogen werden können hängt somit davon ab, wie weit sich der neue Vertragstyp von den bereits geregelten Vertragsprogrammen entfernt. Durch veränderte wirtschaftliche Bedürfnisse entstehen schließlich auch Verträge, die mit keinem bereits normierten Vertrag vergleichbar sind.[359] Diese Verträge werden dann als Verträge sui generis bezeichnet.[360] Dementsprechend ergibt sich für den ungeregelten Vertrag die Anwendbarkeit eines vergleichbaren gesetzlichen Vertragstyps nur solange und soweit er mit dem jeweiligen Teil des ungeregelten Vertragstyps übereinstimmt. Bei vollkommener Inkompatibilität hingegen werden die Kontrollmaßstäbe durch Rechtsfortbildung extra legem festgesetzt.[361] Dies darf freilich nur vorsichtig erfolgen und sollte streng auf die wenige Fälle begrenzt bleiben, in denen weder für diesen Vertragstyp etablierte, billige Verkehrssitten existieren noch eine Analogiefähigkeit des dispositiven Rechts als Ausdruck von Treu und Glauben gegeben ist.[362] Eine Bewertung eines neuen Vertragstyps als Vertrag *sui generis* sollte daher nicht vorschnell erfolgen.[363] Die unweigerlich damit verknüpfte Feststellung des für die Gerechtigkeitsbeurteilung fehlenden Referenzrahmens würde erhebliche Rechtsunsicherheit mit sich bringen.

---

358 *Fastrich,* Richterliche Inhaltskontrolle, S. 289 f.; *Oechsler,* Gerechtigkeit im modernen Austauschvertrag, S. 303.

359 Dies ist aber selten der Fall, Staudinger/*Löwisch,* § 311 Rn. 31; vgl. auch Kritik bei *Martinek,* Moderne Vertragstypen I, S. 22 mit dem Hinweis, dass das Vorkommen eines echten Vertrages *sui generis* selten ist, da sich kaum je ein Bedürfnis für die tatsächliche „Erfindung“ eines Vertrages ergibt, der außerhalb jeglicher bereits existierender Vertragstypologie liegt.

360 NK-BGB/*Krebs,* § 311 Rn. 29; diese Verträge werden häufig auch atypische Verträge genannt MünchKommBGB/*Emmerich,* § 311 Rn. 39; Staudinger/*Löwisch,* § 311 Rn. 28; *Stoffels*, Gesetzlich nicht geregelte Schuldverhältnisse, S. 14 et passim.

361 NK-BGB/*Krebs,* § 311 Rn. 32. *Stoffels*, Gesetzlich nicht geregelte Schuldverhältnisse, S. 270 ff., 325 ff.

362 *Flume,* Allgemeiner Teil des Bürgerlichen Rechts II, S. 324 f.; *Leenen,* Typus und Rechtsfindung, S. 187.

363 So auch *McGuire*, die Lizenz, S. 29; vgl. aber *McGuire*, die Lizenz, S. 671.

D. Der Lizenzvertrag und die Vertragstypen des BGB

Soweit nicht angenommen wird, dass der Lizenzvertrag ein Vertrag *sui generis* sei[364], wird die Einordnung als Rechtskauf[365], als Miete[366], als Gesellschafts-[367], Leih-[368] oder Pachtvertrag[369] vorgeschlagen. Diese Einordnungsversuche werden im Folgenden kurz dargestellt.

I. Der Lizenzvertrag als Rechtskauf

Sowohl in der Literatur[370] als auch in der Rechtsprechung[371] wurde bereits die Ansicht vertreten, dass im Lizenzvertrag ein Rechtskauf zu sehen sei. Gem. § 453 I BGB sind damit die Vorschriften über den Kauf von Sachen entsprechend anwendbar. Soweit zur Unterstützung dieser Einordnung Argumente der dinglichen Ausgestaltung von Lizenzverträgen angeführt werden[372], muss schon entgegengehalten werden, dass die schuldrechtliche Beziehung von der dinglichen Ausgestaltung getrennt zu sehen ist.[373] Letztere kann somit weder zwingend in die eine noch in die andere Richtung hinsichtlich der Anwendbarkeit bestimmter schuldrechtlicher Regelungen entscheiden.[374]

Bedeutend hingegen ist der Einwand, dass den kaufrechtlichen Vorschriften das Grundmodell der punktuellen Übertragung zugrunde liegt. Während sich der Lizenzvertrag i.d.R. als Austauschverhältnis über eine gewisse Zeitspanne hin-

---

364 RGZ 75, 400, 405; *Fezer,* Markenrecht, § 30 Rn. 11; *Ingerl/Rohnke*, MarkenG, § 30 Rn. 52; *Mes*, PatG GebrMG, § 15 PatG Rn. 35 ff., 67; *McGuire*, Die Lizenz, S. 671.

365 Vgl. unten Drittes Kapitel D. I.

366 Vgl. unten Drittes Kapitel D. II.

367 Vgl. unten Drittes Kapitel D. III.

368 Vgl. unten Drittes Kapitel D. IV.

369 Vgl. unten Drittes Kapitel D. V.

370 Vgl. *Haedicke,* Rechtskauf und Rechtsmängelhaftung, S. 269 ff.; nur für die ausschließliche Lizenz *Haedicke* GRUR 2004, 123, 125 ff.

371 Für den ausschließlichen Lizenzvertrag RGZ 76, 235, 236 ff.: „...Die Übertragung eines solchen selbständigen Gebrauchsrechts gegen Entgelt stell sich als eine lästige Veräußerung eines der „anderen Gegenstände aller Art“...dar...“.

372 *Nirk* GRUR 1970, 329, 330 legt der Unterordnung des Lizenzvertrages unter die Vorschriften des Rechtskaufs insofern zugrunde, dass er den Lizenzvertrag als abgespaltenes Teilrecht versteht.

373 Benkard/*Ullmann*, PatG, § 15 Rn. 82; *Knap* GRUR Int 1973, 226, 228.

374 Benkard/*Ullmann*, PatG, § 15 Rn. 82; *Knap* GRUR Int 1973, 226, 228.

weg erstreckt, spricht gegen die Vorschriften des (Rechts-)kaufs das zugrundeliegende Modell der einmaligen Verschaffung eines Kaufgegenstandes.[375]

II. Der Lizenzvertrag als Mietvertrag

Der Mietvertrag verpflichtet gem. § 535 I BGB den Vermieter, dem Mieter den Gebrauch der Mietsache während der Mietzeit zu gewähren sowie den Mieter, die vereinbarte Miete zu entrichten. Das Reichsgericht betrachtete die Lizenzierung gegen laufende Lizenzzahlungen zumindest als eine analoge Anwendung des Mietvertrages.[376] Im Übrigen wurde diese Einordnung aber weder weiter unterstützt, noch wird sie – soweit ersichtlich - in der gegenwärtigen Literatur erwogen.[377] Gegen die unmittelbare Anwendbarkeit des Mietrechts ist zunächst vorzubringen, dass Gegenstand der Miete im Gegensatz zum Lizenzvertrag eine Sache i.S.d. § 90 BGB ist.[378] Eine analoge Anwendung der mietrechtlichen Regelungen würde zwar damit noch nicht ausgeschlossen. Darüber hinaus spricht aber der Unterschied der synallagmatischen Hauptleistungspflichten gegen eine Vergleichbarkeit der Sachlagen.[379] Während bei der Miete die Sache nur zum Gebrauch überlassen wird, kann bei der Lizenzerteilung der Lizenznehmer auch Nutzungen aus dem Immaterialgut ziehen und hat damit eine stärkere Einwirkungsmöglichkeit auf den Vertragsgegenstand als der bloße Mieter.[380] Eine mietrechtliche Einordnung überzeugt somit nicht.[381]

---

375 Vgl. BGH GRUR 1957, 595, 596;Benkard/*Ullmann*, PatG, § 15 Rn. 83; *Groß,* Der Lizenzvertrag, Rn. 22; *Henn,* Patent- und Know-how-Lizenzvertrag, Rn. 88 ff.

376 RGZ 17, 53, 54: „...die Lizenzerteilung,...mag als unbenannter Vertrag oder nach Analogie der Miete beurteilt werden,...“.

377 Vgl. Benkard/*Ullmann*, PatG, § 15 Rn. 81; *Ingerl/Rohnke*, MarkenG, § 30 Rn. 52; Schricker/Loewenheim/*Schricker/Loewenheim,* Urheberrecht, Vor § 28 Rn. 66; *Henn,* Patent- und Know-how-Lizenzvertrag, Rn. 91; *Groß,* Der Lizenzvertrag, Rn. 21; *McGuire*, Die Lizenz, S. 651 f; *Pahlow,* Lizenz und Lizenzvertrag, S. 259 f.; *Kraßer/Schmid* GRUR Int 1982, 324, 328; vgl. aber *Nirk,* in: FS Hefermehl, S. 153.

378 Statt Vieler Palandt/*Weidenkaff*, Einf v § 535 Rn 103, § 535 Rn. 2.

379 Zu den Voraussetzungen der Analogie *Bydlinski,* Juristische Methodenlehre, S. 548; *Larenz/Canaris,* Methodenlehre der Rechtswissenschaft, S.202 ff.

380 Das Pachtverhältnis ist aufgrund dessen, stärker als das Mietverhältnis, vom Gedanken des persönlichen Vertrauens der Vertragsparteien geprägt, vgl. Prot. Mugdan II, S. 877; MünchKommBGB/*Harke*, § 584a Rn. 1; Staudinger/*Sonnenschein/Veit* § 584a Rn. 13.

381 Für die Miete könnte auf den ersten Blick § 17 III 1 UrhG streiten. Dieser definiert die Vermietung im Sinne der Vorschriften des Urhebergesetzes als die zeitlich begrenzte, unmittelbar oder mittelbar Erwerbszwecken dienende Gebrauchsüberlassung. Das erweckt den Eindruck, dass es sich bei einem im Wege der Lizenzerteilung gestatteten Benutzungsrecht durchaus um eine Vermietung handeln könnte. Allerdings bezieht sich diese Vorschrift nur auf die Überlassung körperlicher Werkstücke, vgl. Drei-

III. Der Lizenzvertrag als Gesellschaftsvertrag

Den Inhalt des Gesellschaftsvertrages konkretisiert § 705 BGB. Danach „...verpflichten sich die Gesellschafter gegenseitig, die Erreichung eines gemeinsamen Zweckes in der durch den Vertrag bestimmten Weise zu fördern, insbesondere die vereinbarten Beiträge zu leisten." Voraussetzung für die Einordnung eines Lizenzvertrages als Gesellschaftsvertrag wäre also ein gemeinsamer Zweck des Lizenzgebers und des Lizenznehmers. Eine solche gemeinsame Zweckrichtung kann gegeben sein, wenn der Lizenzgeber und der Lizenznehmer in einem von ihrer typischen Rolle abweichendem Umfang zusammenarbeiten. Dies ist aber nicht die Regel und folgt auch nicht schon aus der Tatsache allein, dass der Lizenzvertrag ein Dauerschuldverhältnis mit verstärkter Treuebindung darstellt.[382] Lizenzgeber und Lizenznehmer haben, wenn auch nicht entgegengesetzte, so doch zumindest unterschiedliche Interessen. Allein das zugrundeliegende synallagmatische Verhältnis der Gewährung des Benutzungsrechts gegen die Entrichtung einer Lizenzgebühr lässt die gemeinsame Zweckrichtung vermissen.[383] Von Rechtsprechung[384] und der Literatur[385] wird daher auch die grundsätzliche Einordnung des Lizenzvertrages als Gesellschaftsvertrag abgelehnt. Darüber hinaus ist ein gesellschaftsähnliches Lizenzverhältnis natürlich denkbar. Tritt der Leistungsaustausch im Sinne reiner wirtschaftlicher Verwertung des Immaterialgutes in den Hintergrund und ergeben sich Anzeichen einer weiterreichenden Kooperation, kann das Merkmal des gemeinsamen Zweckes erfüllt sein. Dies fängt zum Beispiel bei der Vereinbarung einer Stück- oder Umsatzlizenz an, die beide Parteien im Motiv des hohen Umsatzes durch den Lizenznehmer eint, auch wenn dies freilich für die Annahme eines Gesellschaftsvertrages noch nicht hinreichenden ist.[386] Hinzutreten können etwa der intensive Austausch auf dem Gebiet des Lizenzgegenstandes durch wechselseitigen Know-how-Transfer, den Austausch weiterer Schutzrechte zur

---

er/Schulze/*Schulze,* UrhG, § 17 Rn. 46; Schricker/*Loewenheim,* Urheberrecht, § 17 Rn. 30.

382 Vgl. Benkard/*Ullmann*, PatG, § 15 Rn. 84; *Bartenbach,* Patentlizenz- und Know-how-Vertrag, Rn. 56; Schricker/Loewenheim/*Schricker/Loewenheim,* Urheberrecht, § 31 Rn. 34; Loewenheim/*J.B.Nordemann,* Handbuch des Urheberrechts, § 59 Rn. 28; *Leßmann/Würtenberger,* Sortenschutzrecht, § 4 Rn. 24; *Groß,* Der Lizenzvertrag, Rn. 22; *Knap* GRUR Int 1973, 226; *Kraßer/Schmid* GRUR Int 1982, 324.

383 Vgl. RGZ 155, 306, 309.

384 RGZ 155, 306, 309 f.; BGH WM 1982, 588.

385 *Bartenbach,* Patentlizenz- und Know-how-Vertrag, Rn. 56; *Henn,* Patent- und Know-how-Lizenzvertrag, Rn. 103 ff.; *Groß,* Der Lizenzvertrag, Rn. 22; *McGuire*, Die Lizenz, S. 652 f.; *Knap,* GRUR Int 1973, 226.

386 RGZ 116, 78, 82; RGZ 126, 65, 67.

umfassenden Forschung oder die Vereinbarung der gemeinsamen Verwertung künftiger Schutzrechte.[387] Finden ausnahmsweise auf das Lizenzvertragsverhältnis gesellschaftsrechtliche Regeln Anwendung, so stehen das Recht zur Kündigung aus wichtigem Grund gem. § 723 BGB sowie die Haftung nur für die eigenübliche Sorgfalt gem. § 708 BGB im Mittelpunkt des Interesses.[388]

IV. Der Lizenzvertrag als Leihvertrag

Im Rahmen des Leihvertrages überlässt der Verleiher dem Entleiher den Gebrauch der Sache unentgeltlich gem. § 598 BGB. Damit werden zwei Kriterien offenbar, die gegen die Anwendung der Regeln des Leihvertrags auf den Lizenzvertrag sprechen: Erstens ergibt sich genau wie beim Mietvertrag das Problem, dass Gegenstand der Leihe nur Sachen i.S.d. § 90 BGB, also körperliche Gegenstände, sein können.[389] Zweitens soll die Gebrauchsüberlassung unentgeltlich erfolgen. Der Leihvertrag erweist sich damit nur in den seltenen Fällen einer echten Freilizenz, die hier außer Acht bleiben, als strukturähnlich und daher analog anwendbar.[390]

V. Der Lizenzvertrag als Pachtvertrag

Soweit nicht angenommen wird, dass aufgrund der *sui generis* Eigenschaft des Lizenzvertrages rechtliche Regeln autonom für den Vertragstyp zu bestimmen seien,[391] werden Regeln des Pachtrechts, verbreitet für analog anwendbar erach-

---

387 Vgl. BGH GRUR 1955, 338; BGH GRUR 1959, 616; BGH GRUR Int 1969, 31; *Henn,* Patent- und Know-how-Lizenzvertrag, Rn. 105; *Groß,* Der Lizenzvertrag, Rn. 468 ff.

388 BGH GRUR 1959, 616; *Henn,* Patent- und Know-how-Lizenzvertrag, Rn. 106 ff.; Die Regelung des § 723 BGB zur Kündigung aus wichtigem Grund ist hingegen von weniger Interesse, da sich dieselbe Möglichkeit zur Kündigung auch über die allgemeine Regelung des § 314 BGB ergeben soll, RGZ 128, 1, 16; RGZ 148, 92; RGZ 160, 270; RGZ 168, 361, 387; BGH NJW 1951, 836; BGH BB 1997, 1503; Benkard/*Ullmann,* PatG, § 15 Rn. 64, 203, 246; vgl. auch *Pagenberg/Beier,* Lizenzverträge, Muster 1 FN 349.

389 Vgl. nur BeckOK BGB Bamberger/Roth/*Wagner,* § 598 Rn. 1.

390 Die h.M. knüpft für die analoge Anwendung der Leihe an das Merkmal der Unentgeltlichkeit an, das nicht nur für die grundsätzlichen Erwartungen der Vertragsparteien, hier z.B. der Bestand des Schutzrechts, sondern auch für die Haftungsregelungen prägend ist, vgl. RG JW 1904, 228; BeckOK BGB Bamberger/Roth/*Wagner,* § 598 Rn. 16; Staudinger/*Reuter,* § 598 Rn. 9; MünchKommBGB/*Häublein*, § 598 Rn. 4; nach a.A. soll der Vertragsgegenstand im Vordergrund stehen und daher Pachtrecht analog angewandt werden, Palandt/*Weidenkaff,* § 598 Rn. 3; *Fikentscher/Heinemann*, Schuldrecht, § 80 Rn. 1080.

391 RGZ 75, 400, 405; *Fezer,* Markenrecht, § 30 Rn. 11; *Ingerl/Rohnke*, MarkenG, § 30 Rn. 52;.*Mes*, PatG GebrMG, § 15 PatG Rn. 35 ff., 67.

tet.[392] Diese Einordnung wird teilweise nur für die einfache Lizenz unterstützt.[393] Die Zuordnung wird daher im Folgenden hinsichtlich des einfachen Lizenzvertrages eingehend auf ihre Stimmigkeit überprüft. Im Anschluß daran wird für die ausschließliche Lizenz überprüft, ob sich von dieser Zuordnung Abweichungen ergeben.

---

392 BGH NJW 2006, 915, 916; Fromm/Nordemann/*Hertin,* UrhG, Vor § 31 Rn. 13; Schricker/Loewenheim/*Schricker/Loewenheim*, UrhG, § 31 Rn. 28, 31; Benkard/*Ullmann*, PatG, § 15 Rn. 83; HK-MarkenR/*Pahlow,* § 30 Rn. 15 ff.; *Ingerl/Rohnke*, MarkenG, § 30 Rn. 52; Ströbele/Hacker/*Hacker,* MarkenG, § 30 Rn. 26; *Pahlow*, Lizenz und Lizenzvertrag, S. 292 ff.; *Nirk,* in: FS Hefermehl, S. 153; *Bühling* GRUR 1998, 196, 199; *McGuire/von Zumbusch/Joachim* GRUR Int 2006, 682, 688; *Wündisch/Bauer* GRUR Int 2010, 641, 645; a.A. *McGuire*, Die Lizenz, S. 654 ff.

393 *Pahlow*, Lizenz und Lizenzvertrag, S. 292 ff.; vgl. auch *Haedicke* GRUR 2004, 123, 125.

Viertes Kapitel: Die einfache Lizenz

A. Die einfache Lizenz als Pachtvertrag

Gemäß § 581 I BGB wird der Pächter zum Gebrauch des verpachteten Gegenstandes sowie zur Fruchtziehung gegen ein entsprechendes Entgelt berechtigt. *Gegenstand* der Pacht können nicht nur Sachen, sondern auch Rechte und sonstige immaterielle Gegenstände sein,[394] sofern diese eine Möglichkeit zur Fruchtziehung eröffnen. Bei Sachen i.S.d. § 90 BGB ist dies der Fall, wenn aus ihnen Erzeugnisse hervorgehen, bzw. eine sonstige Ausbeute gewonnen werden kann (vgl. § 99 I BGB). Sollen Früchte aus einem Recht gezogen werden, so sind damit solche Einkünfte gemeint, die durch die bestimmungsgemäße Verwendung des Rechts erzielt werden können (vgl. § 99 II BGB). Diese Fruchtziehung entspricht dem Lizenzvertrag. Der Schutzrechtsinhaber kann sein monopolisiertes Recht zur Verwendung und Verwertung an Dritte überlassen. Durch die entsprechende weitere Verwertung kann der Lizenznehmer dann Einkünfte aus der bestimmungsgemäßen Verwendung erzielen.[395] Dies kann z.B. durch die Herstellung eines patentrechtlich geschützten Gegenstandes, die Verwendung einer Marke, oder aber durch die Vermarktung eines urheberrechtlich geschützten Werkes geschehen.[396] Als synallagmatische Gegenleistung hat der Pächter gem. § 581 I 2 BGB für die Erlaubnis des Gebrauchs und der Fruchtziehung eine Pacht zu entrichten. Die Geldzahlung bildet dabei den Grundfall der Pacht i.S.e. Gegenleistung.[397] Auch dies deckt sich mit dem Lizenzvertragsverhältnis.[398]

Darüber hinaus handelt es sich bei beiden Verträgen um Dauerschuldverhältnisse.[399] Die Kompatibilität des Grundverhältnisses des Pachtvertrages einerseits sowie der Lizenz andererseits scheint also eine Anwendung des Pachtrechts auf den Lizenzvertrag nahe zu legen. In der Literatur werden allerdings spezifische Kritikpunkte erwähnt, die einer Einordnung des Lizenzvertrages als

---

394 Vgl. BeckOK BGB Bamberger/Roth/*Wagner,* § 598 Rn. 2; MünchKommBGB/-*Harke,* § 581 Rn. 1.

395 Vgl. oben Zweites Kapitel C. I., II.

396 Zu den Gegenständen des Lizenzvertrages siehe Erstes Kapitel B. I.

397 Die wohl h.M. geht darüber hinaus davon aus, dass Leistungen jeder Art als Gegenleistung vereinbart werden können, vgl. BGH NJW 1994, 971; BGH NJW-RR 1989, 589, 590; BGH NJW 2002, 3322, 3323; Palandt/*Weidenkaff,* §581 Rn. 10; Staudinger/-*Sonnenschein/Veit,* § 581 Rn. 183; a.A. MünchKommBGB/*Harke,* § 581 Rn. 7.

398 Vgl. oben Zweites Kapitel B. I. 1.

399 BGH NJW 1987, 2004, 2005; BGH GRUR 2006, 56, 59; Benkard/*Ullmann*, PatG, § 15 Rn. 83; *Mes*, PatG GebrMG, § 15 PatG Rn. 35; MünchKommBGB/*Harke,* § 581 Rn. 7.

Pachtvertrag aufgrund abweichender Interessen entgegenstehen sollen.[400] Darauf ist zunächst einzugehen.

B. Argumente gegen die Einordnung des Lizenzvertrages in das System des Pachtvertrages

I. Die Ubiquität geistigen Eigentums

Gegen die Einordnung des Lizenzvertrages als Pachtvertrag wird vorgebracht, dass die Regelungen der Pacht nur auf die Nutzung des Pachtgegenstandes durch einen oder zumindest wenige Berechtigte zugeschnitten sei.[401] Zugunsten der Einordnung als Pacht wird wiederum argumentiert, dass Gegenstand der Pacht auch Rechte sein können. Diese haben, im Gegensatz zu Sachen, mangels Verkörperung wie die geistigen Eigentumsrechte ubiquitären Charakter. Sie können also von einer Vielzahl an Personen gleichzeitig genutzt und verwertet werden.[402]

In der Tat kann man der pauschalisierenden Auffassung, dass das Pachtrecht eine Mehrfacherlaubnis der Nutzung nicht vorsehe, vorwerfen, dass sie sich zu stark an dem Bild der verpachteten Sache orientiert.[403] Gemäß diesem Bild liegt ein körperlicher Gegenstand vor, der in der Regel nur einer Person in der Weise zugewiesen werden kann, dass diese Person daraus entsprechenden Nutzen ziehen kann. Dagegen zeigt aber z.B. der Fall des *Time-Sharing*, dass eine Immobilie durchaus von mehreren Personen, wenn auch nur zeitlich aufeinanderfolgend, genutzt werden kann. Somit muss man schon bei körperlichen Gegenständen von der Vorstellung der Zuweisung des Pachtgegenstandes zu nur einer Person abrücken.[404] Die Gebrauchs- und Nutzenüberlassung an nur eine Person scheint also keine Voraussetzung des Pachtrechts zu sein. In Bezug auf die Verpachtung von „ubiquitären" Rechten hingegen wird durch die grundsätzliche Möglichkeit der Verpachtung davon ausgegangen, dass der Gesetzgeber bewusst eine Parallelität in der Nutzung des Pachtgegenstandes in Kauf genommen habe

---

400 Vgl. insbesondere Busse/*Keukenschrijver*, PatG, § 15 Rn. 94; *Ingerl/Rohnke*, MarkenG, § 30 Rn. 56 f.; *Bartenbach*, Patentlizenz- und Know-how-Vertrag, Rn. 51; *Groß*, Der Lizenzvertrag, Rn. 23; *Forkel* NJW 1990, 2805, 2806.

401 *Groß*, Der Lizenzvertrag, Rn. 23; *Forkel* NJW 1990, 2805, 2806; vgl. auch *McGuire*, Die Lizenz, S. 634 f.

402 *Pahlow*, Lizenz und Lizenzvertrag, S. 265.

403 *Cebulla*, Die Pacht nichtsächlicher Gegenstände, S. 124.

404 *Cebulla*, Die Pacht nichtsächlicher Gegenstände, S. 123; *Pahlow*, Lizenz und Lizenzvertrag, S. 265.

und die Regeln der Pacht allein schon aus diesem Grund auch für den Fall der Lizenz interessensgerecht seien.[405]

Zweifelhaft bleibt aber, ob die Eigenschaft echter Ubiquität, wie sie bei geistigen Eigentumsrechten vorhanden ist, auch bei den übrigen für die Rechtspacht in Frage kommenden Rechten gegeben ist. Zwar ist allen Rechten in ihrer Eigenschaft als nicht-sächliche Gegenstände eine gewisse fehlende räumliche oder zeitliche Begrenzbarkeit gemein. Die Möglichkeit einer echten parallelen Nutzung wie bei geistigen Eigentumsrechten scheint aber dennoch fragwürdig. Gegenstände der Rechtspacht sind vor allem subjektive Rechte wie beschränkte dingliche Rechte, Forderungen und Aneignungsrechte.[406] Diese können aber im Falle der Verpachtung zu einem bestimmten Zeitpunkt nur von einer Person ausgeübt werden. Eine gleichzeitige Geltendmachung einer Forderung oder das Verlangen eines entsprechenden Zinses durch mehrere Personen ist ausgeschlossen. Aber auch das Aufstellen von Tafel- und Bandenwerbung wird als Rechtspacht erkannt.[407] Mit der Lizenz im Recht des geistigen Eigentums vergleichbar kann die Erlaubnis zur Bandenwerbung einem einzigen Werbeanbieter exklusiv für das gesamte betreffende Gebiet, vielen Werbeanbietern in gleichem Umfang (z.B. wechselnde Bandenwerbung), oder aber auch nur einigen wenigen Werbenden für jeweils unterschiedliche Abschnitte erlaubt werden. Dennoch ist einerseits eine zeitlich parallele Nutzung einer unbestimmten Vielzahl von Werbeanbietern, wie sie bei Lizenzen im geistigen Eigentumsrecht zumindest denkbar ist, in diesem Fall aufgrund Platzmangels ausgeschlossen. Andererseits fehlt auch die echte Parallelnutzung ein- und desselben Rechts, da selbst bei moderner, wechselnder Anzeige der Bandenwerbung zu einem bestimmten Zeitpunkt auf einem bestimmten Abschnitt nur ein Werbeanbieter erscheint. So scheinen also die geistigen Eigentumsrechte eine Sonderstellung im Rahmen der pachtfähigen Rechte einzunehmen. Eine gegenständlich identische, zeitlich und räumlich parallele Nutzung ist in dieser Weise den übrigen zur Rechtspacht geeigneten Rechten nicht gemein. Eine solche Parallelnutzung wird indes von § 581 BGB auch nicht explizit ausgeschlossen. Das Grundverhältnis wird von der Gebrauchs- und Nutzenüberlassung gegen Entgelt geprägt. Dies findet aber auch bei einer echten Parallelverpachtung statt. Werden insbesondere bei der

---

405 *Pahlow,* Lizenz und Lizenzvertrag, S. 265.

406 MünchKommBGB/*Harke,* § 581 Rn. 5; Staudinger/*Sonnenschein/Veit,* § 581 Rn. 44.

407 BGH NJW-RR 1994, 558; BGH NJW-RR 1999, 845; MünchKommBGB/*Harke,* § 581 Rn. 5; Staudinger/*Sonnenschein/Veit,* § 581 Rn. 46; *Wolf/Eckert/Ball,* Handbuch des gewerblichen Miet-, Pacht- und Leasingrechts, Rn. 1645; Als der Werbeerlaubnis zugrundeliegendes Recht wird häufig das Hausrecht gesehen, vgl. BGH NJW 2006, 377, 379; BGH NJW 2006, 1054; OLG Hamburg NJW-RR 2003, 1485; a.A. *Cebulla,* Die Pacht nichtsächlicher Gegenstände, S. 168 f; *Krebs/Becker/Dück* GRUR 2011, 391.

einfachen Lizenz mehreren Lizenznehmern Lizenzen auf demselben Gebiet erteilt, ändert dies nichts an der Nutzungsmöglichkeit des Einzelnen. Vielmehr wird der Lizenznehmer aufgrund der potentiellen oder tatsächlichen Konkurrenz von einer geringeren Ertragsmöglichkeit aus seiner Nutzung ausgehen. Dies wirkt sich sodann unmittelbar auf die Höhe der Lizenzgebühr aus, die der Lizenznehmer zu zahlen bereit ist.[408] Darin unterscheidet sich dann aber die Lizenz nicht von der Verpachtung im Übrigen. Auch der Pächter einer Immobilie, einer Forderung oder der Pächter des Rechts zur Bandenwerbung, wird bei erwartetem geringen Nutzen des gepachteten Gegenstandes nur bereit sein einen geringeren Pachtzins zu entrichten, schließlich trägt er grundsätzlich das Fruchtziehungsrisiko.[409] Weder in dem einen, noch in dem anderen Fall aber rührt ein geringer Ertrag von einer vertragsatypisch eingeschränkten Nutzungsmöglichkeit. Ein Mangel i.S.d. §§ 581 II, 536 BGB ist insoweit nicht zu erkennen. Dieser läge vor, wenn der verpachtete Gegenstand einen Mangel hätte, der die Gebrauchsfähigkeit aufhebt oder einschränkt (§ 536 I BGB), eine zugesicherte Eigenschaft fehlen oder später wegfallen würde (§ 536 II BGB), oder der vertragsgemäße Gebrauch durch das Recht eines Dritten vollständig oder teilweise entzogen würde (§ 536 III BGB). Vorbehaltlich vertragsgemäßer Erfüllung der Pflichten des Lizenzgebers liegt aber selbst bei der einfachen Lizenz durch die Parallellizenzierung kein derartiger Mangel vor. Vielmehr ist genau diese Parallellizenzierung vertraglich zwischen den Parteien vereinbart worden.

II. Die fehlende Rückgabe am Ende der Pachtzeit

Desweiteren wird eingewandt, das Pachtrecht gehe von einer Rückgabe des verpachteten Gegenstandes nach Ende der Pachtzeit aus (vgl. §§ 581 II, 546 I BGB).[410] Beim Lizenzvertrag werde im eigentlichen Sinne schon gar nichts überlassen, da das originäre Schutzrecht beim Schutzrechtsinhaber verbleibt, zumindest aber könne nach Erlöschen des Schutzrechts nichts mehr zurückgegeben werden wie auch insgesamt im Rahmen der Lizenz erworbenes Erfahrungswissen nicht mehr zurückgegeben werden könne.[411] Diese Ansicht scheint wiederum zu stark an der Verpachtung von körperlichen Gegenständen orientiert. Eine Übergabe der Sache entfällt bei der Verpachtung von Rechten. An ihre Stelle tritt die Ermöglichung durch den Verpächter das Recht auszu-

---

408 *Cebulla,* Die Pacht nichtsächlicher Gegenstände, S. 125.

409 Zum grundsätzlichen Fruchtziehungsrisiko und zur Überwälzung durch vertragliche Gestaltung siehe MünchKommBGB/*Harke,* § 581 Rn. 8; Benkard/*Ullmann*, PatG, § 15 Rn. 124 ff.

410 *Bartenbach,* Patentlizenz- und Know-how-Vertrag, Rn. 51.

411 *Bartenbach,* Patentlizenz- und Know-how-Vertrag, Rn. 51.

üben.[412] Soweit kritisiert wird, dass das Schutzrecht beim Lizenzgeber verbleibt und daher bereits nichts überlassen wird, ist einzuwenden, dass die Pflicht zur Übergabe einer Sache oder zur Einräumung eines Rechts nur soweit besteht, als dies für die Fruchtziehung erforderlich ist.[413] Eine Übertragung des Vollrechts ist weder gefordert noch sinnvoll. Genauso wie bei der Landpacht nicht das Mutterrecht, i.e. das Eigentum, übertragen wird, sondern nur der für die Benutzung notwendige Besitz, verbleibt im geistigen Eigentumsrecht das Mutterrecht beim Schutzrechtsinhaber, während der Lizenznehmer das für die Ausübung notwendige positive Benutzungsrecht[414] erhält. Der Lizenzvertrag steht gerade daher im Einklang mit den Prinzipien des Pachtvertrages.[415] Unklar hingegen bleibt die Zielrichtung der Kritik hinsichtlich der fehlenden Rückgabemöglichkeit beim Lizenzvertrag für den Fall des Erlöschens des Schutzrechts.[416] Für den Fall, dass das „Mutterrecht" erlischt, bietet das Lizenzvertragsverhältnis keine Besonderheiten gegenüber der herkömmlichen Rechtspacht: Fällt das Recht weg, von dem das verpachtete Recht abgeleitet wird, kann sich auch keine Rückgabepflicht mehr ergeben. Darüber hinausgehende Ansprüche im Verhältnis Verpächter-Pächter wegen des Wegfalls werden sodann durch das allgemeine Leistungsstörungsrecht geregelt.[417] Sofern aber die Kritik in die Richtung zu deuten ist, dass beim Lizenzvertrag im Unterschied zum Pachtverhältnis grundsätzlich nichts zurückgegeben werden könne, ist diese Kritik sowohl für die Annahme einer obligatorischen, als auch für die Annahme einer quasi-dinglichen Lizenz nicht überzeugend.[418] Die quasi-dingliche Rechtsposition wird durch ein Verfügungsgeschäft eingeräumt. Mit dem Ende des Lizenzvertrages wird eben diese Rechtsposition durch Verfügung zurückübertragen. Eine Rückgewähr im Sinne des Pachtrechts findet hier also statt. Sofern die Lizenz aber eine lediglich

---

412 Vgl. jurisPK-BGB/*Grühn*, § 581 Rn. 25; MünchKommBGB/*Harke*, § 581 Rn. 2; Palandt/*Weidenkaff*, § 581 Rn. 5; Staudinger/*Sonnenschein/Veit*, § 581 Rn. 150.

413 Jauernig/*Teichmann*, § 581 Rn. 5; MünchKommBGB/*Harke*, § 581 Rn. 2; Staudinger/*Sonnenschein/Veit*, § 581 Rn. 148.

414 Dies gilt insoweit unabhängig davon, ob es sich um eine einfache (obligatorische) oder ausschließliche (quasi-dingliche) Lizenz handelt, BGH GRUR 1965, 591, 595; *Fezer*, Markenrecht, § 30 Rn. 7; Fromm/Nordemann/*Nordemann*, UrhG, § 31 Rn. 86; *Henn*, Patent- und Know-how-Lizenzvertrag, Rn. 40; *Kraßer*, Patentrecht, S. 930; Schricker/Loewenheim/*Schricker*, UrhG, Vor § 28 Rn. 49; *Kraßer* GRUR Int 1983, 537, 547.

415 *Cebulla*, Die Pacht nichtsächlicher Gegenstände, S. 131; *Groß*, Der Lizenzvertrag, Rn. 23.

416 *Bartenbach*, Patentlizenz- und Know-how-Vertrag, Rn. 51.

417 Vgl. BGH NJW 1991, 3277; Staudinger/*Sonnenschein/Veit*, § 581 Rn. 316.

418 Zu den verschiedenen Ansichten hinsichtlich der durch die einfache bzw. ausschließliche Lizenz vermittelten Rechtsposition vgl. oben Erstes Kapitel B. II. 4. b), Erstes Kapitel B. II. 5. b).

schuldrechtliche Beziehung darstellt, wird schon von Beginn an kein Verfügung getroffen, die rückgängig zu machen wäre. Wie generell bei der Verpachtung von Rechten, muss der Verpächter dem Pächter nur ermöglichen, das Recht auszuüben.[419] Die Rückgabeverpflichtung gem. §§ 581 II, 546 BGB kann also nur dort Anwendung finden, wo rückgabefähige Sachen oder Rechtspositionen überhaupt erst verschafft wurden.[420] Soweit zur Ausübung der Lizenz rückgabefähige Sachen wie z.B. Urkunden, Anleitungen und Zeichnungen übergeben wurden, sind diese bei Beendigung des Lizenzvertrages wieder zurückzugeben (vgl. §§ 581 II, 546 BGB). Im Übrigen ist aber lediglich auf die weitere Ausübung des Rechts zu verzichten.

III. Der Wagnischarakter des Lizenzvertrages

Über die bereits diskutierten Argumente wird der Wagnischarakter des Lizenzgeschäfts betont, der eine Zuweisung zum Pachtvertrag verhindere.[421] In der Tat könnte die Feststellung einer besonderen Wagnisverteilung beim Lizenzvertrag Zweifel an der Anwendung der pachtrechtlichen Regeln aufkommen lassen.[422] Jeder schuldrechtliche Vertrag ist in seiner typischen Ausprägung von einem gewissen Wagnis geprägt, die durch die gesetzliche Ausgestaltung der Haftungsregelungen zu einem interessensgerechten Ausgleich gebracht werden sollen. Stellt sich aber heraus, dass immaterialgüterrechtliche Nutzungsverträge eine vom Pachtrecht grundsätzlich unterscheidbare Risikozuordnung haben, kann das Pachtrecht, wenn überhaupt, nur unter Modifikation der entsprechenden Haftungsregelungen analog angewendet werden. Herauszuarbeiten ist daher zunächst, ob dem Lizenzvertrag tatsächlich andersartige Wagniselemente immanent sind.[423]

1. Unsicherheit hinsichtlich der Vergütung

Als Besonderheit wird angeführt, dass beim Pachtvertrag, anders als beim Lizenzvertrag, die Parteien die jeweiligen Gegenleistungen bereits bei Vertragsschluss kennen würden. In Bezug auf die Vergütung ergäbe sich ein differenzierendes Wagnis für den Lizenzgeber, da die Höhe der Vergütung nicht von vorn-

---

419 Jauernig/*Teichmann,* § 581 Rn. 5; Staudinger/*Sonnenschein/Veit,* § 581 Rn. 150.

420 *Cebulla,* Die Pacht nichtsächlicher Gegenstände, S. 131.

421 RGZ 163, 1, 6; BGH GRUR 1961, 27, 28; BGH GRUR 1982, 481, 483; Busse/*Keukenschrijver,* PatG, § 15 Rn. 94; *Ingerl/Rohnke*, MarkenG, § 30 Rn. 56; *Bartenbach,* Patentlizenz- und Know-how-Vertrag, Rn. 52; *Forkel,* NJW 1990, 2805, 2806.

422 Vgl. dazu insbesondere schon die Interessensanalyse der Lizenzvertragsparteien oben Zweites Kapitel.

423 Kritisch dazu *Pahlow,* Lizenz und Lizenzvertrag, S. 265; *Nirk* GRUR 1970, 329, 334f; andeutungsweise *Schricker* GRUR 1980, 650, 652.

herein feststehe.[424] Tatsächlich wird bei Lizenzverträgen häufig eine umsatz- oder stückzahlabhängige Lizenzgebühr vereinbart.[425] Der Lizenzgeber kann somit nicht im Voraus wissen in welcher Höhe ihm Einnahmen zufließen werden. Zwar wird er in diesem Fall an einer positiven Entwicklung entsprechend beteiligt, gleichzeitig trägt er aber das Risiko des Ausbleibens einer erfolgreichen Fruchtziehung. Beim Grundfall einer pauschalierten Pacht im Rahmen eines Pachtvertrages hingegen, verbleibt das Fruchtziehungsrisiko grundsätzlich beim Pächter.[426] Diese Risikoverteilung ist aber dispositiv und kann auch im Pachtrecht in Form eines umsatz- oder ertragsorientierten Pachtzinses abweichend gestaltet werden.[427] Auch wenn also eine absehbare Gegenleistung für den Verpächter die Regel ist, ist diese Konstellation im Pachtrecht nicht zwingend. Den Parteien steht die privatautonome Gestaltung ihres Pachtverhältnisses hinsichtlich der vereinbarten Pacht frei, ohne dass das Pachtrecht eine Art des Pachtzinses bevorzugen würde, sei es unmittelbar durch einen begrenzten Rahmen möglicher Gegenleistungen, sei es mittelbar durch die Vorgabe bestimmter Preisgefahrregelungen. Allein der rechtstatsächliche Gestaltungsunterschied verhindert daher die Zuordnung des Lizenzvertrages zum Pachtrecht nicht.

2. *Unsicherheit hinsichtlich des Bestandes und der wirtschaftlichen Verwertbarkeit*

Ein weiteres Risiko des Lizenzvertrages wird hinsichtlich der Erlangung, des Bestandes, sowie hinsichtlich der wirtschaftlichen Verwertbarkeit des Immaterialgutes behauptet.[428] Soweit die wirtschaftliche Verwertbarkeit als unsicher bezeichnet wird, wird darauf abgestellt, dass nicht absehbar ist, ob sich im Rahmen der weiteren Verwertung technische Probleme ergeben und dass sich z.B. ein erwarteter technischer Fortschritt nicht gewinnbringend ausnutzen lässt, sei es dadurch, dass der vermittelte Wettbewerbsvorteil geringer ist als gedacht,

---

424 *Bartenbach,* Patentlizenz- und Know-how-Vertrag, Rn. 52.

425 *Kraßer,* Patentrecht, S. 940; Pfaff/Osterrieth/*Osterrieth,* Lizenzverträge, Teil B. Rn. 102 ff., Rn. 989 ff.; Fezer/*Fammler,* Handbuch Markenpraxis, Bd. II, Rn. 122 ff.; Fromm/-Nordemann/*Nordemann,* UrhG, § 36 Rn. 28ff.; *Ingerl/Rohnke,* MarkenG, § 30 Rn. 66; Vgl. auch zur Verteilung des Fruchtziehungsrisiko bei Urheberrechtslizenzen durch Stücklizenzen: Entwurf eines Gesetzes zur Stärkung der vertraglichen Stellung von Urhebern und ausübenden Künstlern v. 22.05.2000, abgedruckt in GRUR 2000, 765, 771.

426 MünchKommBGB/*Harke,* § 581 Rn. 8; Staudinger/*Sonnenschein/Veit,* § 581 Rn. 187.

427 Vgl. RGZ 140, 206, 208; RGZ 149, 88; RGZ 160, 361, 366; BGH NJW 1954, 425; BGH NJW 1979, 2351, 2352; OLG Hamm BB 1974, 1609; BeckOK BGB Bamberger/Roth/*Wagner,* § 581 Rn. 21; HK-BGB/*Ebert,* § 581 Rn. 12.

428 *Bartenbach,* Patentlizenz- und Know-how-Vertrag, Rn. 52; Busse/*Keukenschrijver,* PatG, § 15 Rn. 54; *Jestaedt,* Patentrecht, Rn. 762.

oder dadurch dass sich schneller als erwartet konkurrierende technische Erfindungen auf dem Markt durchsetzen.[429]

Selbst wenn man aber den immateriellen Schutzrechten die beschriebene immanente Unsicherheit der wirtschaftlichen Verwertbarkeit zugesteht[430] und darin einen Unterschied zum typischen Pachtverhältnis sieht[431], kann dies insoweit nicht zur Ablehnung des Pachtrechts führen, als die wirtschaftliche Verwertbarkeit beim Pachtvertrag ebenso wie beim Lizenzvertrag grundsätzlich ein Risiko des Pächters darstellt.[432] Der Verpächter, der insofern nur für die Tauglichkeit zur wirtschaftlichen Verwertung einzustehen hat, muss für die wirtschaftliche Verwertung nicht einstehen. Darüber hinaus bleibt es den Parteien freilich unbenommen, dieses Risiko durch die Preisgestaltung nach ihren Vorstellungen aufzuteilen.

Von der beschriebenen wirtschaftlichen Verwertbarkeit zu unterscheiden ist aber der Bestand des verpachteten Rechts bzw. des lizenzierten Immaterialgutes. Für diesen Bestand sieht das Pachtrecht durch die Verweisung in § 581 II BGB eine verschuldensunabhängige Haftung gem. § 536a I 1. Alt. BGB vor. Diese Haftung stellt eine Besonderheit des Pacht- bzw. Mietrechts dar, die der Gesetzgeber mit der Notwendigkeit eines umfassenden Mieterschutzes begründet hat.[433]

Da die Rechtfertigung dieser Garantiehaftung schon für das Mietrecht stellenweise angezweifelt wird[434], scheint bisweilen unklar, ob die Regelung im

---

429 RG GRUR 32, 865, 867; BGH GRUR1982, 481, 482; *Bartenbach,* Patentlizenz- und Know-how-Vertrag, Rn. 52; Benkard/*Ullmann*, PatG, § 15 Rn. 31.

430 Krit. *Pahlow,* Lizenz und Lizenzvertrag, S. 265, der zu Recht darauf hinweist, dass der einfache Lizenznehmer von Vornherein mit entsprechender Konkurrenz durch Vergabe weiterer Lizenzen und somit mit einem wirtschaftlichen Misserfolg rechnen muss.

431 Inwieweit ein Unterschied zu anderen, typischen Pachtverhältnissen überhaupt zu sehen ist, erscheint v.a. mit Blick auf den Fall der Unternehmenspacht zweifelhaft. Auch hier unterliegt der Pächter einem erheblichen Risiko der Entwicklung zukünftiger Erwerbschancen, vgl. BeckOK BGB Bamberger/Roth/*Wagner,* § 581 Rn. 13; MünchKommBGB/*Harke,* § 581 Rn. 6; Staudinger/*Emmerich/Veit,* Vor § 581 Rn. 25; *Krause* MittRhNotK 1990, 237, 238. Überdies weist *McGuire* treffend darauf hin, dass Dauerschuldverhältnissen, aufgrund ihrer Eigenschaft in die Zukunft hinein zu wirken, eine generelle Unsicherheit immanent ist und somit keine Besonderheit des Lizenzvertrages darstellt, *McGuire*, Die Lizenz, S. 637.

432 BGH NJW 1978, 2390, 2391; BGH NJW 1982, 2062, 2063; OLG Celle NJW-RR 1996, 1099; NK-BGB/*Klein-Blenkers,* § 581 Rn. 11; BeckOK BGB Bamberger/Roth/*Wagner,* § 581 Rn. 20; jurisPK-BGB/*Grühn*, § 581 Rn. 30; Staudinger/*Sonnenschein/Veit,* § 581 Rn. 175.

433 Stellungnahme der Bundesregierung, BT-Drucks. 14/6857, S.66.

434 MünchKommBGB/*Häublein,* Vor§ 536 Rn. 10; *Reese* JA 2003, 162, 165.

Pachtrecht eine ausreichende Daseinsberechtigung genießt. Dafür spräche, dass im Pachtrecht – analog zum Mietrecht – der Verpächter derjenige ist, der den verpachteten Gegenstand untersuchen kann, wohingegen der Pächter sich bis zur tatsächlichen Nutzung der Sache oder der Fruchtziehung aus dem Recht kein umfassendes Bild des verpachteten Gegenstandes machen kann. Diese Gefahrenverteilung des Pachtrechts ist zwar dispositiv[435] und kann daher von den Vertragsparteien abbedungen und abweichend gestaltet werden; dennoch stellt sie den gesetzlich vorgegebenen Vertragsmaßstab des Pachtvertrages dar.[436]

Die Anwendung einer solchen Garantiehaftung im Lizenzvertragsrecht ist umstritten.[437] Zwar stellt sich die Ausgangssituation im Lizenzvertragsrecht genauso dar wie im Pachtrecht: Der Lizenzgeber ist derjenige, der Bestand, Umfang und Verwertbarkeit seines Immaterialguts am besten einschätzen kann, während dem Lizenznehmer oft nur mittelbar die Möglichkeit der Erforschung der Bestandskraft und des Umfangs des Schutzgutes eröffnet ist. Dennoch ergeben sich im geistigen Eigentumsrecht aufgrund der Ubiquität der Schutzgüter Besonderheiten, die Zweifel an der Anwendung der Garantiehaftung aufkommen lassen. Anders als es regelmäßig beim Pachtvertrag der Fall ist, ist es dem Lizenzgeber unter Umständen nicht möglich mit letzter Gewissheit zu erforschen, ob er mit seinem geschützten Immaterialgut in bereits bestehende Rechtspositionen eingreift.[438] Hinsichtlich der Tauglichkeit des lizenzierten Gegenstandes zur Nutzung ist darüber hinaus fraglich, ob der Lizenzgeber diese bedeutend besser einschätzen kann als der Lizenznehmer. Zumindest erscheint der Lizenznehmer in seiner Vermögensdisposition gegenüber dem Käufer, des-

---

435 Die verschuldensunabhängige Haftung kann nicht nur individual- sondern auch formularvertraglich abbedungen werden. Dies wird gerade mit der Atypizität der verschuldensunabhängigen Haftung im System des BGB begründet, vgl. BGH NJW-RR 1991, 74, 75; BGH NJW-RR 1993, 519, 520; BGH NJW 2002, 3232, 3233; BGH NJW 2010, 3152, 3153; OLG Düsseldorf NJW-RR 1999, 735 f.; OLG Koblenz NZM 2000, 622; BeckOK BGB Bamberger/Roth/*Ehlert*, § 536a Rn. 36a; jurisPK-BGB/*Münch*, §536a Rn. 29; MünchKommBGB/*Häublein*, § Vor 536 Rn. 21; Palandt/*Weidenkaff*, § 536a Rn. 7; Staudinger/*Emmerich*, § 536a Rn. 45; Wolf/Lindacher/Pfeiffer/*Hau*, AGB-Recht, Mietverträge, Rn. M38.

436 *Larenz*, Schuldrecht II/1, S. 281.

437 Für die Garantiehaftung BGH GRUR 1957, 595, 596; *Haedicke*, Rechtskauf und Rechtsmängelhaftung, S. 270ff.; dagegen Dreier/Schulze/*Schulze*, UrhG, Vor §§ 31 ff. Rn. 60; *Kraßer*, Patentrecht, S. 945; *Pahlow*, Lizenz und Lizenzvertrag, S. 307ff.; *Manz/Ventroni/Schneider* ZUM 2002, 409, 413; differenzierend im Hinblick auf den Bestand und entgegenstehende Rechte Dritter Benkard/*Ullmann*, PatG, § 15 Rn. 171 ff.; *Ingerl/Rohnke*, MarkenG, § 30 Rn. 59 ff.; *Kraßer/Schmid* GRUR Int 1982, 324, 340.

438 *Pahlow*, Lizenz und Lizenzvertrag, S. 309.

sen Schadensersatzanspruch vom Verschulden des Verkäufers abhängig ist, nicht viel schutzwürdiger.[439] Die besonderen Erwägungen zu einem umfassenden Schutz des Mieters scheinen nicht ohne weiteres übertragbar.

Letztlich bleibt festzuhalten, dass die Ausgangssituationen in beiden Fällen insoweit übereinstimmen, dass der Verpächter/Lizenzgeber im Verhältnis zum Pächter/Lizenznehmer erkennbar die besseren Möglichkeiten zur Erforschung des Bestandes und des Umfangs des verpachteten Guts/Immaterialguts hat. Daher besteht insoweit noch kein Grund, trotz der geäußerten Zweifel, von einer grundsätzlichen Anwendbarkeit des Pachtrechts auf den Lizenzvertrag abzurücken. Vielmehr kann dieser Unterschied, nach entsprechend detaillierter Analyse im Rahmen der Gewährleistungsregelungen, gegebenenfalls zu einer Modifikation in der Anwendung pachtrechtlicher Regelungen führen.[440]

C. Haupt- und Nebenleistungspflichten des Lizenzvertrages im Lichte pachtvertraglicher Regelungen

I. Die Differenzierung der Pflichten

Die Anwendung der pachtvertraglichen Regelungen im Lizenzvertragsverhältnis wird sich zuerst auf die Hauptleistungspflichten beziehen. Neben diese, im Synallagma stehenden und die Eigenart begründenden Pflichten, treten weitere Pflichten, die nicht zum Hauptleistungsverhältnis selbst gehören. Diese können entweder leistungsbezogene Nebenpflichten (Nebenleistungspflichten) darstellen, die der Vorbereitung, Durchführung und Sicherung der Hauptleistung dienen, oder aber Schutzpflichten gem. § 241 II BGB, die das Integritätsinteresse der anderen Partei (m.a.W. den personen- und vermögensrechtlichen status quo) schützen sollen.[441] Nicht nur eine genaue Abgrenzung von leistungsbezogenen Nebenpflichten und Schutzpflichten fällt insofern schwer, als Interdependenzen zwischen dem Integritätsinteresse und dem Leistungsinteresse bestehen können.[442] Auch die Bezeichnung der unter § 241 II BGB fallenden Pflichten ist strittig.[443]

Im vorliegenden Kontext werden die unter § 241 II BGB fallenden Pflichten als Schutzpflichten bezeichnet.[444] Sie dienen nicht der Förderung des Vertrags-

---

439 *Kraßer,* Patentrecht, S. 945.

440 Vgl. unten Viertes Kapitel D.

441 Palandt/*Heinrichs* § 241 Rn.6.

442 MünchKommBGB/*Bachmann,* § 241 Rn. 53; Palandt/Heinrichs § 241 Rn. 8.

443 NK-BGB/*Krebs,* § 241 Rn. 4 m.w.N zu den unterschiedlichen Bezeichnungen.

444 Vgl. NK-BGB/*Krebs,* § 241 Rn. 4; krit. zum Begriff der Schutzpflicht v.a. *Schur,* Leistung und Sorgfalt, S. 106, der freilich selbst zugibt den Begriff der Schutzpflicht durch einen ebenso problematischen Begriff der Sorgfaltspflicht auszutauschen.

zwecks selbst und sind nur in besonderen Situationen einklagbar.[445] Für die Verletzung von Schutzpflichten gelten die Sondernormen der §§ 282, 324 BGB. Im Gegensatz hierzu sind die hier unter dem Begriff Nebenleistungspflicht verstandenen Pflichten solche, die grundsätzlich selbständig einklagbar sind und der Herbeiführung des Erfolges der vertraglichen Hauptleistungspflichten dienen, ohne dass ihnen eine eigenständige Bedeutung neben der Sicherung der Hauptleistung zukäme. Eine Verletzung dieser Pflichten wird von den Grundnormen der §§ 281, 323 BGB behandelt.

Soweit die unter dem Begriff der Nebenleistungspflichten fallenden Pflichten durch festgeschriebene Regelungen im Pachtrecht erfasst werden, werden sie auf ihre Kompatibilität hin untersucht. Dabei muss beachtet werden, dass einige der typischerweise unter dem Gesichtspunkt der Nebenleistungspflichten behandelten Pflichten, im Pacht- und Mietrecht unter dem Gesichtspunkt der Hauptleistungspflicht behandelt werden. Gem. § 535 I 2 BGB hat der Vermieter/Verpächter den Gegenstand in einem Zustand zu überlassen und zu erhalten, der den vertragsgemäßen Gebrauch erlaubt.[446] Daneben können aber noch weitere im Gesetz festgehaltene Regelungen existieren, die der Erfüllung der Hauptverbindlichkeit dienen.

Soweit das Pachtrecht auf den Lizenzvertrag analog anwendbar ist, bieten die zur Hauptpflicht erhobenen oder als Nebenleistungspflicht festgehaltenen gesetzlichen Regelungen den Ausgangspunkt für die Inhaltskontrolle gem. § 307 II BGB.[447] Zu prüfen bleibt demnach, ob und inwieweit gesetzlich geregelte Nebenleistungspflichten für den Lizenzvertrag eine angemessene Lösung darstellen. Über die gesetzlich festgelegten Pflichten hinaus existieren im Pachtvertragsrecht nur wenig bestimmbare Nebenleistungs- und Schutzpflichten.[448] Sie sind aber auch nicht von grundlegender Bedeutung für die Inhaltskontrolle des Lizenzvertrages. Soweit nämlich eine gesetzliche Regelung nicht existiert, bieten wesentliche Rechte und Pflichten gem. § 307 II Nr. 2 BGB, die nach der Verkehrssitte für den jeweiligen Vertrag als grundlegend erachtet werden die Basis der Inhaltskontrolle des Lizenzvertrages.[449] Insoweit kommt es dann nur auf die Betrachtung des lizenzvertraglichen Verhältnisses und der dort typischen Nebenleistungspflichten an. Werden Pflichten als für den Lizenzvertrag wesentliche Nebenleistungspflichten eingeordnet, die etwa notwendige Voraussetzung

---

445 Eingehend *Krebs,* Sonderverbindung und außerdeliktische Schutzpflichten, S. 547 ff.

446 Vgl. dazu Viertes Kapitel C. II. 1.

447 BGH NJW 1984, 1184, 1186; BGH NJW 2005, 2919,2922; BAG NJW 2005, 3164, 3166; Staudinger/*Coester* § 307 Rn. 231.

448 Staudinger/*Sonnenschein/Veit* § 581 Rn. 178, 235.

449 Eingehend unten Achtes Kapitel F. II.

oder Ergänzung zur Hauptleistungspflicht darstellen, bilden sie den Anhaltspunkt für die Inhaltskontrolle gem. § 307 II Nr. 2 BGB.[450]

II. Der Verpächter/Lizenzgeber

1. Hauptflicht der Nutzungsermöglichung

Durch die Anwendung pachtrechtlicher Regelungen auf den Lizenzvertrag lässt sich schon der Pflichtenkatalog der Vertragsparteien systematisch einordnen. Die Feststellung, Haupt- und Nebenpflichten des Lizenzvertrages würden allein durch den Parteiwillen festgelegt und ergäben sich daneben aus den Umständen des Einzelfalls,[451] wirkt unbefriedigend und wie eine konsequente Vermeidung der Festlegung verbindlicher Rechtsregeln.[452] Im Gegenzug dazu kann durch die nachfolgende Orientierung am Pachtvertrag ein Raster an lizenzvertragliche Vereinbarungen angelegt werden, das es erlaubt Haupt- und Nebenpflichten des Vertrages zu identifizieren und voneinander zu trennen. Freilich schließt die auf diese Weise gewonnene Struktur und Rechtssicherheit nicht die Möglichkeit der Vertragsparteien aus, umfassende ergänzende oder verändernde vertragliche Regelungen zu treffen.

Hauptpflicht des Verpächters gem. § 581 I BGB ist es, dem Pächter die Gebrauchsmöglichkeit an dem verpachteten Gegenstand zu verschaffen und den Genuss der daraus hervorgehenden Früchte zu gewähren. Soweit es sich bei dem verpachteten Gegenstand um eine Sache handelt, ist die Gebrauchsgewährung Voraussetzung für die Möglichkeit zur Fruchtziehung durch Nutzung. Doch selbst hier kann der Gebrauch der Sache auf das zur Nutzung nötige Maß beschränkt werden.[453] Handelt es sich beim verpachteten Gegenstand hingegen um

450 BGH NJW 1985, 3016, 3017; BGH NJW-RR 1986, 271, 272; BGH NJW 1993, 335; NGH NJW-RR 1993, 560, 561; Palandt/*Heinrichs* § 307 Rn. 33; Staudinger/*Coester* § 307 Rn. 273.

451 Busse/*Keukenschrijver,* PatG, § 15 Rn. 104; vgl. auch *McGuire*, Die Lizenz, S. 696 f.

452 Dieser Einzelfallbetonung hinsichtlich der vertraglichen Pflichten geht konsequenterweise die Beurteilung des Rechtscharakters als Vertag sui generis voraus, Busse/*Keukenschrijver,* PatG, § 15 Rn. 53; die Lösung der „erheblichen dogmatischen Schwierigkeiten" (*McGuire*, Die Lizenz, S. 696 f.), die sich aufgrund der Feststellung eines spezifischen Normenmangels bei der Konkretisierung des Pflichtenprogramms der Lizenzvertragsparteien ergeben, muss als entscheidender Vorteil der generellen Anwendung pachtvertraglicher Vorschriften gesehen werden, selbst wenn eine Stimmigkeit der Regelungen im Einzelnen geprüft werden muss, vgl. aber *McGuire*, Die Lizenz, S. 668 f.

453 Dies bedeutet jedoch nicht, dass der Gebrauch grundsätzlich nur insoweit zu gewähren ist, als er zur Fruchtziehung notwendig ist, Staudinger/*Sonnenschein/Veit,* § 581 Rn. 147.

ein Recht, entfällt die Gebrauchsüberlassung im eigentlichen Sinne und an ihre Stelle tritt die Ermöglichung durch den Verpächter das Recht auszuüben.[454] Dies kann bedeuten, dass der Verpächter Urkunden und andere zur Ausführung notwendige Materialien überlassen muss.

Analog dazu besteht die Hauptpflicht des Lizenzgebers darin, dem Lizenznehmer die Nutzung des geistigen Eigentumsrechts zu ermöglichen. Dies geschieht nicht nur durch die Gewährung eines positiven Benutzungsrechts[455] an dem lizenzierten Gut, sondern auch durch die Überlassung der zur Nutzung notwendigen Urkunden und Materialien, des entsprechenden Know-hows[456] sowie schließlich durch die Aufrechterhaltung des Schutzrechts.[457] Sowohl die Anmeldung als auch die Aufrechterhaltung sind mit Gebühren verbunden, die der Lizenzgeber zu tragen hat,[458] ebenso wie der Verpächter die auf der Pachtsache ruhenden Lasten gem. §§ 581 II, 535 I 3 BGB zu tragen hat. Während eine Gebühr für eine Erteilung oder die Aufrechterhaltung des Schutzrechts im Urheberrecht nicht anfällt, müssen sowohl im Markenrecht als auch im Patentrecht entsprechende Gebühren entrichtet werden (vgl. §§ 17 I PatG, 47 III MarkenG). Kommt der Lizenzgeber dieser Pflicht nicht nach und verfällt das Schutzrecht daraufhin, tritt nachträgliche Unmöglichkeit ein. Der Lizenznehmer wird gem. § 326 I 1 Alt.1 i.V.m. § 275 I BGB von seiner Lizenzgebühr befreit und kann gegebenenfalls Schadensersatz gem. §§ 280 I, III, 283 S. 1 BGB verlangen.

---

454 Palandt/*Weidenkaff,* § 581 Rn. 5; MünchKommBGB/*Harke,* § 581 Rn. 2 schließt daraus und aus der Abdingbarkeit der Gebrauchsgewährung bei Sachen, dass die Gebrauchsgewährung kein konstitutives Element des Pachtvertrages sei. Sieht man hingegen die Gebrauchsgewährung weniger als einen physischen Akt, sondern als Schaffung der Voraussetzung für die Fruchtziehung, kann sie, ebensowenig wie die Fruchtziehungsmöglichkeit selbst, nicht vollständig entfallen, vgl. jurisPK-BGB/*Grühn,* § 581 Rn. 25; Staudinger/*Sonnenschein/Veit,* § 581 Rn. 150.

455 Zur Gewährung eines positiven Benutzungsrechts durch die Lizenz, insbesondere in Abgrenzung zur sog. *negativen* Lizenz vgl. oben Erstes Kapitel B. II.

456 RGZ 155, 306, 314 f.; Benkard/*Ullmann,* PatG, § 15 Rn. 152; *Groß*, Der Lizenzvertrag, Rn. 243 ff.; HK-MarkenR/*Pahlow,* § 30 Rn. 18; Vgl. auch BGH GRUR 1980, 38, 39 sowie BGH GRUR 2005, 406, 407 wonach ein zur Benutzung eines veräußerten/lizenzierten Guts notwendiges weiteres Patent im Zweifel als mitlizenziert gilt.

457 Busse/*Keukenschrijver,* PatG, § 15 Rn. 105; *Ann/Barona,* Schuldrechtsmodernisierung und gewerblicher Rechtsschutz, Rn. 102 ff; *Bühling*, Die Markenlizenz und ihre vertragliche Gestaltung, S. 87; *Groß*, Der Lizenzvertrag, Rn. 266; *McGuire*, Die Lizenz, S. 699 f.; *Osterrieth,* Patentrecht, Rn. 351.

458 RGZ 155, 306, 314; Benkard/*Ullmann,* PatG, § 15 Rn. 152; *Mes*, PatG GebrMG, § 15 PatG Rn. 47; *Ingerl/Rohnke*, MarkenG, § 30 Rn. 57; *Kraßer/Schmid* GRUR Int 1982, 324, 330 f.

Gleichermaßen erfordert die Erfüllung der Primärpflicht des Lizenzgebers, dass dieser nicht von seinem Recht des Verzichts auf das Schutzrecht Gebrauch macht. Diese Möglichkeit ist ihm im Patent-, Gebrauchsmuster-, Marken- und Geschmacksmusterrecht eröffnet.[459] Dem Gedanken der Aufrechterhaltung des Schutzrechts und der Verpflichtung zur Ermöglichung der Nutzung widerspricht ein solcher Verzicht aber und verstößt damit gegen die vertraglichen Pflichten des Lizenzgebers.[460] Der Lizenznehmer ist sodann gem. § 326 I 1 Alt.1 BGB i.V.m. § 275 I BGB von seiner Gegenleistungspflicht befreit und kann gegebenenfalls Schadensersatz gem. §§ 280 I, III, 283 S. 1 BGB verlangen. Da sich das Vertretenmüssen im Rahmen dieses Schadensersatzanspruches auf die vom Schuldner zu verantwortende Herbeiführung des Leistungshindernisses bezieht,[461] wird bei einem absichtlichen Verzicht auf das Schutzrecht in der Regel Vorsatz zu unterstellen sein.

2. Relevante Nebenleistungspflichten

Neben die beschriebenen Hauptpflichten des Lizenzgebers treten bestimmte weitere leistungsbezogene Pflichten. Als wichtigste Nebenleistungspflichten werden die Pflicht zur Überlassung des zur Nutzung notwendigen Know-hows, die Unterlassung einer willkürlichen Vergabe einer Vielzahl weiterer Lizenzen zu günstigeren Konditionen sowie das Vorgehen gegen Verletzer genannt.[462]

Soweit die Pflicht zur Überlassung von Kow-how diskutiert wird, kann diese immer bestehen, wenn dies zur Nutzung des lizenzierten Schutzrechts notwendig ist. Der Lizenzgeber hat dann z.B. Pläne, Zeichnungen oder eine entsprechende Einweisung durch geschultes Personal zu Verfügung zu stellen. Tut er dies nicht, verletzt der Lizenzgeber aber nicht nur eine Nebenleistungspflicht.[463] Vielmehr ist es Teil der Hauptpflicht des Lizenzgebers, die Nutzung positiv zu ermöglichen und somit entsprechende Unterlagen zur Verfügung zu stellen.[464] Die Verletzung dieser Pflicht führt im Ergebnis zu einer Minderung oder gar Aufhebung der Tauglichkeit des Vertragsproduktes. Gem. §§ 581 II, 536 I BGB kann der Lizenznehmer die Lizenzgebühr herabsetzen. Bei voll-

---

[459] Gem. § 20 I Nr.1 PatG, § 23 III Nr.1 GebrMG, § 36 I Nr.2 GeschmMG durch schriftliche Erklärung, als auch gem. § 48 I MarkenG durch Antrag jeweils beim DPMA.

[460] *Groß*, Der Lizenzvertrag, Rn. 267; *Kraßer,* Patentrecht, S. 939.

[461] Vgl. nur NK-BGB/*Dauner-Lieb,* § 283 Rn. 6; MünchKommBGB/*Ernst,* § 283 Rn. 6.

[462] *Kraßer/Schmid* GRUR Int 1982, 324, 330 f.

[463] So aber *Kraßer/Schmid* GRUR Int 1982, 324, 331.

[464] Vgl. *Bartenbach,* Patentlizenz- und Know-how-Vertrag, Rn. 76; *Groß*, Der Lizenzvertrag, Rn. 243 ff.; *Haedicke*, Patentrecht, Kap. 13 Rn. 28; *Kraßer,* Patentrecht, S. 955; *Pahlow,* Lizenz und Lizenzvertrag, S. 297.

kommener Unbrauchbarkeit aufgrund mangelnder Informationen wird er gänzlich von der Entrichtung der Zahlung befreit.

Die Problematik der Vergabe weiterer Lizenzen zu günstigeren Konditionen hingegen wird kontrovers diskutiert. Es liegt gerade in der Natur der einfachen Lizenz, dass es dem Lizenzgeber nicht verwehrt ist, eine Vielzahl weiterer Lizenzen mit sich überschneidendem räumlichen, zeitlichen und sachlichen Umfang zu erteilen.[465] Denkbar ist also, dass der Lizenzgeber diese Lizenzen zu unterschiedlichen preislichen Konditionen an die Lizenznehmer erteilt. Im gewerblichen Betrieb könnte aber der Erhalt einer Lizenz zu günstigeren Konditionen einen wettbewerblichen Vorteil bedeuten, soweit der Lizenznehmer aufgrund seiner niedrigeren Kosten den Verkaufspreis des Endprodukts oder das Angebot der Dienstleistung niedriger kalkulieren kann. Meist wird daher im Lizenzvertrag die Pflicht zur sogenannten Meistbegünstigung verankert.[466] Der Lizenzgeber wird damit verpflichtet, keinem anderen Lizenznehmer günstigere Bedingungen für die Lizenz zu erteilen, oder, falls er doch günstigere Lizenzen vergeben sollte, dieselben Konditionen auch auf den betreffenden Lizenzvertrag anzuwenden. Teilweise wird dazu vertreten, dass diese Pflicht dem Lizenzgeber sogar grundsätzlich auferlegt ist und somit nicht die Ausnahme, sondern die Regel in einfachen Lizenzverträgen darstellt.[467] Die Annahme einer solchen generellen Pflicht begegnet aber in mehrfacher Hinsicht schwerwiegenden Bedenken. Es liegt gerade in der Natur der einfachen Lizenz, dass der Lizenznehmer Konkurrenten neben sich zu dulden hat. Das Risiko des wirtschaftlichen Erfol-

---

465 Vgl. oben Erstes Kapitel B. II. 4. a).

466 Busse/*Keukenschrijver,* PatG, § 15 Rn. 113; *Groß*, Der Lizenzvertrag, Rn. 286; *Pagenberg/Beier,* Lizenzverträge, Muster 4 Rn. 58; im Urheberrecht hingegen wird unter dem Begriff der Meistbegünstigung meist auf Art. 4 des TRIPs-Übereinkommens Bezug genommen, der eine diskriminierende Behandlung innerhalb der Mitgliedsstaaten verbietet. Im Übrigen handelt es sich in großen Teilen des Urheberrechts wie im Verlags- oder Verfilmungsrecht um ausschließliche Lizenzen, vgl. §§ 38 I 1 , 88 I 1, 89 I 1UrhG, §§ 8, 2 I VerlagsG, so dass sich das Problem der parallelen Vergabe zu günstigeren Bedingungen nicht stellt. Auf anderen Gebieten, wie z.B. der Nutzung von Fotografien für Internetauftritte oder in Warenhauskatalogen oder bei Computerprogrammen werden hingegen i.d.R. einfache Lizenzen vergeben, OLG Düsseldorf GRUR 1988, 541; LG Oldenburg GRUR 1996, 481; Fromm/Nordemann/*Hertin,* UrhG, Vor § 31 Rn.68; *Kindermann* GRUR 1983, 150, 156; vgl. auch OLG Jena GRUR-RR 2002, 379, 380. Vertragliche Regelungen zur Vermeidung etwaiger Benachteiligungen sind dann, wenn es tunlich erscheint, ebenso üblich, vgl. OLG Hamm GRUR 1978, 436.

467 So Büscher/Dittmer/Schiwy/*Schmoll,* Gewerblicher Rechtschutz/Urheberrecht/Medienrecht, Teil I Kap. 12 Rn. 188; *Henn,* Patent- und Know-how-Lizenzvertrag, Rn. 441; *Pahlow,* Lizenz und Lizenzvertrag, S. 325; a.A. FA-GewRS/*Bartenbach/Kunzmann,* Kap. IX Rn. 122; *Groß*, Der Lizenzvertrag, Rn. 286; *Kraßer,* Patentrecht, S. 939.

ges durch die Verwertung wird dabei dem Lizenznehmer zugewiesen.[468] Durch eine faktische Schlechterstellung des Lizenznehmers kann sich also nur das Risiko verwirklichen, das er ohnehin zu tragen hat. Hinzu kommt, dass das Ergebnis des gegenüber den Konkurrenten schlechteren Abschneidens nicht zwingend ist. Bei der einfachen Lizenz hängt der wirtschaftliche Erfolg häufig nicht von der Möglichkeit zur Nutzung oder der Verwertung des lizenzierten Produktes allein ab. Dies ist eher bei ausschließlichen Lizenzen der Fall. Gegenstände einer einfachen Lizenz ermöglichen dem Lizenznehmer realtypisch erst einen Zugang zu einem Markt, den er ohne die Lizenz nicht hätte.[469] Zum wirtschaftlichen Erfolg hingegen tragen in erheblichem Masse die geschickte Vermarktung des lizenzierten Schutzguts sowie weitere Faktoren bei.

Deutlicher noch gegen die Annahme einer generellen Pflicht zur Meistbegünstigung spricht aber die daraus resultierende Einschränkung der Vertragsfreiheit. Der Lizenzgeber müsste sich mit jedem Lizenznehmer auf jeweils gleiche Konditionen einigen. Stellt ihm z.B. ein „Großabnehmer" die Produktion einer hohen Stückzahl nur zu einer erniedrigten Lizenzgebühr in Aussicht, könnte der Lizenznehmer entweder nicht mit ihm abschließen, oder wäre gezwungen allen anderen Lizenznehmern von da an dieselben ermäßigten Konditionen anzubieten. Denkbar problematische Fälle dieser Kategorie sind vor allem mittel- bis geringwertige Schutzgüter wie *kleine* Patente, die Lizenzierung von Fotografien und einzelnen Bildern im Internet oder Standardsoftware. Diese Schutzgüter werden in so großer Anzahl vergeben, dass ein Anbieten und Abschließen zu jeweils gleichen Vertragskonditionen weder machbar noch wünschenswert erscheint. Eine prinzipielle, derart weitreichende Einschränkung darf also nicht angenommen werden.

Gleichwohl muss im Einzelfall einem Missbrauch im Sinne einer groben Benachteiligung entgegengewirkt werden. Eine solche kann sich bei hochpreisigen Schutzgütern ergeben, die durch einfache Lizenzen vergeben werden und durch deren günstigere Vergabe an zahlreiche weitere Lizenznehmer die Wettbewerbsposition des benachteiligten Lizenznehmers deutlich verschlechtert wird. Möglicherweise kann diese Benachteiligung im Falle einer absolut oder relativ marktmächtigen Stellung des Lizenzgebers i.R.d. § 20 GWB begegnet werden. Eine Besserstellung anderer Lizenznehmer kann in diesem Fall eine Diskriminierung i.S.d. § 20 I, II 1 GWB darstellen. Darüber hinaus kann die Be-

468 Vgl. BGH GRUR 1955, 338, 341; BGH GRUR 1960, 44, 45; BGH GRUR 1965, 298, 301; BGH GRUR 1979, 768, 769; BGH GRUR 2001, 223, 225 f.; Busse/*Keukenschrijver,* PatG, § 15 Rn. 111; *Mes*, PatG GebrMG, § 15 PatG Rn. 50; *Groß*, Der Lizenzvertrag, Rn. 285 f.; *Henn,* Patent- und Know-how-Lizenzvertrag, Rn. 308; *Pahlow,* Lizenz und Lizenzvertrag, S. 325; *Kraßer/Schmid* GRUR Int 1982, 324, 337.

469 *Hilty,* Lizenzvertragsrecht, S. 245.

nachteiligung auch gegen die Gebote von Treu und Glauben verstoßen.[470] Letzteres darf freilich nur für den extrem gelagerten Einzelfall angenommen werden. Soweit sich dann aus dieser Überlegung im Einzelfall eine Pflicht des Lizenzgebers ergibt, keinem der übrigen Lizenznehmer eine bessere wettbewerbliche Stellung durch günstigere Konditionen zu verschaffen, muss dies natürlich erst recht für den Fall einer echten Freilizenz gelten.[471] In ungleich höherem Maße wären die Lizenznehmer, die eine Lizenzgebühr in bestimmter Höhe entrichten gegenüber denjenigen am Markt benachteiligt, die keinerlei Lizenzgebühr zu entrichten haben. Ein Missbrauchsverbot fordert also für diesen Fall, dass der Lizenzgeber entweder keine echten Freilizenzen auf Märkten erteilt, die sich mit weiteren Lizenznehmern überschneiden, oder dass er auf diesen Märkten die übrigen Lizenznehmer ebenfalls von der Entrichtung einer Lizenzgebühr befreit. Da der Lizenznehmer kein eigenes Recht zur Verletzungsklage besitzt,[472] steht es darüber hinaus auch der Erteilung einer Freilizenz gleich, wenn der Lizenzgeber gegen Verletzer des geistigen Eigentumsrechts nicht vorgeht. Als Konsequenz aus der vertraglichen Verpflichtung zur Meistbegünstigung folgt daher auch eine Verpflichtung zum Vorgehen gegen Verletzer.[473] Diese erstreckt sich dann aber auch nicht soweit, dass der Lizenzgeber schlechthin gegen jeden Verletzer vorgehen muss.[474] Es wird ihm auch oftmals nicht möglich sein – je nach Verbreitung des Schutzrechts – jede Rechtsverletzung zu erkennen. Ferner muss er auch nicht, falls mehrere potentielle Verletzer vorhanden sind, gegen jeden von ihnen vorgehen. Dies kann dem Lizenzgeber als generelle Verpflichtung schon deshalb nicht auferlegt werden, da unter Umständen die Beweislage für eine Verletzung nicht immer eindeutig ist und der Lizenzgeber somit nicht mit einem gehäuften Prozess- und Kostenrisiko belastet werden soll. Bei einer Vielzahl von Verletzern kann es also mitunter genügen, wenn der Lizenzgeber gegen den oder die wichtigsten Verletzer vorgeht, um weiteren Verletzern die ernsthafte Verfolgung der Rechte zu verdeutlichen und diese ebenfalls zum Abschluss eines Lizenzvertrages zu bewegen.[475]

---

470 Vgl. BGH GRUR 1965, 591, 596; *Ingerl/Rohnke*, MarkenG, § 30 Rn. 58; *Leßmann/-Würtenberger,* Sortenschutzrecht, § 4 Rn. 49; *Kraßer/Schmid* GRUR Int 1982, 324, 331.

471 Vgl. *Groß,* Der Lizenzvertrag, Rn. 381; *Kraßer/Schmid* GRUR Int 1982, 324, 330.

472 Vgl. § 30 III MarkenG; *Kraßer,* Patentrecht, S. 933; *Mes*, PatG GebrMG, § 15 PatG Rn. 40; *Kraßer* GRUR Int 1973, 230, 235.

473 BGH GRUR 1965, 591, 596; Benkard/*Ullmann*, PatG, § 15 Rn. 153; Busse/*Keukenschrijver,* PatG, § 15 Rn. 113; *Fezer,* Markenrecht, § 30 Rn. 15; *Groß*, Der Lizenzvertrag, Rn. 279; *Henn,* Patent- und Know-how-Lizenzvertrag, Rn. 321; *Kraßer/-Schmid* GRUR Int 1982, 324, 330.

474 BGH GRUR 1965, 591, 595 f.

475 *Fischer* GRUR 1965, 596.

Als Rechtsfolge einer Verletzung der Pflicht zur Meistbegünstigung wird dem Lizenznehmer überwiegend die Möglichkeit zur Herabsetzung der Lizenzgebühr in entsprechender Höhe zugebilligt.[476] Soweit diese Lösung aber mit der an sich passenden Rechtsfolge der §§ 581 II, 536 III, I 2 BGB erklärt wird, begegnet dies systematischen Bedenken. Nimmt man nämlich die Bezeichnung der Meistbegünstigungspflicht als Nebenpflicht ernst, so erwächst aus einer Verletzung derselben lediglich ein Anspruch auf Ersatz des entsprechenden Schadens gem. §§ 280, 282 BGB. Um die Rechtsfolge der Herabsetzung der Lizenzgebühr gem. §§ 581 II, 536 III, I 2 BGB in entsprechender Anwendung der pachtrechtlichen Vorschriften herbeizuführen, müsste aber nicht eine Nebenpflichtverletzung, sondern vielmehr ein Rechtsmangel des lizenzierten Schutzguts vorliegen. Rechtsmängel hingegen münden in einer Einschränkung der Nutzungsmöglichkeit durch den Lizenznehmer. Sie werden z.B. durch Belastungen des Lizenzgegenstandes durch Nießbrauch, Pfandrecht oder die Abhängigkeit des Schutzrechts verursacht.[477] Durch das bloße Bestehen eines Nutzungsrechts eines weiteren Lizenznehmers, sei es zu denselben, sei es zu günstigeren Konditionen, oder gar im Rahmen eine Freilizenz, wird der Lizenznehmer in der Nutzung des geistigen Eigentumsrechts nicht beschränkt. Lediglich die wirtschaftliche Verwertung wird mittelbar negativ beeinflusst. Haben die Lizenzvertragsparteien aber keine besonderen Abreden im Vertrag getroffen, wird grundsätzlich das Risiko der Erfüllung wirtschaftlicher Erwartungen und Ertragsaussichten und der Wettbewerbsfähigkeit dem Lizenznehmer zugewiesen.[478] Das Bestehen eines Rechtsmangels ist also nicht ersichtlich.[479]

Im Ergebnis bleibt festzuhalten, dass schwerwiegende Gründe gegen die Annahme einer generellen Meistbegünstigungspflicht sprechen. Selbst wenn man eine solche annehmen würde, ließe sie sich nicht ohne größere Bedenken in das System des Pachtrechts eingliedern. Vielmehr entspricht das Unterlassen des Vorgehens gegen Verletzer im Einzelfall dem Rechtsmissbrauch, etwa wenn

---

476 BGH GRUR 1965, 591, 594 ff. mit zustimmender Anmerkung *Fischer* GRUR 1965, 596; *Henn,* Patent- und Know-how-Lizenzvertrag, Rn. 321; *Pahlow,* Lizenz und Lizenzvertrag, S. 326.

477 BGH GRUR 1962, 370, 373; Büscher/Dittmer/Schiwy/*Schmoll,* Gewerblicher Rechtschutz/Urheberrecht/Medienrecht, Teil I Kap. 12 Rn. 206.

478 BGH GRUR 1955, 338, 341; BGH GRUR 1960, 44, 45; BGH GRUR 1965, 298, 301; BGH GRUR 1979, 768, 769; BGH GRUR 2001, 223, 225 f.; Busse/*Keukenschrijver,* PatG, § 15 Rn. 111; *Mes,* PatG GebrMG, § 15 PatG Rn. 50; *Groß,* Der Lizenzvertrag, Rn. 292.; *Henn,* Patent- und Know-how-Lizenzvertrag, Rn. 308; *Pahlow,* Lizenz und Lizenzvertrag, S. 325; *Kraßer/Schmid* GRUR Int 1982, 324, 337.

479 *Cebulla,* Die Pacht nichtsächlicher Gegenstände, S. 125; *Schack* AcP 207 (2007), 666, 670; a.A. *Pahlow,* Lizenz und Lizenzvertrag, S. 326.

willkürlich eine Vielzahl von Verletzungen geduldet werden, die das lizenzierte Gut letztlich wertlos erscheinen lassen.[480] Zum selben Ergebnis muss daher auch die Vergabe einer entsprechenden Vielzahl von Freilizenzen führen. Der gebilligten Rechtsfolge der Leistungsverweigerung des Lizenznehmers in entsprechender Höhe ist im Ergebnis für diese Einzelfälle auch zuzustimmen.[481] Festzuhalten bleibt aber, dass es sich bei der Meistbegünstigung nicht um eine generelle Nebenpflicht handelt, die im Rahmen der Inhaltskontrolle einfacher Lizenzverträge zu berücksichtigen wäre.

III. Der Pächter/Lizenznehmer

1. Hauptpflicht

Die Hauptverpflichtung des Lizenznehmers besteht in der Zahlung von Lizenzgebühren. Diese synallagmatische Pflicht stellt sich bei allen Lizenzverträgen als der Regelfall dar[482] und folgt im Urheberrecht bereits aus dem Gesetz (§ 32 I 1 UrhG). Selbst in dem – wohl sehr seltenen – Fall, dass eine Regelung der Lizenzgebühr vertraglich nicht getroffen wurde, kann nicht vermutet werden, dass eine solche nicht gewollt ist [483] und ist daher im Wege der ergänzenden Vertragsauslegung zu gewinnen.[484] Nur für den Fall der ausdrücklichen Vereinbarung einer Freilizenz kann ein Verzicht auf die Vergütung angenommen werden.[485]

Das Pachtrecht erweist sich insoweit auch in diesem Punkt als angemessene Lösung lizenzvertraglicher Verhältnisse. Es enthält in § 581 I 2 die Pflicht des Pächters zur Entrichtung der vereinbarten Pacht.

---

480 *Kraßer/Schmid* GRUR Int 1982, 324, 331.

481 Wenngleich das Recht zur Leistungsverweigerung seine Begründung im rechtsmissbräuchlichen Verhalten des Lizenzgebers finden muss und nicht in der Verletzung einer generellen vertraglichen Nebenleistungspflicht; a.A. *Henn,* Patent- und Know-how-Lizenzvertrag, Rn. 321; *Pahlow,* Lizenz und Lizenzvertrag, S. 326.

482 Vgl. nur für das Lizenzrecht allgemein *Groß*, Der Lizenzvertrag, Rn. 98; *Pahlow,* Lizenz und Lizenzvertrag, S. 327 ; für das Patent- und Gebrauchsmusterrecht *Mes,* PatG GebrMG, § 15 PatG Rn. 51; *Bartenbach,* Patentlizenz- und Know-how-Vertrag, Rn. 1675; für das Geschmacksmusterrecht Eichmann/von Falckenstein/*Eichmann,* GeschmMG, § 31 Rn. 15; für das Markenrecht *Fezer*, Markenrecht, § 30 Rn. 44; *Ingerl/Rohnke*, MarkenG, § 30 Rn. 64.

483 *Hilty,* Lizenzvertragsrecht, S. 485; *Kraßer*, Patentrecht, S. 940.

484 BGH GRUR 1969, 677, 679.

485 Dies soll auch im Urheberrecht trotz der an sich unverzichtbaren Regelungen der §§ 32, 32a UrhG gelten, vgl. Loewenheim/*Loewenheim*/*Nordemann,* Handbuch des Urheberrechts, § 61 Rn. 9f.

2. *Relevante Nebenleistungspflichten*

Die lizenzrechtlich Kautelarpraxis kennt neben der Hauptpflicht zur Zahlung der Lizenzgebühr eine ganze Reihe weiterer Verpflichtungen des Lizenznehmers.[486] Hierunter fallen z.B. die Verpflichtung den Bestand des Schutzrechts nicht klageweise anzugreifen,[487] die Verpflichtung zum Bezug weiterer Roh-, Hilfsstoffe, Ersatzteile oder Zubehör,[488] die Verpflichtung zur Weiterentwicklung[489] oder die Kennzeichnungsverpflichtung.[490] Diese Verpflichtungen bestehen für den Lizenznehmer aber nicht ohne vertragliche Vereinbarung. So ist der Lizenznehmer nicht an einem Angriff auf das Schutzrecht gehindert soweit eine ausdrückliche vertragliche Vereinbarung dem nicht entgegensteht.[491] Dies wird durch die Erwägung gestützt, dass der Lizenznehmer nicht an der fortwährenden Zahlung von Lizenzgebühren für ein monopolisiertes Schutzrecht festgehalten werden soll, das von der Rechtsordnung nicht mehr anerkannt wird. Dem Lizenznehmer soll wie jedem Dritten die Möglichkeit gewährt werden, ein Monopol beseitigen zu lassen, das den freien Markt unberechtigt behindert.

Dem Lizenznehmer obliegt hingegen auch ohne vertragliche Vereinbarung eine Anzeigepflicht gem. §§ 581 II, 536c BGB. Er unterliegt durch die dauerschuldvertragliche Bindung wie der Pächter einer gesteigerten Pflicht zur Obhut und Rücksichtnahme.[492] In demselben Maße in dem der Pächter den Pachtgegenstand gegen Angriffe Dritter schützen muss,[493] ist dem Lizenznehmer die Pflicht aufzuerlegen, den Lizenzgeber von etwaigen Angriffen zu unterrich-

---

486 *Pagenberg/Beier,* Lizenzverträge, Muster 1 Rn. 212 ff., Muster 4 Rn. 21 ff.; Pfaff/Osterrieth/*Osterrieth,* Lizenzverträge, Teil B. Rn. 1 ff., et passim.

487 BGH GRUR 1955, 535; BGH GRUR 1987, 900, 901; Busse/*Keukenschrijver,* PatG, § 81 Rn. 68 f.; *Mes,* PatG GebrMG, § 15 PatG Rn. 61; *Ingerl/Rohnke*, MarkenG, § 30 Rn. 73; *Jestaedt,* Patentrecht, Rn. 773; a.A. *McGuire*, Die Lizenz, S. 712 f.

488 Vgl. BGH GRUR Int 2008, 960, 961; *Bartenbach,* Patentlizenz- und Know-how-Vertrag, Rn. 1958 ff.; *Groß*, Der Lizenzvertrag, Rn. 197 ff.

489 Benkard/*Ullmann*, PatG, § 15 Rn. 150; *Pagenberg/Beier,* Lizenzverträge, Muster 4 Rn. 21 ff..

490 Benkard/*Ullmann*, PatG, § 15 Rn. 147; *Mes,* PatG GebrMG, § 15 PatG Rn. 61; *Groß*, Der Lizenzvertrag, Rn. 195 f.; *Henn,* Patent- und Know-how-Lizenzvertrag, Rn. 243; *Pagenberg/Beier,* Lizenzverträge, Muster 1 Rn. 221, Muster 4 Rn. 72 f.

491 Ganz h.M. *Ingerl/Rohnke*, MarkenG, § 30 Rn. 64; *Mes,* PatG GebrMG, § 15 PatG Rn. 61; *Kraßer/Schmid* GRUR Int 1982, 324, 333; *Schippel* GRUR 1955, 321, 325 jeweils m.w.N.; Vgl. zur ausschließlichen Lizenz BGH GRUR 1956, 264; BGH GRUR 1957, 482, 483; BGH GRUR Int 1969, 31, 33.

492 Staudinger/*Sonnenschein/Veit* § 581 Rn. 235 ff.

493 Palandt/*Weidenkaff* §§ 581 Rn. 11, 536c Rn.1; Staudinger/*Emmerich* § 536c Rn.2.

ten.[494] Zwar wird der Lizenznehmer in der Regel schon im eigenen Interesse versuchen, das lizenzierte Gut zu schützen und mangels eigenen Klagerechts die Verfolgung einer Verletzung durch den Lizenzgeber begehren. Dem Prinzip der Vertragstreue liefe es aber auch zuwider, wenn er die Meldung einer möglichen Verletzung unterlassen würde, um etwa im Falle der Vereinbarung einer Meistbegünstigung anschließend die faktische Vergabe einer Freilizenz behaupten und die eigenen Lizenzgebühren senken oder gänzlich aussetzen zu können. In Anwendung des Pachtrechts kann diese Verpflichtung des Lizenznehmers geeignet erfasst werden, da die Anzeige von Rechtsanmaßungen und Gefahren eine im Gesetz festgehaltene Pflicht des Mieters/Pächters darstellt (§ 536c BGB). Im Falle der Verletzung dieser Anzeigepflicht ergäbe sich also gem. §§ 280 I, 536c II 1, 581 II BGB ein Schadensersatzanspruch des Lizenzgebers.

Bei verhältnismäßiger Beteiligung (z.B. Umsatz- oder Stücklizenz) hat der Lizenznehmer Auskunft über die Berechnung der Lizenzgebühren zu erteilen.[495] Ist aus der bloßen Auskunft die exakte Berechnung nicht oder nur mit übermäßiger Mühe möglich, hat der Lizenzgeber sogar Anspruch auf Rechnungslegung, auch wenn dies nicht ausdrücklich vereinbart ist.[496] Der Umfang muss also im Einzelfall danach bestimmt werden, welche Informationen notwendig sind, um dem Lizenzgeber eine Prüfung und Berechnung der Lizenzgebühren zu ermöglichen.

Für den Buchverlag sieht § 24 VerlG eine ausdrückliche Pflicht zur Rechnungslegung und Gewährung von Einsicht in die Bücher vor. Die Einschränkung allerdings, der jährlichen Rechnungslegung und Einsichtnahme, ist nicht für das geistige Eigentumsrecht generell vorzunehmen. Vielmehr kann je nach Auskunftsbedarf z.B. etwa eine vierteljährliche Auskunftspflicht automatisch bestehen.[497] Die Pflicht zur Auskunft existiert also für Lizenzverträge generell

---

494 *Henn,* Patent- und Know-how-Lizenzvertrag, Rn. 243; *Pahlow,* Lizenz und Lizenzvertrag, S. 327.

495 RGZ 127, 243, 245; BGH GRUR 2004, 532, 533; Benkard/*Ullmann*, PatG, § 15 Rn. 146; Busse/*Keukenschrijver,* PatG, § 15 Rn. 125; *Mes,* PatG GebrMG, § 15 PatG Rn. 62; *Ingerl/Rohnke*, MarkenG, § 30 Rn. 72; Dreier/Schulze/*Schulze*, UrhG, Vor § 31-44 Rn. 57 f.; *Groß*, Der Lizenzvertrag, Rn. 136; *Jestaedt,* Patentrecht, Rn. 776; *Pagenberg/Beier,* Lizenzverträge, Muster 1 Rn. 212.

496 RGZ 127, 243, 245; RG GRUR 36, 943, 945; BGH GRUR 2002, 602, 603; OLG Hamburg ZUM-RD 2002, 537, 542; Benkard/*Ullmann*, PatG, § 15 Rn. 145; Busse/*Keukenschrijver,* PatG, § 15 Rn. 125; Ströbele/Hacker/*Hacker,* MarkenG, § 30 Rn. 64; für das Urheberrecht Fromm/Nordemann/*Hertin,* UrhG, Vor§ 31 Rn. 162; *Krasser/Schmid* GRUR Int 1982, 324, 334.

497 Fromm/Nordemann/*Hertin,* UrhG, Vor § 31 Rn. 17.

und ist daher auch selbständig einklagbar.[498] Hat der Lizenznehmer nicht ordentlich Rechnung gelegt, steht dem Lizenzgeber nicht nur Erfüllung durch eine ordentliche Rechnungslegung zu, sondern auch ein Anspruch auf zukünftig ordnungsgemäße Erfüllung. Damit stellt sich die Rechnungslegung als Nebenleistungs- oder leistungsbezogene Nebenpflicht dar, bei deren Verletzung der Lizenzgeber gem. §§ 280, 281 BGB Schadensersatz verlangen kann bzw. gem. §§ 325, 314 BGB zurücktreten.

D. Leistungsstörungen auf Seiten des Lizenzgebers

I. Anfängliche Unmöglichkeit

Bei anfänglicher Unmöglichkeit auf Seiten des Lizenzgebers ist das Leistungsgefüge des Lizenzvertrages in der Weise gestört, dass dem Lizenzgeber die Erbringung seiner Leistung von Beginn an nicht möglich ist. Hierzu zählen vor allem Fälle, in denen es dem lizenzierten Schutzrecht an der entsprechenden Schutzfähigkeit fehlt.[499] Im Urheberrecht kann dies daran liegen, dass es dem Werk an geistiger Schöpfungshöhe mangelt oder es dem Anspruch der Individualität nicht genügt.[500] In diesen Fällen entsteht kein urheberrechtlicher Schutz und es wird lediglich ein Scheinrecht übertragen (sog. Leerübertragung).[501] Ebenfalls anfänglich unmöglich ist die Lizenzierung einer noch ungeschützten „Erfindung", die dem Patentschutz, etwa aufgrund naturgesetzlicher Unausführbarkeit, nicht zugänglich ist[502] oder die Lizenzierung einer Marke, die zum Zeitpunkt der Lizenzierung schon erloschen ist.[503] Entgegen der früheren Regelung des § 306 a.F. BGB sind Lizenzverträge, die auf eine von Anfang an unmögliche

---

498 Vgl. BGH GRUR 2004, 532, 533; Benkard/*Ullmann*, PatG, § 15 Rn. 146; Busse/*Keukenschrijver*, PatG, § 15 Rn. 125; *Mes*, PatG GebrMG, § 15 PatG Rn. 68; *Ingerl/Rohnke*, MarkenG, § 30 Rn. 72; Dreier/Schulze/*Schulze*, UrhG, Vor § 31-44 Rn. 57 f.; *Groß*, Der Lizenzvertrag, Rn. 136; *Jestaedt*, Patentrecht, Rn. 776.

499 *McGuire*, Die Lizenz, S. 715.

500 An geistiger Schöpfungshöhe mangelt es etwa bei Alltagserzeugnissen, vgl. BGH GRUR 1983, 377, 378; OLG Hamburg ZUM 2004, 386, oder bloß mechanischen Zusammenstellungen vorgegebener Fakten, vgl. BGH GRUR 1981, 520, 522; zu den Anforderungen an die persönliche geistige Schöpfung insgesamt vgl. BGH GRUR 1983, 377, 378; BGH GRUR 2004, 855 ff.; OLG Hamburg ZUM 2004, 386; Dreier/Schulze/*Schulze*, UrhG, § 2 Rn. 8 ff.; Möhring/Nicolini/*Ahlberg*, UrhG, § 2 Rn. 77 ff.; Wandtke/Bullinger/*Bullinger*, § 2 Rn. 23 ff.; zu Grenzfällen insbesondere *Loewenheim* GRUR 1987, 761 ff.; *Schulze* GRUR 1987, 769 ff.

501 Dreier/Schulze/*Schulze*, UrhG, § 31 Rn. 14; Loewenheim/*Loewenheim*/*Nordemann*, Handbuch des Urheberrechts, § 62 Rn. 7.

502 BGH GRUR 1960, 44, 45; BGH GRUR 1965, 298, 301.

503 *Ingerl/Rohnke*, MarkenG, § 30 Rn. 60.

Leistung gerichtet sind wirksam. Zwar ist der Lizenzgeber gem. § 275 I BGB von seiner Leistungspflicht befreit, der Wirksamkeit des Vertrages steht dies jedoch nicht entgegen (§ 311a I BGB).[504] Kennt der Lizenzgeber bei Vertragsschluss das Leistungshindernis, bzw. hat er seine Unkenntnis zu vertreten, so kann der Lizenznehmer nach seiner Wahl Schadensersatz oder Aufwendungsersatz verlangen. Für das Vertretenmüssen der Unkenntnis gilt insoweit der Maßstab der §§ 276 ff. BGB.[505] Welche Sorgfaltsanforderungen hinsichtlich der Prüfung des Bestandes des Schutzguts an den Lizenzgeber genau gestellt werden, bedarf schließlich der Abwägung im Einzelfall.[506]

Soweit vorgeschlagen wurde § 122 analog auf die Fälle der anfänglichen Unmöglichkeit anzuwenden,[507] um im Falle fehlenden Verschuldens auf der Seite des Gläubigers/Lizenzgebers zumindest den Vertrauensschaden des Schuldners/Lizenznehmers zu ersetzen, ist diese Meinung nahezu einhellig auf Ablehnung gestoßen.[508]

Der sogenannte „Zweite Korb" der Urheberrechtsnovelle,[509] der zum 1.01.2008 in Kraft getreten ist, hat auch die Ausnahme aufgrund des § 31 IV UrhG entfallen lassen. Danach waren trotz § 311a BGB Verträge über die Einräumung von Nutzungsrechten für noch nicht bekannte Nutzungsarten unwirksam. Diese Vorschrift ist nunmehr ersatzlos gestrichen und der § 31a UrhG n.F. sieht vor, dass die Einräumung eines Rechts an unbekannten Nutzungsarten oder die Verpflichtung dazu in schriftlicher Form möglich ist.

Der Schadensersatzanspruch des Lizenznehmers umfasst das positive Interesse, ist also auf Schadensersatz statt der Leistung gerichtet. In den Fällen des Lizenzvertrages ist dieser regelmäßig nicht in From der Naturalrestitution gem. § 249 BGB, sondern durch Ersatz in Geld (§ 251 BGB) zu leisten. Anstelle des Schadensersatzes kann der Lizenzgeber auch den Ersatz seiner vergeblichen

---

504 Diesbezüglich eingehend zum Lizenzvertragsverhältnis *McGuire*, Die Lizenz, S. 715 f.

505 OLG Karlsruhe NJW 2005, 989, 990; BeckOK BGB Bamberger/Roth/*Gehrlein* § 311a Rn 8 m.w.N.; jurisPK-BGB/*Alpmann*, § 311a Rn. 22.

506 MünchKommBGB/*Ernst*, § 311a Rn.51; Palandt/*Grüneberg* § 311a Rn. 9.

507 *Canaris* JZ 2001, 499, 507 f.; *Canaris* DB 2001, 1815, 1819.

508 Begründet wird dies vor allem mit dem geringeren Schutzbedürfnis des Schuldners bzw. Lizenznehmers: Während er sich im Falle der Anfechtung einem nichtigen Vertrag gegenüber sieht, besteht das Vertragsverhältnis nach § 311a I BGB weiter. Eine Abweichung vom Prinzip der verschuldensabhängigen Haftung sei daher nicht zu rechtfertigen, vgl. NK-BGB/*Dauner-Lieb,* § 311a Rn. 30; jurisPK-BGB/*Alpmann*, § 311a Rn. 25; MünchKommBGB/*Ernst*, § 311a Rn.41; Palandt/*Grüneberg* § 311a Rn. 14; Staudinger/*Löwisch* § 311a Rn. 48; *Dauner-Lieb/Dötsch* DB 2001, 2535, 2538; *Kohler* Jura 2006, 241.

509 Zweites Gesetz zur Regelung des Urheberrechts in der Informationsgesellschaft (2. InfoGesellUrhG) v. 26.10.2007, BGBl. I S. 2513.

Aufwendungen gem. § 284 BGB verlangen. Allerdings kann der Lizenznehmer seine vergeblich getätigten Aufwendungen auch aufgrund der Rentabilitätsvermutung als Teil des Schadensersatzes geltend machen, da vermutet wird, dass sich seine Aufwendungen im Rahmen seiner erwerbswirtschaftlichen Tätigkeit amortisiert hätten.[510] Der Schadensersatz dürfte mithin für den enttäuschten Lizenznehmer die bessere Wahl darstellen.

Als weitere Rechtsfolge entfällt bei anfänglicher Unmöglichkeit der Anspruch des Lizenzgebers auf die Gegenleistung gem. § 326 I 1, 1.Halbs. BGB und der Lizenznehmer kann unbeschadet seines Schadensersatzverlangens (§ 325 BGB) gem. §§ 326 V, 323 I, 346 ff. BGB zurücktreten.

Hat der Lizenznehmer von der Nutzung des vermeintlich geschützten Immaterialguts einen wirtschaftlichen Vorteil erlangt, so kann dieser als Nutzungsentgelt i.S.d. § 346 I BGB a.E. angesetzt werden.[511] Im Ergebnis erlangt man somit eine für den Zeitraum bis zum Rücktritt ermäßigte Lizenzgebühr in Höhe des erlangten wirtschaftlichen Vorteils. Zu beachten ist in diesem Zusammenhang, dass bei Dauerschuldverhältnissen, zumindest soweit sie schon in Vollzug gesetzt worden sind, das Recht zur Kündigung mit ex-nunc Wirkung grundsätzlich das Recht zum Rücktritt verdrängen soll.[512] Eine ausdrückliche gesetzliche Konkurrenzregelung fehlt indes. Der Standpunkt, die Kündigung verdränge im Bereich der Dauerschuldverhältnisse grundsätzlich den Rücktritt, wird aber mit der Erwägung vertreten, dass es nicht im Interesse der Vertragspartner läge, die bis zur Auflösung störungsfrei erbrachten Leistungsteile rückabzuwickeln.[513] In Fällen, in denen eine Rückabwicklung aber trotz dauerschuldvertraglichem Charakter den Interessen der Vertragsparteien gerecht wird und somit sachgerecht erscheint, wurden schon bisher Ausnahmen gemacht.[514] Würde der Weg der Auflösung des gestörten Leistungsverhältnisses über die Kündigung gem. § 314 BGB gegangen, käme es nicht zu dem wünschenswerten Ausgleich eines etwaigen wirtschaftlichen Vorteils.[515] Daher wird in der Regel dem Rücktritt der Vor-

---

[510] BGH NJW 2000, 506; BGH NJOZ 2004, 436, 437; BGH NJW-RR 2006, 1309, 1310; OLG Karlsruhe NJW 2005, 989, 991; LG Bonn NJW 2004, 74, 75; jurisPK-BGB/*Alpmann*, § 311a Rn. 31 Palandt/*Grüneberg* § 311a Rn. 9; *Canaris* JZ 2001, 499, 517; *Weitemeyer* AcP 205 (2005), 275ff.

[511] Berger/Wündisch/*Ahrens*, Urhebervertragsrecht, § 3 Rn. 13.

[512] BGH NJW 1981, 1264; BGH NJW 1986, 125; jurisPK-BGB/*Alpmann*, § 323 Rn. 6; MünchKommBGB/*Ernst*, § 323 Rn.35; Palandt/*Grüneberg* § 323 Rn. 4.

[513] BGH NJW 1986, 124 125; BGH NJW 1972, 827, 828; jurisPK-BGB/*Alpmann*, § 323 Rn. 6; Staudinger/*Otto* § 323 Rn. A22.

[514] BGH NJW 1986, 124, 125; BGH NJW 2002, 1870; ausdrücklich für die Softwarelizenz BGH NJW 1987, 2004, 2006.

[515] Berger/Wündisch/*Ahrens*, Urhebervertragsrecht, § 3 Rn. 13.

zug zu geben sein,[516] solange noch kein fortdauernder Leistungsaustausch stattgefunden hat, dessen Rückabwicklung unpraktikabel ist. 517

Die konkrete Berechnung des für die gezogenen Nutzungen zu leistenden Wertersatzes dürfte indes Schwierigkeiten bereiten.[518] Insofern ist schon der Begriff der vom Gericht für den Wertersatz vorzunehmende *Schätzung* (analog § 287 ZPO)[519] treffend. Am praktikabelsten dürfte sich aber die auch im Rahmen der herkömmlichen Wertersatzberechnung herangezogene Methode des marktüblichen Entgelts erweisen.[520] In diesem Sinne wäre das Nutzungsentgelt beispielsweise anhand einer vergleichbaren Patentlizenz zu berechnen. Freilich birgt dies die Problematik in sich, dass den Vertragsparteien ein fiktiver Lizenzvertrag (oder anderweitiger Gebrauchsüberlassungsvertrag) aufgedrängt würde, den sie in dieser Weise wohl nicht abgeschlossen hätten.[521] Wird dieser Effekt in die Berechnung mit einbezogen, muss z.B. eine Patentlizenz, die als Vergleichsmaßstab gilt, wohl mindestens um den Gewinnanteil des Lizenzgebers gekürzt werden.[522]

II. Nachträgliche Unmöglichkeit

Die Fälle der nachträglichen Unmöglichkeit mögen im Recht des Lizenzvertrages zunächst auf wenige Anwendungsgebiete reduziert erscheinen. Originär zählen in diese Kategorie Fälle, in denen z.B. der Lizenzgeber einer Markenlizenz dem Löschungsantrag wegen Verfalls nicht rechtzeitig widerspricht (ex-nunc-Wirkung der Löschung gem. § 52 I MarkenG), [523] oder ein lizenziertes Know-how offenkundig wird.[524] Gleichartige Löschungsmöglichkeiten existieren zwar im Urheberrecht nicht, wodurch Fälle der nachträglichen Unmöglichkeit wohl als Ausnahme gelten können. Gleichwohl dürften Fälle des Leistungsverweige-

---

516 Vgl. BGH GRUR 1959, 616, 617; BGH NJW 1987, 2004, 2006; *Bartenbach,* Patentlizenz- und Know-how-Vertrag, Rn. 1558; Busse/*Keukenschrijver,* PatG, § 15 Rn. 99; a.A. und grundsätzlich nur für die Kündigung *Ahrens* GRUR 2006, 617, 623..

517 Dies ist z.B. der Fall bei bereits erfolgten Werbemaßnahmen oder getätigten Umsätzen, vgl. RG GRUR 1943, 78, 80; BGH GRUR 1959, 616, 617; Für die wichtigen Fälle der Löschung und des Widerrufs mit ex-tunc Wirkung, bei denen u.U. schon ein langandauernder Leistungsaustausch stattgefunden hat s.u. Drittes Kapitel D. III.

518 Zu den Schwierigkeiten der Nutzungsberechnung Staudinger/*Kaiser* § 346 Rn. 228 ff.; *Martens* AcP 210 (2010), 689, 695 f.

519 BGH NJW 1991, 2484; NK-BGB/*Hager,* § 346 Rn. 24; jurisPK-BGB/*Faust,* § 346 Rn. 95.

520 Vgl. MünchKommBGB/*Ernst*, § 323 Rn.35; Staudinger/*Kaiser* § 346 Rn. 228 ff.

521 *Martens* AcP 210 (2010), 689, 695.

522 Vgl. Staudinger/*Kaiser* § 346 Rn. 236.

523 *Ingerl/Rohnke*, MarkenG, § 30 Rn. 60; vgl. auch *McGuire*, Die Lizenz, S. 729.

524 *Henn,* Patent- und Know-how-Lizenzvertrag, Rn. 345.

rungsrechts gem. § 275 III BGB, das in der rechtlichen Behandlung der Unmöglichkeit gleich steht, im Urheberrecht häufiger vorkommen.[525] Auf allen Gebieten des geistigen Eigentumsrechts bleibt freilich zu beachten, dass auch eine staatliche Maßnahme, also etwa ein gesetzliches Verbot, zur nachträglichen Unmöglichkeit führen kann.[526]

III. Insbesondere ex-tunc-Nichtigkeit durch Löschung und Widerruf

Neben den eben beschriebenen „originären" Fällen der anfänglichen Unmöglichkeit, die wohl nach ihrer Häufigkeit beurteilt keine zentrale Rolle in den üblichen Leistungsstörungen lizenzvertraglicher Verhältnisse spielen, verdienen aber weitere Löschungsvorgänge einen differenzierenden Blick. Wird eine Marke etwa aufgrund mangelnder Schutzfähigkeit (§ 3 MarkenG), absoluter Eintragungshindernisse (§ 8 MarkenG) oder relativer Eintragungshindernisse wegen Nichtigkeit gelöscht, so wirkt diese Löschung ex-tunc (§§ 50 I, 51 I, 52 II MarkenG). Ebenso gelten die Wirkungen des Patents im Falle des Widerrufs oder der Nichtigerklärung als von Anfang an nicht eingetreten (§§ 21, 22 PatG). Eine entsprechende Wirkung kommt der Löschung eines Gebrauchsmusters zu.[527] Auf den ersten Blick handelt es sich also in diesen Fällen immer um das Vorliegen einer anfänglichen Unmöglichkeit. Soweit der Lizenznehmer Kenntnis oder zumindest fahrlässige Unkenntnis vom Nichtigkeitsgrund hatte, könnte der Lizenznehmer Schadensersatz oder Aufwendungsersatz gem. § 311a II BGB verlangen. Die Leistungspflichten würden nach dem oben beschriebenen[528] Modus entfallen und das bisher Geleistete rückabgewickelt werden. Dies kann jedoch kaum dem wirtschaftlichen und tatsächlichen Interesse der Parteien entsprechen. Bis zum Zeitpunkt der Löschung oder der Nichtigkeitserklärung hat der Lizenzgeber seine Lizenzgebühren erhalten und der Lizenznehmer das Schutzgut nach seinen Vorstellungen verwertet. Ein bis zu diesem Zeitpunkt ungestörtes Vertrags- und Nutzungsverhältnis wird insbesondere durch § 52 III MarkenG konstatiert: Entscheidungen in Verletzungsverfahren werden durch die ex-tunc-Wirkung der Löschung nicht berührt (§ 52 III Nr. 1 MarkenG), Verträge (etwa Lizenzverträge), die vor der Entscheidung über den Antrag auf Löschung erfüllt worden sind werden grundsätzlich

---

525 Berger/Wündisch/*Ahrens,* Urhebervertragsrecht, § 3 Rn. 45; Loewenheim/*v. Becker,* Handbuch des Urheberrechts, § 80 Rn. 4.

526 Benkard/*Ullmann*, PatG, § 15 Rn. 167.

527 BGH GRUR 1979, 869; BGH GRUR 1968, 86, 91, wenngleich beim Gebrauchsmuster zu beachten ist, dass die Löschung aus einem absolut wirkenden Grund nur deklaratorisch wirkt, *Kraßer,* Patentrecht, S 437.

528 Vgl. Drittes Kapitel D. I.

ebenso wenig berührt (§ 52 III Nr. 2 S. 1 MarkenG).[529] Im Patent- und Gebrauchsmusterrecht gilt dies in ähnlicher Weise. Zwar mangelt es an einer ausdrücklichen gesetzlichen Regelung. Grundsätzlich soll aber der Widerruf bzw. die Nichtigerklärung trotz ihrer ex-tunc-Wirkung keinen Einfluss auf ein rechtskräftiges Urteil im Verletzungsprozess haben.[530] Damit wird bestätigt, dass in der Zeit vor dem Widerruf oder der Löschung des Schutzrechts die Parteien den Leistungsgegenstand ihren Vorstellungen gemäß nutzen können. Es erscheint also sinnvoll, den bis dahin erlangten status quo aufrechtzuerhalten. Schon unter der Geltung des alten Schuldrechts, wurde die Rechtsfolge des § 306 BGB a.F., der die Nichtigkeit eines auf eine unmögliche Leistung gerichteten Vertrages, als unpassend angesehen. Die rückwirkende Kraft der Nichtigerklärung sollte schon damals keinen Einfluss auf den Bestand der Lizenzverträge haben.[531] Die faktische Monopolstellung, die dem Lizenznehmer bis zum Zeitpunkt der Entscheidung des Wegfalls gewährt wird, legt die gleiche Behandlung dieser Fälle mit denen der nachträglichen Unmöglichkeit nahe.[532] Die Anwendung dieses Leistungsstörungsrechts auf die Fälle der Löschung und des Widerrufs mit ex-tunc-Wirkung begründet schließlich auch die Subsidiarität des in der Vergangenheit von der Rechtsprechung[533] für diese Fälle herangezogenen § 313 BGB.[534]

---

529 „Erfüllt" i.S.d. § 52 III Nr. 2 S. 1 MarkenG ist ein gegenseitiger Vertrag, so auch ein Lizenzvertrag, wenn die gegenseitigen Verpflichtungen erloschen sind, *Fezer*, Markenrecht, § 52 Rn. 12. Eine Ausnahme von Satz 1 enthält Satz 2. Soweit es der Billigkeit entspricht können gezahlte Beträge zurückerstattet werden, wenn die Umstände dies rechtfertigen.

530 BGH GRUR 1980, 220, 222; Busse/*Keukenschrijver,* PatG, § 21 Rn. 140; *Mes*, PatG GebrMG, § 21 PatG Rn. 56; dem vermeintlichen Verletzer kann aber die Möglichkeit einer Restitutionsklage gegeben sein, LG Düsseldorf GRUR 1987, 628; BPatG GRUR 1993, 732; *von Falck* GRUR 1977, 308, 310 f.

531 RGZ 86, 45, 53 ff.; BGH GRUR 1957, 595; BGH GRUR 1977, 107, 109; BGH GRUR 1983, 237, 238; *Kraßer* GRUR Int 1990, 611, 612; a.A. *Nirk* GRUR 1970, 329, 339 als Begründung für diese Auffassung wurde die faktische Monopolstellung und Vorteilsverschaffung herangezogen, BGH GRUR 1958, 175, 177; BGH GRUR 1969, 677, 678; BGH GRUR 1977, 107, 109; BGH NJW 1984, 2943, 2944; *Kraßer* GRUR Int 1990, 611, 612.

532 Busse/*Keukenschrijver,* PatG, § 15 Rn. 90; HK-MarkenR/*Pahlow,* § 30 Rn. 25; *Ingerl/Rohnke*, MarkenG, § 30 Rn. 60; unentschieden *Bartenbach,* Patentlizenz- und Know-how-Vertrag, Rn. 1557 f.

533 BGH GRUR 1957, 595 ff.; BGH GRUR 1958, 231, 231 f.; BGH GRUR 1961, 466, 468; BGH GRUR 1993, 40, 41.

534 Busse/*Keukenschrijver,* PatG, § 15 Rn. 90; HK-MarkenR/*Pahlow,* § 30 Rn. 25; *Schricker* GRUR 1980, 650, 658; ablehnend gegenüber der Anwendung des § 313 BGB aufgrund des Ausnahmecharakters der Vorschrift *McGuire*, Die Lizenz, S. 727 f.; zur Subsidiarität des § 313 ggü. § 275 I allgemein BGH NJW-RR 1995, 854; NK-BGB/*Krebs,*

Ist die Leistung des Lizenzgebers nach Vertragsschluss unmöglich geworden, sei es durch Löschung oder Widerruf mit ex-tunc oder ex-nunc Wirkung, oder steht ihm ein entsprechendes Verweigerungsrecht gem. § 275 I, II BGB zu, so wird er von seiner Leistungspflicht frei. Gleichfalls entfällt aber sein Anspruch auf die Gegenleistung gem. § 326 I 1, 1.Halbs. BGB, hier also auf die Lizenzgebühr. Daneben kann der Lizenznehmer Schadensersatz verlangen und gegebenenfalls zurücktreten. Schadensersatzpflichtig wird der Lizenzgeber, soweit er das Leistungshindernis zu vertreten hat, nach den §§ 275 IV, 280, 281, 283 BGB. Der Rücktritt steht dem Lizenznehmer gem. § 285 BGB neben der Geltendmachung des Schadensersatzes zu. Anders als in den Fällen der anfänglichen Unmöglichkeit wird es hier aber zumeist nicht möglich oder aber im Interesse der Vertragsparteien sein ein Rückabwicklungsschuldverhältnis entstehen zu lassen.[535] Soweit eine ungestörte Vertragsabwicklung und ein entsprechender Leistungsaustausch schon stattgefunden haben, muss anstelle des Rechts zum Rücktritt das Recht zur Kündigung treten.[536]

Im Urheberrecht dagegen sind für den Fall eines Verlagsvertrages die besonderen Bestimmungen des Verlagsgesetzes zu beachten. Gem. § 33 I 1 VerlG behält der Verfasser seinen Vergütungsanspruch, wenn das Werk nach Ablieferung an den Verleger durch Zufall untergeht. Der Ablieferung steht der Annahmeverzug des Verlegers gleich gem. § 33 III VerlG. Im Übrigen werden beide Teile von ihren Verpflichtungen befreit, § 33 I 2 VerlG. Sofern aber mit geringer Mühe ein im wesentlichen übereinstimmendes Werk geliefert werden kann, muss der Verfasser dem auf Verlangen des Verlegers gegen eine angemessene Vergütung nachkommen (§ 33 II 1, 1. Halbs. VerlG). Sofern der Verfasser ein solches Werk innerhalb einer angemessenen Zeit kostenfrei liefert, ist der Verleger verpflichtet dieses an Stelle des untergegangenen Werkes zu vervielfältigen und zu verbreiten (§ 33 II 1, 2. Halbs. VerlG). Die Rechte des Absatzes 2 bestehen dabei auch, wenn das Werk durch Verschulden einer Partei untergegangen ist, § 33 II 2 VerlG.

IV. Verzug

Ist dem Lizenzgeber die Leistung möglich, leistet er aber trotz Fälligkeit und Mahnung des Lizenznehmers nicht, so gerät er, solange ihm nicht die Einrede

---

§ 313 Rn. 13; MünchKommBGB/*Finkenauer*, § 313 Rn. 156 ff.; Palandt/*Grüneberg* § 313 Rn. 13; *Schlüter*, ZGS 2003, 346, 349 ff.

535 Zur Möglichkeit der Rückabwicklung soweit der Leistungsaustausch noch nicht vorangeschritten ist bereits oben Drittes Kapitel D. I.

536 BGH GRUR 1959, 616, 617; BGH NJW 1987, 2004, 2006; *Bartenbach,* Patentlizenz- und Know-how-Vertrag, Rn. 1558; Busse/*Keukenschrijver,* PatG, § 15 Rn. 99.

des nicht erfüllten Vertrages zusteht,[537] in Verzug (§ 286 I 1 BGB).[538] Bei urheberrechtlichen Werken kann dies der Fall sein, wenn der Künstler das Kunstwerk nicht rechtzeitig liefert, oder die vereinbarte Software nicht rechtzeitig zur Verfügung gestellt wird. Im Patentrecht ist denkbar, dass der Patentinhaber die zur Ausführung notwendigen Unterlagen oder das entsprechende Know-how nicht rechtzeitig liefert. In diesen Fällen ergeben sich die Rechtsfolgen für einen Schadensersatzanspruch des Lizenznehmers aus dem allgemeinen Leistungsstörungsrecht.[539] Er kann insbesondere den Verspätungsschaden gem. §§ 280 I, II, 286 BGB und nach erfolgloser Fristsetzung Schadensersatz statt der Leistung gem. § 280 I, III, 281 BGB ersetzt verlangen. Auch haftet der Lizenzgeber gem. § 287 BGB auch für die zufällige Beschädigung oder den zufälligen Untergang der Sache, sofern der Schaden nicht auch bei rechtzeitiger Leistung eingetreten wäre.

Neben die allgemeinen Vorschriften des Leistungsstörungsrechts tritt im Fall der nicht rechtzeitigen Gewährung der Pachtsache aber noch die Vorschrift des § 543 BGB. Danach steht dem Pächter ein außerordentliches Recht zur fristlosen Kündigung zu, wenn der Verpächter die Pachtsache nicht rechtzeitig zum Gebrauch überlässt. Zwar wird gem. § 543 III 1 BGB regelmäßig eine vorherige Fristsetzung oder Abmahnung verlangt. Insofern deckt sich die Vorschrift mit der des allgemeinen Verzugsrechts. Im Unterschied dazu setzt aber § 543 BGB kein Verschulden des Verpächters voraus.

Neben der speziellen Regelung des § 543 BGB sind die Regeln der allgemeinen Vorschriften parallel anwendbar.[540] Der Lizenznehmer kann also nach erfolgloser Fristsetzung vom Vertrag gem. § 323 BGB zurücktreten, soweit der Vertrag noch nicht zur weiteren Ausführung gelangt ist.[541]

V. Sach- und Rechtsmängel

Von der soeben behandelten Nichtleistung aufgrund von Unmöglichkeit (bzw. Unzumutbarkeit) und Verzug muss die Schlechtleistung durch den Lizenzgeber unterschieden werden. Während im ersten Fall überhaupt keine Leistung erbracht wird, stellt die Schlechtleistung eine mangelhafte Erfüllung einer vertragli-

---

537 BGH NJW 1971, 1747.

538 Benkard/*Ullmann*, PatG, § 15 Rn. 166; Wandtke/Bullinger/*Wandtke/Grunert*, Vor §§ 31 ff. UrhG Rn. 140; *Henn,* Patent- und Know-how-Lizenzvertrag, Rn. 348; *Manz/Ventroni/Schneider* ZUM 2002, 409, 415 ff.

539 Vgl. Dreier/Schulze/*Schulze,* UrhG, Vor §§ 31-44 Rn. 60; Wandtke/Bullinger/*Wandtke/-Grunert,* § 31 UrhG Rn. 140.

540 Palandt/*Weidenkaff* § 543 Rn. 12; Staudinger/*Emmerich* § 543 Rn. 15.

541 BGH GRUR 1959, 616, 617; BGH NJW 1987, 2004, 2006; Busse/*Keukenschrijver,* PatG, § 15 Rn. 99; *Henn,* Patent- und Know-how-Lizenzvertrag, Rn. 348.

chen Pflicht dar. Das besondere Mängelrecht des Pachtrechts, das die Schlechterfüllung einer vertraglichen Leistungspflicht behandelt, entspricht aufgrund des Verweises in § 581 II BGB weitgehend dem Mängelrecht des Mietvertrages. Damit ist nicht mehr – wie bislang geschehen – auf die allgemeinen Regeln des Schuldrechts zurückzugreifen, sondern das besondere Mängelrecht des Pachtvertrages auf seine Kompatibilität mit dem Lizenzvertragsverhältnis zu überprüfen. Somit gilt es im Folgenden, die gesetzlich geschaffenen Kategorien von Abweichungen auf ihre Übertragbarkeit auf den Lizenzvertrag zu prüfen und die gesetzlich vorgegebenen Folgen eines Mangels im Pachtrecht auf ihre Angemessenheit in der Anwendung auf den Lizenzvertrag zu untersuchen.

1. Zur Anwendung der pachtrechtlichen Begriffe des Sach- und des Rechtsmangels auf den Lizenzvertrag

a) Verwendung der Begriffe in der lizenzvertraglichen Literatur

Trotz des Verweises auf die Anwendbarkeit unterschiedlicher Normen wird in der lizenzvertraglichen Literatur häufig übereinstimmend zwischen Sach- und Rechtsmängeln unterschieden.[542] Dies erstaunt zunächst, da dem Vertragsverhältnis kein körperlicher Gegenstand zugrunde liegt, dem ein *Sach*mangel anhaften könnte. Führt man sich die bei einem Recht denkbaren Schlechterfüllungen vor Auge, läge eine terminologische Differenzierung nach einem Mangel *des Rechts* und einem Mangel *am Recht* näher. Jedoch scheinen diese Bezeichnungen durch ihre begriffliche Nähe zu Verwechslungen führen zu können.

Sofern in der Literatur nicht genau zwischen einem Sachmangel und einem Rechtsmangel differenziert wird, liegt dies an den betreffenden Stellen zumeist daran, dass Leistungsstörungen im Rahmen des Gewährleistungsrechts des Kaufvertrags behandelt werden.[543] Dort hat die Vereinheitlichung der Rechtsfolgen von Sach- und Rechtsmängeln durch die Schuldrechtsreform 2002 die genaue Unterscheidung weitgehend hinfällig werden lassen.[544] In der lizenzrechtlichen Literatur lassen sich aber zwei Kategorien von Mängeln identifizieren: Mängel des Rechts selbst, die die Benutzbarkeit im vertraglich vereinbarten

---

542 Vgl. Benkard/*Ullmann*, PatG, § 15 Rn. 171 ff.; Fromm/Nordemann/*J.B.Nordemann,* UrhG, Vor §§ 31 ff. Rn. 176 ff.; *Bartenbach,* Patentlizenz- und Know-how-Vertrag, Rn. 1532; *Groß*, Der Lizenzvertrag, Rn. 290 ff.; *Henn,* Patent- und Know-how-Lizenzvertrag, Rn. 310 ff.; *Pahlow,* Lizenz und Lizenzvertrag, S. 299 ff.; *Kraßer/Schmid* GRUR Int 1982, 324, 337 ff.; *Manz/Ventroni/Schneider* ZUM 2002, 409, 414 ff.; *Haedicke* GRUR 2004, 123, 124 ff.; *Castendyk* ZUM 2007, 169 ff.

543 Vgl. *Mes*, PatG GebrMG, § 15 PatG Rn. 32; Schricker/Loewenheim/*Schricker/-Loewenheim,* UrhG, § 31 Rn. 30.

544 BeckOK BGB Bamberger/Roth/*Faust,* § 435 Rn. 3; MünchKommBGB/*Harke*, § 581 Rn.37.

Umfang gar nicht erst ermöglichen können. In diesem Fall ist zumeist von einem Sachmangel die Rede. Andererseits wird von einem Rechtsmangel gesprochen, wenn der Lizenznehmer an dem Gebrauch des Rechts durch ein Recht eines Dritten gehindert wird. 545 Ein Sachmangel besteht daher im Patentrecht, wenn das Patent technisch nicht ausführbar oder nicht brauchbar ist.[546] Auch wenn das lizenzierte Patent dem Lizenznehmer keinen wettbewerblichen Vorteil liefert, er also ebenso dasteht wie seine Mitbewerber, liegt ein Sachmangel vor.[547] Auch im Markenrecht kann ein Sachmangel der Marke vorliegen, wenn das Schutzrecht nicht den vereinbarten Schutzumfang genießt.[548] Im Urheberrecht hingegen sind Sachmängel schwierig festzustellen. Im Zweifel tritt das Interesse des Lizenznehmers hinter das Interesse des Urhebers aufgrund des starken Persönlichkeitsrechtsbezuges künstlerischen Schaffens zurück und es liegt kein Sachmangel vor.[549] Sofern sich also der Mangel des Werkes nicht auf rein handwerkliche Mängel bezieht,[550] sondern die wissenschaftliche, künstlerische oder literarische Substanz des Werkes betrifft, kann der Lizenznehmer im allgemeinen nicht rügen.[551] Aufgrund der Gestaltungsfreiheit, die dem Urheber zugebilligt wird, kann sich der Lizenznehmer meist nur dann auf einen Mangel berufen, wenn konkrete vertragliche Vorgaben nicht eingehalten wurden bzw. objektiv qualitative Unzulänglichkeiten feststellbar sind.[552] Letzteres kann z.B. der

---

545 Allg. M. *Groß*, Der Lizenzvertrag, Rn. 331; Loewenheim/*Nordemann,* Handbuch des Urheberrechts, § 62 Rn. 10, 12; *Pahlow,* Lizenz und Lizenzvertrag, S. 300.

546 BGH GRUR 1979, 768; Benkard/*Ullmann*, PatG, § 15 Rn. 169.

547 MünchKommBGB/*Harke*, § 581 Rn.37.

548 *Pahlow,* Lizenz und Lizenzvertrag, S. 300; gleichwohl findet diese Art des Mangels in der markenrechtlichen Literatur wenig bis gar keine Beachtung. Der Fokus wird vielmehr auf den als Rechtsmangel kategorisierten Fall eines Verbotsrechts eines Dritten gelegt und insofern entweder keine deutliche Differenzierung zwischen Rechts- und Sachmängeln getroffen, vgl. *Ingerl/Rohnke*, MarkenG, § 30 Rn. 61 f., oder sogar der Fall des Verbotsrechts als einzig in Frage kommender Gewährleistungsfall angesehen, v.Schultz/*Brandi-Dohrn,* Markenrecht, § 30 Rn. 40.

549 Fromm/Nordemann/*J.B.Nordemann,* UrhG, Vor §§ 31 ff. Rn. 181; Loewenheim/*Nordemann,* Handbuch des Urheberrechts, § 62 Rn. 12.

550 Aber auch die vermeintlich mindere handwerkliche Qualität kann Ausdruck des künstlerische Schaffens sein, so etwa wenn qualitative Beeinträchtigungen einem Film eine besondere Note verleihen sollen, Loewenheim/*Nordemann,* Handbuch des Urheberrechts, § 62 Rn. 12.

551 RG GRUR 1937, 485, 488; BGH GRUR 1960, 642, 644; OLG Hamm UFITA 1930, 528, 529; OLG Karlsruhe UFITA 1982, 229, 234 ff.; Schricker/Loewenheim/*Schricker/-Loewenheim,* UrhG, § 31 Rn. 30; *Schricker,* VerlagsR, § 31 Rn. 9.

552 BGHZ 19, 382, 383; BGH GRUR 1960, 609, 612; BGH GRUR 1999, 230; Dreier/Schulze/*Schulze*, UrhG, Vor §§ 31-44 Rn. 34 ff.; Wandtke/Bullinger/*Wandtke/-*

Fall sein, wenn wissenschaftliche Werke unwissenschaftlich gehalten sind, oder eine Übersetzung so mangelhaft ist, dass sie kaum mehr als eine solche bezeichnet werden kann.[553]

Ein Rechtsmangel hingegen wird angenommen, wenn das lizenzierte Patent abhängig ist von einem älteren Patent und der Inhaber des älteren Patents sein Einverständnis zum Gebrauch verweigert.[554] Bei der Marke liegt ein Rechtsmangel vor, wenn ein Dritter Rechtsinhaber gegen die Benutzung der Marke vorgeht.[555] Im Urheberrecht wird ein Rechtsmangel bejaht, wenn die Nutzungsbefugnisse mit Rechten Dritter belastet sind, also z.B. die überlassene Software aus Teilen einer urheberrechtlich geschützten Software eines Dritten besteht.[556]

b) Eingliederung in das System des Pachtrechts

Die Vorschriften des Pachtrechts machen Gewährleistungsrechte des Pächters davon abhängig, ob ein Sachmangel oder ein Rechtsmangel vorliegt, §§ 581 II, 536 ff. BGB. Ein Sachmangel i.S.d. Pachtrechts liegt vor, wenn der Pachtgegenstand zur Zeit der Überlassung an den Pächter einen Mangel hat, oder wenn ein Mangel im Laufe der Pachtzeit entsteht, der die Tauglichkeit des Pachtgegenstandes zum vertragsgemäßen Gebrauch aufhebt oder mindert, §§ 581 II, 536 I BGB. Durch das Abstellen auf den vertragsgemäßen Gebrauch wird der subjektive Fehlerbegriff zugrunde gelegt.[557] Nur falls sich ein besonderer Pachtzweck nicht ermitteln lässt ist auf objektive Kriterien, also den gewöhnlichen Pachtzweck abzustellen.[558] Ebenso liegt gem. § 536 II BGB ein Mangel vor,

---

Grunert, Vor §§ 31 ff. Rn. 131; Berger/Wündisch/*Ahrens,* Urhebervertragsrecht, § 3 Rn. 22.

553 Vgl. OLG Dresden UFITA 1929, 338; *Schricker,* VerlagsR, § 31 Rn. 9.

554 BGH GRUR 1962, 370, 374; *Pietzcker* GRUR 1993, 272, 273; zum Abhängigkeitspatent vgl. auch *Nirk* GRUR 1970, 329, 334.

555 HK-MarkenR/*Pahlow,* § 30 Rn. 22; *Ingerl/Rohnke*, MarkenG, § 30 Rn. 61; *Pahlow*, Lizenz und Lizenzvertrag, S. 303 f.

556 Berger/Wündisch/*Ahrens,* Urhebervertragsrecht, § 3 Rn. 21; Fromm/Nordemann/*J.B.Nordemann,* UrhG, Vor §§ 31 ff. Rn. 178; Loewenheim/*Loewenheim/J.B.Nordemann,* Handbuch des Urheberrechts, § 62 Rn. 10; *Goldmann/Redecke* MMR 2002, 3, 4; *Manz/Ventroni/Schneider* ZUM 2002, 409, 414.

557 BGH NJW 2000, 1714, 1715; BGH NJW 2005, 218; BGH NJW 2005, 2152; BGH NJW 2006, 899, 900; BGH NZM 2006, 582, 583; OLG Dresden NJW-RR 1998, 512; LG Mannheim WuM 1998, 663; LG Hamburg NZM 2005, 103; NK-BGB/*Klein-Blenkers,* § 536 Rn. 7; BeckOK BGB Bamberger/Roth/*Ehlert,* § 536 Rn. 15; MünchKommBGB/*Häublein*, § 536 Rn. 3; Staudinger/*Emmerich* § 536 Rn. 5.

558 BGH NJW-RR 1993, 1159, 1160; BeckOK BGB Bamberger/Roth/*Ehlert,* § 536 Rn. 15a; jurisPK-BGB/*Münch*, § 536 Rn. 57 ff.; MünchKommBGB/*Häublein,* § 536 Rn. 4; Staudinger/*Emmerich* § 536 Rn. 5.

wenn eine zugesicherte Eigenschaft fehlt oder später wegfällt und die Tauglichkeit entsprechend aufhebt oder mindert. Bei Übertragung dieses Gedankens auf die Rechtspacht liegt ein Mangel i.S.d. § 536 I BGB vor, wenn das Recht als solches mangelhaft ist.[559] Eignet es sich erst gar nicht zur Fruchtziehung oder ist die Möglichkeit zur Fruchtziehung eingeschränkt, so liegt ein Fehler in dem Recht selbst.[560] Es handelt sich dann nicht um das vom Pächter zu tragende wirtschaftliche Ertragsrisiko.[561] Ein Rechtsmangel gem. §§ 581 II, 536 III BGB liegt hingegen vor, wenn der Pächter in seinem vertragsgemäßen Gebrauch durch das Recht eines Dritten eingeschränkt wird. Die Vorschriften des Absatzes 1 und 2 gelten dann entsprechend. Allerdings wird teilweise angenommen, dass § 536 III BGB auf die Rechtspacht nicht anzuwenden sei, soweit der Verpächter wegen des Rechts eines Dritten nicht in der Lage sei das verpachtete Recht zur Ausnutzung zu überlassen.[562] Diese Ansicht scheint aber einem zu stark dinglich geprägten Verständnis des § 536 III BGB zu folgen. Die Bestimmung über den Rechtsmangel ist zwar auf die Miete von Sachen zugeschnitten. Dort kann der Mieter durch das Recht eines Dritten in dem ihm zustehenden vertragsgemäßen, gegenständlichen Gebrauch gestört werden. Dies ist gegeben, wenn das Eigentum eines Dritten an der Mietsache dem Gebrauch des Mieters entgegensteht.[563] Ein Rechtsmangel wird in diesem Fall erst dann angenommen, wenn der Dritte sein Recht geltend macht und dem Mieter der Gebrauch tatsächlich entzogen wird.[564] Die Existenz des Rechts allein stellt somit noch keinen Rechtsmangel dar. Wieso der Fall des Gebrauchsentzugs durch einen geltend gemachten Vindikationsanspruch aber dem Fall der Verhinderung der Ausübung eines Rechts wegen Rechten Dritter nicht gleich stehen soll, scheint unklar, denn in beiden Fällen ist die Gebrauchs- und Nutzungsmöglichkeit faktisch ausgeschlossen. Mit diesem Verständnis müssten sich die Mängel im Immaterialgüterrecht angemessen durch die Mängelvorschriften des Pachtrechts erfassen lassen.

---

559 Staudinger/*Sonnenschein/Veit* § 581 Rn. 298.

560 Vgl. RGZ 161, 321, 324; BGH NJW 1951, 705; Staudinger/*Sonnenschein/Veit* § 581 Rn. 298.

561 Vgl. BGH NJW 1978, 2390, 2391; BGH NJW 1982, 2062, 2063; OLG Hamm NJW-RR 1993, 1270; OLG Celle NJW-RR 1996, 1099; NK-BGB/*Klein-Blenkers,* § 581 Rn. 11; BeckOK BGB Bamberger/Roth/*Wagner,* § 581 Rn. 20; jurisPK-BGB/*Grühn*, § 581 Rn. 30; Staudinger/*Sonnenschein/Veit,* § 581 Rn. 175.

562 BGH NJW 1951, 705 f.; BeckOK BGB Bamberger/Roth/*Wagner* § 581 Rn. 25.

563 BGH NJW 1975, 44.

564 BGH NJW-RR 1987, 526, 527; BGH NJW-RR 1989, 77, 78; BGH NJW 1991, 3277; BGH NJW 2008, 2771; OLG Hamm NJW-RR 1987, 1304; OLG Düsseldorf BB 1991, 2331; Palandt/*Weidenkaff* § 536 Rn. 29.

Ein Sachmangel liegt demgemäß immer dann vor, wenn die Tauglichkeit des Lizenzgegenstandes zum vertragsgemäßen Gebrauch aufgehoben oder beschränkt ist.[565] Dadurch werden genau die oben beschrieben Fälle erfasst, in denen entweder das Patent nicht technisch verwertbar ist, oder das urheberrechtliche Werk entgegen der vertraglichen Vereinbarung qualitative Schwächen aufweist. Wann darüber hinaus der vertragsgemäße Gebrauch eingeschränkt ist, kann freilich zweifelhaft sein. Was Leistungspflicht ist, bestimmt sich nicht nur anhand der typischen Hauptleistungspflichten, sondern wird maßgeblich durch vielgestaltige vertragliche Vereinbarungen konkretisiert. Eine starke Subjektivierung der Leistungsverpflichtung erschwert aber in ihrer Konsequenz die Feststellung eines Mangels.

Im Rahmen der Rechtsmangelvorschrift werden schließlich die Fälle erfasst, in denen durch ein Abhängigkeitspatent die Benutzung des lizenzierten Patents beeinträchtigt ist, ein Dritter aufgrund seines Markenrechts Verbotsansprüche gegen den Lizenznehmer gelten machen kann, oder in denen der Gebrauch der Software durch Rechte eines Dritten eingeschränkt ist. Somit erfassen die pachtrechtlichen Regelungen die lizenzrechtlichen Mängelfälle.

2. Die Einordnung des Verstoßes gegen die Vereinbarung einer beschränkten Lizenzvergabe

Über die beschriebenen Fälle hinaus bleibt zu klären, wie der Fall der widerrechtlichen Vergabe weiterer Lizenzen zu behandeln ist. Zwar ist der einfache Lizenzvertrag grundsätzlich dadurch geprägt, dass der Lizenznehmer die Vergabe weiterer Lizenzen dulden muss.[566] Die Vertragsfreiheit erlaubt aber auch hier eine Beschränkung der Anzahl der Lizenznehmer.[567] Beliebige Vorstufen zur ausschließlichen bzw. alleinigen Lizenz[568] sind dahingehend denkbar, dass nur einer festgelegten Anzahl von Konkurrenten auf demselben Gebiet entsprechende Lizenzen erteilt werden sollen.

Zur Behandlung eines Verstoßes gegen derartige Vereinbarungen ist vorgeschlagen worden, dass die (Lizenz-)Rechte Dritter einen den Lizenznehmer beschränkenden Rechtsmangel i.S.d. § 536 III BGB darstellt.[569] In der Rechtsfolge steht der Rechtsmangel gem. § 536 III BGB dem Sachmangel gleich: Der Lizenznehmer könnte Herabsetzung der Lizenzgebühr gem. §§ 581 II, 536 I 2,

---

565 Benkard/*Ullmann*, PatG, § 15 Rn. 176; Fromm/Nordemann/*J.B.Nordemann,* UrhG, Vor §§ 31 ff. Rn. 180; *Henn,* Patent- und Know-how-Lizenzvertrag, Rn. 310; *Pahlow*, Lizenz und Lizenzvertrag, S. 300; *Haedicke* GRUR 2004, 123, 124 .

566 Vgl. oben Erstes Kapitel B. II. 4. a).

567 Vgl. oben Erstes Kapitel B. II. 1.

568 Vgl. oben Erstes Kapitel B. II. 5. a).

569 *Pahlow,* Lizenz und Lizenzvertrag, S. 303 f.

III BGB verlangen und zum Schadensersatz gem. §§ 581 II, 536 III, 536a I Alt. 2 BGB berechtigt sein. Dies erscheint im Falle vertragswidriger Vergabe weiterer Lizenzen sachgemäß, da die berechtigte Erwartung des Lizenznehmers eines begrenzten Konkurrentenkreises enttäuscht wird. Die ausgehandelte Lizenzgebühr, die er in Anbetracht seiner mehr oder minder exklusiven Stellung zu zahlen bereit war, kann an den nunmehr verringerten Wert angepasst werden. Schwieriger aber ist die dogmatische Begründung des Vorliegens eines Rechtsmangels. Zunächst herrscht bei der Anwendung des § 536 III BGB auf die Rechtspacht eine gewisse Zurückhaltung.[570] Wie dargestellt[571] ist diese Zurückhaltung dann unbegründet, wenn durch die Fälle entgegenstehender Rechte Dritter die tatsächliche Ausübung eingeschränkt oder ausgeschlossen wird. Bei den hier betrachteten Fällen bleibt aber die Nutzungsmöglichkeit dem Lizenznehmer in vollem Umfang erhalten. Entgegen der vertraglichen Vereinbarung nutzen weitere Lizenznehmer auf demselben räumlichen Gebiet das Schutzrecht. In die Ausübungsmöglichkeit des benachteiligten Lizenznehmers selbst wird dadurch aber nicht eingegriffen.[572] Er kann den lizenzierten Gegenstand weiterhin benutzen, ohne dass diese Nutzung durch Rechte eines Dritten ganz oder zum Teil beeinträchtigt wäre. Ein Rechtsmangel ist insofern schwer zu rechtfertigen.

Erkennt man aber in dem Verstoß gegen die Beschränkung der Vergabe weiterer Lizenzen einen Sachmangel i.S.d. § 536 I BGB oder gar das Fehlen oder den Wegfall einer zugesicherten Eigenschaft gem. § 536 II BGB, treten die genannten Begründungsschwierigkeiten nicht auf. Für diese Einordnung müsste die Vergabe einer weiteren Lizenz eine Abweichung des tatsächlichen Zustandes des lizenzierten Rechts vom vertraglich vorausgesetzten Zustand darstellen, oder aber die Beschränkung der Vergabe eine zugesicherte Eigenschaft i.S.d. § 536 II BGB darstellen. Hierbei mag der eben vorgebrachte Einwand gegen den Rechtsmangel ins Auge fallen: Die Vergabe weiterer Lizenzen berührt die betrachtete Lizenz nicht in ihrem Bestand. Das Recht bleibt vielmehr in vollem Umfang nutzbar. Der Zustand der Lizenz ist also auf den ersten Blick nicht berührt, der *Eigenschaftscharakter* einer Beschränkung erscheint in dieser Hinsicht fraglich. Dieser (scheinbare) Widerspruch kann aber bei genauerer Betrachtung der Auslegung mietrechtlicher Vorschriften aufgelöst werden. Als nachteilige Abweichungen des Zustandes der Mietsache i.S.d. § 536 I BGB kommen nicht

---

570 BGH NJW 1951, 705 f.; BeckOK BGB Bamberger/Roth/*Wagner* § 581 Rn. 25.

571 Vgl. oben Erstes Kapitel B. VI. 5. d) aa).

572 Die tatsächliche Hinderung gilt aber als maßgeblich für die Beurteilung i.R.d. § 536 III, selbst die nur potentielle Gefahr einer zukünstigen Geltendmachung eines hindernden Rechts eines Dritten ist, soweit noch nicht unmittelbar drohend, nicht ausreichend, BGH NJW 2008, 2771.

nur solche Tatsachen in Betracht, die der Mietsache selbst anhaften,[573] sondern auch sogenannte Umweltmängel,[574] die, unbeschadet des Mietsubstrats, etwa die Wirtschaftlichkeit der Mietsache senken oder aber nur das persönliche Wohlbefinden in der Wohnungsumgebung negativ beeinflussen.[575] Um den weiten Fehlerbegriff nicht zu sehr auszudehnen wird von der Rechtsprechung einschränkend gefordert, dass der Mangel eine unmittelbare Einwirkung auf die Mietsache haben muss und nicht nur entfernt und als Teil des allgemeinen Lebensrisikos wirken darf.[576] Die Vorschrift steht durch das weite Verständnis eines Mangels nicht im Widerspruch zum Lizenzvertragsverhältnis in dem nicht das Leistungssubstrat selbst gestört ist, sondern nur im Rahmen eines Umweltmangels negativ beeinflusst wird.

Ebenso könnte die vertragswidrige Vergabe weiterer Lizenzen als Verstoß gegen eine zugesicherte Eigenschaft aufgefasst werden. Entsprechend dem Sachmangelbegriff sind sowohl solche Eigenschaften zusicherungsfähig, die die Beschaffenheit der Mietsache selbst umfassen, als auch jede rechtliche und tatsächliche Beziehung, die für die Brauchbarkeit und den Wert der Mietsache erheblich ist,[577]solange diese Eigenschaften einen unmittelbaren Bezug zur Mietsache aufweisen.[578] Auf die Gebrauchstauglichkeit des Mietsubstrats selbst muss

573 Als Beispiele seien hier nur der Pilzbefall der Wohnung, die Überschwemmung von Kellerräumen oder die fehlende Beheizbarkeit genannt, vgl. Palandt/*Weidenkaff* § 536 Rn. 22 mit zahlreichen Nachweisen.

574 BGH, NJW 1981, 2405; OLG Dresden NJW-RR 1999, 448, 449.

575 Vgl. OLG Hamm NJWE-MietR 1996, 80; OLG Dresden NJW-RR 1999, 448, 449; OLG München NZM 2000, 189; OLG Dresden NZM 2002, 165; LG Berlin NJW-RR 1996, 264.

576 BGH NJW 1971, 424, 425; BGH BeckRS 1972, 31126517; BGH NJW 1981, 2405; BGH NJW 2000, 1714, 1715; BGH NJW 2006, 899, 890; MünchKommBGB/*Häublein*, § 536 Rn. 14 ff.; Staudinger/*Emmerich* § 536 Rn. 7; strittig sind daher Fälle in denen der Zugang zum Geschäftslokal durch Strassenbauarbeiten behindert wird, für einen Mangel OLG Köln NJW 1972, 1814; OLG Dresden NZM 1999, 317; *Kluth/Böckmann* NZM 2003, 882, 884; a.A. OLG Düsseldorf NZM 1998, 373; OLG Hamburg WuM2003, 146; LG Düsseldorf NZM 2003, 899.

577 BGH NJW 2000, 1714; BGH NJW 2006, 899; Palandt/*Weidenkaff* § 536 Rn. 26; Staudinger/*Emmerich* § 536 Rn. 36.

578 BGH NJW 1981, 864; BGH NJW 1990, 1659; BGH NJW 1991, 2556; BGH NJW 2000, 1714, 1715; BGH NZM 2006, 54, 56; KG NJW-RR 2000, 819, 820; OLG Hamburg NJW-RR 1998, 1091; BeckOK BGB Bamberger/Roth/*Ehlert* § 536 Rn. 32; MünchKommBGB/*Häublein*, § 536 Rn. 23; Ausgeschlossen sind damit lediglich mittelbare Eigenschaften, die keinen Bezug zur Mietsache selbst aufweisen, wie etwa die Kundenfrequenz, BGH NJW 2000, 1714, 1715; OLG Frankfurt NZM 2005, 619 f.; Staudinger/*Emmerich* § 536 Rn. 36.

die Eigenschaft hingegen keinen Einfluss haben.[579] Wird die Zusicherungfähigkeit im Mietrecht dementsprechend weit verstanden, kann auch eine vertraglich festgelegte Beschränkung der Vergabe weiterer Lizenzen als zusicherungsfähige Eigenschaft i.S.d. § 536 II BGB eingeordnet werden.

Ob die Beschränkung der Vergabe weiterer Lizenzen im Ergebnis allgemeiner Sachmangel, oder ausnahmsweise zugesicherte Eigenschaft ist, beurteilt sich letztlich nach den konkreten lizenzvertraglichen Vereinbarungen. Allerdings ist bei der Annahme einer Zusicherung entsprechend den Maßstäben des Mietrechts Zurückhaltung geboten:[580] Eine Eigenschaft gilt dort als zugesichert, wenn der Vermieter durch eine ausdrückliche oder stillschweigende vertragliche Vereinbarung erklärt, dass er für den Bestand einer bestimmten Eigenschaft und die Folgen ihres Fehlens einstehen will.[581] Nicht ausreichend für die Annahme einer Zusicherung hingegen ist die bloße Beschreibung der Sache.[582] Analog dazu kann im Lizenzrecht auch nur eine Zusicherung angenommen werden, wenn sich der Lizenzgeber konkret und verbindlich zur Beschränkung geäußert hat und mit erkennbarem Rechtsbindungswillen für die Beschränkung einstehen will. Am ehesten können die Voraussetzungen einer Zusicherung wohl als erfüllt angesehen werden, wenn sich die Lizenzvertragsparteien über eine besondere Beschränkung geeinigt haben, der ein spezielles Bedürfnis des Lizenznehmers zugrunde liegt, das über den Wunsch der allgemeinen Begrenzung der Anzahl der Konkurrenten hinaus geht.[583] Denkbar ist dies z.B. wenn bei einer alleinigen Markenlizenz dem Lizenznehmer besonders daran gelegen ist, dass Unternehmen abweichender Branchen die Marke nicht führen dürfen, um eine Verwässerung des Markenimage zu vermeiden. Im Übrigen wird aber die Festlegung einer beschränkten Lizenzvergabe eine allgemeine Vertragsvereinbarung darstellen und die Vergabe weiterer Lizenzen auch ohne die Annahme einer Zusicherung einen Mangel im Sinne des § 536 I BGB darstellen. Dadurch verliert die genaue Einordnung einer derartigen Beschränkung als allgemeiner Vertragsinhalt oder zugesicherte Eigenschaft an Relevanz. Entscheidend kommt es auf den Unterschied nur dann an, wenn die Minderung der Tauglichkeit der Lizenz i.S.d.

---

579 BeckOK BGB Bamberger/Roth/*Ehlert* § 536 Rn. 32.

580 Vgl. BGH NJW 1980, 777, 778; BGH NZM 2000, 492, 494; BeckOK BGB Bamberger/Roth/*Ehlert* § 536 Rn. 31; *Graf v. Westphalen* NZM 2002, 368, 371.

581 BGH NZM 2000, 492, 494; BGH NJW 2005, 2152; BGH NZM 2006, 54, 56; OLG Dresden 1998, 184, 186; OLG Hamburg NJW-RR 1998, 1091, 1092; OLG Rostock NZM 2003, 282, 283; NK-BGB/*Klein-Blenkers,* § 536 Rn. 10; Palandt/*Weidenkaff* § 536 Rn. 26;

582 BGH WM 1968, 1306, 1307; BGH NJW 1980, 777, 778; BGH NJW 2000, 1714; Staudinger/*Emmerich* § 536 Rn. 35.

583 Vgl. Staudinger/*Emmerich* § 536 Rn. 35.

§ 536 I 3 BGB nur unerheblich ist. Eine Minderung der Lizenzgebühr kommt dann nur in Betracht, wenn die Beschränkung eine zugesicherte Eigenschaft darstellt (vgl. § 536 II BGB).

Wie dargelegt lassen sich also vereinbarte Beschränkungen der weiteren Lizenzvergabe als vereinbarte Beschaffenheit bzw. als zugesicherte Eigenschaft i.S.d. § 536 I, II BGB erfassen. Die Annahme eines Rechtsmangels ist somit entbehrlich. Als Rechtsfolge des Sachmangels bzw. des Fehlens einer zugesicherten Eigenschaft wird der Lizenznehmer (teilweise) von seiner Pflicht zur Zahlung der vereinbarten Lizenzgebühr befreit (§§ 536 I 1, 2, 536 II BGB). Somit lassen sich die Fälle der vertragswidrigen weiteren Vergabe von Lizenzen angemessen mit dem System der Sachmangelhaftung im Miet- bzw. Pachtrecht behandeln.

VI. Die verschuldensunabhängige Mängelhaftung

Die zentralen Normen des auf Pachtverträge anzuwendenden Gewährleistungsrechts der §§ 536 ff. BGB sehen eine verschuldensunabhängige Haftung vor. Soweit dies eine Minderung der Pacht gem. § 536 BGB betrifft, entspricht dies auch der allgemeinen Systematik des BGB: Der Schuldner hat für die ordnungsgemäße Erbringung seiner Leistung zunächst verschuldensunabhängig einzustehen.[584] Sofern er eine mindertaugliche Sache liefert, kann er auch nur eine geminderte Gegenleistung verlangen. Auch beim Kündigungsrecht des Pächters aufgrund von Vorenthalten des Gebrauchs gem. § 543 II 1 Nr. 1 BGB kommt es auf ein Verschulden seitens des Pächters nicht an.[585] Auch dies steht im Einklang mit den übrigen Gewährleistungsbestimmungen des BGB.[586]

Eine herausragende Rolle nimmt allerdings die Regelung des § 536a BGB ein. Für Mängel an der Pachtsache, die schon bei Vertragsschluss vorhanden sind, haftet der Verpächter verschuldensunabhängig auf Schadensersatz gem. §§ 581 II, 536a I Alt.1 BGB. Die Regelung, die im Mietrecht zugunsten des Mieterschutzes eingeführt wurde,[587] findet durch die Verweisung in § 581 II BGB – ohne weitere Differenzierung - auch im Pachtrecht Anwendung.

---

584 Vgl. im Kaufrecht den Anspruch auf Nacherfüllung gem. §§ 437 Nr. 1, 439 BGB.

585 BGH NJW 1974, 2233; BGH NJW 2007, 2474; BeckOK BGB Bamberger/Roth/*Ehlert* § 543 Rn. 19a f.; MünchKommBGB/*Bieber*, § 543 Rn. 20; Palandt/*Weidenkaff* § 543 Rn. 18; Staudinger/*Emmerich* § 543 Rn. 18.

586 Vgl. Rücktritt oder Minderung beim Kaufvertrag gem. §§ 437 Nr. 2 Alt. 1, 323 BGB, §§ 437 Nr. 2 Alt. 2, 441 BGB.

587 Mot. Mugdan II, S. 814; Stellungnahme der Bundesregierung, BT-Drucks. 14/6857, S.66; krit. MünchKommBGB/*Häublein,* Vor§ 536 Rn. 10; *Diederichsen* AcP (165) 1965; *Hau* JuS 2003, 130, 131; *Reese* JA 2003, 162, 165; vgl. auch *Roth* JZ 2001, 543, 548.

Jedoch liegt keine Begründung für eine Anwendung einer dem BGB an sich fremden verschuldensunabhängigen Haftung für anfängliche Mängel auf der Hand.[588] Das Motiv des Mieterschutzes ist im Pachtrecht nicht in derselben Intensität vorhanden. Die Häufigkeit und Dringlichkeit mietschutzrechtlicher Interessen finden sich im Pachtrecht nicht. Übertragbar scheint lediglich das Argument der Untersuchungsmöglichkeit der Vermieters/Verpächters in Bezug auf den Vertragsgegenstand.

Genau diese Untersuchungsmöglichkeit ist aber im Recht des geistigen Eigentums nicht gegeben. Zwar findet sich ein weites Spektrum an Vorschlägen zur Verschuldensregelung des Lizenzgebers bei anfänglichen Mängeln. Im Markenrecht z.B. reichen die Vorschläge der Haftung des Lizenzgebers bei später auftauchenden Drittrechten von der Annahme grundsätzlich gar keiner Haftung des Lizenzgebers (vorbehaltlich anderer vertraglicher Vereinbarung)[589] bis hin zur verschuldensunabhängigen Haftung.[590] Bei näherer Betrachtung überzeugt jedoch die Annahme einer verschuldensunabhängigen Haftung für Lizenzverträge nicht. Im Abgleich mit der vorgegebenen miet- und pachtrechtlichen Vorschrift des § 536a BGB existiert im Lizenzvertrag nicht nur ein im Vergleich zum Mieter geringeres Schutzbedürfnis. Auch die Möglichkeit zur Untersuchung des Vertragsgegenstandes fällt im Lizenzverhältnis weg. Der Lizenzgeber kann in der Regel noch nicht einmal annähernd den betroffenen potentiellen Verletzungsbereich mit letzter Sicherheit erforschen. Es existiert daher kein Grund von dem regulären Verschuldenssystem des BGB abzuweichen. An die Stelle des 536a BGB muss bei anfänglichen Mängeln die Verschuldenshaftung gem. § 280 BGB treten mit der entsprechenden Beweislast eines mangelnden Verschuldens auf Seiten des Lizenzgebers gem. § 280 I 2 BGB.[591]

---

588 Auch auf europäischer Ebene scheint es insoweit keine Abkehr vom Verschuldensprinzip zu geben: Gem. Art. 102 I des Entwurfs einer Verordnung über ein Gemeinsames Europäisches Kaufrecht (GEKR; KOM [2011] 635 [endg.]) muss die Ware bzw. die digitalen Inhalte zwar auch frei von „nicht offensichtlich unbegründeten Ansprüchen Dritter sein", in Bezug auf Rechte oder Ansprüche aus geistigem Eigentum gilt dies aber nur insoweit als der Verkäufer diese zum Zeitpunkt des Vertragsschlusses kannte bzw. hätte kennen müssen (Art. 102 II b) GEKR).

589 v.Schultz/*Brandi-Dohrn,* Markenrecht, § 30 Rn. 40.

590 BGH GRUR 1960, 44, 46; BGH GRUR 1979, 768, 769; Ströbele/Hacker/*Hacker,* MarkenG, § 30 Rn. 57; *Goldmann/Redecke* MMR 2002, 3, 5; für eine solche Haftung zumindest für ausschließliche Lizenzen *Haedicke* GRUR 2004, 123, 126 f.

591 Eingehend dazu *Pahlow,* Lizenz und Lizenzvertrag, S. 307 ff.

VII. Beendigung, Kündigung und Rücktritt

Lizenzverträge werden i.d.R. auf bestimmte Zeit eingegangen und enden daher i.S.d. §§ 581 II, 542 II BGB durch Zeitablauf, sofern eine Vertragspartei nicht vorher außerordentlich kündigt,[592] oder von einem vertraglich vereinbarten ordentlichen Kündigungsrecht Gebrauch macht.[593] Wird der Vertrag hingegen auf unbestimmte Zeit eingegangen, kann die Lizenz jeweils zum Ende des Lizenzjahres mit einer annähernd halbjährigen Frist ordentlich gekündigt werden (§ 584 I BGB).[594] Der Beginn des Lizenzjahres bestimmt sich dabei mangels vertraglicher Vereinbarung nach der Überlassung des Lizenzgegenstandes.[595]

Soweit spezielle Normen des geistigen Eigentumsrechts nicht vorgehen,[596] bildet § 543 BGB die zentrale Norm der außerordentlichen, fristlosen Beendigung im Pachtrecht. Nach der Generalklausel des Absatz 1 kann eine Vertragspartei immer dann kündigen, wenn ein wichtiger Grund vorliegt. Der wichtige Grund wird durch die in Absatz 2 genannten Fälle beispielhaft konkretisiert. Er liegt insbesondere vor, wenn der sich der Vermieter im Verzug mit der Überlassung der Mietsache befindet (Nr. 1), bei Verletzung der Mietsache durch den Mieter (Nr. 2), sowie beim Zahlungsverzugs des Mieters (Nr. 3). Gemäß § 543 III BGB muss aber bei Verletzung einer Pflicht aus dem Mietvertrag erst eine zur Abhilfe bestimmte Frist gesetzt oder abgemahnt werden. Durch das Abstellen auf den wichtigen Grund steht diese Norm schon rein terminologisch im engen Zusammenhang mit der Generalklausel zur Kündigung von Dauerschuldverhältnissen des § 314 BGB. Im Mietrecht und Pachtrecht findet § 314 BGB aber keine Anwendung, *soweit* sich die Anwendungsbereiche der beiden Vorschriften überschneiden.[597] § 543 BGB hat als lex specialis insoweit Vorrang.

---

592 MünchKommBGB/*Harke*, § 581 Rn. 52; Staudinger/*Sonnenschein/Veit* § 581 Rn. 384.

593 BGH GRUR 1986, 91, 95; BGH ZUM-RD 2006, 233, 236; *Ingerl/Rohnke*, MarkenG, § 30 Rn. 83; Möhring/Nicolini/*Spautz,* UrhG, § 31 Rn. 57; Wandtke/Bullinger/-*Wandtke/Grunert,* Vor §§ 31 ff. Rn. 8.

594 BGH GRUR 2006, 56, 59; *Ingerl/Rohnke*, MarkenG, § 30 Rn. 83; a.A. *McGuire*, Die Lizenz, S. 742.

595 Erman/*Dickersbach* § 584 Rn. 3; MünchKommBGB/*Harke*, § 584 Rn. 2; Palandt/-*Weidenkaff* § 584 Rn. 2; a.A. Staudinger/*Sonnenschein/Veit* § 581 Rn. 384: Abschluss des Pachtvertrages.

596 Zu den Ausnahmen im Urheberrecht siehe in diesem Abschnitt weiter unten.

597 Begr. zur Regierungserklärung, BT-Drucks. 14/6040 vom 14.5.2001, S. 177; MünchKommBGB/*Bieber*, § 543 Rn. 2; Palandt/*Grüneberg* § 314 Rn. 4; Staudinger/*Emmerich* § 543 Rn. 2; *v. Hase* NJW 2002, 2278.

Eine weit verbreitete Auffassung geht in der Literatur zwar von der Anwendung des § 314 BGB auf Lizenzvertragsverhältnisse aus.[598] Die Anwendung der außerordentlichen Kündigung gem. § 314 BGB fußt aber zumeist auf der Auffassung des Lizenzvertrages als Vertrag sui generis,[599] auf den spezielle Vorschriften nur zurückhaltend angewendet werden. Im Grundsatz bestand aber schon vor der Normierung des § 314 BGB im Rahmen der Schuldrechtsmodernisierung[600] Einigkeit, dass die Kündigung aus wichtigem Grund im Rahmen von Dauerschuldverhältnissen ebenso auf den Lizenzvertrag anzuwenden war.[601] Werden die pachtvertraglichen Vorschriften auf den Lizenzvertrag angewandt, verdrängt die spezielle Vorschrift des § 543 BGB den allgemein geltenden § 314 BGB.[602] Zu klären bleibt also, inwieweit sich die Kündigungstatbestände des allgemeinen und des besonderen Schuldrechts überschneiden oder voneinander abweichen. *Pahlow* hat sich insoweit eingehend dem Nachweis gewidnmet, dass sich nicht nur die Anwendungsbereiche der beiden Paragraphen überschneiden, sondern dass auch zumindest die Regelbeispiele des § 543 II Nr. 1 und 2 BGB geeignet sind, den wichtigen Grund im Lizenzvertragsverhältnis zu konkretisieren.[603] Der für die Leistungsstörung auf Seiten des Lizenzgebers in Frage kommende § 543 II Nr. 1 BGB passt auch auf das Lizenzvertragsverhältnis. Danach liegt ein zur Kündigung berechtigender wichtiger Grund insbesondere vor, wenn der Vermieter mit der Gebrauchsüberlassung

---

598 Benkard/*Ullmann*, PatG, § 15 Rn. 208; Busse/*Keukenschrijver*, PatG, § 15 Rn. 93 ff.; so auch noch in der Voraufl. *Ingerl/Rohnke*, MarkenG, 2. Aufl. 2003, § 30 Rn. 53; Dreier/Schulze/*Schulze*, UrhG, Vor § 31 Rn. 83; Wandtke/Bullinger/*Wandtke/Grunert*, Vor §§ 31 ff. Rn. 9; Münchener Anwaltshandbuch Gewerblicher Rechtsschutz/*Straßer/-Feyock*, § 48 Rn. 42; Pfaff/Osterrieth/*Osterrieth*, Lizenzverträge, Teil B.I Rn. 193; *McGuire*, Die Lizenz, S. 730; a.A. und für § 543 BGB HK-MarkenR/*Pahlow*, § 30 Rn. 45 ff.

599 Dreier/Schulze/*Schulze*, UrhG, Vor § 31 Rn. 83; *Ingerl/Rohnke*, MarkenG, § 30 Rn. 53.

600 Für die bereits vor dem SMG entwickelte Kündigungsmöglichkeit vgl. RGZ 105, 167, 169; RGZ 140, 264, 275; BGH NJW 1953, 780; BGH NJW 1964, 1129; BGH NJW 1969, 37; BGH NJW 1982, 820, 821; BGH NJW 1997, 1702, 1703; BGH NJW 1999, 1177, 1178; vgl. auch Begr. zu § 314 RegE, BT-Drs. 14/6040 S. 177.

601 BGH GRUR 1974, 789; BGH GRUR 1977, 551, 553; BGH GRUR 1982, 41; BGH GRUR 1992, 112, 114; BGH GRUR 1998, 673, 679; BGH ZUM 2001, 173, 178; *Mes*, PatG GebrMG, § 15 PatG Rn. 76; *Schricker*, VerlagsR, § 35 Rn. 23; Wandtke/Bullinger/*Wandtke/Grunert*, Vor §§ 31 ff. Rn. 9.

602 NK-BGB/*Krebs*, § 314 Rn. 21; BeckOK BGB Bamberger/Roth/*Unberath* § 314 Rn. 3; jurisPK-BGB/*Weth*, § 314 Rn. 44; MünchKommBGB/*Gaier*, § 314 Rn. 9; Palandt/-*Grüneberg* § 314 Rn. 4; *v. Hase* NJW 2002, 2278; vgl. auch Begr. zu § 314 RegE, BT-Drs. 14/6040 S. 177.

603 *Pahlow*, Lizenz und Lizenzvertrag, S. 318 ff.

ganz oder zum Teil im Verzug ist, oder den Gebrauch später wieder entzieht. Dies betrifft sowohl Fälle der Nichtgewährung des Gebrauchs, als auch Fälle der nicht rechtzeitigen Gewährung, als auch Fälle der nicht ordentlichen Gewährung.[604] Während sich für die ersten beiden Varianten eine Überscheidung mit dem allgemeinen Leistungsstörungsrecht ergibt, wird im letzten Fall zumeist auch ein Sachmangel gem. § 536 BGB gegeben sein.[605]

Der Anwendung des § 543 BGB zur außerordentlichen Kündigung im Lizenzvertrag steht für den Fall einer Leistungsstörung auf Seiten des Lizenzgebers daher kein ersichtlicher Einwand entgegen.[606] Soweit aber Fälle existieren sollten, die nur von § 314 BGB nicht aber von § 543 BGB erfasst werden, kann schließlich auf die Generalklausel des § 314 BGB zurückgegriffen werden, da sich ihr Anwendungsbereich dann nicht überschneidet und insofern der Spezialitätsgrundsatz dem § 543 BGB keinen Vorrang einräumt.[607]

Zu beachten sind darüber hinaus zwei wesentliche Modifikationen, die § 584a BGB im Pachtrecht hinsichtlich der Kündigungsmöglichkeiten des Mietrechts vornimmt. Erstens steht dem Pächter gem. § 584a I BGB das Kündigungsrecht des § 540 I BGB nicht zu. Verweigert der Verpächter dem Pächter die Erlaubnis zur Gebrauchsüberlassung des Gegenstandes an Dritte, ohne dass ein Grund dafür in der Person des Dritten liegt, kann der Pächter das Pachtverhältnis nicht außerordentlich kündigen. Im Mietrecht liegen diesem außerordentlichen Kündigungsrecht Erwägungen zur ausgewogenen Verteilung des wirtschaftlichen Risikos der Verwendung zugrunde.[608] Das Pachtverhältnis hingegen wird vom Gedanken des persönlichen, von gegenseitigem Vertrauen getragenen Verhältnisses dominiert. 609 Dies gilt unabhängig vom Gegenstand der Pacht.[610] Eine Unterverpachtung ist daher ohne die Zustimmung des Verpächters unzuläs-

---

604 Vgl. *Pahlow,* Lizenz und Lizenzvertrag, S. 319.

605 Vgl. Oben Viertes Kapitel D. V.

606 Nunmehr auch *Ingerl/Rohnke*, MarkenG, § 30 Rn. 84; vgl. aber Voraufl. *Ingerl/Rohnke*, MarkenG, 2. Aufl. 2003, § 30 Rn. 53 (§ 314 BGB); *Pahlow,* Lizenz und Lizenzvertrag, S. 319 f.

607 Vgl. MünchKommBGB/*Bieber*, § 543 Rn. 2; Palandt/*Grüneberg* § 314 Rn. 4; Staudinger/*Emmerich* § 543 Rn. 2; *v. Hase* NJW 2002, 2278; für die parallele Anwendbarkeit im Lizenzrecht *Pahlow,* Lizenz und Lizenzvertrag, S. 319; Ströbele/Hacker/*Hacker,* MarkenG, § 30 Rn. 70.

608 Vgl. BGH NJW 1995, 2034 f.; LG Hamburg NJW-RR 1992, 1363, 1364; *Heintzmann* NJW 1994, 1177, 1181.

609 Prot. Mugdan II, S. 877; MünchKommBGB/*Harke*, § 584a Rn. 1; Staudinger/*Sonnenschein/Veit* § 584a Rn. 13.

610 Staudinger/*Sonnenschein/Veit* § 584a Rn. 8; a.A. Palandt/*Weidenkaff* § 584a Rn. 1: anwendbar nur auf Grundstücke und Räume, außer Wohnraum.

sig.[611] Der Gebrauchsüberlassung an Dritte im Pachtrecht entspricht die Unterlizenzierung im Lizenzrecht.[612] In Anwendung der pachtvertraglichen Regelungen ist daher der Lizenznehmer nicht berechtigt, ohne Zustimmung des Lizenzgebers entsprechende Unterlizenzen zu erteilen.[613] Zweitens schließt § 584a II BGB das Recht des Verpächters aus, das Pachtverhältnis gem. § 580 BGB zu kündigen. Während im Mietrecht gem. § 580 BGB im Falle des Todes des Mieters der Vermieter das Mietverhältnis innerhalb eines Monats nach Erlangung der Kenntnis vom Tod des Mieters außerordentlich kündigen kann, soll dem Verpächter dieses Recht, unabhängig vom Pachtgegenstand,[614] nicht zustehen. Dies wird im Pachtrecht mit dem Schutz der Erben begründet, die sich, im Gegensatz vor allem zur Wohnraummiete, häufig erheblichen Vermögensdispositionen durch die Pacht ausgesetzt sehen.[615] Der Erbe des Pächters bleibt nach dem Wortlaut der Verweisung des § 584a II BGB gem. § 580 BGB kündigungsberechtigt. Zwar steht auch der Anwendung dieser Regelung aufgrund vergleichbarer Interessenslagen auf den Lizenzvertrag nichts entgegen.[616] Im hier betrachteten unternehmerischen Geschäftsverkehr der Lizenzverträge ist sie aber naturgemäß von untergeordneter Bedeutung.

Besondere Regelungen für die Abwicklung von Verträgen im Falle einer Störung des Leistungsverhältnisses ergeben sich wiederum im Urheberrecht. Diese verdrängen aufgrund ihrer Spezialität in ihrem Anwendungsbereich das beschriebene Leistungsstörungsrecht des Pachtvertrages.[617] Beide Vertragsparteien haben gem. § 40 I UrhG ein Kündigungsrecht bei Verpflichtungen zur Einräumung von Nutzungsrechten an künftigen Werken, die überhaupt nicht oder nur der Gattung nach bestimmt sind, nach dem Ablauf von 5 Jahren seit Vertragsschluss. Auf dieses Recht kann nicht im Voraus verzichtet werden (§ 40 II 1 UrhG).

Bei der speziellen Gattung des Verlagsvertrages, bei dem der Verfasser dem Verleger für eigene Rechnung ein Werk der Literatur oder der Tonkunst überlässt

---

611 BeckOK BGB Bamberger/Roth/*Wagner* § 584a Rn. 3; Palandt/*Weidenkaff* § 584a Rn. 2; Staudinger/*Sonnenschein/Veit* § 584a Rn. 13.

612 Zur Unterlizenzierung vgl. schon oben Erstes Kapitel B. II. 4., Erstes Kapitel B. II. 5.

613 Näher zur Inhaltskontrolle von Unterlizenzklauseln am Maßstab des § 584a I BGB unten Zehntes Kapitel.

614 Palandt/*Weidenkaff* § 584a Rn. 1; Staudinger/*Sonnenschein/Veit* § 584a Rn. 8.

615 Prot. Mugdan II, S. 880; BeckOK BGB Bamberger/Roth/*Wagner* § 584a Rn. 3; Staudinger/*Sonnenschein/Veit* § 584a Rn. 16; der Schutz der Erben setzt sich gegenüber dem Schutz des persönlichen Verhältnisses der Pacht durch und läuft insoweit dem Zweck des Absatzes 1 entgegen, MünchKommBGB/*Harke*, § 584a Rn. 1.

616 Zu den Interessen der Lizenzvertragsparteien eingehend oben Zweites Kapitel.

617 *Schack,* Urheber- und Urhebervertragsrecht, Rn. 962.

(§ 1 VerlG), existieren gesonderte Regelungen zur Kündigung und zum Rücktritt. § 18 VerlG gewährt dem Verleger ein Kündigungsrecht, bei gleichzeitigem Erhalt des Vergütungsanspruches des Verfassers, für den Fall des Wegfalls des Werkzweckes. Im Übrigen sehen die §§ 30, 31 VerlG Kündigungsrechte des Verlegers vor, wenn der Verfasser nicht rechtzeitig abliefert bzw. wenn das Werk nicht vertragsgemäß beschaffen ist.

E. Leistungsstörungen auf Seiten des Lizenznehmers

I. Allgemeines Leistungsstörungsrecht

Der Lizenznehmer hat im Wesentlichen seine Pflicht zur Entrichtung der vereinbarten Lizenzgebühr zu erfüllen.[618] Der Lizenzgeber hat somit nach § 581 I 2 BGB einen (klagbaren) Anspruch auf Zahlung. Dieser Anspruch wird auch nicht dadurch in Frage gestellt, dass der Lizenznehmer durch einen in seiner Person liegenden Grund an der Ausübung seines Gebrauchsrechts gehindert wird (§ 537 I 1 BGB). Leistet der Lizenznehmer trotz Fälligkeit auf eine Mahnung des Lizenzgebers hin nicht, so kommt er in Schuldnerverzug (§ 286 BGB). Einer Mahnung bedarf es dann nicht, wenn für die Lizenzzahlungen eine Zeit nach dem Kalender bestimmt ist (§ 286 II Nr. 1 BGB). Solange dem Lizenznehmer die Einrede des nicht erfüllten Vertrages gem. § 320 BGB zusteht, kommt er jedoch nicht in Verzug.[619] Neben der Kündigung[620] (§ 543 I, II 1 Nr. 3 BGB) kann der Lizenzgeber Ersatz des Verzögerungsschadens gem. §§ 280 I, II, 286 BGB verlangen.[621] Sind auch die Rücktrittsvoraussetzungen des allgemeinen Leistungsstörungsrechts erfüllt,[622] kann dem Lizenzgeber auch ein Rücktrittsrecht zustehen, soweit der Vertrag noch nicht zur Ausführung gelangt ist.[623]

---

618 Vgl. zur Vergütung im Lizenzvertrag Erstes Kapitel B. III. 2. a) aa).

619 Zum Mietvertrag im Speziellen MünchKommBGB/*Bieber*, § 543 Rn. 50; zum Ausschluß des Verzug bei Bestehen der Einrede des § 320 BGB allgemein BGH NJW-RR 2003, 1318; BGH NJW-RR 2007, 325, 327 f.; OLG Saarbrücken NJW 1996, 3086; BeckOK BGB Bamberger/Roth/*Unberath* § 286 Rn. 13; MünchKommBGB/-*Gaier*, § 286 Rn. 23; Staudinger/*Löwisch/Feldmann* § 286 Rn. 24.

620 Vgl. nachfolgend Erstes Kapitel B. VI. 6. b).

621 Staudinger/*Emmerich* § 543 Rn. 45; *Looschelders,* Schuldrecht BT, Rn. 444.

622 Zur parallelen Anwendbarkeit s. Palandt/*Weidenkaff* § 543 Rn. 12; Staudinger/*Emmerich* § 543 Rn. 15; a.A. Staudinger/*Sonnenschein/Veit* § 581 Rn. 223.

623 BGH GRUR 1959, 616, 617; BGH NJW 1987, 2004, 2006; Busse/*Keukenschrijver,* PatG, § 15 Rn. 99; *Henn,* Patent- und Know-how-Lizenzvertrag, Rn. 348.

Haben die Vertragsparteien weitere Pflichten des Lizenznehmers, wie etwa eine Nichtangriffs-, Bezugs- oder Markierungspflicht vereinbart,[624] haftet der Lizenznehmer bei schuldhafter Verletzung nach den allgemeinen Regeln auf Schadensersatz gem. §§ 280 ff. BGB.

II. Kündigung

Dem Lizenzgeber steht – wie auch dem Lizenznehmer[625] - die Möglichkeit zur außerordentlichen Kündigung aus wichtigem Grund offen. Gemäß der Regelbeispiele des § 543 II Nr. 2 und 3 BGB liegt ein wichtiger Grund insbesondere dann vor, wenn der Lizenznehmer das Schutzrecht in erheblichem Maße verletzt, es gefährdet oder Dritten überlässt (Nr. 2) bzw. wenn der Lizenznehmer mit den Zahlungen der Lizenzgebühr in Rückstand ist (Nr. 3).[626] § 543 II Nr. 3 BGB lässt sich hingegen nicht ohne weiteres auf den Lizenzvertrag übertragen, da bei der Vereinbarung von Umsatz- oder Stücklizenzen die Lizenzzahlungen saisonabhängig sein können.[627] Allerdings scheint § 543 II Nr. 3 a) BGB auch für diese Fälle eher unproblematisch. Sofern z.B. etwa vierteljährliche Rechnungen umsatzbezogener Lizenzzahlungen vereinbart sind, muss bei saisonbedingtem geringen Umsatz auch die Unterlassung der Zahlung der entsprechend geringen Lizenzgebühren nach zwei Abrechnungszyklen einen wichtigen Grund darstellen. Dagegen geht die Regelung des Nr. 3 b) deutlich von einer wiederkehrenden gleichmäßigen Leistung aus.[628] Sie ist daher nur auf Pauschallizenzgebühren anwendbar.[629] Im Falle unregelmäßig ausbleibender umsatz- oder stückabhängiger Lizenzgebühren müsste daher auf die Generalklausel des § 543 I BGB zurückgegriffen werden.

Im Urheberrecht finden sich spezielle Rücktrittsrechte des Urhebers in den §§ 40 I 2, 41, 42 UrhG. Dem besonderen persönlichkeitsrechtlichen Bezug des Urheberrechts trägt auch das Rückrufsrecht des Urhebers gem. § 42 UrhG

---

624 Vgl. *Henn,* Patent- und Know-how-Lizenzvertrag, Rn. 243; derartige Pflichten rühren insbesondere aus dem Interesse des Lizenzgebers am Erhalt des Schutzrechts, der Kontrolle sowie an der Qualitätssicherung, vgl. eingehend oben Zweites Kapitel B.

625 Vgl. oben Viertes Kapitel D. VII.

626 *Pahlow,* Lizenz und Lizenzvertrag, S. 319.

627 Vgl. *Pahlow,* Lizenz und Lizenzvertrag, S. 319; zur Gestaltung der Lizenzgebühren vgl. oben Zweites Kapitel B. I. 1; zur Absicherung der Mindesteinnahmen trotz saisonaler Schwankungen kann eine Mindestlizenzgebühr vereinbart werden, vgl. Busse/*Keukenschrijver,* PatG, § 15 Rn. 119; *Groß*, Der Lizenzvertrag, Rn. 118; Pfaff/Osterrieth/*Osterrieth,* Lizenzverträge, Teil B. Rn. 120 ff.

628 Vgl. OLG Koblenz NJW 1984, 2369; LG Köln WuM 1993, 191; MünchKomm-BGB/*Bieber*, § 543 Rn. 43; Staudinger/*Emmerich* § 543 Rn. 49.

629 *Pahlow,* Lizenz und Lizenzvertrag, S. 319.

Rechnung. Auch ohne eine vom Lizenznehmer zu vertretende Leistungsstörung kann der Urheber ein Nutzungsrecht zurückrufen, wenn das Werk nicht mehr seiner Überzeugung entspricht und ihm die Verwertung deshalb nicht mehr zugemutet werden kann (§ 42 I 1 UrhG). Auf dieses Rückrufrecht kann nicht im Voraus verzichtet werden (§ 42 II 1 UrhG). Dem Inhaber des Nutzungsrechts steht aber gem § 42 III 1 UrhG eine angemessene Entschädigung zu.

Auch hier ergeben sich spezielle Regelungen beim Verlagsvertrag. Der Verfasser hat insbesondere ein Rücktrittsrecht, wenn das Werk nicht vertragsgemäß vervielfältigt oder verbreitet wird (§ 32 VerlG). Darüber hinaus gewährt § 35 VerlG dem Verfasser generalklauselartig ein Rücktrittsrecht bis zum Beginn der Vervielfältigung aufgrund veränderter Umstände, bei deren Kenntnis er eine Herausgabe des Werkes zurückgehalten hätte.

F. Konkurrenzen des allgemeinen Leistungsstörungsrechts und des Pachtrechts

Die mietvertraglichen Regelungen, die gem. § 581 II BGB auf den Pachtvertrag angewendet werden, treten auf mehreren Gebieten in Konkurrenz zu den Vorschriften des allgemeinen Leistungsstörungsrechts.[630] Das Verhältnis der Vorschriften zueinander wird vor allem für den Zeitraum zwischen Vertragsschluss und Gebrauchsüberlassung kontrovers diskutiert.[631] Dreh- und Angelpunkt der Abwägung des Verhältnisses der Vorschriften bilden die unterschiedlichen Ansätze der Regelungen. Das allgemeine Leistungsstörungsrecht geht grundsätzlich vom Rücktritt und einem verschuldensabhängigen Schadensersatz aus, während das besondere Leistungsstörungsrecht des Mietrechts zur Kündigung berechtigt und einen verschuldensunabhängigen Schadensersatz kennt.

Die Lösung dieses Widerspruches wird zumeist dahingehend gesucht, dass das Kündigungsrecht gem. § 543 BGB auch vor Gebrauchsüberlassung neben dem allgemeinen Leistungsstörungsrecht anwendbar ist, nach Gebrauchsüberlassung jedoch nur die Kündigung Anwendung finden soll.[632] Auch die Haftung

---

630 Vgl. BeckOK BGB Bamberger/Roth/*Ehlert* § 543 Rn. 10 ff.; MünchKomm-BGB/*Häublein*, Vor § 536 Rn. 7 ff.; Palandt/Weidenkaff §§ 536a Rn. 3 ff., 543 Rn. 9 ff. m.w.N.

631 Vgl. für die Anwendung von § 536a BGB ab Überlassung der Mietsache BGH NJW 1997, 2813; BGH NZM 1999, 124; OLG Naumburg ZMR 2000, 382; Palandt/-*Weidenkaff* Rn 3; *Emmerich* NZM 2002, 362, 363 ff.; *v. Westphalen* NZM 2002, 368, 375; a.A. *Kandelhard* WuM 2003, 3, 7; *Timme* NZM 2003, 703; *Oechsler* NZM 2004, 647, 650.

632 BGH NJW 1969, 37; BGH NJW-RR 2007, 884; OLG Düsseldorf NJW-RR 1995, 1100; BeckOK BGB Bamberger/Roth/*Ehlert* § 543 Rn. 10; MünchKommBGB/*Ernst*, § 323 Rn. 235; Palandt/*Weidenkaff* § 543 Rn. 9.

vor Gebrauchsüberlassung soll sich nach h.M. an den allgemeinen Vorschriften orientieren und somit vom Verschulden der Parteien abhängen.[633] Der Streit um den richtigen Zeitpunkt des haftungsrechtlichen Paradigmenwechsels ist dabei überwiegend mietschutzrechtlich motiviert.[634]

Bei Übertragung dieser Ansicht auf den Lizenzvertrag ergeben sich keine Widersprüche. In Bezug auf die Haftung des Lizenzgebers einerseits ist, wie oben dargestellt, das Miet- und Pachtrecht ohnehin um die Voraussetzung eines Verschuldens zu modifizieren.[635] Obwohl der Einsatz des speziellen Gewährleistungsrechts auch im Lizenzrecht mit der vollständigen Nutzungsermöglichung angenommen werden kann, verliert der Streit um den richtigen Anwendungszeitpunkt durch diese Modifikation an Relevanz. Andererseits ist auch die Verdrängung des Rücktrittsrechts durch das spezielle Kündigungsrecht ab Vertragsvollzug sowie die parallele Anwendbarkeit der allgemeinen und der speziellen Regeln vor Nutzungsermöglichung sinnvoll. Ab Beginn der Nutzungsermöglichung wird der Leistungsaustausch i.d.R. so weit fortgeschritten sein, dass eine Rückabwicklung vernünftigerweise nicht vorgenommen werden kann. Im Zeitraum davor kann, wie oben beschrieben[636], trotz des dauerschuldvertraglichen Charakters eine Rückabwicklung möglich sein und im Interesse der Vertragsparteien liegen.

---

[633] Siehe Fn. 362.

[634] Staudinger/*Emmerich* Vor § 536 Rn. 4, § 536a Rn. 2 ff.; *Timme* NZM 2003, 703, 704.

[635] Vgl. oben Viertes Kapitel D. VI.

[636] Vgl. oben Viertes Kapitel D. VII.

Fünftes Kapitel: Die ausschließliche Lizenz

A. Die ausschließliche Lizenz und die Vertragstypen des BGB

Der ausschließliche Lizenzvertrag unterscheidet sich dadurch von der einfachen Lizenz, dass der Lizenznehmer das alleinige Benutzungsrecht erhält und auch der Lizenzgeber sich einer Nutzung enthalten muss.[637] Infolgedessen nimmt die herrschende Ansicht an, dass die ausschließliche Lizenz nicht nur ein obligatorisches Recht zur Nutzung darstellt, sondern eine quasi-dingliche Rechtsposition vermittelt.[638] Diese hat der Lizenzgeber dem Lizenznehmer einzuräumen. Es stellt sich daher die Frage, ob es trotz der unterschiedlichen Rechtsnatur und eines veränderten Pflichtenkataloges der ausschließlichen Lizenz bei einer Übereinstimmung des Lizenzvertrages mit den pachtvertraglichen Regelungen bleibt und diese weiterhin als Vergleichsmaßstab herangezogen werden können.

Bei der Beurteilung der grundsätzlichen Zuordnung des ausschließlichen Lizenzvertrages zu den Vertragstypen des BGB ergibt sich zunächst keine Abweichung von der einfachen Lizenz. Wie bereits dargestellt, ist die Einordnung als Mietvertrag[639], als Gesellschaftsvertrag[640] oder als Leihvertrag[641] abzulehnen. Gerade wegen der Auffassung, der ausschließliche Lizenzvertrag vermittele eine quasi-dingliche Rechtsposition, wird eine Anwendung der Vorschriften über den Rechtskauf stärker befürwortet. Auf diese Differenzierung ist daher im Folgenden näher einzugehen.

---

637 Vgl. eingehend oben Erstes Kapitel B. II. 5. a).

638 RGZ 57, 38, 40 f.; 130, 275, 282; 134, 91, 96; BGH GRUR 2005, 48, 50; BGH GRUR 2007, 877, 879; OLG München NJW-RR 1997, 1266, 1267; Benkard/*Ullmann*, PatG, § 15 Rn. 92; *Mes*, PatG GebrMG, § 15 PatG Rn. 39; *Fezer,* Markenrecht, § 30 Rn. 7; Dreier/Schulze/*Schulze*, UrhG, § 31 Rn. 56; Fromm/Nordemann/*J.B.Nordemann*, UrhG, § 31 Rn. 92; Schricker/Loewenheim/*Schricker/Loewenheim,* UrhG, Vor § 28 ff. Rn. 81, § 31 Rn. 13; Wandtke/Bullinger/*Wandtke/Grunert,* UrhG, § 31 Rn. 31; kritisch Busse/*Keukenschrijver,* PatG, § 15 Rn. 60; *Sosnitza,* in: FS Schricker, S. 183 ff.; vgl. aber Ströbele/Hacker/*Hacker,* MarkenG, § 30 Rn. 21; *Sosnitza* in: FS Schricker, S. 183, 195 f.; *Schanda* GRUR Int 1994, 275, 288; zur kritischen Würdigung dieser Ansichten oben Erstes Kapitel B. II. 6.

639 Vgl. oben Drittes Kapitel D. II.

640 Vgl. oben Drittes Kapitel D. III.

641 Vgl. oben Drittes Kapitel D. IV.

B. Die Diskussion zwischen Rechtspacht und Rechtskauf

I. Zweifel an der Einordnung als Rechtspacht

Die Einordnung des Lizenzvertrages in das System der Rechtspacht begegnet, wie im vorangehenden Kapitel dargestellt worden ist, grundsätzlich keinen Bedenken.[642] Allerdings ergeben sich Zweifel an der Einordnung aufgrund der notwendigen zuordnungsändernden Verfügung des ausschließlichen Lizenzvertrages. Gegen die Anwendbarkeit der Rechtspacht wird vorgebracht, dass der Rechtspachtvertrag rein schuldrechtlicher, also obligatorischer Natur sei. Da die ausschließliche Lizenz quasi-dinglichen Charakter habe, könne der obligatorische Pachtvertrag der Besonderheit der ausschließlichen Lizenz nicht gerecht werden.[643] Der Prämisse dieses Arguments, der Unterstellung einer quasi-dinglichen Wirkung der ausschließlichen Lizenz[644], kann zwar zugestimmt werden.[645] Jedoch kann dem Schluss, der daraus gezogen wird, nicht ohne weiteres gefolgt werden. Die dingliche Rechtsübertragung als Erfüllungsgeschäft ist zwar für den Pachtvertrag untypisch.[646] Die Überlassung zur Ausübung wird vor allem durch die Verschaffung des Besitzes gewährleistet, nicht aber durch Verfügung. Dies schließt aber nicht die Begründung eines dinglichen Rechts außerhalb des Pachtvertrages aus.[647] Die dingliche Ausgestaltung ist insofern vom schuldrechtlichen Grundverhältnis zu trennen.[648]

Dennoch wird aufgrund der Nähe des Sachverhalts zum Rechtskauf überwiegend angenommen, dass bei der ausschließlichen Lizenz Kaufrecht zumindest hinsichtlich der Rechtsverschaffungspflicht Anwendung finden soll.[649] Für

642 Eingehend oben Viertes Kapitel.

643 RGZ 76, 235, 236; RGZ 90, 162, 164; *Groß,* Der Lizenzvertrag, Rn. 23.

644 Zur h.M der quasi-dinglichen Wirkung ausschließlicher Lizenzen vgl. bereits oben Erstes Kapitel B. II. 5. b).

645 Zur kritischen Würdigung der Einordnung in Lizenzen mit relativem bzw. absolutem Charakter vgl. aber oben Erstes Kapitel B. II. 6.

646 Vgl. *Cebulla,* Die Pacht nichtsächlicher Gegenstände, S. 104.

647 Benkard/*Ullmann*, PatG, § 15 Rn. 82; Knap GRUR Int 1973, 226, 227; *Forkel* NJW 1990, 2805, 2806; Zur Parallelität des obligatorischen Mietvertrages und eines dinglichen Nutzungsrechts vgl. BGH NJW 1998, 3143, 3144 unter Hinweis auf BGH WM 1966, 1088, 1089; MünchKommBGB/*Häublein*, Vor §§ 535 ff. Rn. 7; Staudinger/*Emmerich,* Vor § 535 Rn. 20.

648 Benkard/*Ullmann*, PatG, § 15 Rn. 82; *Knap* GRUR Int 1973, 226, 228.

649 Vgl. RGZ 57, 38; RGZ 78, 363; RGZ 111, 52; BGH GRUR 1961, 466, 468; BGH NJW 1957, 1317; Jauernig/*Berger* Vor §§ 433 – 480 Rn. 12; MünchKommBGB/*Westermann*, § 453 Rn 5; Staudinger/*Beckmann* Vor § 433 Rn. 179; Schricker/Loewenheim/-*Schricker/Loewenheim*, UrhG, § 31 Rn. 30; *Haedicke,* Rechtskauf und Rechtsmängelhaftung, passim; *Henn,* Patent- und Know-how-Lizenzvertrag, Rn. 113; *Schack,* Urhe-

die Entscheidung zwischen der Anwendung kaufvertraglicher oder pachtvertraglicher Regelungen muss daher zunächst die grundsätzliche Anwendbarkeit der kaufvertraglichen Regelungen auf immaterielle Güter sowie die Anwendbarkeit des dazugehörigen Leistungsstörungsrechts geklärt werden.

II. Zweifel an der Anwendung des Kaufrechts auf ausschließliche Lizenzverträge

Zwei Gründe werden für die Annahme der Anwendung kaufvertraglicher Regelungen angeführt: Erstens die Pflicht zur Einräumung einer gegenständlichen Rechtsposition und zweitens der Umfang der Rechtseinräumung, da faktisch alle Rechte des Lizenzgebers übertragen werden und er nur noch mit der leeren Schutzhülle seines Rechts zurückgelassen wird. Im Patenrecht ist der Lizenznehmer z.B. zur Vergabe einfacher Unterlizenzen befugt[650], sowohl im Urheber- als auch im Patentrecht hat er ein eigenes Klagerecht.[651] Lässt man den Verbleib des eigentlichen Schutzrechts beim Lizenzgeber und die fortlaufenden Verpflichtungen des Lizenznehmers zur Zahlung von z.B. umsatzabhängigen Lizenzgebühren außer Betracht, entspricht die weitreichende Verlagerung von Rechten und Pflichten hinsichtlich des Lizenzgegenstandes dem Gedanken des Zuordnungswechsels beim Kaufvertrag. Dort verpflichtet sich gem. § 433 I 1 BGB der Verkäufer, dem Käufer die Sache zu übergeben und ihm das Eigentum daran zu verschaffen. Dieser Vorgang ist auch nicht auf körperliche Gegenstände beschränkt. Gem. § 453 I BGB ist das Kaufrecht ebenfalls auf den Kauf von Rechten und sonstigen Gegenständen anwendbar. Als Kaufgegenstand kommen daher auch Forderungen, Gesellschaftsanteile sowie die geistigen Eigentumsrechte selbst wie Patente, Marken, Gebrauchs- und Geschmacksmuster oder Know-how in Frage.[652] Über die Vollübertragung geistiger Eigentumsrechte

---

ber- und Urhebervertragsrecht, Rn. 944; *Haedicke* GRUR 2004, 123, 125 ff.; *Nirk* GRUR 1970, 329, 333; unentschieden hingegen BGH GRUR 1970, 547 ff.

650 *Kraßer,* Patentrecht, § 40 V d); *Mes*, PatG GebrMG, § 15 PatG Rn. 39; aA mit der Erlaubnis auch zur Erteilung einer ausschließlichen Unterlizenz Benkard/*Ullmann*, PatG, § 15 Rn. 92.

651 BGH GRUR 1995, 338, 340; *Kraßer,* Patentrecht, § 36 II 1; *Mes*, PatG GebrMG, § 15 PatG Rn. 39; Dreier/Schulze/*Schulze,* UrhG, § 31 Rn. 56, 59; Wandtke/Bullinger/*Wandtke/Grunert,* § 31 UrhG Rn. 29

652 BGH GRUR 1957, 595 ff.; jurisPK/*Alpmann-Pieper* § 453 Rn. 10; MünchKommBGB/-*Westermann*, § 453 Rn 5; Staudinger/*Beckmann* § 453 Rn. 2; *Haedicke,* Rechtskauf und Rechtsmängelhaftung, S. 187 ff.; *Malzer* GRUR 1970, 107 ff.; *Bartenbach/Bartenbach* MDR 2003, 1270, 1272; für die Vollveräußerung von Patenten BGH GRUR 1982, 481, 482; *Haedicke* GRUR 2004, 123, 124; *Nirk* GRUR 1970, 329; Das Urheberrecht hingegen ist gem. § 29 I UrhG nicht übertragbar.

hinaus wird die Anwendung des Rechtskaufs auf ausschließliche Lizenzen bejaht. Gerechtfertigt wird dies durch die strukturelle Ähnlichkeit zur Vollübertragung i.S.d. der Rechtsübertragung durch Verfügung in einem einmaligen punktuellen Übertragungsakt. Gleichzeitig wird aber auch von den Befürwortern dieser Einordnung die abweichende Struktur der dauerschuldvertraglichen Verpflichtung der Lizenz anerkannt und als problematisch angesehen.[653] Berechtigte Zweifel an der Anwendung der Regeln des Rechtskaufs ergeben sich also schon bei der grundsätzlichen Anwendbarkeit aufgrund struktureller Unterschiede.

1. Leistungsstörungsrecht nach den Regeln des Rechtskaufs

Zwar ist die Kompatibilität der Rechtspacht mit dem einfachen Lizenzvertrag bereits festgestellt worden. Die ausschließliche Lizenz scheint aber nicht ohne weiteres in das pachtvertragliche System zu passen. Wenn aber stattdessen die Einordnung als Rechtskauf vorgeschlagen wird, ist insoweit zu prüfen, ob die dort verorteten Regeln einen stimmigeren Ordnungsrahmen bereithalten. Dargestellt werden soll insbesondere das spezielle Gewährleistungsrecht, da die Anwendung der allgemeinen Regeln des Schuldrechts bereits bei der einfachen Lizenz dargestellt wurde und sich die Spannungen zwischen den beiden Gebieten durch die Einbettung des besonderen Gewährleistungsrechts des Kaufvertrages in das allgemeine Leistungsstörungsrecht seit der Schuldrechtsreform 2002 aufgelöst haben.[654]

Gemäß dem Verweis in § 453 I BGB finden die kaufrechtlichen Regeln auf den Rechtskauf Anwendung. Damit wird der Verkäufer verpflichtet, das Recht mangelfrei zu verschaffen (§ 433 I 2 BGB). Ein Recht ist zunächst mangelhaft, wenn es nicht die vertraglich vereinbarte Beschaffenheit besitzt (§ 434 I 1 BGB), oder sich nicht für die nach dem Vertrag vorausgesetzte Verwendung eignet (§ 434 I 2 Nr. 1 BGB), oder nicht die übliche Beschaffenheit aufweist oder sich nicht für die gewöhnliche Verwendung eignet (§ 434 I 2 Nr. 2 BGB). Ein *Sach*mangel gemäß dieser Vorschrift könnte also dann vorliegen, wenn das Patent technisch nicht ausführbar ist oder die Marke den vereinbarten Schutzumfang nicht genießt. Darüber hinaus können sich gem. § 435 S. 1 BGB Rechtsmängel auch ergeben, wenn Dritte ihrerseits Rechte in Bezug auf das verkaufte Recht geltend machen können. Dies ist z.B. der Fall, wenn weitere Lizenzen eingeräumt worden sind, die der ausschließliche Lizenz-

---

653 Vgl. MünchKommBGB/*Westermann*, § 453 Rn 5; *Haedicke,* Rechtskauf und Rechtsmängelhaftung, S. 243; Davon abgesehen wird der Wechsel von Lizenznehmern im Wege der Veräußerung der Lizenz als Rechtskaufvertrag anerkannt Jauernig/*Berger* § 453 Rn. 2.

654 Vgl. *Westermann* NJW 2002, 241 ff.

nehmer gegen sich gelten lassen muss, oder wenn der Lizenzgeber wie im Falle eines Abhängigkeitpatents nicht (vollständig) Inhaber des Schutzrechts ist.

Primäre Rechtsfolge eines Mangels ist der Nacherfüllungsanspruch des Käufers gem. § 437 Nr. 1, 439 I BGB. Dieser umfasst sowohl die Nachbesserung (§ 439 I Alt. 1 BGB) als auch die Nachlieferung (§ 439 I Alt. 2 BGB). Die beiden Arten der Nacherfüllung werden aber im Falle der der Lizenz kaum in Frage kommen, da es dem Lizenzgeber unmöglich sein wird die genannten Mängel auf die eine oder andere Weise zu beseitigen.

Die für die weiteren Mängelrechte grundsätzlich notwendige Fristsetzung wird daher regelmäßig entbehrlich sein. Das Gewährleistungsrecht des Kaufvertrages verweist den Käufer sodann auf den Rücktritt gem. §§ 437 Nr. 2 Alt. 1, 323 BGB bzw. auf das Minderungsrecht gem. §§ 437 Nr. 2 Alt. 1, 441 BGB. Daneben kann er Schadensersatz gem. §§ 437 Nr. 3 Alt. 1, 280 ff., 311a BGB oder Aufwendungsersatz gem. §§ 437 Nr. 3 Alt. 2, 284 BGB geltend machen.

2. *Kritik an der Anwendung der Rechtskaufregeln*

Zutreffend ist die Strukturgleichheit der Zuordnungsveränderung bei der ausschließlichen Lizenz und der Vollübertragung geistiger Schutzrechte. Auf den ersten Blick scheinen die Rechtskaufregeln dieses zugrundeliegende Verhältnis abzubilden und auch im Rahmen des Gewährleistungsrechts die denkbaren lizenzvertraglichen Mängel zu beschreiben. Diese Feststellung stellt auch ohne eine tiefer gehende Erwägung des lizenzvertraglichen Verhältnisses das Hauptargument für die Anwendbarkeit rechtskaufvertraglicher Regeln dar.[655] Gerade auf der Rechtsfolgenebene muss dann aber von einer unproblematischen Übernahme der Rechtskaufregeln abgewichen werden, weil vor allem das Rücktrittsrecht nicht in das Konzept eines Dauerschuldverhältnisses passt.[656] Das auf einen punktuellen Austausch gerichtete System des Kaufrechts[657] wird an dieser

655 *Haedicke* GRUR 2004, 123, 126.

656 Vgl. v.a. BegrRegE BT-Drucks. 14/6040, S.189: „Der Rücktritt hat das Ziel, die vor dem Vertragsschluss bestehende Rechtslage wiederherzustellen."

657 Das Kaufrecht ist i.R.d. Gewährleistungsrechts auch über den Zeitpunkt des Gefahrenübergangs hinaus gerichtet und schützt den Käufer, zumindest über einen bestimmten Zeitraum, in seinem Gebrauchsinteresse. Insoweit ist freilich eine über den punktuellen Austausch hinausgehende Interessensstruktur zu erkennen, die typischerweise dem Dauerschuldverhältnis eigen ist, *Kitz*, Die Dauerschuld im Kauf, S. 138 f. Dies kann aber nicht darüber hinwegtäuschen, dass bei einem andauernden Leistungsaustausch das für einen punktuellen Austausch gedachte Rücktrittsrecht zu Problemen führt, die es erfordern, der Kündigung den Vorrang einzuräumen, so schließlich auch *Kitz*, Die Dauerschuld im Kauf, S. 170.

Stelle dem Lizenzvertrag nicht gerecht.[658] Die Lösung müsste, wie selbst von den Befürwortern der Anwendung der Rechtskaufregeln zugegeben wird, darin liegen, dass ein Rücktrittsrecht nur dort in Frage kommt, wo Leistungen nicht über einen längeren Zeitraum praktisch irreversibel ausgetauscht wurden.[659] Aufgrund dieses Modifikationsbedarfes stellen sich die Rechtskaufregeln nicht als unkritisch zu übertragendes, konsistentes System dar, das auf ausschließliche Lizenzverträge Anwendung finden kann.

Der Weg zur Anwendung der Rechtskaufregeln wird sodann noch durch weitere Argumente zu ebnen versucht. Insbesondere wird der Dauerschuldcharakter der ausschließlichen Lizenz relativiert. Das Verhältnis zwischen Lizenzgeber und Lizenznehmer sei im Wesentlichen auf den punktuellen Akt der Einräumung des Rechts zu begrenzen.[660] Darüber hinaus schulde der Lizenzgeber hauptsächlich ein Belassen der Position. Die Konzentration auf diesen singulären Akt komme dem Kaufrecht nahe.[661]

Diese Fokussierung erscheint aber als eine unzutreffende Annäherung der andauernden Beziehung zwischen Lizenzgeber und Lizenznehmer an einen punktuellen Rechtsübertragungsakt. Auch nach der Rechtseinräumung stehen die beiden Vertragsparteien in einem vom dauerschuldvertraglichen Charakter geprägten Verhältnis gegenseitiger Schutz- und Vertragstreuepflichten.[662] Das Belassen der Rechtsposition allein birgt nicht die nötige Passivität in sich, die anhand Kaufvertrages zu erklären wäre. Der Verpächter einer Sache hat schließlich auch zunächst die für die Fruchtziehung erforderliche Position zu gewähren (z.B. Besitz), es dabei für die Dauer der Pacht zu belassen und im Übrigen die auf der Pachtsache ruhenden Lasten zu tragen. Dem vergleichbar räumt der Lizenzgeber ein quasi-dingliches Recht ein, belässt es dabei und hat gleichzeitig z.B. die Gebühren für die Erhaltung des Schutzrechts zu zahlen.[663]

---

658 *Ahrens* GRUR 2006, 617, 623; *Castendyk* ZUM 2007, 169, 175; *Schricker* GRUR 1980, 650, 659; a.A. *Haedicke,* Rechtskauf und Rechtsmängelhaftung, S. 102 ff.

659 BGH GRUR 1959, 616, 617; BGH NJW 1987, 2004, 2006; Busse/*Keukenschrijver,* PatG, § 15 Rn. 99; *Henn,* Patent- und Know-how-Lizenzvertrag, Rn. 348; *Haedicke* GRUR 2004, 123, 126.

660 *Haedicke* GRUR 2004, 123, 125.

661 *Esser,* Urheberrechtliche Lizenzen in der Insolvenz, S. 75; *Haedicke* GRUR 2004, 123, 125.

662 Vgl. *Castendyk* ZUM 2007, 169, 175; zur Differenzierung zwischen Hauptleistungs-, Nebenleistungs- sowie Nebenpflichten im lizenzvertraglichen Verhältnis vgl. oben Viertes Kapitel C.; vgl. zu fortdauernden Interessen der Lizenzvertragsparteien oben Zweites Kapitel.

663 Benkard/*Schäfers,* PatG, § 17 Rn. 14; Benkard/*Ullmann,* PatG, § 15 Rn. 152; Busse/*Keukenschrijver,* PatG, § 15 Rn. 105; *Mes*, PatG GebrMG, § 15 PatG Rn. 47; *Ingerl/Rohnke*, MarkenG, § 30 Rn. 57; Ströbele/Hacker/*Hacker,* MarkenG, § 30 Rn. 56;

Darüber hinaus wird ins Feld geführt, dass auch der Kaufvertrag nicht nur aus einem singulären punktuellen Akt bestehe.[664] Soweit dabei aber auf Dauerlieferungsverträge[665] Bezug genommen wird, kann der Argumentation nicht vorbehaltslos gefolgt werden. In diesen Verhältnissen liegt meist ein Rahmenvertrag vor,[666] der dem dauerschuldvertraglichen Verhältnis Rechnung trägt.[667] Auf die einzelnen Leistungen kann dann zwar Kaufrecht anwendbar sein.[668] Dies bedeutet aber nur, dass innerhalb eines gemischten Schuldverhältnisses Kaufrecht auch Anwendung finden kann, nicht aber, dass das Kaufrecht allein geeignet ist, die vertraglichen Beziehungen in einem stimmigen Verhältnis abschließend zu klären.[669]

3. *Vorzug rechtspachtvertraglicher Regelungen*

Im Vergleich der beiden BGB Vertragstypen des Rechtskaufs und der Rechtspacht in ihrer Anwendung auf den Lizenzvertrag ergibt sich folgendes: Während die Rechtspacht grundsätzlich nicht geeignet ist die zuordnungsändernde Verfügungen zu erklären[670], trifft sie im Übrigen - wie oben dargestellt[671] - auf das dauerschuldvertragliche und nutzungsberechtigende Verhältnis der Parteien zu. Mit dem Rechtskauf kann zwar die Zuordnungsveränderung erklärt werden, aber nicht die Natur des Dauerschuldverhältnisses. Beide Vertragstypen machen also

---

Kraßer/Schmid GRUR Int 1982, 324, 330 f. mit Nachweisen zur abweichenden Meinung.

664 *Esser,* Urheberrechtliche Lizenzen in der Insolvenz, S. 75 f.; *Haedicke,* Rechtskauf und Rechtsmängelhaftung, S. 250; vgl. auch *Kitz*, Die Dauerschuld im Kauf, passim.

665 Zur begrifflichen Abgrenzung zum Sukzessivlieferungsvertrag i.e.S., der die Lieferung einer im vornherein festgelegten Leistung nur auf eine bestimmte Zeit verteilt BGH NJW 1981, 679 ff.; BGH JuS 2003, 292 ff.; MünchKommBGB/*Westermann*, Vor § 433 - 453 Rn. 39; Staudinger/*Otto/Schwarze,* § 323 Rn. 153.

666 MünchKommBGB/*Westermann*, Vor § 433 - 453 Rn. 39.

667 Vgl. BGH ZIP 1997, 595.

668 So z.B. bei Bierlieferungsverträgen, BGH NJW 1997, 933, 934; MünchKommBGB/-*Westermann*, Vor § 433 - 453 Rn. 39; Staudinger/*Coester,* § 307 Rn. 539; Zu Energie- und Wärmelieferungsverträgen vgl. BGHZ 23, 175; OLG Frankfurt NJW 1980, 2531; Staudinger/*Beckmann,* § 453 Rn. 50 ff.; *Busche,* Privatautonomie und Kontrahierungszwang, S. 479 mit zahlreichen Nachweisen, sowie ausführlich zur Anwendung von Kaufrecht bei Energielieferung *Bydlinski,* FS Hämmerle, S. 31 ff.

669 Vgl. insbesondere *Kitz*, Die Dauerschuld im Kauf, S. 170: „Aus diesem Grund ist es konsequent, wenn beim Dauerschuldverhältnis die Kündigung den Rücktritt nicht nur auf Rechtsfolgenseite, sondern bereits hinsichtlich der Tatbestandsvoraussetzungen verdrängt."

670 Vgl. die Darstellung bei *Cebulla,* Die Pacht nichtsächlicher Gegenstände, S. 104.

671 Vgl. oben Erstes Kapitel B. VI. 2. ff.

Modifikationen in ihrer Anwendung auf den Lizenzvertrag erforderlich. Solange aber keiner der beiden Vertragstypen ein unzweifelhaft stimmiges Bild liefert, gibt es keinen Grund dem Kaufrecht zwingenden Vorrang vor der Anwendung des Pachtvertragsrechts einzuräumen. Vielmehr muss der Vorzug in diesem Fall der Interpretation gegeben werden, die eine konsistente Sichtweise auf beide Arten der Lizenz bieten kann.[672] Da sowohl bei der einfachen als auch bei der ausschließlichen Lizenz zumeist ein Dauerschuldverhältnis gegeben ist, bietet sich die konsequente Anwendung der Rechtspacht auch bei der ausschließlichen Lizenz an.[673] Aufgrund der Verpflichtung zur Einräumung eines dinglichen Rechts durch den Lizenzgeber ergeben sich keine weiteren Schwierigkeiten. Ist er nicht dazu in der Lage, das Recht zu verschaffen, etwa weil das Schutzrecht nicht besteht, oder er nicht Inhaber des Schutzrechts ist, lässt sich dieser Mangel anhand der oben beschriebenen Gewährleistungsregeln[674] der Rechtspacht lösen. Die Bedenken, die dagegen angeführt werden, sind nicht durchschlagend. Anders wäre es auch kaum zu erklären, dass z.B. bei der einfachen Lizenz im Urheberrecht, die nach einer weit verbreiteten Meinung ein quasi-dingliches Recht verschafft,[675] auch die Anwendung pachtvertraglicher Regelungen vorgeschlagen wird.[676]

---

672 Vgl. *Ahrens* GRUR 2006, 617, 623, der die Aufgabe der scharfen vertragstypologische Zäsur zwischen einfacher und ausschließlicher Lizenz anregt.

673 Vgl. Benkard/*Ullmann*, PatG, § 15 Rn. 169; *Ingerl/Rohnke*, MarkenG, § 30 Rn. 52; Erman/*Grunewald,* § 453 Rn. 3; Staudinger/*Beckmann,* Vor§§ 433 ff. Rn. 178; *Henn,* Patent- und Know-how-Lizenzvertrag, Rn. 300 ff.; vgl. aber für die ganz überwiegende Anwendung allgemeiner Leistungsstörungsregelungen aufgrund der Zuordnungsschwierigkeiten *Bartenbach/Bartenbach* MDR 2003, 1270, 1273 ff. Die Annahme eines Rechtskaufs wäre dann freilich gerechtfertigt, wenn keine dauerschuldvertraglichen Pflichten vorhanden sind, z.B. wenn die Nutzung einmalig pauschal abgegolten würde und nicht durch Umsatzbeteiligung oder andere wiederkehrende Raten, Loewenheim/*Nordemann,* Handbuch des Urheberrechts, § 59 Rn. 22; *Castendyk* ZUM 2007, 169, 175.

674 Vgl. oben Viertes Kapitel.

675 BGH GRUR 2009, 946, 948; Loewenheim/*Loewenheim/J.B.Nordemann,* Handbuch des Urheberrechts, § 25 Rn. 1; Schricker/Loewenheim/*Schricker,* UrhG, Vor §§ 28 ff. Rn. 49 mwN auch zur Gegenansicht aA Fromm/Nordemann/*Hertin*, UrhG, § 31/32 Rn. 2.

676 Vgl. Wandtke/Bullinger/*Wandtke/Grunert,* Vor §§ 31 ff. Rn. 67; sowie *Pahlow*, Lizenz und Lizenzvertrag, S. 292 ff. allerdings mit der Annahme der obligatorischen Rechtsnatur der einfachen urheberrechtlichen Lizenz.

4. Gewährleistung gem. pachtvertraglicher Regeln

Im Vergleich zu der Anwendung des Pachtrechts auf den einfachen Lizenzvertrag[677] verändert sich die Situation bei der Anwendung auf den ausschließlichen Lizenzvertrag nicht wesentlich. Lediglich der Pflichtenkatalog des Lizenzgebers wird um die Pflicht zur Einräumung des quasi-dinglichen Rechts am lizenzierten Gegenstand erweitert.[678] In der Praxis fällt die Verpflichtung zur Einräumung häufig mit der Verfügung zusammen.[679]

Die Hauptleistungspflicht, die sich daraus ergibt, fügt sich in das bereits erarbeitete allgemeine und spezielle Gewährleistungssystem des Pachtvertrages ein. Ist dem Lizenzgeber beispielsweise die Einräumung des Nutzungsrechts von Anfang an nicht möglich, liegt ein Fall der oben beschriebenen Unmöglichkeit vor.[680] Verstößt der Schutzrechtsinhaber gegen die vereinbarte ausschließliche Nutzungserlaubis, verletzt er gegen die vertragliche Vereinbarung.[681] Der Lizenznehmer kann dann Schadensersatz verlangen, bzw. bei ausreichend schwerwiegendem Verstoß außerordentlich kündigen.[682] Sonderregelungen können sich aber im Einzelfall auch bei der ausschließlichen vor allem auf dem Gebiet des Urheberrechts ergeben. Insbesondere hat der Lizenzgeber der ausschließlichen Lizenz ein Rückrufsrecht gem. § 41 UrhG bei unzureichender Ausübung und dadurch entsprechender Verletzung seiner berechtigten Interessen durch den Lizenznehmer.

677 Vgl. oben Viertes Kapitel.

678 Zu den Pflichten der Parteien siehe oben Erstes Kapitel B. V. 4.

679 *Fezer*, Markenrecht, § 30 Rn. 43; *Schricker*, VerlagsR, § 28 Rn. 23; Schricker/-Loewenheim/*Schricker/Loewenheim*, UrhG, Vor § 28 Rn. 98 ff.

680 Vgl. oben Viertes Kapitel D. I.

681 Daneben nimmt die wohl h.M. auch eine Verletzung des eigenen Patents an OLG Karlsruhe GRUR 1980, 784, 785; Benkard/*Ullmann*, PatG, § 15 Rn. 90; a.A. Busse/*Keukenschrijver*, PatG, § 15 Rn. 59 m.w.N. zur h.M; *Bartenbach,* Patentlizenz- und Know-how-Vertrag, Rn. 95.

682 Vgl. oben Viertes Kapitel D. VII.

Sechstes Kapitel: Fazit und Folgerungen zur Anwendbarkeit und Reichweite pachtvertraglicher Regelungen als Leitbild lizenzvertraglicher Inhaltskontrolle

Nachdem der Lizenzvertrag weder im internationalen[683] noch im nationalen[684] Recht gesetzlich geregelt ist, stellt sich die Frage, anhand welchen Maßstabs eine Inhaltskontrolle überhaupt stattfinden kann. Der Verweis auf einen Vertrag sui generis, die Anwendbarkeit lediglich allgemein bürgerlich-rechtlicher Regeln und Einzelfallgerechtigkeit darf dabei nicht vorschnell erfolgen.[685] Zwar kann auch der allgemeine Teil des Schuldrechts Gerechtigkeitsprinzipien enthalten, die zur Grundlage einer Inhaltskontrolle herangezogen werden können.[686] Größere Rechtssicherheit ist allerdings gewonnen, wenn ein konsistentes System eines bereits existierenden BGB-Vertrages als Maßstab der Inhaltskontrolle dienen kann.[687] Zunächst ist für die einfache Lizenz gezeigt worden, dass das Pachtrecht einen solchen Maßstab bietet.[688] Zwar kann den Regelungen des Pachtrechts nicht unbesehen eine vollständige Anwendbarkeit attestiert werden. Insbesondere der verschuldensunabhängige Schadensersatz stellt sich in lizenzvertraglichen Verhältnissen als unpassend dar.[689] Im Übrigen stellen die gesetzlichen Regelungen aber auch für den Lizenzvertrag ein passendes Gerechtigkeitsmodell. Dies ändert sich schließlich auch für die ausschließliche Lizenz nicht. Obwohl dort aufgrund der überwiegend[690] angenommenen quasi-dinglichen Rechtsnatur mit entsprechenden Argumenten eine Anwendbarkeit der Rechtskaufregelungen[691] vertreten wird, konnte gezeigt werden, dass auch diese das ausschließliche Lizenzvertragsverhältnis nicht lückenlos abbilden können.[692] Insbesondere tragen sie dem Dauerschuldcharakter des Lizenzvertrages keine

683 Vgl. oben Drittes Kapitel A.

684 Vgl. oben Drittes Kapitel D.

685 Vgl. oben Drittes Kapitel C.

686 Vgl. oben Drittes Kapitel C.

687 Vgl. oben Viertes Kapitel.

688 Vgl. oben Viertes Kapitel.

689 Vgl. oben Viertes Kapitel D. VI.

690 Vgl. oben Erstes Kapitel B. II. 5. b).

691 Vgl. oben Fünftes Kapitel B.

692 Vgl. oben Fünftes Kapitel B. II. 2.

Rechnung.[693] Das Pachtrecht bietet auch für diese Lizenzverträge ein angemessenes Leitbild.[694]

Damit ergibt sich gleichzeitig aber auch eine Grenzziehung der im Rahmen dieser Arbeit in Betracht gezogenen Lizenzverträge im unternehmerischen Geschäftsverkehr: Gültigkeit können die auf einen dauerschuldrechtlichen Vertrag aufbauenden Abwägungen der Inhaltskontrolle nur für eben solche dauerschuldvertraglichen Lizenzverhältnisse beanspruchen. Solche Lizenzverträge, die durch einen punktuellen Austausch von Leistungen gekennzeichnet sind, müssen außerhalb der Betrachtung bleiben. Dies betrifft beispielsweise solche Lizenzverträge, in denen eine Standardsoftware gegen eine pauschale, einmalige Gebühr zur Verfügung gestellt wird.

Des Weiteren hat die Analyse gezeigt, dass besondere urheberrechtliche Regelungen innerhalb des Leistungsstörungsrechts existieren, die im Einzelfall eine Abweichung von dem zugrundegelegten Modell notwendig machen.[695] Auch wenn die in dieser Arbeit dargebrachten Überlegungen eine Grundlage für die nachfolgende Inhaltskontrolle für eine Vielzahl unternehmerischer Lizenzverhältnisse bieten, wäre es für das weite und komplexe Feld des geistigen Eigentumsrechts schließlich vermessen eine lückenlose Allgültigkeit zu beanspruchen.

---

693 Vgl. oben Fünftes Kapitel B. II. 2.

694 Vgl. oben Fünftes Kapitel B. II. 3.

695 Vgl. insbesondere Viertes Kapitel D. VII., Fünftes Kapitel B. II. 4.

§ 4 Grundlagen der Inhaltskontrolle

Siebentes Kapitel: Abgrenzung der Inhaltskontrolle

A. Die Vertragsfreiheit und ihre Schranken

Teil der Privatautonomie bilden sowohl die Vertragsfreiheit als auch die Abschlussfreiheit.[696] Als Kennzeichen privatautonomer Gestaltungsmöglichkeiten wird also die Freiheit des Einzelnen angesehen, Verträge nach seiner freien inhaltlichen Wahl abzuschließen. Die verfassungsrechtliche Wurzel der Vertragsfreiheit bildet das Recht auf freie Entfaltung der Persönlichkeit in Art. 2 I GG.[697] Die Möglichkeit, Verträge nach einem frei gewählten Inhalt abzuschließen, ist so gesehen Voraussetzung für autonome und freie Lebensgestaltung. Umgekehrt ist jede richterliche oder gesetzliche Einschränkung der Vertragsfreiheit ein Eingriff in die Privatautonomie.[698] Würde man die Privatautonomie aber als absolut und schrankenlos gegeben betrachten, würde sich die Frage einer inhaltlichen Kontrolle von Lizenzverträgen erübrigen. Dagegen wird das Recht auf persönliche Entfaltung in Form freier inhaltlicher Gestaltung des Vertrages nicht schrankenlos gewährleistet. Wie jedes Freiheitsrecht unterliegt auch das allgemeine Persönlichkeitsrecht aus Art. 2 I GG den Schranken der verfassungsmäßigen Ordnung.[699] Diese sollen verhindern, dass eine grenzenlose Selbstbestimmung des einen zu Lasten eines anderen geht. Darüber hinaus entfalten weitere Grundrechte ebenfalls einen Schutz: Sie wirken zwar grundsätzlich nicht als unmittelbare Schranken der Vertragsfreiheit. Über zivilrechtliche Generalklauseln (§§ 138, 242, 826 BGB) wirken sie aber in das Privatrecht hinein.[700] So wirkt sich z.B. die Sozialstaatsklausel des Art. 20 I GG auf das Privatrecht aus[701], indem sie Gesetzgeber und Rechtsprechung aus verfassungsrechtlicher Sicht gebietet, Missbräuchen der Vertragsfreiheit entgegenzuwirken.[702] Da dem BGB eine generelle Aussage zur Gerechtigkeit und zur sozialen Ausgewogenheit des

---

696 *Baumann*, Rechtssysteme und Rechtstechnik, S. 44.

697 BVerfGE 8, 274, 328; BVerfGE 12, 341, 347; BVerfGE 25, 371, 407; BVerfGE 37, 132, 141; BVerfGE 50, 290, 386; BVerfGE 65, 169, 210; BVerfGE 73, 261, 270.

698 Sachs/*Murswiek*, Art. 2 Rn. 55a.

699 BVerfGE 6, 32, 38 ff.; BVerfGE 55, 159, 165; BVerfGE 63, 88, 108 f.; BVerfGE 74, 129, 152; BVerfGE 80, 137, 153.

700 *Canaris* AcP 184 (1984), 201ff.; *Schwabe* AcP 185 (1985), 1ff.; *Bäuerle*, Vertragsfreiheit und Grundgesetz, S.321; Staudinger/*Sack*, § 138 Rn. 496.

701 BVerfG NJW 1990, 1470; NJW 1994, 38; vgl. MünchKommBGB/*Busche*, Vor § 145 Rn.6.

702 Sachs/*Murswiek*, Art. 2 Rn. 55b; *Zwecker*, Inhaltskontrolle von Franchiseverträgen, S. 29.

Vertrages per se fehlt, werden die grundrechtlichen Gedanken des Sozialstaates zur Vermeidung eines Ungleichgewichts bewusst bei der Interpretation der §§ 138, 242, 826 BGB herangezogen.[703] Diese Schranken allein erwiesen sich aber im Wirtschaftsverkehr der vergangenen Jahrzehnte als nicht ausreichend. Da etwa § 138 BGB den Schutz der Interessen aller schutzwürdigen Dritten sowie der Allgemeinheit ermöglicht,[704] fehlte es insoweit an einem kodifizierten Schutz des jeweiligen Vertragspartners. Auf diesen Schutz der Gerechtigkeit zugunsten des Kontrahenten, dessen Prinzipien zunächst über Jahre hinweg von der Rechtsprechung entwickelt und angewandt worden sind,[705] konzentrieren sich nun nach h.M. die §§ 307 – 309 BGB.[706] Die Entwicklung bis zur gesetzlichen Regelung des Rechts der Allgemeinen Geschäftsbedingungen war dabei eine Reaktion sowohl auf die Schaffung moderner und neuartiger Verträge, die immer häufiger durch Formularklauseln serienreif gemacht wurden,[707] als auch auf ausgedehnte und komplexe Musterverträge im Bereich der traditionellen Vertragstypen, die durch ihre Standardisierung massengeschäftstauglich wurden.[708] Die anfängliche Hoffnung, Vertragsgerechtigkeit im Bereich der AGB werde sich durch die Wechselwirkungen einer liberalen Marktwirtschaft einstellen, war schnell verflogen.[709] Zum einen stellte sich heraus, dass die jeweiligen Verwender von AGB über das Ziel der Rationalisierung von Verträgen hinaus durchaus die Minimierung von Haftungsrisiken und Maximierung von Handlungsspielräumen in den Fokus ihres Interesses gerückt haben.[710] Zum anderen hat sich die Folgeannahme, dass der potentielle Kontrahent bei ungünstigen Vertragsbedingungen auf andere Geschäftspartner ausweichen und somit auf einen ungünstigen Vertragsschluss verzichten könne, als nicht haltbar erwiesen. Einerseits kann die Stärke mancher Marktteilnehmer den Vertragspartner mangels

---

703 Vgl. MünchKommBGB/*Busche*, Vor § 145 Rn. 6.

704 Ulmer/Brandner/Hensen/*Fuchs*, AGB-Recht, Vor§§ 307 ff. Rn. 58; Wolf/Lindacher/-Pfeiffer/*Wolf*, AGB-Recht, § 307 Rn. 20.

705 Vgl. zunächst Darstellung bei *Raiser*, AGB, S.302 ff. sowie Leitentscheidung des BGH aus dem Jahre 1956 zur offenen Inhaltskontrolle Allgemeiner Geschäftsbedingungen am Maßstab des § 242 BGB in BGHZ 22, 90 ff.

706 BGH NJW 1987, 837, 838; BGH NJW 1994, 1798; *Wolf*, FS Baur, S. 153 ff.; Palandt/*Heinrichs* § 307 Rn. 7; a.A. *Baetge* AcP 202 (2002), 979.

707 Wolf/Lindacher/Pfeiffer/*Pfeiffer*, AGB-Recht, Einl. Rn. 2.

708 Vgl. *Kötz,* Vertragsrecht, Rn. 241; *Canaris,* FS Steindorff, S. 548; *Medicus,* FS Münchener Juristische Gesellschaft, S. 11 f.; *Medicus* JuS 1996, 761, 764; *Kuntz* AcP 209 (2009), 242, 260.

709 *Roscher,* Vertragsfreiheit als Verfassungsproblem, S. 25.

710 Insoweit anschauliche Gegenüberstellung von AGB-Klauseln des Ein- und Verkaufs verschiedener Unternehmen bei *Roscher,* Vertragsfreiheit als Verfassungsproblem, S. 26 f.

Ausweich- oder Aushandlungsmöglichkeiten dem Diktat des AGB-Verwenders unterwerfen. Andererseits kann das Marktversagen im Konditionenwettbewerb dafür verantwortlich sein, dass kein vorzugswürdiges Alternativangebot besteht.711 Ohne inhaltliche Kontrolle würde im Ergebnis durch unausgeglichene Machtverhältnisse eine natürliche Vertragsgerechtigkeit in Frage gestellt.712 Mithin stellt die richterliche Inhaltskontrolle, neben den allgemeinen Grenzen (vor allem §§ 134, 138 BGB), ein Einfallstor zum Schutz des Vertragspartners vor Vertragsungerechtigkeit durch einseitiges Ausnutzen der Vertragsfreiheit dar.[713]

B. Die Abgrenzung zur Inhaltskontrolle im weiteren Sinne

Abzugrenzen ist die Inhaltskontrolle von ähnlichen Erscheinungen, die teilweise im Zuge der Ausführung zur Vertragsfreiheit und ihren Grenzen bereits erwähnt wurden. Die Rede ist von weiteren festen oder variablen Maßstäben, die das BGB als vertragsinhaltsbegrenzende Vorschriften vorsieht. Zu ihnen gehören vor allem die §§ 134, 138, 242 und 315 BGB, die in ihrer Eigenschaft als Bestimmungen über Rechtsgeschäfte auch die inhaltliche Freiheit des Lizenzvertrages beschränken.[714] Zusammen mit den §§ 305 ff. BGB bilden sie die Inhaltskontrolle im weiteren Sinne.[715] Anbetracht der Fülle und Varianz der verschiedenen Maßstäbe zur Beschränkung des Vertragsinhalts muss im Rahmen dieser Arbeit eine inhaltliche Kontrolle von Lizenzverträgen auf die AGB-Kontrollmaßstäbe begrenzt werden. Da die Vorschriften der §§ 134, 138, 242 und 315 BGB aber in Wechselwirkung mit den Vorschriften der Inhaltskontrolle im engeren Sinne stehen, sei es durch sich überschneidende Anwendungsbereiche, sei es durch entsprechende Konkurrenzverhältnisse, findet an dieser Stelle eine kurze Abgrenzung und Erläuterung statt.

---

711 Nach der namensgebenden Abhandlung von *Akerlof,* The Quarterly Journal of Economics, 84 (1970), S. 488 ff. wird der Markt für AGB häufig als *Akerlof*-Markt bezeichnet. Aufgrund asymmetrischer Information eine adverse Selektion und eine Verdrängung von Anbietern vorteilhafter AGB statt. Vgl. dazu MünchKommBGB/*Kieninger,* § 307 Rn. 39; *Becker,* AGB im unternehmerischen Geschäftsverkehr, S. 82 ff.; *Schäfer/Ott,* Lehrbuch der ökonomischen Analyse des Zivilrechts, S. 513 ff.; *Kötz,* Der Schutzzweck der AGB-Kontrolle, S. 228 ff.; *Kötz* JuS 2003, 209, 212; *Becker* JZ 2010, 1098, 1101 f.

712 MünchKommBGB/*Busche*, Vor § 145 Rn. 6; Staudinger/*Coester*, § 307 Rn. 2.

713 Staudinger/*Sack,* § 138 Rn. 161; *Stoffels*, Gesetzlich nicht geregelte Schuldverhältnisse, S. 363.

714 *Groß*, Der Lizenzvertrag, Rn. 43.

715 *Fastrich*, Richterliche Inhaltskontrolle, S. 5.

I. Gesetzliches Verbot, § 134 BGB

§ 134 BGB regelt die Nichtigkeit eines Rechtsgeschäfts bei Verstoß gegen ein Verbotsgesetz. Ein Verbotsgesetz selbst trifft keinerlei Aussage über die zivilrechtlichen Folgen eines verbotswidrig abgeschlossenen Geschäfts.[716] Erst durch § 134 BGB wird die Unwirksamkeit eines solchen Geschäfts bestimmt. Im Ergebnis wird die Rechtsfolge der Nichtigkeit also nur durch Zusammenwirken der beiden Vorschriften herbeigeführt.[717] Ein Verstoß einer AGB-Klausel gegen die §§ 305 ff. BGB hingegen, hat unmittelbar ihre Unwirksamkeit zur Folge. Eines Rückgriffes auf § 134 BGB bedarf es somit nicht mehr.[718] Als Spezialvorschriften der AGB-Kontrolle sind die §§ 305 ff. BGB ohne weiteres neben § 134 BGB anwendbar. Bei einem Verstoß einer AGB-Klausel gegen beide Vorschriften ergibt sich ihre Unwirksamkeit sowohl aus § 134 BGB als auch aus den §§ 305 ff. BGB.[719]

II. Sittenwidrigkeitskontrolle, § 138 I BGB

Die Anwendung der §§ 307 – 309 BGB wird durch die Generalklausel des § 138 I BGB nicht ausgeschlossen.[720] Die Paragraphen können grundsätzlich nebeneinander angewandt werden.[721] Es handelt sich hierbei um Vorschriften, die Unterschiede in Funktion, Voraussetzung und Rechtsfolgen aufweisen. § 138 I BGB weist - zusammen mit § 134 BGB – die äußersten Grenzen der privatautonomen Vertragsgestaltung auf. Die §§ 305 ff. BGB hingegen korrigieren einseitige Vertragsgestaltung durch vorformulierte Klauseln und stellt mit der Unangemessenheit ein Kriterium, das dem der Sittenwidrigkeit des § 138 I BGB deutlich vorgelagert ist.[722] Berücksichtigt wird i.R.d. § 138 I BGB nicht nur, wie in § 307 BGB, das Interesse der Vertragsgegenseite, sondern neben den Interessen beider Vertragsparteien, die der Allgemeinheit, sowie die Interessen Drit-

---

716 Staudinger/*Coester*, § 307 Rn. 31.

717 Zur Wechselwirkung des § 134 BGB mit der Verbotsnorm vgl. nur Staudinger/*Sack,* § 134 Rn. 57 ff.

718 Erman/*Roloff*, Vor §§ 307-309 Rn. 10; Wolf/Lindacher/Pfeiffer/*Wolf*, AGB-Recht, § 307 Rn. 12; Staudinger/*Coester*, § 307 Rn. 31.

719 MünchKommBGB/*Wurmnest*, Vor § 307 Rn. 9.

720 *Stoffels*, AGB-Recht, Rn. 384.

721 Ulmer/Brandner/Hensen/*Fuchs*, AGB-Recht, Vor§§ 307 ff. Rn. 58; Wolf/Lindacher/Pfeiffer/*Wolf*, AGB-Recht, § 307 Rn. 24; Staudinger/*Sack*, § 138 Rn. 161; Unproblematisch ist das Nebeneinander der beiden Normen, soweit nur der Tatbestand der einen oder der anderen Norm erfüllt ist. Für den Überschneidungsbereich siehe sogleich unten.

722 Erman/*Roloff*, Vor § 307-309 Rn. 11; Staudinger/*Coester*, § 307 Rn. 32.

ter.[723] Dies mündet schließlich im Element der subjektiven Vorwerfbarkeit, das § 138 I BGB im Gegensatz zur AGB-Kontrolle in sich trägt.[724]

Differenzen ergeben sich schließlich auch in der Rechtsfolge: Bei Feststellung der Sittenwidrigkeit ordnet § 138 I BGB grundsätzlich die Nichtigkeit des Rechtsgeschäftes an.[725] Im Zweifel wird gem. § 139 BGB auch bei nur teilweiser Sittenwidrigkeit die Nichtigkeit des gesamten Vertrages angeordnet. Die Inhaltskontrolle hingegen hat das vorrangige Ziel der Aufrechterhaltung des Vertrages im Übrigen (vgl. § 306 I BGB).

Die beiden Normen kollidieren dort, wo eine abgrenzbare Thematik oder eine einzelne Klausel den Tatbestand beider Normen erfüllt. In diesem Fall geht die Sonderregelung der Teilnichtigkeit (§ 306 BGB) als lex specialis vor und gilt insoweit anstelle des § 139 BGB auch für § 138 I BGB.[726] Bei Nichtigkeit einer Vielzahl von Klauseln kann sich aber auch die Gesamtnichtigkeit des Vertrages gem. § 138 I BGB ergeben. Die nach §§ 305 ff. BGB unwirksamen Klauseln werden dann bei der Beurteilung der Sittenwidrigkeit des Gesamtvertrages anhand des § 138 I BGB berücksichtigt.[727]

---

723 BGH NJW 1979, 2387.

724 BGH NJW 1982, 1692; BGH NJW 1997, 3372; Ulmer/Brandner/Hensen/*Fuchs*, AGB-Recht, Vor§§ 307 ff. Rn. 58.

725 Aus dem eindeutigen Wortlaut ergibt sich zwar die Nichtigkeit einer einheitlichen Regelung, die gegen die guten Sitten verstößt. Eine geltungserhaltende Reduktion soll nicht stattfinden, vgl. BGH NJW 1979, 1605, 1606; BGH NJW 1983, 1420, 1423; BGH NJW 1987, 2014, 2015; BGH WM 1989, 170; BGH NJW 1993, 2108; BGH NJW 1995, 1152, 1153; Staudinger/*Sack*, § 138 Rn. 90; *Sandrock* AcP 159 (1960), 481, 514; *Ulmer* NJW 1981, 2025, 2028. Dennoch ist dieser Grundsatz durch zahlreiche Beispiele einer quantitativen Teilnichtigkeit aufgeweicht worden und eine geltungserhaltende Reduktion des Übermaßes der tatsächliche Grundsatz, vgl. RGZ 82, 124, 125; BGH NJW 1962, 734; BHG NJW 1972, 1459 f.; BGH WM 1973, 357, 358; BGH NJW 1974, 2089, 2090; BGH WM 1975, 850, 851; BGH NJW 1979, 1605, 1606; BGH WM 1984, 88, 90; BGH NJW-RR 1990, 816; BGH NJW 1992, 2145, 2146; zustimmend MünchKommBGB/*Armbrüster*, § 138 Rn. 161; Staudinger/*Sack*, § 138 Rn. 138; *Lindacher* AcP 173 (1973), 124, 131.

726 BGH NJW 1979, 805; BGH NJW 2001, 2466; MünchKommBGB/*Wurmnest*, Vor § 307 Rn. 10; Staudinger/*Coester*, § 307 Rn. 34.

727 BGH NJW 1969, 230; NJW 1983, 159; NJW 1985, 53; NJW 1988, 1373; NJW 2004, 161; Staudinger/*Coester*, § 307 Rn. 34; *Stoffels*, AGB-Recht, Rn. 388; Wolf/Lindacher/-Pfeiffer/*Wolf*, AGB-Recht, § 307 Rn. 25; *Löwe* NJW 1980, 2078, 2079; a.A. Erman/-*Roloff*, Vor §§ 307-309 Rn. 11; MünchKommBGB/*Wurmnest*, Vor § 307 Rn. 10.

III. Ausübungskontrolle, § 242 BGB

Die Inhaltskontrolle der §§ 307 – 309 BGB ist aus den Prinzipien des § 242 BGB entwickelt worden. 728 Sie stellt somit eine kodifizierte Ausgestaltung der einschlägigen Prinzipien des § 242 BGB dar, mit dem Ergebnis, dass heute für die Anwendung von § 242 BGB dort kein Raum bleibt, wo die Inhaltskontrolle nach den AGB Vorschriften einschlägig ist.[729] Die Vorschriften der §§ 307 – 309 BGB haben als leges speciales Vorrang. Zur Gleichzeitigen Anwendung beider Vorschriften kann es nur dort kommen, wo § 242 BGB zur Kontrolle der Ausübung etwaiger, durch AGB begründeter Rechte kommt (sog. Ausübungskontrolle).[730] Jedoch unterscheidet sich die Inhaltskontrolle der §§ 307 – 309 BGB von der Ausübungskontrolle in Funktion und Anwendungsbereich: Während mit Hilfe der Inhaltskontrolle entschieden wird, ob ein vertragliches Recht mit einem bestimmten Inhalt wirksam begründet wurde, beschäftigt sich die Ausübungskontrolle mit der Frage, ob die Ausübung eines eingeräumten Rechts rechtsmissbräuchlich und daher unzulässig ist.[731] Insofern ist die Ausübungskontrolle der Inhaltskontrolle gedanklich nachgeschaltet.

IV. Billigkeitskontrolle, § 315 BGB

Durch das Leistungsbestimmungsrecht auf das sich § 315 BGB bezieht, wird eine Ausnahme vom Grundsatz gemacht, dass ein Vertrag erst mit hinreichender Bestimmung der essentialia negotii geschlossen ist.[732] In den Anwendungsbereich des § 315 BGB kommen Fälle, in denen ein vertragliches Bestimmungsrecht wirksam eingeräumt worden ist.[733] Die Bestimmung der Leistung muss, mangels anderweitiger vertraglicher Abreden, nach billigem Ermessen erfolgen. Somit findet auch durch die Billigkeitskontrolle eine Einschränkung der Wirksamkeit des vereinbarten Inhalts statt. Die Inhaltskontrolle im engeren Sinne hingegen richtet sich gegen die Wirksamkeit des durch AGB vereinbarten Vertragsinhalts an sich.[734] Eine Konkurrenz der Vorschriften ergibt sich also nur dann, wenn das Leistungsbestimmungsrecht durch AGB vorbehalten wird. In diesem Fall gehen aber die §§ 307 – 309 BGB vor, so dass das Bestimmungs-

---

728 Staudinger/*Coester*, § 307 Rn. 35.

729 BeckOK BGB Bamberger/Roth/*Schmidt*, BGB, § 307 Rn. 14; MünchKommBGB/-*Wurmnest*, Vor § 307 Rn. 11; Staudinger/*Coester*, § 307 Rn. 35.

730 Palandt/*Heinrichs*, Vor § 307 Rn. 17; Wolf/Lindacher/Pfeiffer/*Wolf*, AGB-Recht, § 307 Rn. 25; *Bunte* NJW 1987, 921, 926.

731 Staudinger/*Coester*, § 307 Rn. 36; *Fastrich*, Richterliche Inhaltskontrolle, S. 24.

732 Staudinger/*Rieble*, § 315 Rn. 3 f.

733 Wolf/Lindacher/Pfeiffer/*Wolf*, AGB-Recht, § 307 Rn. 41.

734 *Fastrich*, Richterliche Inhaltskontrolle, S.16.

recht nur wirksam mit einbezogen ist, wenn es der Inhaltskontrolle stand hält.[735] Ist das einseitige Leistungsbestimmungrecht wirksam mit einbezogen worden, kann anhand des § 315 BGB geprüft werden, ob die Ausübung im Einzelfall dem billigen Ermessen entspricht.

Ein weiterer Unterschied beider Regelungskomplexe ergibt sich in der Rechtsfolge: Während die i.R.d. AGB gestellte Klausel bei Unangemessenheit unwirksam ist und soweit möglich durch die gesetzlichen Vorschriften ersetzt wird (§§ 307, 306 BGB), sieht § 315 BGB lediglich die Unverbindlichkeit einer nicht nach billigem Ermessen getroffenen Leistungsbestimmung vor (§ 315 III 1 BGB). Ferner wird im Fall der unbilligen Leistungsbestimmung durch Klage eine billige Bestimmung durch Urteil getroffen (§ 315 III 2, 1. Hs. BGB).[736] Der Richter greift im Ergebnis vertragshelfend ein.[737]

---

735 BGH NJW 1985, 623, 624; BGH NJW 1985, 3013, 2016; BGH NJW 1991, 2559, 2564; BeckOK BGB Bamberger/Roth/*Gehrlein*, BGB, § 315 Rn. 3; Wolf/Lindacher/Pfeiffer/-*Wolf*, AGB-Recht, § 307 Rn. 42.

736 BGH NJW 1964, 1617; BGH NJW 1996, 1054, 1055.

737 Staudinger/*Rieble*, § 315 Rn. 13.

Achtes Kapitel: Die Grundlagen der AGB-Kontrolle des Lizenzvertrages

A. Vorliegen von AGB bei Lizenzverträgen und Einbezug gem. § 305 BGB

Allgemeine Geschäftsbedingungen liegen gem. § 305 I 1 BGB vor, wenn Vertragsbedingungen für eine Vielzahl von Verträgen vorformuliert sind und diese einseitig von einer Partei gestellt werden. Mit anderen Worten muss der Verwender zeitlich vor dem Vertragsabschluss erstellte Regelungen einbringen[738], die zur Bestimmung oder Konkretisierung des Vertragsinhaltes dienen[739], die er in einer Vielzahl von Verträgen zu verwenden beabsichtigt[740] und die nicht im Einzelnen ausgehandelt wurden.[741]

---

738 BGH NJW 1998, 2600; OLG Dresden BeckRS 1998, 31355857; BeckOK BGB Bamberger/Roth/*Becker*, § 305 Rn. 16; MünchKommBGB/*Basedow*, § 305 Rn. 18; Ulmer/Brandner/Hensen/*Ulmer/Habersack*, AGB-Recht, § 305 Rn. 20 f.; Wolf/Lindacher/Pfeiffer/*Pfeiffer*, AGB-Recht, § 305 Rn. 14; *Stoffels*, AGB-Recht, Rn. 119.

739 BGH NJW 1987, 1634; BGH NJW 1987, 2867; BGH NJW 1996, 2575; BGH NJW 2001, 2635 f.; BGH NJW 2005, 1645, 1646; BGH NJW 2009, 1337; BeckOK BGB Bamberger/Roth/*Becker*, § 305 Rn. 11 ff.; Palandt/*Grüneberg*, § 305 Rn. 4; Wolf/Lindacher/Pfeiffer/*Pfeiffer*, AGB-Recht, § 305 Rn. 7; *Stoffels*, AGB-Recht, Rn. 109.

740 Wann das Tatbestandsmerkmal der Vielzahl erfüllt ist, unterliegt der Einzelfallbetrachtung, BGH NJW 1997, 135; nach h.M. ist die dreimalige Verwendungsabsicht ausreichend, BGH NJW 1998, 2286, 2287; BGH NJW 2002 138, 139; BGH NJW 2002, 2470, 2471; BAG NZA 2005, 1111, 1116; BAG DB 2006, 1377; MünchKommBGB/*Basedow*, § 305 Rn. 18; Palandt/*Grüneberg*, § 305 Rn. 9; Staudinger/*Schlosser*, § 305 Rn. 20; Ulmer/Brandner/Hensen/*Ulmer/Habersack*, AGB-Recht, § 305 Rn. 25a; *Stoffels*, AGB-Recht, Rn. 128; *Graf v. Westphalen* NJW 2002, 1688; wichtig ist die Feststellung des BGH, dass es sich nicht um die vielfache Verwendung gegenüber verschiedenen Vertragspartnern handeln muss, sondern, dass es auf die „Vielzahl von Verträgen“ ankommt, also auch die vielfache Verwendung gegenüber nur einem Vertragspartner AGB-Qualität begründen kann, BGH NJW 2004, 1454 f.

741 BGH NJW 1983, 385, 386; BGH NJW-RR 1986, 54; BGH NJW 1998, 2600, 2601; BGH NJW 2000, 1110, 1111 f.; BGH NJW 2010, 1131; MünchKommBGB/*Basedow*, § 305 Rn. 21; Palandt/*Grüneberg*, § 305 Rn. 10; *Bartsch* NJW 1986, 28 ff.; nach dem Grundsatz der Rspr. schlägt sich das Aushandeln insbesondere in „...erkennbaren Änderungen des vorformulierten Texts nieder.“, BGH NJW 2000, 1110, 1111 f.; krit. dazu v.a. *Berger* NJW 2010, 465, 467 f. (Aushandeln = Verhandeln); vgl. dazu aber den Wortlaut des Entwurfs einer Verordnung über ein Gemeinsames Europäisches Kaufrecht (KOM [2011] 635 [endg.]), Art. 7 I: „Eine Vertragsbestimmung ist nicht individuell *ausgehandelt*...“; dazu auch *Graf v. Westphalen* NJW 2012, 893.

Diese Voraussetzungen dürften in der lizenzvertraglichen Praxis häufig erfüllt sein.[742] Wie bei modernen Vertragstypen üblich[743], muss auch der Lizenzvertrag gleichsam entworfen und massentauglich[744] aufbereitet werden. Die Parteien greifen dann auf eigene, bereits vorgefertigte Vertragsmuster zurück, bedienen sich eines entsprechenden Vertragsentwurfs eines Formularhandbuches,[745] oder lassen einen entsprechenden Lizenzvertrag von einem Berater entwerfen. Die Verwendung desselben Formulars für eine Vielzahl von Fällen mag zwar auf den ersten Blick für die lizenzvertragliche Praxis nur bedingt tauglich erscheinen. Es könnte die Vermutung einer auf den jeweiligen Einzelfall maßgeschneiderten Lösung angestellt werden. Aber gerade bei vielzähliger Vergabe einfacher Lizenzen oder aber bei ausschließlichen Lizenzen, die in derselben Form an mehrere Lizenznehmer auf abgegrenzten Gebieten vergeben werden, bietet sich eine Vielfachverwendung von Formularen an.[746]

Doch dürfte die Anwendbarkeit des AGB-Rechts über das augenscheinliche Maß hinausgehen: Selbst eine echte Variation der Lizenzverträge schließt eine Inhaltskontrolle nicht aus. Es spielt für das Vorliegen von AGB insofern keine Rolle, ob der Verwender auf ein bereits vollständiges Formular zurückgreift, den Vertrag aus einem Pool von Klauseln zusammenstellt (sog. Textbausteine)[747],

---

742 Vgl. nur zum Patentrecht *van Venrooy* BB 1991, 7, 11, der das Formularmuster als „unverzichtbar" bezeichnet; zum Urhebberrecht von Hartlieb/Schwarz/*N.Reber,* Film-, Fernseh- und Videorecht, Kap. 92 Rn. 1: „…vielfach im Bereich der Urheberverwertungsverträge verwendeten Vertragsmuster und Formularverträge…"; *Götting,* in: FS Schricker, S. 56 f.: „…auch das Urhebervertragsrecht immer stärker von einer Standardisierung durch Norm und Klauselverträge geprägt…"; *Kuck* GRUR 2000, 285: „Die Vertragspraxis im Urhebberrecht ist geprägt von Tarifverträgen, Musterverträgen und Allgemeinen Geschäftsbedingungen."

743 Vgl. *Canaris,* FS Steindorff, S. 548; *Kötz,* Vertragsrecht, Rn. 241; *Martinek*, Moderne Vertragstypen I, S. 5; *Medicus,* FS Münchener Juristische Gesellschaft, S. 11 f.; *Stoffels*, Gesetzlich nicht geregelte Schuldverhältnisse, S. 2 f.; *Joost* ZIP 1996, 1685, 1689; *Medicus* JuS 1996, 761, 764; *Kuntz* AcP 209 (2009), 242, 260.

744 Zu den Anpassungserscheinungen im Massenbetrieb und deren Auswirkung auf das Privatrecht allgemein *Heck* AcP 92 (1902), 438, 455; in Bezug auf das Urheberrecht sprich *Götting* bezeichnend von „Urheberrechtsindustrien" und der damit verbundenen massenhaften Verwertung, *Götting,* in: FS Schricker, S. 56.

745 Vgl. nur die lizenzvertraglichen Formulare in Beck'sche Formularsammlung zum gewerblichen Rechtschutz mit Urheberrecht, passim; Münchener Vertragshandbuch, Band 3, Kapitel IV, VI, VII; Pfaff/Osterrieth, Lizenzverträge, Teil B.

746 *Bartenbach,* Patentlizenz- und Know-how-Vertrag, Rn. 447.

747 BGH NJW 2005, 2543, 2544; BGH BeckRS 2005, 08272; OLG Frankfurt NJW 1991, 1489, 1490; Graf v. Westphalen/*Graf v. Westphalen*, Vertragsrecht und AGB-Klauselwerke, Vertragsrecht, Kap. 17 Rn. 6; *Bartenbach,* Patentlizenz- und Know-how-Vertrag, Rn. 446; *Castendyk* ZUM 2007, 169, 170.

oder aber, ob sich zwischen individuell ausgehandelten Passagen Klauseln befinden, die AGB-Qualität aufweisen.[748] Auch das Zurückgreifen auf den Vertragsentwurf eines Beraters, den dieser für eine Vielzahl zu verwenden beabsichtigt, der Verwender aber nur einmalig einsetzen will, steht der Qualifikation als AGB nicht entgegen.[749] Aufgrund dieses weiten Verständnisses der vielfachen Verwendungsabsicht liegt es nahe, dass in der lizenzvertraglichen Praxis häufig AGB vorliegen, und zwar selbst im Falle von Verträgen die nicht gänzlich aus einem Formularhandbuch übernommen wurden.[750]

Die Einbeziehungsvoraussetzungen entsprechender AGB nach § 305 II BGB im unternehmerischen Geschäftsverkehr sind indes unbeachtlich.[751] § 310 I BGB schließt die Anwendung von § 305 II BGB aus. Somit kommt es für die Frage, ob die betroffenen Klauseln Vertragsbestandteil geworden sind auf die Regeln der §§ 145 ff. BGB an.[752] Die Annahme der AGB kann somit z.B. auch konkludent erfolgen, wenn in laufenden Geschäftsverbindungen der Verwender hinreichend deutlich gemacht hat, dass er Geschäfte nur auf Grundlage seiner allgemeinen Vertragsbedingungen tätigen wolle.[753]

Wird in dem Formularvertrag etwa noch auf die Geltung weiterer AGB–Klauselwerke (im internationalen Verkehr etwa unter der Bezeichnung GTC, General Terms and Conditions) verwiesen und diese damit wirksam miteinbezogen, so sind die Bestimmungen grundsätzlich nebeneinander anzuwenden. Bei inhaltlicher Unverträglichkeit wird der AGB-Kunde aber auf den Vorrang der unmittelbar vorliegenden Formularbestimmungen vertrauen dür-

---

748 BGH NJW 1979, 2387, 2388; BGH NJW 1997, 135; Vgl. auch die Rechtsprechungsübersicht bei *Graf v. Westphalen* NJW 2004, 1993 f.; *Graf v. Westphalen* NJW 2006, 2228.

749 BGH NJW 1991, 843; BGH NZBau 2000, 375, 376; BGH NZBau 2005, 590; BGH WM 2006, 246, 249; MünchKommBGB/*Basedow*, § 305 Rn. 18; *Leuschner* AcP 207 (2007), 491, 517.

750 Vgl. *Graf v. Westphalen* NJW 2006, 2228, der den vertragsentwerfenden Anwalt daher als verpflichtet ansieht, „seinen Mandanten ausdrücklich über das Risiko aufzuklären, dass es sich bei dem jeweils vorgelegten Entwurf und den entsprechenden, schnell aus der Datenbank vorgelegten Änderungen (außerhalb von § 305 I 3 BGB) um AGB handelt.“.

751 Dazu sogleich unten Achtes Kapitel C.

752 BGH NJW 1978, 2243; BGH NJW 1985, 1838; BGH NJW-RR 1991, 357; BGH NJW 1995, 1671, 1672; BGH NJW-RR 2003, 754, 755; Ulmer/Brandner/Hensen/*Ulmer/-Habersack*, AGB-Recht, § 305 Rn. 122, 170; Wolf/Lindacher/Pfeiffer/*Pfeiffer*, AGB-Recht, § 305 Rn. 124 ff.; *Stoffels,* AGB-Recht, Rn. 304.

753 BGH NJW 1992, 1232; BGH NJW 1995, 2224, 2225; BGH NJW-RR 2003, 754, 755; Ulmer/Brandner/Hensen/*Ulmer/Habersack*, AGB-Recht, § 305 Rn. 172 ff.; *Stoffels,* AGB-Recht, Rn. 304.

fen.[754] Das separate Klauselwerk tritt zurück, soweit nicht eine ganzlich oder teilweise abweichende Spezialität vereinbart wird.

B. Kontrollfreie Klauseln gem. § 307 III BGB

Der Inhaltskontrolle werden gem. § 307 III 1 BGB Schranken gesetzt: Gegenstand der Kontrolle sind nur solche Bestimmungen, durch die von Rechtsvorschriften abgewichen wird, oder solche, die Rechtsvorschriften ergänzen. Zum einen werden durch diese Vorschrift Klauseln von der Kontrolle ausgenommen, die den Inhalt gesetzlicher Bestimmungen nur wiedergeben.[755] Davon werden nicht nur materielle Rechtsnormen, sondern auch ungeschriebene und richterrechtliche Rechtsgrundsätze erfasst.[756] Zum anderen sollen – wenngleich sich dies dem Wortlaut der Norm nur schwer entnehmen lässt[757] - preis- und leistungsbestimmende Klauseln kontrollfrei bleiben.[758] Bei letzteren handelt es sich um Vereinbarungen, die die Parteien in Ausübung ihrer Vertragsfreiheit festlegen können sollen.[759] Dies betrifft nach ständiger Rechtsprechung nur den engen Kreis der Vereinbarungen bei deren Fehlen ein wirksamer Vertragsschluss nicht angenommen werden kann (essentialia negotii).[760] Eine Transparenzkontrolle derartiger Klauseln bleibt davon jedoch unberührt (§ 307 III 2 BGB).[761]

---

754 Wolf/Lindacher/Pfeiffer/*Lindacher*, AGB-Recht, § 305c Rn. 121.

755 BegrRegE BT-Drucks. 7/3919, S.22; BAG NJW 2008, 3372, 3373; MünchKommBGB/-*Wurmnest*, § 307 Rn. 1; Palandt/*Grüneberg,* § 307 Rn. 41; Ulmer/Brandner/Hensen/-*Fuchs*, AGB-Recht, § 307 Rn. 25 ff.; Wolf/Lindacher/Pfeiffer/*Wolf*, AGB-Recht, § 307 Rn. 331 ff.; *Stoffels* JZ 2001, 843, 846; zu den Ursachen der Kontrollfreiheit deklaratorischer Klauseln näher *Dylla-Krebs*, Schranken der Inhaltskontrolle, S. 65 f.

756 BAG NJW 2010, 2455; Palandt/*Grüneberg,* § 307 Rn. 51.

757 *Stoffels,* AGB-Recht, Rn. 420; *Canaris* AcP 200 (2000), 273, 327; die EG Richtlinie über mißbräuchliche Klauseln in Verbraucherverträgen (EG-RL 93/13/EWG), die freilich im hier betrachteten B2B-Verkehr keine Anwendung findet, äußert sich insoweit deutlicher, vgl. Art 4 Abs. 2 EG-RL 93/13/EWGx.

758 BGH NJW-RR 1993, 1049, 1050; BGH NJW 1993, 2369; BGH NJW 1999, 3411, 3412; BGH NJW-RR 2004, 1258; MünchKommBGB/*Wurmnest*, § 307 Rn. 1; Palandt/*Grüneberg,* § 307 Rn. 41; Staudinger/*Coester*, § 307 Rn. 238 ff.; Ulmer/Brandner/Hensen/-*Fuchs*, AGB-Recht, § 307 Rn. 18 ff.; Wolf/Lindacher/Pfeiffer/*Wolf*, AGB-Recht, § 307 Rn. 288; *Thomas* AcP 209 (2009), 84, 90 f.

759 BAG NJW 2008, 3372; Graf v. Westphalen/*Graf v. Westphalen/Thüsing*, Vertragsrecht und AGB-Klauselwerke, Vertragsrecht, Kap. 20 Rn. 1 ff.; Palandt/*Grüneberg,* § 307 Rn. 41; *Dylla-Krebs*, Schranken der Inhaltskontrolle, S. 154 ff.; *Fastrich,* Richterliche Inhaltskontrolle, S. 257; *Canaris* NJW 1987, 609, 613; *Stoffels* JZ 2001, 843, 847 f.

760 BGH NJW-RR 1993, 1049, 1050; BGH NJW 1993, 2369; BGH NJW 1999, 3411, 3412; BGH NJW-RR 2004, 1258; vgl. auch BT-Drs. 7/3919, S. 22; treffend kritisiert *Stoffels*,

Der von der Kontrolle ausgenommene *Kernbereich* der Leistungsbeschreibung wird von der BGH-Rechtsprechung[762] eng gefasst. Dazu zählen z.B. Vereinbarungen über den Gegenstand, die Art, den Umfang, die Quantität oder die Qualität der vertraglichen Leistungen, sowie nähere Waren und Leistungsbeschreibungen.[763] Kontrollfähig hingegen bleiben darüber hinausgehende Modifikationen des Leistungsgegenstandes.[764] Darunter fallen z.B. Bestimmungen über Erweiterungen oder Einschränkungen der Hauptleistung[765], Klauseln über Modalitäten der Leistungs- und Gegenleistungserbringung,[766] aber auch formular-

---

dass die Festlegung der essentialia negotii genauso wie die weiterern Vertragselemente Teil der Privatautonomie ist und eine Begründung, warum gerade der Kernbereich in besonderem Maße dem Schutz der Vertragsfreiheit unterliegt nicht dargetan wird. Aber selbst „...wenn dies so wäre, ließen sich aus dem Prinzip der Vertragsfreiheit doch kaum praktisch verwertbare Hinweise gewinnen, welche Bedingungen noch zum besonders schutzwürdigen Kernbereich privatautonomer Festsetzungen gerechnet werden können...", *Stoffels*, Gesetzlich nicht geregelte Schuldverhältnisse, S. 376; vgl. auch *Canaris* NJW 1987, 609, 613.

761 Zur Intransparenz gesetzesrezitierender Klauseln mit Beispielen aus dem Miet- und Reisevertragsrecht *Kappus* NJW 2003, 322 ff.

762 BGH NJW 1987, 1931, 1935; BGH NJW 1999, 2279, 2280; BGH NJW1999, 3558, 3559; BGH NJW 2001, 1132, 1133; BGH NJW 2001, 1934, 1935; BGH NJW 2001, 2014, 2016.

763 BGH NJW 1985, 3013 f.; BGH NJW 1990, 761, 762; BGH NJW 1992, 688, 689; BGH NJW 1993, 1128, 1129; BGH NJW 2001, 2014; BGH NJW 2010, 1958; Ulmer/Brandner/Hensen/*Fuchs*, AGB-Recht, § 307 Rn. 37; Wolf/Lindacher/Pfeiffer/*Wolf*, AGB-Recht, § 307 Rn. 292 ff.; BeckOK BGB Bamberger/Roth/*Schmidt*, § Rn. 68a; jurisPK-BGB/*Lapp*, § 307 Rn. 102; MünchKommBGB/*Wurmnest*, § 307 Rn. 12 ff.; Palandt/*Grüneberg*, § 307 Rn. 44; *Stoffels*, AGB-Recht, Rn. 439 f.

764 BGH NJW 1999, 2279, 2280; BGH NJW 1999, 3558, 3559; BGH NJW 2001, 751, 752; BGH NJW 2001, 1132, 1133; BGH NJW 2003, 1237, 1238; BGH NJW 2010, 1958; Ulmer/Brandner/Hensen/*Fuchs*, AGB-Recht, § 307 Rn. 38; jurisPK-BGB/*Lapp*, § 307 Rn. 103; *Stoffels*, AGB-Recht, Rn. 441; zum Preisanpassungsrecht vgl. BGH NJW-RR 2005, 1717; BGH NJW-RR 2008, 134, 135; BGH NJW 2008, 360, 362; LG Dortmund ZIP 2001, 66; *Thomas* AcP 209 (2009), 84, 90 f.

765 BGH NJW 1987, 1931, 1935; BGH NJW-RR 1991, 1013, 1014; BGH NJW 1993, 2369; BGH NJW-RR 1993, 1049, 1050; BGH NJW 2010, 1958; Wolf/Lindacher/Pfeiffer/*Wolf*, AGB-Recht, § 307 Rn. 298; Staudinger/*Coester*, § 307 Rn. 310 .

766 BGH NJW 1993, 2442, 2444; BGH NJW 1996, 988; BGH NJW 2001, 751, 752; BGH NJW 2003, 1237, 1238; Staudinger/*Coester*, § 307 Rn. 322; Wolf/Lindacher/-Pfeiffer/*Wolf*, AGB-Recht, § 307 Rn. 298.

mäßig abgegebene Zusicherungen von Eigenschaften,[767] sowie Bestimmungen über den zeitlichen Rahmen der Leistungserbringung.[768]

Das fehlende gesetzliche Vertragsprogramm im Lizenzvertragsrecht erschwert die Bestimmung des leistungsbezogenen Kernbereichs. Der Lizenzvertrag ist maßgeblich dadurch geprägt, dass die Parteien in privatautonomer Entscheidung einen individuellen Leistungsumfang festlegen können. Damit unterliegt auch eine generalisierende, vertragstypologische Bestimmung des Leistungs(mindest)umfangs erheblichen Schwierigkeiten.

Die Abgrenzung kontrollfreier und kontrollfähiger Klauseln scheint dann deutlich, wenn leistungsbestimmende Klauseln (z.B. Nennung und Beschreibung des Patents) einer weiterführenden Vertragsgestaltung (z.B. Risikoverlagerungsklauseln in Form von Gewährleistungs- und Haftungsbestimmungen) klar gegenübergestellt werden können. Zweifel ergeben sich aber, wenn leistungsbezogene Klauseln den Gegenstand der Hauptleistung konkretisieren.[769] Fraglich ist dann, ob die Klausel den Leistungsgegenstand bestimmt und somit kontrollfrei bleibt, oder ob sie ihn weiterführend ausgestaltet und daher der Kontrolle unterworfen wird. Sowohl die begriffliche[770], als auch die inhaltliche Abgrenzung[771] ist in diesen Fällen großer Unsicherheit unterworfen.

Abzustellen ist für die Beurteilung der Kontrollfähigkeit aber auf den Anknüpfungspunkt der Inhaltskontrolle. Sie muss dort ansetzen, wo Markt und Wettbewerb als Regulativ im Konditionenwettbewerb versagen und eine spezifische Zurkenntnisnahme des Vertragsinhalts nicht angenommen werden kann.[772]

---

767 OLG Frankfurt NJW 1986, 1618, 1621; Wolf/Lindacher/Pfeiffer/*Wolf*, AGB-Recht, § 307 Rn. 300.

768 Vgl. BGH NJW 1994, 2693; MünchKommBGB/*Wurmnest*, § 307 Rn. 14; Wolf/Lindacher/Pfeiffer/*Wolf*, AGB-Recht, § 307 Rn. 301; a.A. LG Hamburg NJW-RR 1993, 759, 760.

769 Vgl. Graf v. Westphalen/*Graf v. Westphalen/Thüsing*, Vertragsrecht und AGB-Klauselwerke, Vertragsrecht, Leistungsbeschreibungen Rn. 3 ff. mit zahlreichen Beispielen.

770 Vgl. BGH NJW 1989, 222, 223; BGH NJW 1992, 688, 689; BGH NJW 1993, 1128, 1129; Ulmer/Brandner/Hensen/*Fuchs*, AGB-Recht, § 307 Rn. 18; Staudinger/*Coester*, § 307 Rn. 311; *Canaris* AcP 200 (2000), 273, 330

771 Vgl. BeckOK BGB Bamberger/Roth/*Schmidt*, § 307 Rn. 68a ff.; MünchKommBGB/-*Wurmnest*, § 307 Rn. 12 ff.; Staudinger/*Coester*, § 307 Rn. 310 ff.; eingehend *Dylla-Krebs*, Schranken der Inhaltskontrolle, S. 158 ff.; *Stoffels*, AGB-Recht, Rn. 448.

772 Staudinger/*Coester*, § 307 Rn. 320; *Fastrich*, Richterliche Inhaltskontrolle, S. 263 ff.; *Stoffels*, Gesetzlich nicht geregelte Schuldverhältnisse, S. 386, 390 ff.; *Stoffels*, AGB-Recht, Rn. 448 ff.; *Canaris* NJW 1987, 609, 613; *Canaris* AcP 200 (2000), 273, 323 ff.; *Stoffels* JZ 2001, 843, 847; die Rechtfertigung der Inhaltskontrolle im Einzelnen ist umstritten, grundlegend: *Schmidt-Rimpler*, FS Raiser, S. 3 ff.; *Schmidt-Rimpler* AcP 147

Anhaltspunkt für eine defizitäre Beachtung kann dabei sein, ob die in Frage stehende Regelung einen Sachverhalt beschreibt, der den Vertragspartner in jedem Fall betrifft (z.B. Umfang des eigenen Nutzungsrechts), oder ob er sich mit den Folgen der Regelung nur hypothetisch konfrontiert sieht (z.B. Gewährleistung).[773]

Zum kontrollfreien Kernbereich des Lizenzvertrages zählen zunächst die synallagmatischen Primärpflichten, im Einzelnen die Ermöglichung der Nutzung des Schutzgutes gegen eine Lizenzgebühr.[774] Auch die nähere Beschreibung des lizenzierten Gegenstandes, wie z.B. der Inhalt des Patents oder des Sortenschutzes, die Bestandteile der Marke, oder die Funktion der Software sind als Beschreibungen des Leistungsgegenstandes einer Inhaltskontrolle entzogen.

Der Einordnung bedürfen darüber hinaus aber auch weitere persönliche, räumliche, zeitliche und sachliche Beschränkungen einer Lizenz.[775] Darunter fallen formularmäßige Klauseln, die die Lizenz als einfache oder ausschließliche Lizenz ausgestalten[776], sie auf ein räumliches Gebiet beschränken[777], die Ver-

---

(1941), 130 ff.; aus der jüngeren Literatur vgl. nur *Fastrich,* Richterliche Inhaltskontrolle, S. 79-93; *Kötz* JuS 2003, 209, 212 f.; *Schäfer/Ott,* Lehrbuch der ökonomischen Analyse des Rechts, S. 514 ff.; *Canaris* AcP 200 (2000), 273, 323; differenzierend zur Übertragung auf den Geschäftsverkehr zuletzt: *Leuschner* AcP 207 (2007), 491, 523 ff.; *Graf v. Westphalen* NJW 2009, 2977 ff.; mit Reformvorschlägen zuletzt auch *Becker* JZ 2010, 1098 ff.; *Berger* NJW 2010, 465 ff.; in Bezug auf die Kontrollfreiheit von Preis- und Leistungsbestimmungen grundlegend *Dylla-Krebs,* Schranken der Inhaltskontrolle, S. 111 ff.

773 Zur Aufmerksamkeit des AGB-Kunden bei Preis- und Leistungsbestimmungen und zum Schutz vor bekannten Klauseln *Dylla-Krebs,* Schranken der Inhaltskontrolle, S. 135 ff.

774 Ulmer/Brandner/Hensen/*Schmidt*, AGB-Recht, Anh. § 310 Rn. 568; vgl. auch *Emde* MDR 2006, 301, 302; im Urheberrecht steht dem Urheber im Kernbereich der Vergütung, in dem die Inhaltskontrolle nicht anwendbar ist, § 32 UrhG zur Seite. Danach ist eine angemessene Vergütung zwingend. Zum Verhältnis zur Inhaltskontrolle vgl. Fromm/Nordemann/*Czychowski,* UrhG, § 32 Rn. 124; Berger/Wündisch/*Berger,* Urhebervertragsrecht, § 2 Rn. 23 ff.; *Berger* ZUM 2003, 521, 529; *Erdmann* GRUR 2002, 923, 925.

775 Zur Gestaltungsfreiheit der Lizenz siehe schon oben Erstes Kapitel B. II. 1.

776 Zur persönlichen Beschränkung der einfachen und der ausschließlichen Lizenz vgl. oben Erstes Kapitel B. II. 4. a) und Erstes Kapitel B. II. 5. a).

777 Vgl. EuGH GRUR Int 1982, 530; Busse/*Keukenschrijver,* PatG, § 15 Rn. 66; *Fezer*, Markenrecht, § 30 Rn. 14; *Ingerl/Rohnke*, MarkenG, § 30 Rn. 38; Loewenheim/-*J.B.Nordemann,* Handbuch des Urheberrechts, § 60 Rn. 23 f.; *Bartenbach,* Patentlizenz- und Know-how-Vertrag, Rn. 1213 ff.; *Schack,* Urheber- und Urhebervertragsrecht, Rn. 541 ff.

tragsdauer auf einen festgelegten Zeitraum begrenzen[778], nur einzelne Benutzungsarten wie die Herstellung, den Vertrieb, den Gebrauch, die Einfuhr bzw. im Rahmen des Urheberrecht nur bestimmte Arten von Aufführungen oder Sendungen erlauben[779], oder die Lizenz auf einen bestimmten Betrieb oder einen Konzern beschränken.[780] Nach dem oben Gesagten ist für die Beurteilung der Kontrollfähigkeit solcher Klauseln darauf abzustellen, ob der Vertragspartner des AGB-Verwenders eine solche Bestimmung des Nutzungsrechts üblicherweise derart wahrnimmt, dass er diese in seine Preis-Leistungsvorstellungen ohne weiteres mit einbezieht. Dies wird für die aufgeführten Beschränkungsmöglichkeiten jedenfalls für den unternehmerischen Bereich meist der Fall sein. Der Verwendungsgegner rezipiert i.d.R. den persönlich, zeitlich, örtlich und sachlich festgelegten Umfang der Lizenz.[781] Erkennbar ist dies schon allein dadurch, dass diese Modalitäten oftmals Gegenstand von Individualvereinbarungen sind und neben den Vereinbarungen über die Lizenzgebühr eine herausragende Stellung in Lizenzvertragsformularen genießen.[782]

Eine Besonderheit ergibt sich im Urheberrecht durch die sogenannte Zweckübertragungslehre, die in § 31 V UrhG geregelt ist. Danach bestimmt sich nach dem von beiden Partnern zugrunde gelegten Vertragszweck, auf welche Nutzungsarten sich die Einräumung erstreckt, solange bei der Einräumung eines Nutzungsrechts die Nutzungsarten nicht ausdrücklich einzeln bezeichnet sind. Die Norm stellt einen Auslegungsgrundsatz für den Umfang der vertraglichen Nutzungsrechteinräumung dar.[783] Darüber hinaus wird diskutiert, inwieweit

---

778 Busse/*Keukenschrijver,* PatG, § 15 Rn. 67; *Fezer*, Markenrecht, § 30 Rn. 12 f.; Loewenheim/*J.B.Nordemann,* Handbuch des Urheberrechts, § 60 Rn. 25 ff.; *Bartenbach,* Patentlizenz- und Know-how-Vertrag, Rn. 1242 ff.

779 Busse/*Keukenschrijver,* PatG, § 15 Rn. 68; *Fezer*, Markenrecht, § 30 Rn. 15; *Ingerl/Rohnke*, MarkenG, § 30 Rn. 37; Loewenheim/*J.B.Nordemann,* Handbuch des Urheberrechts, § 60 Rn. 28; *Groß*, Der Lizenzvertrag, Rn. 26 ff.; vgl. auch zum Urhebervertragsrecht *Schack,* Urheber- und Urhebervertragsrecht, Rn. 939 ff.

780 Busse/*Keukenschrijver,* PatG, § 15 Rn. 69; *Fezer*, Markenrecht, § 30 Rn. 16; *Bartenbach,* Patentlizenz- und Know-how-Vertrag, Rn. 1196 ff.; *Groß*, Der Lizenzvertrag, Rn. 40 ff.

781 Ulmer/Brandner/Hensen/*Schmidt*, AGB-Recht, Teil 2 Lizenzverträge Rn. 4; Vgl. auch für die zeitliche Beschränkung BGH GRUR 1984, 45, 48; Loewenheim/*J.B.Nordemann,* Handbuch des Urheberrechts, § 60 Rn. 26; Schricker/Loewenheim/*Schricker*, UrhG, Vor§§ 28 ff. Rn. 53.

782 Vgl. Pfaff/Osterrieth/*Osterrieth,* Lizenzverträge, Teil B. (Ausschließlicher Lizenzvertrag, §§ 1-4); Fezer/*Fammler,* Handbuch der Markenpraxis, Bd. II Rn. 67; *Pagenberg/Beier,* Lizenzverträge, Muster 1 (Vertragstext) §§ 1 ff.

783 Dreier/Schulze/*Schulze*, UrhG, § 31 Rn. 114; Fromm/Nordemann/*J.B.Nordemann,* UrhG, § 31 Rn. 108; Loewenheim/*Loewenheim/J.B.Nordemann,* Handbuch des Urhe-

§ 31 V UrhG i.R.d. AGB-Kontrolle Anwendung als Leitbild i.S.d. § 307 II Nr. 1 BGB findet. Zur Rede steht also eine mittelbare Kontrolle unangemessen weiter Leistungsvereinbarungen. Da der Bereich der Leistungsvereinbarung aber grundsätzlich kein Gegenstand der Inhaltskontrolle ist, werden im Schrifttum verschiedene Positionen vertreten: Teilweise wird die Rechteeinräumung als Leistungsvereinbarung generell als nicht kontrollfähig gesehen.[784] Andere wollen – mit unterschiedlicher Abgrenzung[785] – den Leistungsgegenstand teilweise miteinbeziehen. Wie oben muss aber auch hier die Grenze dort gezogen werden, wo Leistungsvereinbarungen ihrer Natur gemäß nach Gegenstand und Zweck der Vertragsart typischerweise nicht erwartet werden.[786] Mit anderen Worten wird die ratio legis des § 31 V UrhG zum Teil selbst zum Abgrenzungsmerkmal des kontrollfreien Bereichs innerhalb des § 307 III BGB.[787] Zur kontrollfreien Leistungsvereinbarung zählen damit solche Klauseln, die ein redlicher Vertragspartner in dem konkreten Vertrag typischerweise erwarten kann. Hingegen kommt es zur Abgrenzung nicht auf den in § 31 V UrhG vorausgesetzten Mangel an einer ausdrücklichen Bezeichnung im Vertrag oder aber auf eine hinreichend klare Formulierung an,[788] da diese Art der Abgrenzung den Einbezug einer Klausel in die Inhaltskontrolle letztlich dem Formulierungsgeschick des AGB-Verwenders überlassen würde.[789]

Zweifelhaft ist aber auch die Einordnung von Klauseln, die die Möglichkeit der Unterlizenzierung zum Gegenstand haben.[790] Einerseits ließe sich argumentieren, dass die Möglichkeit zur Vergabe von Unterlizenzen einen Bestandteil des Umfangs der Nutzungsermöglichung darstellt. Sie würde somit dem kontrollfreien Leistungsbestimmungsbereich angehören. Andererseits beeinflusst eine Unterlizenzierung die Nutzungsmöglichkeit des Lizenznehmers selbst nicht unmittelbar. Der Lizenzgeber wird sich, besonders im Falle einfacher Lizenzen, häufig keine besonderen Vorstellungen von der Verwertung durch den Lizenz-

---

berrechts, § 26 Rn. 43; Schricker/Loewenheim/*Schricker/Loewenheim*, UrhG, § 31 Rn. 64.

784 *Schack,* Urheber- und Urhebervertragsrecht, Rn. 959; *Kuck* GRUR 2000, 285, 288.

785 Vgl. nur Fromm/Nordemann/*J.B.Nordemann,* UrhG, § 31 Rn. 182; *Berberich* ZUM 2006, 205, 207 ff.; *Castendyk* ZUM 2007, 169, 173.

786 Vgl. BGH NJW 1987, 1931, 1935; Dreier/Schulze/*Schulze* § 31 Rn 116; *Berberich* ZUM 2006, 205, 209;

787 Dreier/Schulze/*Schulze* § 31 Rn 116; *Berberich* ZUM 2006, 205, 210.

788 So aber *Schack,* Urheber- und Urhebervertragsrecht, Rn. 1087.

789 Loewenheim/*J.B. Nordemann,* Handbuch des Urheberrechts, § 60 Rn. 18; Fromm/-Nordemann/*J.B.Nordemann,* UrhG, § 31 Rn. 182.

790 Für die Kontrollfähigkeit von Unterlizenzklauseln ohne nähere Begründung: Ulmer/-Brandner/Hensen/*Schmidt*, AGB-Recht, Teil 2 Lizenzverträge Rn. 5.

nehmer im Einzelnen machen. Umgekehrt kann für den Lizenznehmer die Erteilung einer Unterlizenz nur ein hypothetisches Element darstellen, für den Fall, dass eine eigenständige Verwertung scheitert. Eine grundsätzliche und spezifische Zurkenntnisnahme von Unterlizenzklauseln kann also nicht vermutet werden. Die Parteien binden sie nicht zwingend in ihre Preis- und Leistungsvorstellungen mit ein. Es bedarf somit der Beurteilung des generalisierten Vertragsverhältnisses. Reflektiert ein redlicher Vertragspartner typischerweise eine Regelung zur Unterlizenzierung in seinen Preis-Leistungserwägungen, muss die Klausel zum kontrollfreien Bereich der Leistungsmodifikation gehören.[791]

Wo dies nicht zutrifft sind im Gegenzug nur solche Unterlizenz-Klauseln kontrollfähig, die von Rechtsvorschriften[792] abweichen. Insoweit ist die Bestimmungen des § 35 I 1 UrhG zu beachten, wonach ein ausschließlicher Lizenznehmer weitere Nutzungsrechte nur mit Zustimmung des Urhebers einräumen kann.[793] Darüber hinaus wird der einfache Lizenznehmer unabhängig vom zugrundeliegenden Schutzrecht von der ganz h.M. in Literatur[794] und Rechtsprechung[795] nicht als berechtigt angesehen Unterlizenzen zu erteilen.[796] Dieser Grundsatz kann somit als Rechtsnorm i.S.d. § 307 III 1 BGB erachtet werden. Für die ausschließliche Lizenz hingegen haben sich entsprechende einheitliche Grundsätze noch nicht herausgebildet.[797]

Beispiele für darüber hinausgehende, kontrollfähige Klauseln außerhalb des Kernbereichs stellen z.B. Zusicherungen von Eigenschaften dar,[798] sowie weitere

---

791 Vgl. aber Ulmer/Brandner/Hensen/*Schmidt*, AGB-Recht, Teil 2 Lizenzverträge Rn. 5.

792 Zur Erstreckung des Begriffes der Rechtsvorschrift i.S.d. § 307 III 1 BGB auf Richterrecht und ungeschriebene Rechtsgrundsätze bereits oben Achtes Kapitel B.

793 Vgl. aber die Ausnahme des § 35 I 2 UrhG wonach z.B. Verwertungsgesellschaften grundsätzlich keiner Zustimmung zur Unterlizenzierung bedürfen, LG Köln ZUM 1998, 168, 169; LG München ZUM 2003, 73, 76; Dreier/Schulze/*Schulze*, UrhG, § 35 Rn. 14; Möhring/Nicolini/*Spautz,* UrhG, § 35 Rn. 3; Wandtke/Bullinger/*Wandtke/Grunert*, UrhG, § 35 Rn. 12.

794 Zur Patentlizenz: *Mes*, PatG GebrMG, § 15 PatG Rn. 40; *Kraßer,* Patentrecht, S. 933; Zur Markenlizenz: *Fezer,* Markenrecht, § 30 Rn. 24; *Ingerl/Rohnke,* MarkenG, § 30 Rn. 49; Ströbele/Hacker/*Hacker,* MarkenG, § 30 Rn. 68; zur Gebrauchsmusterlizenz durch Verweis auf das Patentrechts Benkard/*Ullmann*, PatG, § 22 GebrMG Rn. 4; *Mes*, PatG GebrMG, § 22 GebrMG Rn. 2; für die Geschmacksmusterlizenz Eichmann/von Falckenstein/*Eichmann,* GeschmMG, § 31 Rn. 10.

795 BGH GRUR 1974, 463, 464; BGH GRUR 1982, 411, 412; OLG Stuttgart GRUR-RR 2004, 8, 12.

796 Vgl. ausführlich dazu oben Erstes Kapitel B. II. 4. b).

797 Vgl. näher oben Erstes Kapitel B. II. 5. b).

798 Dies betrifft z.B. Zusicherungen des Lizenzgebers einer Patentlizenz hinsichtlich der Rentabilität der Auswertung oder hinsichltich der Fabrikationsreife, soweit diese Zusi-

Vereinbarungen z.B. in Bezug auf die Haftung[799], die Verteidigung des Schutzrechts, Nichtangriffspflichten, Auskunfts- und Rechnungslegungspflichten sowie preisbezogene Vereinbarungen wie die Minderung von Lizenzgebühren oder eine Anpassung im Rahmen einer Meistbegünstigungsklausel.

C. Besonderheiten im B2B-Verkehr gem. § 310 I BGB

Im hier betrachteten unternehmerischen Geschäftsverkehr (business to business, B2B) gelten die Sonderbestimmungen des § 310 I BGB. Voraussetzung für die Annahme des Vorliegens der Unternehmereigenschaft ist gem. § 14 BGB das Handeln in Ausübung der gewerblichen oder selbständigen Tätigkeit.[800]

Bei Lizenzverträgen des gewerblichen Rechtschutzes handelt es sich regelmäßig um ein B2B-Verhältnis. Lediglich in den wenigen Fällen, in denen z.B. ein Gelegenheitserfinder durch seine Erfindung(en) eben keine planvolle, auf gewisse Dauer angelegte, selbständige und wirtschaftliche Tätigkeit[801] ausübt, kann dies anders sein. Bietet der Erfinder aber seine gewerblichen Leistungen darüber hinaus an, gilt er als Unternehmer, selbst wenn er kein gewerbliches Unernehmen betreibt.[802]Aber auch Urheber, die ihre urheberrechtlich geschützten Werke wirtschaftlich und nachhaltig vermarkten, werden als Unternehmer und nicht als Verbraucher i.S.d. § 13 BGB eingestuft.[803]

Gegenüber Unternehmern wird zunächst durch den Ausschluss des § 305 II, III BGB die Einbeziehung allgemeiner Geschäftsbedingungen erleichtert (§ 310 I 1 BGB).[804] Der Einbezug der AGB unterliegt im B2B-Bereich nicht den strengen Voraussetzungen des besonderen Hinweises auf die AGB (§ 305 II Nr. 1 BGB) und der Verschaffung einer zumutbaren Möglichkeit der Kenntnisnahme (§ 305 II Nr. 2 BGB). Die Bedeutung dieser Ausnahme für

---

cherung nicht vom Lizenzgeber selbst eingeführt wurde, vgl. Busse/*Keukenschrijver,* PatG, § 15 Rn. 112.

799 Zum unscharfen Begriff der „Haftung“ im Kontext lizenzvertraglicher Formulare vgl. unten Achtes Kapitel C. III. 2.

800 Ausführlich zum Unternehmerbegriff BeckOK BGB Bamberger/Roth/*Schmidt-Räntsch*, § 14 Rn. 5 ff.; MünchKommBGB/*Micklitz*, § 14 Rn. 1 ff.; Staudinger/*Habermann*, § 14 Rn. 2 f., 32 ff.

801 Zur Definition des gewerblichen Unternehmerbegriffes des § 14 BGB ist § 1 II HGB heranzuziehen, vgl. MünchKommBGB/*Micklitz*, § 14 Rn. 18; Staudinger/*Weick*, § 13 Rn. 51; Staudinger/*Habermann*, § 14 Rn. 33.

802 BGH GRUR 1973, 331, 333.

803 Vgl. BGH GRUR 1988, 782, 784; Fromm/Nordemann/*J.B.Nordemann,* UrhG, Vor §§ 31 ff. Rn. 195; Schricker/Loewenheim/*Schricker/Loewenheim*, UrhG, Vor §§ 28 ff. Rn. 32; *Acker/Thum* GRUR 2008, 671, 672; *Berberich* ZUM 2006, 205, 208; *Riesenhuber* ZUM 2002, 777, 778.

804 Dazu siehe bereits oben Drittes Kapitel A.

Lizenzvertäge ist freilich begrenzt, da § 305 II BGB auf Formularverträge allgemein nicht anwendbar ist.[805] Die Einbeziehung erfolgt schließlich nach den allgemeinen Regeln des Vertragsschlusses (§§ 145 ff. BGB) und der Auslegung von Willenserklärungen (§§ 133, 157 BGB).[806] Der Verwender muss die gewünschten AGB aus der Sicht eines objektiven Erklärungsempfängers in sein Vertragsangebot einbezogen haben, der AGB-Kunde andererseits sich mit der Geltung der AGB durch seine Erklärung – ausdrücklich oder konkludent - einverstanden gezeigt haben.[807]

Ferner schließt § 310 I 1 BGB die unmittelbare Anwendung der §§ 308, 309 BGB im unternehmerischen Verkehr aus. Die Inhaltskontrolle erfolgt damit nur anhand der Generalklausel des § 307 BGB. Gem. § 310 I 2 Hs. 1 BGB lässt dieser Ausschluss aber nicht den Umkehrschluss zu, dass die in §§ 308, 309 BGB genannten Klauseln damit generell erlaubt sind.[808] Vielmehr hat sich in der Praxis die umgekehrte Ansicht durchgesetzt: Den in den beiden Paragraphen genannten Klauselverboten, vor allem aber denjenigen mit Wertungsmöglichkeit gem. § 308 BGB, wird häufig eine Indizwirkung für eine unangmessene Benachteiligung des Vertragspartners innerhalb der Kontrolle gem. § 307 BGB zugeschrieben.[809] Diese kann jedoch nicht pauschal angenommen werden[810] und

---

805 BGH NJW 1988, 2465; BGH NJW 1995, 190; OLG Frankfurt NJW 1986, 2712, 2713; Staudinger/*Schlosser*, § 305 Rn. 103.

806 Vgl. dazu *Larenz/Wolf,* AT BGB, § 28 Rn. 1 ff., § 29 Rn. 1 ff.; *Medicus,* AT BGB, Rn. 307 ff.

807 Zum Vertragsschluß durch beiderseitige Zustimmung zu einem Vertragstext insbesondere *Flume,* Allgemeiner Teil des Bürgerlichen Rechts II, S. 619 f.

808 Vgl. BT-Drs. 7/3919, S. 43 ff.; Wolf/Lindacher/Pfeiffer/*Wolf*, AGB-Recht, § 310 Rn. 22; BeckOK BGB Bamberger/Roth/*Becker*, § 310 Rn. 3; Staudinger/*Schlosser*, § 310 Rn. 12; vgl. auch. MünchKommBGB/*Basedow*, § 310 Rn. 7, der treffend in der Feststellung des ersten Halbsatzes geradezu eine Ermunterung des Richters vermutet, zu prüfen, ob nicht eine Klausel, die gem. §§ 308, 309 BGB in einem Verbrauchervertrag unwirksam wäre auch im unternehmerischen Geschäftsverkehr gem. § 307 BGB als unwirksam anzusehen ist.

809 Vgl. BGH NJW 1981, 1501, 1502; BGH NJW 1981, 1510; BGH NJW 1984, 1750, 1751; BGH NJW 1993, 2436, 2438; BGH NJW 1996, 389, 390; Ulmer/Brandner/Hensen/*Fuchs*, AGB-Recht, § 307 Rn. 382; BeckOK BGB Bamberger/Roth/*Becker*, § 310 Rn. 3; MünchKommBGB/*Basedow*, § 310 Rn. 8; Staudinger/*Coester*, § 307 Rn. 14; deutlich zurückhaltender Wolf/Lindacher/Pfeiffer/*Wolf*, AGB-Recht, § 310 I Rn. 20 ff.; Markant sind vor allem die Ausführungen von *Bunte* AcP 181 (1981), 31, 50: „Bei den Regeln des § 10 AGBG handelt es sich ausnahmslos um konkrete Anwendungsfälle des § 9 AGBG, so dass auch diese im kaufmännischen Verkehr gelten können,… Die in § 11 AGBG aufgeführten Verbote werden für die Rechtsprechung sicherlich künftig Leitbilder für die Interpretation der Generalklausel sein.“; zurückhaltender dann aber *Bunte* NJW 1987, 921, 925; vgl. auch zur Kritik an der Wertungsübertragung

wird von der Rechtsprechung schließlich auch nur für jeweils einzelne Verbote bejaht.[811] Eine beschränkte Relevanz der speziellen Klauselverbote im Bereich des Lizenzvertragsrechts kann sich freilich dadurch ergeben, dass sie auf Alltagsverträge zugeschnitten sind.[812]

Schließlich finden im B2B-Bereich gem. § 310 I 2 Hs. 2 BGB auch die im Handelsverkehr geltenden Gewohnheiten und Gebräuche angemessene Berücksichtigung.[813] Die Wertung des ohnehin zwischen Kaufleuten geltenden § 346 HGB wird durch die Vorschrift auf den Kreis der Unternehmer insgesamt übertragen. Gewohnheiten und Gebräuche können sich in diesem Bereich gegenüber dem dispositiven, wenngleich auch nicht gegenüber dem zwingenden Recht durchsetzen.[814]

D. Überraschende Klauseln gem. § 305c BGB

Auch soweit AGB vorliegen und diese wirksam in den Vertrag miteinbezogen wurden, werden solche Bestimmungen nicht Bestandteil des Vertrages, die nach den Umständen, insbesondere nach dem äußeren Erscheinungsbild des Vertrages, so ungewöhnlich sind, dass der Vertragspartner des Verwenders nicht mit ihnen zu rechnen braucht (§ 305c I BGB). Die Rechtsfolge des Nichteinbezugs ergibt sich dann aus § 306 BGB. Der Vertrag bleibt grundsätzlich ohne die überraschende Klausel wirksam (§ 306 I BGB). Die entstandene Lücke wird durch dispositives Gesetzesrecht gefüllt (§ 306 II BGB). Erst wenn ein Festhalten am Vertrag auch nach der Lückenfüllung durch dispositives Recht eine unzumutbare Härte für eine Vertragspartei darstellt, ist der Vertrag im Ganzen unwirksam (§ 306 III BGB).

Eberstein, Die zweckmäßige Ausgestaltung von AGB, S. 37 f.; *Alisch* JZ 1982, 706, 709; *Helm* BB 1977, 1109.

810 Ulmer/Brandner/Hensen/*Fuchs*, AGB-Recht, § 307 Rn. 382; Wolf/Lindacher/-Pfeiffer/*Wolf*, AGB-Recht, § 310 I Rn. 22; Staudinger/*Coester*, § 307 Rn. 14; *Stoffels,* AGB-Recht, Rn. 577.

811 Vgl. die Übersicht bei Ulmer/Brandner/Hensen/*Fuchs*, AGB-Recht, § 307 Rn. 383 f.; Wolf/Lindacher/Pfeiffer/*Wolf*, AGB-Recht, § 310 I Rn. 23; *Stoffels,* AGB-Recht, Rn. 577.

812 Vgl. zum Urheberrecht: Schricker/Loewenheim/*Schricker,* UrhG, Vor § 28 Rn. 15; *Castendyk* ZUM 2007, 169, 172.

813 Auf diese Regelung muss allerdings insoweit nicht mehr zurückgegriffen werden, als Verkehrssitten und Handelsbräuche schon Eingang in die Angemessenheitsbeurteilung nach § 307 I BGB finden, vgl. Staudinger/*Coester*, § 307 Rn.239.

814 BGH NJW 1974, 852, 855; MünchKommBGB/*Basedow*, § 310 Rn. 10; Wolf/-Lindacher/Pfeiffer/*Wolf*, AGB-Recht, § 310 Rn. 25.

Inhaltlich stellt § 305c BGB sowohl auf die Ungewöhnlichkeit einer Klausel als auch ihr Überraschungsmoment ab. Die Ungewöhnlichkeit ist nach objektiven Kriterien zu beurteilen und ist dann gegeben, wenn im konkreten Vertrag der redliche Vertragspartner typischerweise oder auf Grund des Verhaltens des AGB-Stellers eine solche Klausel nicht erwartet.[815] Der Überraschungseffekt wird dann bejaht, wenn nach einem generellen Maßstab die Klausel so ungewöhnlich ist, dass der AGB-Kunde mit ihr nicht zu rechnen brauchte, m.a.W. wenn eine deutliche Diskrepanz zwischen den Erwartungen des Kunden und dem Inhalt der Klausel besteht.[816] Diese kann sich auch aus der Stellung der Klausel im Gesamtwerk ergeben.[817] Eine Haftungsbeschränkung von Seiten des Lizenzgebers unter der Überschrift „Garantieklausel" dürfte daher schon an § 305c BGB scheitern.[818]

Im Anschluss zu den Ausführungen zur Abgrenzung kontrollfreier Leistungsbeschreibung und kontrollfähiger Modifikation des Leistungsgegenstandes muss beachtet werden, dass die Regelung des § 305c BGB auch bei solchen Klauseln Anwendung findet, die gem. § 307 III BGB von der Inhaltskontrolle ausgeschlossen sind.[819] Insbesondere kann eine grundsätzlich kontrollfähige Leistungsmodifikation überraschend i.S.d. § 305c BGB sein, wenn sie die Leistung auf wesentliche und vertragsuntypische Weise verändert.[820] Z.B. kann eine

---

[815] BGH NJW 1978, 1519; BGH NJW 1981, 117, 118; BGH NJW 1994, 1656, 1657; BAG NJW 2000, 3299, 3300; BGH NJW 2001, 439, 440; BGH NJW 2002, 485, 486; BGH NJW-RR 2004, 780, 781; Ulmer/Brandner/Hensen/*Ulmer/Schäfer*, AGB-Recht, § 305c Rn. 12; BeckOK BGB Bamberger/Roth/*Schmidt*, § 305c Rn. 11; jurisPK-BGB/*Lapp/Salamon*, § 305c Rn. 18; MünchKommBGB/*Basedow*, § 305c Rn. 6.

[816] BGH NJW 1981, 117, 118; BGH NJW 2002, 485, 486; BGH NJW-RR 2004, 780; Ulmer/Brandner/Hensen/*Ulmer/Schäfer*, AGB-Recht, § 305c Rn. 22; BeckOK BGB Bamberger/Roth/*Schmidt*, § 305c Rn. 15; MünchKommBGB/*Basedow*, § 305c Rn. 10; Staudinger/*Schlosser*, § 305c Rn. 13; vgl. auch die Begründung zum AGBG BT-Drs. 360/75, S. 19 f.: „…deutliche Diskrepanz zwischen den durch die Umstände des Vertragsschlusses begründeten Erwartungen des Kunden und dem tatsächlichen Inhalt der betreffenden AGB".

[817] BGH NJW 1989, 2255 f.;BGH NJW-RR 2006, 490, 491; BGH NJW 2010, 3152, 3153 f.; OLG Köln NJW-RR 2003, 706, 707; BeckOK BGB Bamberger/Roth/*Schmidt*, § 305c Rn. 17; Staudinger/*Schlosser*, § 305c Rn. 12.

[818] Zu einem entsprechenden Formulierungsvorschlag vgl. aber *Pagenberg/Beier,* Lizenzverträge, Muster 1 (Vertragstext) § 11.

[819] BGH NJW 1990, 567, 577; Wolf/Lindacher/Pfeiffer/*Lindacher*, AGB-Recht, § 305c Rn. 6; jurisPK-BGB/*Lapp/Salamon*, § 305c Rn. 10; MünchKommBGB/*Basedow*, § 305c Rn. 3; Palandt/*Grüneberg,* § 305c Rn. 2.

[820] Vgl. BGH NJW 1985, 45, 46 f.; BGH NJW 1988, 558, 559 f.; Ulmer/Brandner/Hensen/*Ulmer/Schäfer*, AGB-Recht, § 305c Rn. 14a; Wolf/Lindacher/Pfeiffer/-*Lindacher*, AGB-Recht, § 305c Rn. 32 f.

Klausel, die im Falle eines Zahlungsverzuges weitere Nutzungsrechte einräumen will gem. § 305c I BGB unwirksam sein.[821]

Darüber hinaus ist zu unterscheiden zwischen überraschenden Klauseln i.S.d. § 305 c BGB und unbilligen Klauseln i.S.d. § 307 BGB. Zwar werden überraschende Klauseln oftmals eine inhaltlich unangemessene Regelung zugrunde liegen haben.[822] So wird z.B. im Urheberrecht die Erfüllung beider Tatbestände vertreten, wenn der Urheber formularmäßig dazu verpflichtet wird, bei einer Beendigung des Tochterrechts mit dem Lizenznehmer des Enkelrechts einen neuen Lizenzvertrag zu den bisherigen Bedingungen abzuschließen.[823] Zwingend ist dieser Zusammenfall allerdings nicht.[824] Eine unbillige Klausel kann damit ggf. nicht überraschend sein, während anders herum eine überraschende Klausel nicht unbillig sein muss.[825] Dennoch wird eine überraschende Klausel in jedem Fall nicht Vertragsbestandteil.

E. Die Generalklausel des § 307 I BGB

I. Der allgemeine Unwirksamkeitsgrund gem. § 307 I 1 BGB

§ 307 I BGB stellt die Generalklausel der Inhaltskontrolle des Rechts der Allgemeinen Geschäftsbedingungen dar. Sie hat dort eigenständige Bedeutung, wo unangemessene Benachteiligungen nicht schon durch die konkretisierenden Tatbestände des § 307 II Nr. 1 und Nr. 2 BGB nicht erfasst werden.[826] Die Tatbestandsmerkmale der Unangemessenheit bzw. der Treuwidrigkeit sind aber letztlich so unbestimmt, dass die Generalklausel des § 307 I 1 BGB für die vertragli-

---

821 OLG Frankfurt a.M. GRUR 1984, 515; *Schack,* Urheber- und Urhebervertragsrecht, Rn. 961; fehlt einer solchen Klausel aber das Überraschungsmoment, ist sie auch nicht unwirksam, vgl. BGH GRUR 1984, 119, 121.

822 BGH NJW 1973, 990 f.; BGH NJW 1995, 2637, 2638; BGH NJW 2001, 1416, 1417 f.; BGH NJW-RR 2004, 780, 781; jurisPK-BGB/*Lapp/Salamon,* § 305c Rn. 12; MünchKommBGB/*Basedow,* § 305c Rn. 3; Palandt/*Grüneberg,* § 305c Rn. 3.

823 Fromm/Nordemann/*J.B.Nordemann,* UrhG, § 31 Rn. 38; Loewenheim/*Loewenheim/-J.B.Nordemann,* Handbuch des Urheberrechts, § 62 Rn. 24; scheinbar a.A. aber ohne spezifische Auseinandersetzung mit dem AGB-Recht *Schricker*, VerlagsR, § 28 Rn. 27.

824 MünchKommBGB/*Basedow,* § 305c Rn. 3; Palandt/*Grüneberg,* § 305c Rn. 3; Staudinger/*Schlosser*, § 305c Rn. 2; vgl. auch Wolf/Lindacher/Pfeiffer/*Lindacher*, AGB-Recht, § 305c Rn. 7.

825 Vgl. als Beispiele BGH NJW 1996, 1470, 1472 f.; BGH NJW-RR 1996, 673, 674.

826 Für die Prüfungsreihenfolge ergibt sich aufgrund der konkreteren Bestimmungen des Absatzes 2 eine Prüfung vor Absatz 1, Ulmer/Brandner/Hensen/*Fuchs*, AGB-Recht, § 307 Rn. 3; Wolf/Lindacher/Pfeiffer/*Wolf*, AGB-Recht, § 307 Rn. 96; Palandt/*Grüneberg,* § 307 Rn. 2; *Stoffels*, AGB-Recht, Rn. 496; vgl. auch BegrRegE BT-Drucks. 7/3919, S.23.

che Praxis kaum brauchbare Überprüfungsmaßstäbe bietet.[827] Auch für den Lizenzvertrag ist die Norm nicht ohne weiteres konkretisierbar.

II. Das Transparenzgebot des § 307 I 2 BGB

1. Grundlagen des Transparenzerfordernisses

Gem. § 307 I 2 BGB kann sich eine unangemessene Benachteiligung schließlich auch dadurch ergeben, dass die betreffende Klausel nicht klar und verständlich ist. Diese Transparenzkontrolle erstreckt sich auch auf eigentlich kontrollfreie Klauseln der Leistungsbestimmung (§ 307 III 1 BGB).[828] Somit ist an alle Klauseln eines AGB-Werkes – bis zur Grenze des vernünftigerweise Leistbaren[829] - der Anspruch zu stellen, dass diese möglichst präzise, einfach und verständlich formuliert werden.[830]

Abzustellen ist bei dieser Überprüfung auf den durchschnittlichen, sorgfältigen und aufmerksamen Vertragspartner.[831] Im hier betrachteten unternehmerischen, lizenzvertraglichen Geschäftsverkehr ergeben sich gegenüber dem Verbraucherverkehr insoweit geringere Transparenzanforderungen, als i.d.R. beide Vertragspartner besondere lizenzvertragliche Kenntnisse besitzen und ihnen branchenspezifische Fachausdrücke und Klauseln geläufig sind.[832] Denkbar ist

---

827 BeckOK BGB Bamberger/Roth/*Schmidt*, § 307 Rn. 44; MünchKommBGB/*Wurmnest*, § 307 Rn. 21; *Köndgen* NJW 1989, 943, 949 f.

828 Vgl. auch Ulmer/Brandner/Hensen/*Fuchs*, AGB-Recht, § 307 Rn. 10; Wolf/Lindacher/-Pfeiffer/*Wolf*, AGB-Recht, § 307 Rn. 237; jurisPK-BGB/*Lapp*, § 307 Rn. 70; *Stoffels*, AGB-Recht, Rn. 561; *Koch* WM 2002, 2173, 2175.

829 BGH NJW 1990, 2383, 2384; BGH NJW 1998, 3114, 3116; Wolf/Lindacher/-Pfeiffer/*Wolf*, AGB-Recht, § 307 Rn. 248; BeckOK BGB Bamberger/Roth/*Schmidt*, § 307 Rn. 44; *Gottschalk* AcP 206 (2006), 555, 592; *Köndgen* NJW 1989, 943, 947; zuletzt strenger BGH NJW-RR 2005, 902, 903 und BGH NJW-RR 2005, 1496, 1499.

830 BGH NJW 1989, 222 ff.; BGH NJW 1990, 2383, 2384; BGH NJW 2007, 3632; BGH NJW 2008, 1438; Wolf/Lindacher/Pfeiffer/*Wolf*, AGB-Recht, § 307 Rn. 245 ff.; jurisPK-BGB/*Lapp*, § 307 Rn. 71; Palandt/*Grüneberg*, § 307 Rn. 21; *Stoffels*, AGB-Recht, Rn. 560 ff.; grundlegend *Heinrichs*, FS Trinkner, S. 157 ff.; *Koller*, FS Steindorff, S. 667 ff.

831 BGH NJW 1983, 1491, 1492; BGH NJW 1985, 480, 481; BGH NJW 1990, 2383; BGH NJW 1999, 942, 943; Ulmer/Brandner/Hensen/*Fuchs*, AGB-Recht, § 307 Rn. 345; BeckOK BGB Bamberger/Roth/*Schmidt*, § 307 Rn. 44; jurisPK-BGB/*Lapp*, § 307 Rn. 88 f.; Palandt/*Grüneberg*, § 307 Rn. 23; *Stoffels*, AGB-Recht, Rn. 566 f.; für den unternehmerischen Geschäftsverkehr vgl. auch *Berger/Kleine* NJW 2007, 3526, 3527 ff.

832 Vgl. BGH NJW 1985, 738; BGH NJW 1994, 1060, 1062;Ulmer/Brandner/-Hensen/*Fuchs*, AGB-Recht, § 307 Rn. 345; Wolf/Lindacher/Pfeiffer/*Wolf*, AGB-Recht, § 307 Rn. 253; BeckOK BGB Bamberger/Roth/*Schmidt*, § 307 Rn. 46; *Berger/Kleine*

zwar vor allem im urheberrechtlichen Bereich, dass der einzelne Urheber als Lizenzgeber und AGB-Kunde nicht dieselbe Expertise wie eine routinierte Verwertungsgesellschaft besitzt. Doch auch er wird sich dem Anspruch einschlägiger terminologischer und rechtlicher Kenntnis nicht entziehen können.[833]

2. *Kategorien intransparenter Klauseln*

Zur Konkretisierung und Systematisierung des Transparenzerfordernisses können die folgenden drei Anforderungskategorien unterschieden werden: Das Gebot der Verständlichkeit, das Gebot der Bestimmtheit sowie das Gebot der Richtigkeit bzw. das Täuschungsverbot.[834]

Dem Erfordernis der Verständlichkeit wird in Klauselwerken nicht genügt, wenn der Sinn und die Tragweite des Klauseltextes vom Verwendungsgegner nicht hinreichend erfasst werden können. Dies kann vor allem der Fall sein, wenn durch die äußere Gestaltung des Klauselwerkes die sich daraus ergebenden Rechte und Pflichten nicht hinreichend klar dargestellt werden. Intransparent sind somit Klauselwerke, deren Text sprachlich unverständlich oder unübersichtlich ist[835], die durch bestimmte Umstellung nachteilige Klauseln verstecken oder verschleiern, oder die die Erfassung eines zusammenhängenden Regelungskomplexes durch Aufteilung auf mehrere Klauseln erschweren.[836] Unter

---

NJW 2007, 3526, 3527; *Koch* WM 2002, 2173, 2177; *Köndgen* NJW 1989, 943, 952; dabei bleibt die Betrachtung generalisiert und wird nicht durch die individuellen Kenntnisse des konkreten Vertragspartners abgeändert, BGH NJW 1989, 222, 224; BGH NJW 1990, 2383; BGH NJW 1992, 179, 180; BGH NJW 1995, 2286 f.; BeckOK BGB Bamberger/Roth/*Schmidt*, § 307 Rn. 45; jurisPK-BGB/*Lapp*, § 307 Rn. 89.

833 Vgl. für den Anspruch an einen GmbH-Gesellschafter BGH ZIP 2006, 474, 477.

834 MünchKommBGB/*Wurmnest*, § 307 Rn. 57 ff.; Palandt/*Grüneberg*, § 307 Rn. 25 ff.; *Heinrichs*, FS Trinkner, S. 166; *Stoffels*, AGB-Recht, Rn. 569 ff.; mit ähnlicher Kategorisierung auch Wolf/Lindacher/Pfeiffer/*Wolf*, AGB-Recht, § 307 Rn. 253 ff.; Jauernig/-*Stadler*, § 307 Rn. 9; Staudinger/*Coester*, § 307 Rn. 186 ff.; *Gottschalk* AcP 206 (2006), 555, 595 f.; eine abschließende und überschneidungsfreie Kategorisierung erscheint aufgrund der Vielgestaltigkeit intransparenter Klauseln nicht möglich. Die gewählte Systematisierung kann damit nur als Orientierungshilfe dienen.

835 BGH NJW 1991, 1889; BGH NJW 2001, 2012, 2013; BGH NJW 2003, 507; BGH NJW 2003, 746, 747; BGH NJW 2007, 3632; OLG Nürnberg NJW 1977, 1402; OLG Köln NJW-RR 1989, 1266, 1268; OLG Schleswig NJW 1995, 2858, 2859; Wolf/Lindacher/-Pfeiffer/*Wolf*, AGB-Recht, § 307 Rn. 253; MünchKommBGB/*Wurmnest*, § 307 Rn. 58; Staudinger/*Coester*, § 307 Rn. 187; vgl. auch *Koller*, FS Steindorff, S. 667 ff.

836 BGH NJW 1989, 222, 224; BGH NJW 1990, 2383, 2384; BGH NJW 1991, 1889; BGH NJW 1992, 179, 180; BGH NJW 1992, 1097, 1998; BGH NJW 1992, 1108, 1109; BGH NJW 1995, 2286; BeckOK BGB Bamberger/Roth/*Schmidt*, § 307 Rn. 45; Staudinger/*Coester*, § 307 Rn. 189; *Heinrichs*, FS Trinkner, S. 167; *Berger/Kleine* NJW 2007, 3526, 3528.

diesem Aspekt ist auch ein Gewährleistungsausschluss unter der Überschrift „Garantieübernahme" intransparent.[837] Dem AGB-Kunden wird durch die Überschrift u.U. nicht hinreichend deutlich vor Augen geführt, dass eine Rechte im entsprechenden Abschnitt begrenzt werden sollen. Die Transparenzkontrolle gem. § 307 I 2 BGB überschneidet sich an dieser Stelle mit der Regelung zu überraschenden und mehrdeutigen Klauseln[838], so dass die genannte Klausel schon wegen ihres Überraschungseffektes gem. § 305c BGB unwirksam sein kann.[839]

Im internationalen Lizenzvertragsverkehr ist daher insbesondere darauf zu achten, dass das Vertragsgefüge nicht durch die Verwendung englischer Vertragssprache zwischen deutschen Parteien oder durch eine schwer verständliche deutsche Übersetzung einer englischen Vorlage intransparent wird.[840] Soweit sich aber z.B. infolge einer Übersetzung eine gewisse unnötige Wirrnis des Klauseltextes ergibt, ist diese solange unschädlich, als sich der Klauseltext dennoch durch aufmerksame Betrachtung vernünftig erschließen lässt.[841] Einer an sich intransparenten Formulierung kann aber nach h.M. auch durch eine individuelle Aufklärung vor oder bei Vertragsschluss die notwendige Verständlichkeit verliehen werden.[842]

Man wird schließlich hinsichtlich des Verständlichkeitsgebots zwischen verschiedenen, typischen lizenzvertraglichen Situationen unterscheiden müssen[843]: Dort, wo Verwendungsgegner typischerweise nur einzelne und/oder national agierende Unternehmer sind, müssen höhere Anforderungen gerade an die sprachliche und strukturelle Formulartransparenz gestellt werden. Dazu gehören v.a. urheberrechtliche Lizenzverträge oder aber Markenlizenzverträge i.R.e.

---

837 *Pagenberg/Beier,* Lizenzverträge, Muster 1 (Vertragstext) § 11.

838 Vgl. oben Achtes Kapitel D.

839 Vgl. BGH NJW 1984, 171, 173; Ulmer/Brandner/Hensen/*Ulmer/Schäfer*, AGB-Recht, § 305c Rn. 17; Graf v. Westphalen/*Graf v. Westphalen*, Vertragsrecht und AGB-Klauselwerke, Vertragsrecht, Freizeichnungs- und Haftungsbegrenzungsklauseln Rn. 4.

840 *Emde* MDR 2006, 301, 302; vgl. auch *Gottschalk* AcP 206 (2006), 555, 591 f.

841 Vgl. BGH NJW-RR 1995, 749; jurisPK-BGB/*Lapp*, § 307 Rn. 91.

842 BGH NJW 1992, 179, 180; BAG NJW 1994, 213, 214; Ulmer/Brandner/Hensen/*Fuchs*, AGB-Recht, § 307 Rn. 346 f.; Staudinger/*Coester*, § 307 Rn. 202 ff.; *Stoffels*, AGB-Recht, Rn. 566; für die Heilungsmöglichkeit durch analoge Anwendung des § 305b BGB *Köndgen* NJW 1989, 943, 951; für eine Berücksichtigung der individuellen Aufklärung nur i.R.d. Ausübungskontrolle gem. § 242 BGB *Westermann,* FS Steindorff, S. 827 ff.

843 Zur Typisierung der beteiligten Verkehrskreise nach Vertragstyp, Zweck und Eigenart des Geschäfts vgl. auch BGH NJW 1986, 2102, 2103; BGH NJW 1987, 487, 489; BGH NJW 1987, 2575, 2576; BGH NJW 1990, 1601, 1602; Ulmer/Brandner/Hensen/*Fuchs*, AGB-Recht, § 307 Rn. 110; *Stoffels*, AGB-Recht, Rn. 473 f.

Franchiseverhältnisses. Zählen hingegen nur große, international agierende Unternehmen zum betroffenen Kundenkreis, wird auch die Hürde für das Urteil einer sprachlichen Intransparenz höher gelegt.[844]

Dem Bestimmtheitsgebot widerspricht eine Klausel, die Voraussetzungen und Folgen der Rechte und Pflichten der Parteien nicht hinreichend genau bezeichnen.[845] M.a.W. ist eine solche Klausel intransparent, die dem Verwender einen unangemessen großen Bewertungsspielraum hinsichtlich seiner vertraglichen Anspruchs- und Gestaltungsmöglichkeiten belässt und dem Verwendungsgegner damit die sichere Rechtsfolgenabschätzung verwehrt.[846] Es gilt die Maxime der möglichst genauen Beschreibung sowohl auf Tatbestands- als auch auf Rechtsfolgenseite. Eine Klausel etwa, die den zulässigen Nutzungsumfang des Schutzrechts unscharf und damit unbestimmt formuliert[847], dürfte stets intransparent i.S.d. § 307 I 2 BGB und damit unwirksam sein.[848]

Mit erheblicher Unsicherheit verbunden ist in diesem Zusammenhang vor allem die Verwendung von unscharfen, generalklauselartigen Begriffen, und zwar selbst, wenn sie von der Rechtsprechung selbst in derselben Weise verwendet werden. In jüngerer Zeit sah der BGH die Verwendung des Begriffes der „Kardinalpflichten" im Zusammenhang mit Haftungsklauseln als intransparent

---

844 Vgl. Ulmer/Brandner/Hensen/*Fuchs*, AGB-Recht, § 307 Rn. 345; Staudinger/*Coester*, § 307 Rn. 206; zu geringeren Transparenzanforderungen im unternehmerischen Verkehr hinsichtlich üblicher Handelsklauseln BGH NJW 1994, 1060, 1062; BGH NJW 1996, 2374; BGH NJW 1999, 942, 944.

845 BGH NJW 2004, 1598, 1600; Ulmer/Brandner/Hensen/*Fuchs*, AGB-Recht, § 307 Rn. 338 ff.; MünchKommBGB/*Wurmnest*, § 307 Rn. 59; Staudinger/*Coester*, § 307 Rn. 187; *Stoffels*, AGB-Recht, Rn. 571.

846 BGH NJW 1990, 2383 ff.; BGH NJW 2004, 1598, 1600; BGH NJW 2004, 1738 mit Anm. *Börstinghaus* LMK 2004, 97 f.; BGH NJW-RR 2005, 1496, 1505 f.; zur Intransparenz des Begriffes der „Kardinalpflichten", sowie die Kritik bei *Kappus* NJW 2006, 15 ff.; BGH NJW-RR 2005, 3567, 3569; BGH NJW-RR 2006, 84, 85; BGH NJW 2006, 996, 997; Wolf/Lindacher/Pfeiffer/*Wolf*, AGB-Recht, § 307 Rn. 258 ff.; NK-BGB/*Kollmann*, § 307 Rn. 15; BeckOK BGB Bamberger/Roth/*Schmidt*, § 307 Rn. 42; MünchKommBGB/*Wurmnest*, § 307 Rn. 58; *Stoffels*, AGB-Recht, Rn. 571.

847 Dies betrifft z.B. Klauseln, die dem Lizenznehmer das Recht einräumen sollen, das Schutzrecht „auf alle zulässigen Arten" oder auf „alle zur Verwertung notwendigen Arten" zu nutzen.

848 Vgl. BGH NJW 2004, 1598, 1600 „…keine ungerechtfertigten Bewertungsspielräume…"; BGH NJW 2006, 996, 998 „…ist der Vertragspartner…darauf angewiesen, dass ihm der Vertrag ein vollständiges und wahres Bild des Inhalts seiner Verpflichtung vermittelt und ihn so zu einer sachgerechten Wahrnehmung seiner Verhandlungs- und Entscheidungsmögliuchkeiten befähigt."

an[849], obwohl er sich regelmäßig selbst auf solche bezog.[850] Der Verwender von AGB wird vom BGH für verpflichtet gehalten, transparenter als die Rechtsprechung zu formulieren. Begriffe, die auch im Gesetz genannt werden unterliegen grundsätzlich nicht dem Verdacht der Intransparenz.[851] Aber auch solche Begriffe können gegebenenfalls weiter zu konkretisieren sein, falls ihnen eine gewisse Unschärfe eigen ist.[852] Der Verwender kann also verpflichtet sein auch transparenter als der Gesetzgeber zu formulieren. Somit ist auch im lizenzvertraglichen Verkehr der Begriff der Kardinalpflichten in Haftungsklauseln zumindest durch den Begriff der wesentlichen Vertragspflichten zu substituieren. Darüber hinaus muss aber sowohl bei den wesentlichen Vertragspflichten als auch bei ähnlich unscharfen Begriffen alle erwartbare Mühe aufgenommen werden, um die Regelung zumindest beispielhaft zu präzisieren.

Letztlich darf eine Klausel auch keine unrichtigen oder irreführenden Inhalte haben (Irreführungsverbot).[853] Damit verstoßen vor allem solche Klauseln gegen § 307 I 2 BGB, die die Rechtslage dergestalt unrichtig oder verschleiernd wiedergeben, dass der Verwendungsgegner über das Bestehen seiner Ansprüche im Unklaren bleibt, oder dem Klauselverwender unter Hinweis auf die Klausel die Möglichkeit der Abwehr berechtigter Ansprücher des Verwendungsgegners eröffnet werden soll.[854]

Vor allem solche Klauseln in Lizenzverträgen genügen damit nicht der Transparenzanforderungen, die Rechtsfolgen teilweise unzutreffend pauschalisierend wiedergeben. Wird durch eine Klausel z.B. „jede sonstige Nutzung" als Patent-, Marken-, oder Urheberrechtsverletzung dargestellt, ohne auf die gesetz-

---

849 BGH NJW-RR 2005, 1496 ff.; zur teils scharfen Kritik am Urteil vgl. Ulmer/Brandner/Hensen/*Fuchs*, AGB-Recht, § 307 Rn. 345; *Berger/Kleine* NJW 2007, 3526, 3527 f.; *Kappus* NJW 2006, 15, 16 f.; *Kollmann* NJOZ 2011, 625, 627.

850 Vgl. BGH NJW 2000, 3275, 3276; BGH NJW-RR 2000, 998, 999; BGH NJW 2001, 292, 301; BGH NJW 2002, 673, 674; BGH NJW-RR 2004, 900, 901.

851 Vgl. BGH NJW-RR 2005, 1496, 1505.

852 *Kollmann* NJOZ 2011, 625, 627.

853 Zu dieser Fallgruppe auch *Heinrichs,* FS Trinkner, S. 163 f., 168; *Hellner,* FS Steindorff, 573, 586; *Koller,* FS Steindorff, 667, 677 f.; *Stoffels*, AGB-Recht, Rn. 572; Heinrichs NJW 1994, 1381, 1384.

854 BGH NJW 1988, 1726, 1728; BGH NJW 1993, 263, 264; BGH NJW 2001, 292, 296; BGH NJW 2003, 1241, 1243 f.; BGH NJW 2005, 3567, 3569; BGH NJW 2006, 211, 213; LG Dortmund NJW-RR 2001, 1205, 1206; Wolf/Lindacher/Pfeiffer/*Wolf*, AGB-Recht, § 307 Rn. 267 f.; NK-BGB/*Kollmann,* § 307 Rn. 15; MünchKommBGB/*Wurmnest*, § 307 Rn. 58; Staudinger/*Coester*, § 307 Rn. 192; Heinrichs NJW 1994, 1381, 1384.

lichen Ausnahmen der erlaubten Nutzungsformen[855] hinzuweisen, oder will die Klausel durch eine derartige Verletzung einen Schadensersatzanspruch des Klauselverwenders begründen, ist darin eine irreführende und damit intransparente Regelung gem. § 307 I 2 BGB zu sehen.

F. Die Regelbeispiele des § 307 II BGB

I. Der Anwendungsbereich des § 307 II Nr. 1 BGB

Einen im Vergeich zu § 307 I 1 BGB konkreteren und fassbareren Anhaltspunkt zur Beurteilung der Unangemessenheit einer Formularklausel liefern die beiden Regelbeispiele des § 307 II BGB. Danach ist eine unangemessene Benachteiligung regelmäßig anzunehmen, wenn eine Bestimmung „...mit wesentlichen Grundgedanken der gesetzlichen Regelung, von der abgewichen wird, nicht zu vereinbaren ist..." (Nr. 1), bzw. „wesentliche Rechte und Pflichten, die sich aus der Natur des Vertrages ergeben, so einschränkt, dass die Erreichung des Vertragszwecks gefährdet ist." (Nr. 2). Aus dogmatischer Sicht folgert die wohl h.M. aus der „im Zweifel"-Regelung eine indizierte Unbilligkeit.[856] Nur falls der unstreitige Sachverhalt an sich Anhaltspunkte für eine Entlastung bietet, muss das Gericht schon von Amts wegen die relevanten Umstände in Betracht ziehen und ggf. das Unangemessenheitsurteil entfallen lassen. Andere hingegen wollen die Regelung entweder als Beweislastregelung[857] oder als widerlegliche Vermutung[858] erkennen. In jedem Fall gibt die Regelung eine Orientierungshilfe, wann

---

[855] Vgl. nur erlaubte Handlungen gem. §§ 11 PatG, 12 GebrMG, Schranken des Markenschutzes gem. §§ 20 ff. MarkenG, Beschränkungen der Rechte aus dem Geschmacksmuster gem. § 40 GeschmMG, Schranken des Urheberrechts gem. §§ 44a ff. UrhG, Beschränkungen der Wirkung des Sortenschutzes gem. § 10a SortSchG.

[856] Grundlegend *Becker,* Auslegung des § 9 AGBG, S.41 ff.; Ulmer/Brandner/Hensen/*Fuchs*, AGB-Recht, § 307 Rn. 195; MünchKommBGB/-*Wurmnest*, § 307 Rn. 63; *v. Hoyningen-Huene,* Die Inhaltskontrolle nach § 9 ABGB, Rn. 236 ff.; *Stoffels*, AGB-Recht, Rn. 498 f.; differenzierend *Canaris,* FS Ulmer, S. 1078 ff.; vgl. auch *Krebs* AcP 195 (1995), 171, 172 ff.; Auch der BGH kann in dieser Weise verstanden werden. Hier ist regelmäßig von der „indizierten Unbilligkeit" die Rede, BGH NJW 1982, 644, 645; BGH NJW 1988, 258, 259; BGH NJW 1999, 2276, 2279; BGH NJW 2001, 1419, 1421; BGH NJW 2002, 1950, 1952; BGH NJW 2003, 1447, 1448; BGH NJW 2005, 1645, 1648.

[857] Löwe/Graf v. Westphalen/Trinkner/*Graf v. Westphalen/Löwe,* AGBG, § 9 Rn. 20.

[858] Wolf/Lindacher/Pfeiffer/*Wolf,* AGB-Recht, § 307 Rn. 100 ff.; BeckOK BGB Bamberger/Roth/*Schmidt*, § 307 Rn. 48; vgl. auch zweideutig Palandt/*Grüneberg,* § 307 Rn. 23, der von „gesetzlichen Regelbeispielen" einerseits und einer widerleglichen „Vermutung der Unwirksamkeit andererseits" spricht.

eine unangemessene Benachteiligung regelmäßig vorliegt,[859] auch wenn diese Orientierungshilfe unscharf bleibt und v.a. im Abgleich mit den besonderen Klauselverboten der §§ 308, 309 BGB wenig konkrete Anhaltspunkte für die Beurteilung der Unangemessenheit liefert.[860]

In Bezug auf Nr. 1 liegt dies sowohl an der weiten Auslegung des Begriffs der „gesetzlichen Regelung“ als auch am Problem der Identifizierung der „wesentlichen Grundgedanken“.[861] Zu den gesetzlichen Regelungen i.S.d. § 307 II Nr. 1 BGB zählen zunächst alle Normen sowohl des positiv gesetzten als auch des gewohnheitsrechtlich anerkannten dispositiven Rechts.[862] Eine verbreitete Meinung will darüber hinaus auch Richterrecht in Form ständiger Rechtsprechung miteinbeziehen[863] ebenso wie die aufgrund von Vertragsausle-

---

[859] Damit ist Absatz 2 im Rahmen der Unangemessenheitsprüfung stets vor Absatz 1 zu prüfen, Ulmer/Brandner/Hensen/*Fuchs*, AGB-Recht, § 307 Rn. 3; Wolf/Lindacher/Pfeiffer/*Wolf*, AGB-Recht, § 307 Rn. 96; Palandt/*Grüneberg*, § 307 Rn. 2; *Stoffels*, AGB-Recht, Rn. 496; vgl. auch BegrRegE BT-Drucks. 7/3919, S. 23.

[860] Ulmer/Brandner/Hensen/*Fuchs*, AGB-Recht, § 307 Rn. 3; bezeichnend Palandt/*Grüneberg*, § 307 Rn. 1: „…keinen großen Gewinn an inhaltlicher Bestimmtheit, da seine beiden Tatbestände wenig klare Konturen haben…“; *Weick* NJW 1978, 11 („…wenig Anhaltspunkte für ihre Umsetzung in die Praxis…“).

[861] Kritisch schon zum Begriff der wesentlichen Grundgedanken *Schmidt-Salzer*, Allgemeine Geschäftsbedingungen, F. 42: „Weiterhin ist darauf hinzuweisen, dass die „wesentlichen Grundgedanken“ eine Tautologie darstellen, denn unwesentliche *Grund*gedanken dürften inhaltlich kaum greifbar sein.“; ferner *Becker*, Auslegung des § 9 AGBG, S.128: „…unwesentliche Grundgedanken lassen sich kaum vorstellen.“.

[862] Ein Einschluss des zwingenden Rechts ist nicht notwendig, da bei einem Verstoß die Unwirksamkeit aus der Norm selbst oder über § 134 BGB folgt, h.M. Ulmer/Brandner/Hensen/*Fuchs*, AGB-Recht, § 307 Rn. 208; BeckOK BGB Bamberger/Roth/-*Schmidt*, § 307 Rn. 48; MünchKommBGB/*Wurmnest*, § 307 Rn. 68; Palandt/*Grüneberg*, § 307 Rn. 29; Staudinger/*Coester*, § 307 Rn. 232; *Becker*, Auslegung des § 9 AGBG, S.103 ff.; *v. Hoyningen-Huene*, Die Inhaltskontrolle nach § 9 ABGB, Rn. 252; *Stoffels*, AGB-Recht, Rn. 507; a.A. BGH NJW 1983, 1320, 1322; Wolf/-Lindacher/Pfeiffer/*Wolf*, AGB-Recht, § 307 Rn. 105; *Fastrich*, Richterliche Inhaltskontrolle, S. 284.

[863] BGH NJW 1987, 1931, 1933; BGH NJW 1993, 721, 722; BGH NJW 1998, 1640, 1642; BGH NJW 2001, 3480, 3482; Wolf/Lindacher/Pfeiffer/*Wolf*, AGB-Recht, § 307 Rn. 108; Erman/*Roloff*, § 307 Rn. 24; MünchKommBGB/*Wurmnest*, § 307 Rn. 68; Palandt/*Grüneberg*, § 307 Rn. 29; Staudinger/*Coester*, § 307 Rn. 236; a.A. *Becker*, Auslegung des § 9 AGBG, S.86 ff. (nur unmittelbar subsumtionsfähige Rechtssätze); *v. Hoyningen-Huene*, Die Inhaltskontrolle nach § 9 ABGB, Rn. 249 (nur Rechtsnormen i.S.d. Art. 2 EGBGB); *Stoffels*, Gesetzlich nicht geregelte Schuldverhältnisse, S. 446 ff. (nur soweit sich die Grundsätze infolge ihrer Konkretisierung für den Rechtsanwender kaum noch von kodifizierten Rechtsregeln unterscheiden); *Zöllner* RdA 1989, 152, 159 f.; kri-

gung gem. §§ 157, 242 BGB und aus der Natur des Schuldverhältnisses abzuleitende Rechte und Pflichten.[864] Die Normen dieses weitgespannten Kreises sollen nach der Rechtsprechung allerdings nur dann Leitbildcharakter entfalten, soweit ihnen ein wesentlicher Gerechtigkeitsgehalt („wesentlicher Grundgedanke") zukommt und ihnen nicht nur Zweckmäßigkeitscharakter zugrunde liegt.[865] Diese Differenzierung wird in der Literatur als wenig hilfreich kritisiert.[866] Eine rein „zweckmäßige" Vorschrift, ohne einen dahinterstehenden Gerechtigkeitsgehalt sei schon im Grundsatz schwer vorstellbar. Selbst Vorschriften, die prima facie rein technisch und in diesem Sinne nur zweckmäßig wirkten, könnten auf den zweiten Blick einen erheblichen Gerechtigkeitsgehalt aufweisen.[867]

Infolge dessen werden zum Teil alternative Unterscheidungskriterien vorgeschlagen.[868] Diese vermögen eine Abgrenzung der Normen mit Leitbildcharakter aber nicht zu vereinfachen, sondern verlagern die Bewertungsproblematik nur auf eine andere Ebene.[869] Zutreffen dürfte daher die Bewertung, dass den „wesentlichen Grundgedanken" nicht die Qualität eines eigenen, bestimmte Normen ausgrenzenden Tatbestandsmerkmals zukommt. Stattdessen muss der Ausdruck als Hinweis auf die Beachtung des Gerechtigkeitsgehalts der verdrängten Norm i.R.d. abschließenden Interessensbewertung zu begreifen sein.[870] Dann nämlich wird kein (ausreichender) Gerechtigkeitsgehalt der Norm an sich bestritten.

---

tisch auch aufgrund der daraus folgenden Verkürzung des Anwendungsbereichs des § 307 II Nr. 2 BGB Ulmer/Brandner/Hensen/*Fuchs*, AGB-Recht, § 307 Rn. 211 ff.

864 BGH NJW 1983, 1671, 1672; BGH NJW 1987, 1931, 1933; BGH NJW 1998, 1640, 1642; BGH NJW 2001, 3480, 3482; Wolf/Lindacher/Pfeiffer/*Wolf*, AGB-Recht, § 307 Rn. 113; Erman/*Roloff*, § 307 Rn. 24; MünchKommBGB/*Wurmnest*, § 307 Rn. 68.

865 BGH NJW 1984, 1182; BGH NJW 1986, 1171, 1172; BGH NJW 1986, 1608, 1609; BGH NJW 1991, 1886, 1887; BGH NJW 1991, 1953, 1954; BGH NJW 1992, 1761; BGH NJW-RR 1996, 1009; BGH NJW 1997, 1700, 1701; BGH NJW 1999, 635, 636; BGH NJW 2001, 3480, 3482; BGH NZM 2005, 556, 557; BGH NZM 2008, 243, 246; BGH NZBau 2010, 47, 51.

866 *Becker,* Auslegung des § 9 AGBG, S.128; *v. Hoyningen-Huene,* Die Inhaltskontrolle nach § 9 ABGB, Rn. 243; *Schmidt-Salzer,* Allgemeine Geschäftsbedingungen, F. 42.

867 Vgl. *Stoffels*, AGB-Recht, Rn. 503 mit dem Beispiel der Verjährungsvorschriften; zum Verstoß einer Verjährungsregelung gegen wesentliche Grundgedanken BGH NJW 1986, 1171, 1172; zu einer Gerichtsstandklausel BGH NJW 1983, 1320, 1322;

868 Z.B. sollen nur solche Normen als Leitbild herangezogen werden können, die (berechtigte) Interessen des Vertragspartners schützen sollen, vgl. Ulmer/Brandner/Hensen/-*Fuchs*, AGB-Recht, § 307 Rn. 227; Staudinger/*Coester*, § 307 Rn. 248.

869 Ulmer/Brandner/Hensen/*Fuchs*, AGB-Recht, § 307 Rn. 222; Palandt/*Grüneberg,* § 307 Rn. 30.

870 So ausdrücklich *Stoffels*, AGB-Recht, Rn. 504; in diesem Sinne auch Staudinger/-*Coester*, § 307 Rn. 247.

Vielmehr kann beurteilt werden, ob der Norm in dem betrachteten Vertragsverhältnis eine hinreichende und damit berücksichtigungswürdige Schutzfunktion zukommt.[871]

II. Der Anwendungsbereich des § 307 II Nr. 2 BGB

Der Maßstab für die Kontrolle gem. § 307 II Nr. 2 BGB hingegen entspringt aus einer grundsätzlich generalisierenden Betrachtung der zugrunde liegenden Art von Verträgen.[872] Damit bleibt die Norm zwar vage. Sie ermöglicht aber die Inhaltskontrolle in den Fällen, in denen es an einer entsprechenden dispositiven Gesetzesregelung fehlt.[873] Dies kann sowohl bei ungeregelten Vertragstypen der Fall sein, als auch bei prinzipiell geregelten Vertragstypen, die aber durch eine Detailregelung in AGB über die Vorgaben des dispositiv-rechtlichen Normenprogramms hinausgehen.

In diesem Raum der fehlenden gesetzlichen Leitvorgabe sollen nach der Rechtsprechung insbesondere solche Regelungen unangemessen sein, die Rechte und Pflichten einschränken, „...deren Erfüllung die ordnungsgemäße Durchführung des Vertrages überhaupt erst ermöglicht und auf deren Erfüllung der Vertragspartner daher vertraut und auch vertrauen darf..." (sog. Kardinalpflichten).[874] Dabei können nicht nur Regelungen zu Hauptleistungspflichten den Vertragszweck gefährden, sondern auch solche zu Neben- und Schutzpflichten, de-

---

871 Vgl. Ulmer/Brandner/Hensen/*Fuchs*, AGB-Recht, § 307 Rn. 227 „entscheidender Wertungsakt"; *Stoffels*, AGB-Recht, Rn. 503 f.

872 Ulmer/Brandner/Hensen/*Fuchs*, AGB-Recht, § 307 Rn. 238 ff.; BeckOK BGB Bamberger/Roth/*Schmidt*, § 307 Rn. 57; Erman/*Roloff*, § 307 Rn. 32; Staudinger/*Coester*, § 307 Rn. 269; vgl. auch *Fastrich*, Richterliche Inhaltskontrolle, S. 287 f.; *Oechsler*, Gerechtigkeit im modernen Austauschvertrag, S. 320 f.; a.A. *Lieb* DB 1988, 946, 953 (Maßstab des individualvertraglichen Pflichtengefüges)

873 So auch die Begründung des Gesetzgebers RegE BT-Drucks. 7/3919, S. 9; für die allgM Ulmer/Brandner/Hensen/*Fuchs*, AGB-Recht, § 307 Rn. 238; Staudinger/*Coester*, § 307 Rn. 261; *Becker*, Auslegung des § 9 AGBG, S.138 ff.; *Stoffels*, AGB-Recht, Rn. 522.

874 BGH NJW 1956, 1065, 1066; BGH NJW 1984, 1350, 1351 mit Anm. *Bunte* JZ 1984, 475; BGH NJW 1985, 914, BGH NJW 1985, 3016, 3018; BGH NJW-RR 1986, 271, 272; BGH NJW 1988, 1785, 1786; BGH NJW 1993, 335; BGH NJW-RR 1993, 560, 561; BGH NJW 2001, 292, 302; BGH NJW 2002, 673, 674; BGH NJW-RR 2005, 1496, 1505; BGH JuS 2006, 456, 458; Ulmer/Brandner/Hensen/*Fuchs*, AGB-Recht, § 307 Rn. 248; Erman/*Roloff*, § 307 Rn. 33; zu diesem hauptsächlichen Anwendungsbereich der Nr. 2 auch schon die Gesetzesbegründung in Bezug auf die vorbekannte höchstrichterliche Rechtsprechung zu den Kardinalpflichten, RegE BT-Drucks. 7/3919, S. 23.

ren Erfüllung die Hauptleistung ergänzt oder ermöglicht, oder deren Nichterfüllung das vertragliche Risiko unangemessen einseitig verlagert.[875]

Es gilt daher festzustellen, welche Erwartungen der durchschnittliche Vertragspartner redlicherweise haben darf. Dafür ist hier auf die zugrundeliegende Art von Verträgen (Lizenzverträge zwischen Unternehmern) abzustellen. Die Erkenntnisquellen dafür, was der durchschnittliche AGB-Kunde bei Lizenzverträgen erwartet, können dann die übliche Klauselpraxis[876], die Rechtsprechung[877] auf diesem Gebiet sowie Quellen rechtswissenschaftlicher Auseinandersetzung mit dem ungeregelten Vertragstyp sein.[878] Sie tragen im beachtlichen Maße zur Vorstellungs- und Erwartungsbildung des betroffenen Rechtskreises bei. Allerdings müssen auch diese Erkenntnisquellen einer kritischen Prüfung auf ihren Gerechtigkeitsgehalt unterzogen werden. Allein die Üblichkeit einer Regelung darf deren Gerechtigkeitsgehalt nicht präjudizieren.[879] Andernfalls würde der Gefahr Vorschub geleistet, eine von einseitigen Interessen geprägte Kautelarpraxis zum typischen Erwartungsbild zu erheben.[880] Diese Vermutung müsste aber umso schwächer sein, je mehr die Lizenzpartner in wechselseitigen Beziehungen zueinander stehen, oder aber der Lizenznehmer in einem Fall gleichzeitig als Lizenzgeber in anderen Fällen auftritt und dieselben Klauseln verwendet. Ist z.B. eine haftungsausschließende Klausel stark von ein-

---

875 BGH NJW 1985, 914, 916; vgl. auch BGH NJW 1985, 1165 f. (allerdings mit der Bezeichnung einer Informationspflicht als „Hauptpflicht"); LG München I NJW 1983, 1685; Ulmer/Brandner/Hensen/*Fuchs*, AGB-Recht, § 307 Rn. 248; Wolf/Lindacher/-Pfeiffer/*Wolf*, AGB-Recht, § 307 Rn. 143; Erman/*Roloff*, § 307 Rn. 33; Staudinger/*Coester*, § 307 Rn. 273; *Stoffels*, AGB-Recht, Rn. 531.

876 Vgl. Münchener Anwaltshandbuch Gewerblicher Rechtschutz; Beck'sche Formularsammlung zum gewerblichen Rechtsschutz mit Urheberrecht; *Fammler*, Der Markenlizenzvertrag; *Pagenberg/Beier*, Lizenzverträge; *Pfaff/Osterrieth*, Lizenzverträge.

877 Folgt man der verbreiteten Meinung, dass auch gefestigte Rechtsprechung „gesetzliche Regelung" i.S.d. § 307 II Nr. 1 BGB ist, gilt dies nur insoweit, als sie noch nicht zu anerkanntem Richterrecht erstarkt ist. Andernfalls könnte die Inhaltskontrolle am gefestigteren Ordnungsrahmen des § 307 II Nr. 1 BGB durchgeführt werden. Vgl. dazu oben Achtes Kapitel F. I.

878 *Stoffels*, AGB-Recht, Rn. 538 ff.

879 BGH NJW 1982, 644, 645; BGH NJW 1984, 2160; BGH NJW 1985, 3016, 3017; BGH NJW 1987, 1931, 1935; BGH NJW 1989, 582, 583; BGH NJW 1991, 2414, 2416; Staudinger/*Coester*, § 307 Rn. 266; *Becker*, Auslegung des § 9 AGBG, S.175; *Fastrich*, Richterliche Inhaltskontrolle, S. 288 f.; *v. Hoyningen-Huene*, Die Inhaltskontrolle nach § 9 AGBG, Rn. 211.

880 Deutlich *Becker*, Auslegung des § 9 AGBG, S.174: „Stattdessen werden neue Vertragstypen als Produkt einer geschickten Kautelarjurisprudenz regelmäßig von der Anbieterseite entwickelt und anschließend dem Vertragspartner in Form Allgemeiner Geschäftsbedingungen gestellt."

seitigen Interessen geprägt, wird aber in einem gegenseitigen Lizenzaustauschverhältnis sowohl vom Lizenzgeber als auch vom Lizenznehmer zum Inhalt ihrer jeweiligen AGB gemacht, werden die Partner auf den Ausschluss vertrauen und redlicherweise vertrauen dürfen. Anders gewendet kann die Haftung dann keine Kardinalpflicht sein.

Je schwächer aber die gegenseitigen Beziehungen auf dem Lizenzmarkt sind, desto vorsichtiger ist von der Üblichkeit einer Klausel auf deren Bildung des typischen Erwartungshorizonts zu schließen. Dann müssen in die Maßstabsbildung nach § 307 II Nr. 2 BGB vor allem auch die Abwägungen des wirtschaftlichen Zwecks und der berechtigten Interessen der Parteien einfließen.[881]

III. Abgrenzung der Regelungsgebiete für die Kontrolle des ungeregelten Vertragstyps des Lizenzvertrages

Folgt man dem in Literatur und Rechtsprechung verbreiteten weiten Verständnis des Begriffes der „gesetzlichen Regelung“ in § 307 II Nr.1 BGB und bezieht Rechte und Pflichten mit ein, die sich aus ständiger Rechtsprechung und im Wege der Auslegung aus der Natur des Schuldverhältnisses ergeben, bleibt freilich nur ein denkbar eng begrenzter exklusiver Anwendungsbereich des § 307 II Nr. 2 BGB, auch bei den ungeregelten Vertragstypen.[882] Denn nach h.M. kommt bei Vorliegen einer gesetzlichen Regelung der Nr. 1 ein grundsätzlicher Anwendungsvorrang vor der Nr. 2 zu.[883] Ohne erkennbare Not sollte aber der Anwendungsbereich der Nr. 1 nicht überspannt werden und die Inhaltskontrolle atypischer Verträge soweit wie möglich i.R.d. § 307 II Nr. 2 BGB erfolgen. Solange gesetzlich normierte Regelungen in Gesamt- oder Einzelanalogie auf den ungeregelten Vertragstypen angewandt werden können, muss die Inhaltskontrolle aber anhand von § 307 II Nr. 1 BGB erfolgen.[884] Richtig ist sicher auch die

---

[881] Zur Interessensanalyse siehe oben Erstes Kapitel B. III.

[882] *Zöllner* RdA 1989, 152, 160.

[883] Ulmer/Brandner/Hensen/*Fuchs*, AGB-Recht, § 307 Rn. 197; *Becker,* Auslegung des § 9 AGBG, S.191 ff.; .; *v. Hoyningen-Huene,* Die Inhaltskontrolle nach § 9 AGBG, Rn. 282; *Stoffels*, AGB-Recht, Rn. 501; differenzierend Staudinger/*Coester*, § 307 Rn. 264; a.A. Wolf/Lindacher/Pfeiffer/*Wolf*, AGB-Recht, § 307 Rn. 133.

[884] Problematisch ist freilich die Tendenz, ungeregelte Vertragstypen pauschal einem bereits geregelten Vertragstypen zuzuordnen (vgl. dazu nur die Zuordnung des Leasingvertrages zur Miete BGH NJW 1977, 195, 196; BGH NJW 1982, 105; BGH NJW 1986, 179; BGH NJW 1989, 460,461; BGH NJW 1990, 1113; BGH NZM 2004, 340, 342; a.A. vor allem *Canaris* AcP 190, 410, 446 ff.). Auch eine Berufung auf das mögliche Korrektiv, nämlich die Beachtung der Besonderheiten des ungeregelten Vertragstyps i.R.d. auf die Abweichungsfestelllung folgenden Unangemessenheitsabwägung überzeugt nicht vollständig. Zu nahe liegt es, einen unverfangenen Blick auf die Interessens-

Kritik, dass eine Abgrenzung von ungeschriebenen Gesetzesprinzipien, die ohne weiteres unter den Begriff der „gesetzlichen Regelung“ fallen würden, und Richterrecht erheblichen Schwierigkeiten unterliegt.[885] Auch das Richterrecht – soweit es für einen ungeregelten Vertragstypen in gefestigter Form vorliegt – muss daher Leitbild der Kontrolle innerhalb des § 307 II Nr. 1 BGB sein.[886] Darüber hinaus ist die Kontrolle durch die Entwicklung eines vertragstypischen Gerechtigkeitsmodells i.R.d. § 307 II Nr. 2 BGB vorzunehmen.

In Bezug auf den Lizenzvertrag kann daher folgendes festgehalten werden: Soweit – wie oben dargestellt[887] – die Regelungen des Pachtrechts bzw. des allgemeinen Schuldrechts als grundsätzlich passend beurteilt werden können, findet eine Inhaltskontrolle gem. § 307 II Nr. 1 BGB statt. Soweit aber Klauseln eines Lizenzvertrages Regelungen zum Gegenstand haben, denen keine passende Regelung des dispositiven Rechts zum Abgleich gegnübersteht, muss anhand des § 307 II Nr. 2 BGB deren Angemessenheit aus einem überindividuellen Leitbild des Lizenzvertrages an sich beurteilt werden, das es zu entwickeln gilt.

---

lage durch die zugrundegelegte, grundsätzliche Zuweisung zum Normtypen zu verlieren und sich allein aufgrund der Abweichung vom Urteil der Unangemessenheit einnehmen zu lassen (umfassend dazu *Oechsler,* Gerechtigkeit im modernen Austauschvertrag, S. 296 ff.; in diesem Sinne auch Ulmer/Brandner/Hensen/*Fuchs*, AGB-Recht, § 307 Rn. 199; Staudinger/*Coester*, § 307 Rn. 265; *Stoffels*, Gesetzlich nicht geregelte Schuldverhältnisse, S. 420 ff.; für den Leasingvertrag schon *Lieb* DB 1988, 946 ff.). Vermieden wird dies, indem schon vorweg eine Einzel- oder Gesamtanalogie gesetzlicher Regelungen nur dort bejaht wird, wo auch tatsächlich sorgfältig festgestellte gleiche Interessenslagen herrschen. Weicht das Klauselwerk dann vom festgestellten Leitbild ab, verbleibt lediglich dieselbe Interessensabwägung und Wertung i.R.d. Nr. 1 („Unvereinbarkeit“) wie sie auch bei geregelten Vertragstypen geschieht.

885 Staudinger/*Coester*, § 307 Rn. 231.

886 A.A. *Becker,* Auslegung des § 9 AGBG, S.84 (nur Rechtsquellen i.S.d. Art. 2 EGBGB).

887 Erstes Kapitel B. VI, VII.

§ 5 Inhaltskontrolle typischer lizenzvertraglicher Klauseln

Neuntes Kapitel: Bezugsbindungsvereinbarungen

A. Grundlagen

Insbesondere bei Lizenzverträgen über gewerbliche Schutzrechte kann der Lizenzgeber ein vitales Interesse daran haben, dass das lizenzierte Gut in der gewünschten Qualität hergestellt bzw. verwendet wird.[888] Dazu wird in Lizenzverträgen häufig – i.R. kartellrechtlicher Zulässigkeit[889] - die Verpflichtung des Lizenznehmers vereinbart, nur diejenigen, zur Herstellung des lizenzierten Guts notwendigen, Materialien zu verwenden, die ihm der Lizenzgeber (exklusiv) zur Verfügung stellt (Bezugsbindung).[890] Die Frage der Zulässigkeit derartiger Vereinbarungen in vorformulierten Lizenzverträgen wird aber bisweilen nicht erörtert oder nur mit einer kurzen Feststellung zu deren (Un-) Angemessenheit entschieden.[891]

Hinsichtlich der Verpflichtung zum (ausschließlichen) Bezug von bestimmten Waren vom Lizenzgeber ergibt sich weder aus den pachtvertraglichen Regelungen, noch aus allgemein zivilrechtlichen Regelungen ein besonderer, auf den

---

888 Büscher/Dittmer/Schiwy/*Schmoll,* Gewerblicher Rechtschutz/Urheberrecht/Medienrecht, Teil 1 Kap. 12 Rn. 153; Fezer/*Fammler,* Handbuch der Markenpraxis, Bd. II Rn. 103; Pfaff/Osterrieth/*Osterrieth,* Lizenzverträge, Teil B. Rn. 149 ff., 985 f.

889 Bezugsbindungen unterliegen grundsätzlich dem Kartellverbot des Art. 101 AEUV bzw. des § 1 GWB. Sie können aber nach der Technologietransfer-GVO (VO 772/2004) oder insbesondere in Franchisingsystemen nach der Vertikal-GVO (VO 330/2010) freigestellt sein, oder aber aus dem Tatbestand der Normen ausgenommen sein, wenn sie zur Sicherstellung gleichbleibender Produktqualität sachgerecht und angemessen sind, vgl. Entscheidung der Kommission der EG vom 23.12.1977, GRUR Int 1978, 371, 374; Entscheidung der Kommission der EG vom 23.03.1990, GRUR Int 1990, 626, 628; *Fezer*, Markenrecht, § 30 Rn. 65; Pfaff/Osterrieth/*Metzlaff,* Lizenzverträge, Teil B. Rn. 1102.

890 Vgl. die entsprechenden Klauseln in: Münchener Vertragshandbuch/*Chrocziel,* Band 3, S. 1160 (Patentlizenz); entsprechendes kann sich auch aus dem Markenlizenzvertrag selbst oder aus angehängten Handbüchern und Richtlinien ergeben, vgl. BGH NJW 1985, 1894, 1895; Münchener Vertragshandbuch/*Chrocziel,* Band 3, S. 1230; im Zusammenhang mit dem Franchisevertrag vgl. auch Wolf/Lindacher/Pfeiffer/*Stoffels*, AGB-Recht, Franchisevertrag, Rn. F84; Giesler/Nauschütt/*Giesler,* Franchiserecht, Kap.9 Rn. 74; *Martinek*, Moderne Vertragstypen II, S. 171 ff.

891 Ulmer/Brandner/Hensen/*Schmidt*, AGB-Recht, Lizenzverträge Rn. 5.

Lizenzvertrag übertragbarer Maßstab für die (Un-)Zulässigkeit.[892] Die AGB-Kontrolle entsprechender Klauseln findet damit nicht anhand einer gesetzlichen Regelung i.R.d. § 307 II Nr. 1 BGB statt. Es kommt daher zunächst darauf an, ob und inwieweit eine formularmäßige Bezugsbindung wesentliche Rechte und Pflichten des Lizenzvertrages in der Weise einschränkt, dass der Vertragszweck gefährdet wird (§ 307 II Nr. 2 BGB). Darüber hinaus bleibt die Anwendung der Generalklausel des § 307 I 1 BGB offen.[893]

B. Unzulässigkeit gem. §307 II Nr. 2 BGB

Es entspricht der Natur des Pacht- bzw. Lizenzvertrages, dass dem Pächter bzw. Lizenznehmer die Nutzung im vertraglich vereinbarten Umfang ungehindert ermöglicht wird.[894] Die Nutzungsermöglichung ist wesentliche Vertragspflicht i.S.d. § 307 II Nr. 2 BGB und bildet damit den Rahmen, innerhalb dessen Bezugsbindungen wirksam vereinbart werden können.[895] Eine Bezugsvereinbarung kann damit nur so weit und so lange zulässig sein, wie sie die Nutzung des Schutzgutes nicht erheblich gefährdet.[896] Nur soweit die Nutzung des Schutzgutes lediglich geringfügig beeinträchtigt wird oder anderweitige Vertragsmechanismen der Beeinträchtigung kompensatorisch entgegenwirken, könnte eine Gefährdung der Nutzung unbeachtlich sein.[897]

Eine Einschränkung der Nutzungsmöglichkeit ist insbesondere bei ausschließlichen Bezugsvereinbarungen denkbar. Kann der Lizenzgeber die zur Nutzung des lizenzierten Guts notwendigen Materialien – etwa aufgrund vorübergehender Versorgungsengpässe – nur zum Teil oder gar nicht zur Verfü-

---

892 Vgl. Ulmer/Brandner/Hensen/*Schmidt*, AGB-Recht, Lizenzverträge Rn. 5; Wolf/Lindacher/Pfeiffer/*Stoffels*, AGB-Recht, Franchisevertrag, Rn. F84; anders kann dies freilich zu beurteilen sein, wenn Vertragspartner des AGB-Verwenders kein Unternehmer sondern ein Verbraucher i.S.d. § 13 BGB ist. Dann können auf solche Vereinbarungen, die auf den regelmäßigen Bezug bestimmter Materialien gerichtet sind, die Vorschriften des § 510 BGB Anwendung finden, vgl. BGH NJW 1995, 722 ff.; OLG Frankfurt NJW 1992, 57; *Bartenbach,* Patentlizenz- und Know-how-Vertrag, Rn. 1952 f.

893 Vgl. BGH NJW 1993, 326, 329; BGH NJW 1994, 2693, 2694; Staudinger/*Coester*, § 307 Rn. 85 f.

894 Vgl. nur oben Erstes Kapitel B. VI. 4. b).

895 In diesem Sinne auch für entsprechende Klauseln im Franchisingvertrag Graf v. Westphalen/ *Graf v. Westphalen*, Vertragsrecht und AGB-Klauselwerke, Teil 2, Franchising, Rn. 29; Wolf/Lindacher/Pfeiffer/*Stoffels*, AGB-Recht, Franchisevertrag, Rn. F84.

896 Zum Merkmal der nicht unerheblichen Gefährdung Ulmer/Brandner/Hensen/*Fuchs*, AGB-Recht, § 307 Rn. 261 ff ; Staudinger/*Coester*, § 307 Rn. 279; *v. Hoyningen-Huene,* Die Inhaltskontrolle nach § 9 AGBG, Rn. 295; *Stoffels*, AGB-Recht, Rn. 546 ff.

897 Ulmer/Brandner/Hensen/*Fuchs*, AGB-Recht, § 307 Rn. 261 ff.; Staudinger/*Coester*, § 307 Rn. 280.

gung stellen, wird der Lizenznehmer auch an der Nutzung des Schutzrechts selbst gehindert. Wird in diesen Fällen eine alternative Materialbeschaffung versagt, ist die wesentliche Vertragspflicht der Nutzungsermöglichung in vertragszweckgefährdender Weise eingeschränkt.[898] Entsprechende Klauseln sind gem. § 307 II Nr. 2 BGB nichtig.

C. Unzulässigkeit gem. § 307 I 1 BGB

Selbst wenn eine Bezugsbindung in nicht-vertragszweckgefährdender Weise vereinbart ist, wird der Lizenznehmer durch diese Vereinbarung in seiner Dispositionsfreiheit eingeschränkt. Es erscheint daher möglich, dass sich eine Unwirksamkeit über den Tatbestand des § 307 II Nr. 2 BGB hinaus aus der Generalklausel des § 307 I 1 BGB ergibt. Dies wäre dann der Fall, wenn der Vertragsgegner des Klauselverwenders durch die Klausel unangemessen benachteiligt würde. Die Beurteilung erfolgt anhand einer umfassenden Interessensabwägung.[899]

Der Lizenzgeber seinerseits hat in vielen Fällen lizenzvertraglicher Beziehungen ein berechtigtes Interesse an Bezugsvereinbarungen, um die Qualität der Vertragsprodukte zu sichern.[900] Ihre Existenzberechtigung erlangt eine Warenbezugsverpflichtung aber erst, wenn sie geeignet ist, diesem Interesse des Lizenzgebers zu genügen. Dabei kann nur insoweit von einem berechtigten Interesse des Lizenzgebers die Rede sein, als es für den Erfolg des Lizenzproduktes am Markt auf eine bestimmte Qualität ankommt.[901]

Diese Voraussetzung dürfte wohl in den meisten Fällen lizenzvertraglicher Verhältnisse gegeben sein,[902] wenn auch in unterschiedlicher Ausprägung. Der Marktwert einer Marke z.B. wird im Wesentlichen durch die qualitative Vorstellung des Verkehrs mit den Produkten bestimmt.[903] Merchandising-Produkte rufen Assoziationen des Publikums mit den zugehörigen Filmen oder literarischen

---

898 Ulmer/Brandner/Hensen/*Schmidt*, AGB-Recht, Lizenzverträge Rn. 5.

899 Ulmer/Brandner/Hensen/*Fuchs*, AGB-Recht, § 307 Rn. 121 ff.; MünchKommBGB/-*Wurmnest*, § 307 Rn. 33; Staudinger/*Coester*, § 307 Rn. 107 ff.

900 Dazu bereits oben unter Erstes Kapitel B. III. 2. a) dd).

901 Vgl. Graf v. Westphalen/*Graf v. Westphalen*, Vertragsrecht und AGB-Klauselwerke, Teil 2, Franchising, Rn. 29; Wolf/Lindacher/Pfeiffer/*Stoffels*, AGB-Recht, Franchisevertrag, Rn. F84; Giesler/Nauschütt/*Giesler*, Franchiserecht, Kap. 9 Rn. 74; *Ekkenga*, Die Inhaltskontrolle von Franchise-Verträgen, S. 59 f.

902 Vgl. oben Erstes Kapitel B. III. 2. a) dd).

903 Fezer/*Fammler*, Handbuch der Markenpraxis, Bd. II Rn. 103; Pfaff/Osterrieth/*Harte-Bavendamm*, Lizenzverträge, Teil B. Rn. 985 f.; Ströbele/Hacker/*Hacker*, MarkenG, § 30 Rn. 61.

Werken hervor.[904] Ebenso kann im Patentrecht eine schlechte Verarbeitung der Produkte, u.U. mit der Folge der Verursachung von Folgeschäden,[905] die Vermarktung der Produkte schädigen,[906] oder dem Lizenzgeber vermeidbare Wartungskosten verursachen.[907] In den genannten Fällen wird es dem Lizenzgeber häufig auf eine Mindestqualität ankommen.[908] Wird diese vom Lizenznehmer übertroffen, kann dies unschädlich sein. Aber vor allem im Franchising kommt es dem Lizenzgeber auf eine bestimmte Qualität an.[909] Vor dem Hintergrund des Geschäftsmodells der Vereinheitlichung wird für ihn auch eine positive Abweichung von der vereinbarten Qualität schädlich sein.

Kann ein gerechtfertigtes Qualitätsinteresse[910] geltend gemacht werden, kommt es für die Abwägung der Interessen entscheidend darauf an, ob der ausschließliche bzw. vorrangige Bezug der Materialien vom Lizenzgeber notwendige Bedingung für die Sicherung der Qualität ist. Sind die bezogenen Materialien auf dem Markt ohnehin in gleicher Qualität beschaffbar, ist eine solche Vereinbarung zwar hinreichende, aber nicht notwendige Bedingung zur Sicherung der Qualität. Nur für den Fall, dass der erforderliche Qualitätsstandard nicht dem marktüblichen Standard entspricht, kann also von einem beachtlichen Interesse des Lizenzgebers an der Bezugsvereinbarung ausgegangen werden. Denn ist die erforderliche Qualität marktüblich, ist auch nicht einzusehen, warum dem Interesse des Lizenzgebers durch einschneidende Beschaffungskontrollen und nicht durch regelmäßige Stichproben des in Lizenz verwendeten Produkts entsprochen werden soll.[911] Im Einzelfall kann sich freilich etwas anderes ergeben, wenn zwar benötigte Materialien in ausreichender Qualität am Markt zu beschaffen sind, aber beispielsweise die Vermarktungsstrategie besondere Vorgaben

---

904 Vgl. Loewenheim/*Schertz,* Handbuch des Urheberrechts, § 79 Rn. 44; Pfaff/Osterrieth/*Büchner,* Lizenzverträge, Teil B. Rn. 1189; *Ruijsenaars* GRUR Int 1994, 309, 311.

905 Zur Bedeutung von Qualitätssicherungsvereinbarungen für die Produzentenhaftung vgl. Graf v. Westphalen/*Graf v. Westphalen*, Vertragsrecht und AGB-Klauselwerke, Vertragsrecht, Kap. 23 Rn. 1 ff.

906 *Bartenbach,* Patentlizenz- und Know-how-Vertrag, Rn. 1948; *Henn,* Patent- und Know-how-Lizenzvertrag, Rn. 289; Pfaff/Osterrieth/*Osterrieth,* Lizenzverträge, Teil B. Rn. 151.

907 *Groß*, Der Lizenzvertrag, Rn. 198.

908 Pfaff/Osterrieth/*Osterrieth,* Lizenzverträge, Teil B. Rn. 149 ff.

909 Giesler/Nauschütt/*Giesler,* Franchiserecht, Kap. 9 Rn. 74a; *Martinek,* Franchising, S. 436.

910 Vgl. bereits oben Zweites Kapitel B. I. 4.

911 Zur Qualitätssicherrung durch Beschaffungsvereinbarungen einerseits und Qualiätskontrollen andererseits vgl. auch *Hilty,* Lizenzvertragsrecht, S. 538 f.

macht.[912] Dies kann der Fall sein, wenn damit geworben wird, dass das lizenzierte Endprodukt nur aus bestimmten Originalteilen zusammengesetzt wurde.

Dem Interesse des Lizenznehmers andererseits entspricht es, das lizenzierte Gut verzögerungsfrei und kostengünstig nutzen zu können.[913] Soweit dem Lizenzgeber überhaupt ein Interesse an der Bezugsvereinbarung eingeräumt werden kann (i.e. aufgrund eines besonderen Qualitätserfordernisses und mangelnder Qualität am üblichen Markt) wird der Lizenznehmer selbst bei verzögerungsfreier Belieferung durch den Lizenzgeber zum marktüblichen Preis in seiner Dispositionsfreiheit begrenzt. Erkennt man aber an, dass der Lizenznehmer aufgrund der Übernahme eines wirtschaftlichen Risikos entsprechende Freiheiten in Bezug auf die Auswahl seiner Vertriebsmethoden genießen soll[914], so muss dies ebenfalls für die Auswahl seiner Fertigungs- und Hilfsmaterialien gelten.[915] Das wirtschaftliche Risiko des Lizenznehmers wiederum bestimmt sich aus einer Gesamtschau mehrerer Faktoren.[916] Ausschließliche Lizenzen[917] verlangen dem Lizenznehmer i.d.R. hohe Anfangsinvestitionskosten ab und bürden ihm somit ein hohes wirtschaftliches Risiko auf. Aber auch die Art der vereinbarten Lizenzgebühr (z.B. Pauschal- oder Umsatzlizenz)[918] sowie die vereinbarten Kündigungsfristen beeinflussen die Verteilung des Vertragsrisikos. Aufgrund der generalisierten Betrachtungsweise der Inhaltskontrolle kommt es hingegen nicht auf die individuelle Risikoverteilung an. Es spielt mithin keine Rolle, ob der einzelne Lizenznehmer seinen wirtschaftlichen Erfolg an die betrachtete Lizenz knüpft oder aber ein Portfolio an verschiedenen Lizenzen hält.

Wird ein hohes wirtschaftliches Risiko des Lizenznehmers festgestellt, muss ihm im Gegenzug auch die freie Materialbeschaffung zugestanden werden, soweit dem nicht gravierende Interessen entgegenstehen (z.B. ein begründetes Einheitlichkeitsinteresse des Franchisegebers). Trägt der Lizenznehmer hingegen ein geringes Risiko, überwiegt das Interesse des Lizenzgebers. Eine entsprechende Bezugsbindung ist dann interessensgerecht.

Schließlich muss das Qualitätsinteresse des Lizenzgebers dann eine Begrenzung erfahren, wenn der von ihm für das Material angebotene Preis den Markt-

912 Vgl. insoweit zum Franchising bereits oben Fn. 889.

913 Ausführlich zum Nutzungsinteresse oben Erstes Kapitel B. III. 3. a).

914 BGH GRUR 1970, 40, 42 mit Anm. *Bappert;* vgl. auch Reimer/*Reimer,* PatG GebrMG, § 9 a.F. Rn. 55; *Groß*, Der Lizenzvertrag, Rn. 154 f.; *Schade,* Die Ausübungspflicht bei Lizenzen, S. 69.

915 Vgl. *Ekkenga,* Die Inhaltskontrolle von Franchise-Verträgen, S. 135.

916 Vgl. hierzu insbesondere zur Bestimmung der Vergütung oben Zweites Kapitel B. I. 1. b).

917 Vgl. oben Erstes Kapitel B. II. 5. a).

918 Vgl. oben Zweites Kapitel B. I. 1. b).

preis übersteigt.[919] Dem Lizenzgeber stehen i.d.R. alternative Mittel zur Qualitätskontrolle zur Verfügung stehen. Darunter fallen z.B. Stichprobenkontrollen oder die Vereinbarung der Kontrolle vorab angefertigter Musterexemplare vor Freigabe der Produktion.[920] Daher ist nicht einzusehen, warum dem Interesse des Lizenzgebers bis zu einer vermeidbaren wirtschaftlichen Belastung des Lizenznehmers nachgegeben werden sollte.[921]

D. Zusammenfassung

Klauseln, die die Bezugsmöglichkeiten des Lizenznehmers bestimmen, schränken dessen Dispositionsfreiheit ein. Sie sind daher unzulässig gem. § 307 I 1 BGB, wenn es für den Erfolg des lizenzierten Schutzgutes nicht auf einen bestimmten Qualitätsstandard ankommt.[922] Sofern für die Beschaffung der Materialien in der erforderlichen Qualität auf dem regulären Markt keine besonderen Hindernisse existieren, benachteiligen vorformulierte Bezugsbindungen den Vertragspartner dann unangemessen i.S.d. § 307 I 1 BGB, wenn er durch die Lizenz selbst einem entsprechenden wirtschaftlichen Risiko ausgesetzt ist (z.B. bei einer ausschließlichen Lizenz).[923] Auch wenn eine Bezugsverpflichtung wirksam vereinbart ist, müssen die bezogenen Materialien zum Marktpreis angeboten werden.[924] Für den Fall, dass der Lizenzgeber dazu nicht im Stande ist, muss eine Alternativbeschaffung für zulässig erklärt werden.[925]

Die Materialbeschaffung zur Herstellung des lizenzierten Produkts ermöglicht überhaupt erst dessen Nutzung. Damit in Zusammenhang stehende Rechte und Pflichten können daher den Vertragszweck i.S.d. § 307 II Nr. 2 BGB gefährden. Eine vorformulierte Warenbezugsbindung kann nach dem Gesagten insoweit unzulässig und vertragszweckgefährdend sein, wenn sie bei etwaigen

---

919 Ulmer/Brandner/Hensen/*Schmidt*, AGB-Recht, Lizenzverträge Rn. 5; etwas anderes gilt nur dann, wenn der erhöhte Preis ein Ausgleich für eine anderweitige Unterstützung ist, vgl. dazu Bezugsvereinbarungen bei Bierlieferungsverträgen zum Ausgleich des Brauereidarlehens Staudinger/*Freitag/Mülbert*, § 488 Rn. 96; Graf v. Westphalen/*Graf v. Westphalen*, Vertragsrecht und AGB-Klauselwerke, Klauselwerke, Bierlieferungsvertrag.

920 *Fezer*, Markenrecht, § 30 Rn. 64; *Hilty*, Lizenzvertragsrecht, S. 538 f.; *Pagenberg/Beier*, Lizenzverträge, Muster 1 Rn. 224 ff.

921 Vgl. zum Franchiserecht Graf v. Westphalen/*Graf v. Westphalen*, Vertragsrecht und AGB-Klauselwerke, Teil 2, Franchising, Rn. 29; *Ekkenga*, Die Inhaltskontrolle von Franchise-Verträgen, S. 59 f.

922 Vgl. oben Neuntes Kapitel C.

923 Vgl. oben Neuntes Kapitel C.

924 Vgl. oben Neuntes Kapitel C.

925 Vgl. oben Neuntes Kapitel C.

Versorgungsengpässen die Möglichkeit einer Alternativbeschaffung verwehrt. Derart formulierte Vereinbarungen können gem. § 307 II Nr. 2 BGB unwirksam sein.[926]

926 Vgl. oben Neuntes Kapitel B.

Zehntes Kapitel: Unterlizenzklauseln

A. Grundlagen

Durch Vereinbarungen zur Unterlizenzierung wird dem Lizenznehmer vom Lizenzgeber erlaubt (bzw. untersagt), das geschützte Gut durch die selbständige Erteilung weiterer Lizenzen zu nutzen. Daraus ergeben sich für die Vertragsparteien verschiedene Chancen und Risiken: Für den Lizenznehmer stellt die Möglichkeit zur Unterlizenzierung eine Erweiterung seines potentiellen Handlungs- und Verwertungsrahmens dar. Für den Lizenzgeber hingegen kann eine Unterlizenzierung sowohl eine attraktive Zusatzeinnahmequelle aufgrund erhöhter Lizenzgebühren sein, als auch eine Gefahr bedeuten, sei es durch eine größere Konkurrenz am Markt (bei eigener Beteiligung), oder durch unkontrollierte Verbreitung und Erhöhung der Missbrauchswahrscheinlichkeit.[927] Damit ist die Frage, ob ein Lizenzgeber formularmäßig eine Unterlizenzierung ausschließen kann, oder ob sich im Gegenzug ein Lizenznehmer die Unterlizenzierung formularmäßig gestatten lassen kann, von erheblicher wirtschaftlicher Bedeutung. Gleichwohl findet in der Literatur bislang keine differenzierte Auseinandersetzung mit der Zulässigkeit von Unterlizenzklauseln im Rahmen von AGB statt.[928]

Der AGB-rechtlichen Beurteilung sind mehrere Erwägungen zugrunde zu legen. Eine gesetzliche Regelung der Möglichkeit zur Unterlizenzierung, die als Vergleichsmaßstab herangezogen werden könnte, findet sich auf dem Gebiet des gewerblichen Rechtsschutzes nicht. Im Urheberrecht ergibt sich hingegen aus § 35 I 1 UrhG die Befugnis des ausschließlichen Lizenznehmers nach Zustimmung des Lizenzgebers Unterlizenzen zu erteilen, bzw. aus dem Umkehrschluss die mangelnde Befugnis des einfachen Lizenznehmers.[929]

Zwar fehlt im gewerblichen Rechtschutz eine gesetzliche Vorgabe. Eine h.M. spricht aber dem einfachen Lizenznehmer die Befugnis zur Erteilung von Unterlizenzen ab.[930] Bei der ausschließlichen Lizenz hingegen werden die Be-

---

927 Pfaff/Osterrieth/*Osterrieth,* Lizenzverträge, Teil B. Rn. 95; *Plassmeier/Steden*, Lizenzverträge in der Praxis, § 2 Rn. 12 ff.

928 Ansatzweise dazu lediglich Ulmer/Brandner/Hensen/*Schmidt*, AGB-Recht, Lizenzverträge Rn. 5: „Nicht unangemessen dürfte im Regelfall auch das Verbot der Vergabe von Unterlizenzen durch den Lizenznehmer sein."

929 Loewenheim/*Loewenheim/J.B.Nordemann,* Handbuch des Urheberrechts, § 25 Rn. 8; Möhring/Nicolini/*Spautz,* UrhG, § 31 Rn. 39; Schricker/Loewenheim/*Schricker/-Loewenheim,* UrhG, § 35 Rn. 2; aA Dreier/Schulze/*Schulze,* UrhG, § 31 Rn. 55.

930 BGH GRUR 1974, 463, 464; BGH GRUR 1982, 411, 412; OLG Stuttgart GRUR-RR 2004, 8, 12; Für das Markenrecht *Fezer,* Markenrecht, § 30 Rn. 24; *Ingerl/Rohnke,* MarkenG, § 30 Rn. 49; Ströbele/Hacker/*Hacker,* MarkenG, § 30 Rn. 68; für das Patentrecht *Mes*, PatG GebrMG, § 15 PatG Rn. 40; *Kraßer,* Patentrecht, S. 933; für das Ge-

fugnisse des Lizenznehmers schon auf den einzelnen Gebieten des jeweiligen Schutzrechts unterschiedlich beurteilt.[931] Eine schutzrechtsübergreifende, klare Position ist erst recht nicht zu erkennen. Wie zu zeigen sein wird, kann aber mit Hilfe pachtvertraglicher Regelungen ein geeignetes Referenzmodell gefunden werden, das eine einheitliche Lösung fördert.

B. Angemessenheit gem. § 307 II Nr. 1 BGB

I. Unterlizenzierung bei ausschließlichen Lizenzen

1. Urheberrecht

Im Urheberrecht regelt § 35 UrhG die Vergabe von Unterlizenzen bei ausschließlichen Lizenzen. Gem. § 35 I 1 UrhG kann der ausschließliche Lizenznehmer einfache wie ausschließliche Unterlizenzen nur mit Zustimmung des Urhebers erteilen.[932] Dieser Zustimmung bedarf es gem. § 35 I 2 UrhG nicht bei ausschließlichen Nutzungsrechten, die der Wahrnehmung der Belange des Urhebers dienen, insbesondere Lizenzerteilung gegenüber Verwertungsgesellschaften.[933] Entgegen Treu und Glauben darf der Urheber seine Zustimmung nicht verweigern (§§ 35 II, 34 I 2 UrhG). Tut er es dennoch, kann der Lizenznehmer den Urheber im Wege der Leistungsklage auf Zustimmung verklagen.[934] Eine von den gesetzlichen Vorgaben abweichende Regelung ist zwar grundsätzlich erlaubt (§§ 35 II, 34 V 2 UrhG). Ob dies aber auch formularmäßig geschehen kann ist umstritten: Eine Vereinbarung freier Unterlizenzierung ohne weiteren Zustimmungsbedarf durch AGB wird teilweise als unbillige Abweichung vom gesetzlichen Grundgedanken des Zustimmungserfordernisses und somit als Verstoß gegen § 307 II Nr. 1 BGB gesehen.[935]

---

brauchsmuster durch Verweis auf die entsprechenden Regelungen des Patentrechts Benkard/*Ullmann*, PatG, § 22 GebrMG Rn. 4; *Mes*, PatG GebrMG, § 22 GebrMG Rn. 2; für das Geschmacksmuster Eichmann/von Falckenstein/*Eichmann,* GeschmMG, § 31 Rn. 10; zum Ganzen vgl. oben Erstes Kapitel B. II. 4. b).

931 Dazu oben Erstes Kapitel B. II. 5. b).

932 Vgl. BT-Drucks. 14/6433, S. 16.

933 Schricker/Loewenheim/*Schricker/Loewenheim*, UrhG, § 35 Rn. 17.

934 Schricker/Loewenheim/*Schricker/Loewenheim*, UrhG, § 34 Rn. 35; Wandtke/Bullinger/*Wandtke/Grunert,* § 34 Rn. 14.

935 Dreier/Schulze/*Schulze*, UrhG, § 34 Rn. 51; Dreyer/Kotthoff/Meckel/*Meckel,* § 34 Rn. 19; *Schricker*, VerlagsR, § 28 Rn. 3; Schricker/Loewenheim/*Schricker/-Loewenheim*, UrhG, § 34 Rn. 28; Wandtke/Bullinger/*Wandtke/Grunert,* § 34 Rn. 14; a.A. Berger/Wündisch/*Berger,* Urhebervertragsrecht, § 1 Rn. 189; Fromm/Nordemann/-*J.B.Nordemann,* UrhG, § 35 Rn. 41; Loewenheim/*Loewenheim/J.B.Nordemann,* Handbuch des Urheberrechts, § 25 Rn. 14; offengelassen BGH GRUR 1984, 45, 52.

Dazu ist zunächst festzuhalten, dass die Regelung des § 35 UrhG die Kontrolle des Lizenzgebers über die Verbreitung seines Schutzrechts schützt[936] und somit einen hinreichenden Gerechtigkeitsgehalt[937] aufweist. Sie stellt einen wesentlichen Grundgedanken des UrhG i.S.d. § 307 II Nr. 1 BGB dar.[938] Der Lizenzgeber würde sich bei Gültigkeit der Abbedingung seiner Kontrolle über die Verwertung seines Schutzrechts begeben. Aus ideeller, urheberpersönlichkeitsrechtlicher Sicht entstünde die Gefahr, dass Verwerter Nutzungsrechte erhalten, die nicht den Vorstellungen und persönlichen Interessen des Urhebers genügen.[939] Aus wirtschaftlicher Sicht würde der Urheber an Kontrolle über die Anzahl der Verwerter verlieren[940], mit Auswirkungen sowohl auf die Komplexität der Berechnung der Lizenzeinnahmen als auch auf die Wahrscheinlichkeit der Schutzrechtsverletzung durch entsprechende Verbreitung. Eine Abbedingung des Zustimmungserfordernisses stellt daher eine erhebliche negative Rechtslagenabweichung i.S.d. § 307 II Nr. 1 BGB dar. In einer abschließenden Wertung ist aber zu prüfen, ob die Abweichung mit dem Grundgedanken der gesetzlichen Regelung in einem nicht zu vereinbaren Widerspruch steht.[941] Dies wäre der Fall, soweit die Verkürzung der geschützten Position des Urhebers nicht durch ein gerechtfertigtes Abweichungsinteresse des Klauselverwenders gedeckt wäre.[942]

---

936 Vgl. Gesetzesbegründung BT-Drucks IV/270, S. 57; dies gilt auch unabhängig von mehr oder minder starken urheberpersönlichkeitsrechtlichen Implikationen; vgl. aber Schricker/Loewenheim/*Schricker/Loewenheim*, UrhG, § 34 Rn. 28; Wandtke/Bullinger/-*Wandtke/Grunert,* § 34 Rn. 40.

937 Zum berechtigten Interesse des Lizenzgebers an der Kontrolle über die Ausübung seines Schutzrechts in Bezug auf die Unterlizenzierung *McGuire*, Die Lizenz, S. 734 f.; zum Begriff des Gerechtigkeitsgehalts s.o. Drittes Kapitel F. I.

938 Schricker/Loewenheim/*Schricker/Loewenheim*, UrhG, Vor § 28 Rn. 40.

939 Dreier/Schulze/*Schulze*, UrhG, § 34 Rn. 1; Loewenheim/*Loewenheim/J.B.Nordemann,* Handbuch des Urheberrechts, § 25 Rn. 10; Möhring/Nicolini/*Spautz,* UrhG, § 34 Rn. 1; Wandtke/Bullinger/*Wandtke/Grunert,* § 34 Rn. 1; *McGuire*, Die Lizenz, S. 734.

940 Dreier/Schulze/*Schulze*, UrhG, § 34 Rn. 1; Loewenheim/*Loewenheim/J.B.Nordemann,* Handbuch des Urheberrechts, § 25 Rn. 10; Schricker/Loewenheim/*Schricker/-Loewenheim*, UrhG, § 35 Rn. 1, § 34 Rn. 28.

941 Zur Wertungsstation innerhalb des § 307 II Nr. 1 BGB s. o. Vierter Teil F. I.

942 Allein die Abweichung vom gesetzlichen Regelungsmodell streitet in der Abwägung präsumtiv für den Lizenzgeber. In der Interessensabwägung muss daher vor allem die Berechtigung des entgegenstehenden Interesses des Verwenders/Lizenznehmers beachtet und beurteilt werden. Vgl. Staudinger/*Coester*, § 307 Rn. 253; *Becker,* Die Auslegung des § 9 AGBG, S. 131 f.; *v. Hoyningen-Huene,* Die Inhaltskontrolle nach § 9 AGBG, Rn. 268; *Stoffels*, AGB-Recht, Rn. 519.

Für die formularvertragliche Abdingbarkeit des Zustimmungserfordernisses werden allen voran vertragspraktische Argumente angeführt: Vor allem Verwerter, die im Massengeschäft tätig seien, könnten das Zustimmungserfordernis kaum einzeln aushandeln und ihnen müsste daher eine angemessene Standardisierung ermöglicht werden.[943] Sofern dieser Einwand allerdings auch Verwertungsverträge berücksichtigen will, ist zu entgegnen, dass gerade Wahrnehmungsverträge gem. § 35 I 2 UrhG von der Zustimmungsbedürftigkeit ausgenommen sind und der formularmäßige Ausschluss hier nicht zum Tragen kommt.[944] Allerdings finden sich darüber hinaus Beispiele in denen Dritte in der Vermarktung von Urheberrechten zwischengeschaltet sind. Hierzu zählen Musik- und Buchverlage ebenso wie Sendeunternehmen.[945] Der massenweise Abschluß entsprechender Verwertungsverträge mit Urhebern ist in der Vertragspraxis aber nur mit standardisierten Formularen denkbar.[946] Ein individuelles Aushandeln wäre nicht nur mit einem untragbaren Aufwand verbunden, sondern hätte u.U. auch noch ungleiche Verträge – je nach Verhandlungsposition des Urhebers[947] – zur Folge. Darüber hinaus ist schwer vorstellbar, wie ein Vertrag, dessen Zweck in der weiteren Verwertung der Urheberrechte liegt, anders vollzogen werden soll, als mit einer Zustimmung zur weiteren Nutzungsrechtserteilung.

Im selben Maße, in dem das Interesse des Verwerters an einer formularmäßigen Vereinbarung erhöht ist, ist das Schutzbedürfnis des Urhebers geringer, da die Einräumung weiterer Nutzungsrechte durch den Verwerter für ihn logische Konsequenz seines Kontrakts ist. Bei Verträgen, die zur Verwertung des Urheberrechts durch Dritte bestimmt sind, geht der Urheber bewusst das Risiko verzweigter Unterlizenzstrukturen mit der Folge erhöhter Verwertungskomplexität durch diese Strukturen und einer verminderten ideellen Kontrolle der Verwerter ein. Solange und soweit also die Weiterverwertung (auch) den erkennbaren Vertragszweck bildet, steht die Abbedingung des Zustimmungserfordernisses nicht

---

943 Fromm/Nordemann/*J.B.Nordemann,* UrhG, § 35 Rn. 41.

944 Nach der amtlichen Begründung zielt dies vor allem auf Nutzungsverträge mit Verwertungsgesellschaften oder Bühnenvertrieben, BT-Drucks IV/270, S. 57.

945 Mit weiteren Beispielen sowie näheren Ausführungen in diesem Bereich: von Hartlieb/-Schwarz, Film-, Fernseh- und Videorecht, passim; *Henning-Bodewig,* in: FS Schricker, S. 389 ff.; Loewenheim/*Schwarz/Reber,* Handbuch des Urheberrechts, § 74 Rn. 279 ff.; *Rossbach/Joos,* in: FS Schricker, S. 340 ff.; *Delp,* Der Verlagsvertrag, Kompendium Rn. 18 ff., 113 ff.

946 Hartlieb/Schwarz/*N.Reber,* Film-, Fernseh- und Videorecht, Kap. 92 Rn. 1; *Kuck* GRUR 2000, 285 ff.

947 Zum Ungleichgewicht von Verhandlungspositionen im Urheberrecht vgl. *Henning-Bodewig,* in: FS Schricker, S. 421 f.; *Nordemann* GRUR 1978, 88, 89 ff.

in einem mit dem Grundgedanken des § 35 I UrhG nicht zu vereinbarendem Widerspruch und ist daher nicht unbillig gem. § 307 II Nr. 1 BGB.[948]

Überdies ist klärungsbedürftig, ob das Gegenstück zum eben skizzierten Modell, nämlich der formularvertragliche Ausschluss der Unterlizenzierbarkeit unbillig ist. Der gesetzliche Bezugsrahmen wird dabei von den §§ 35 II, 34 I 2 UrhG vorgegeben: Eine Zustimmung zur Unterlizenzierung darf vom Urheber nicht wider Treu und Glauben abgelehnt werden. Zwar ist die Möglichkeit der Ablehnung der Regelfall, der Urheber braucht somit grundsätzlich nicht zuzustimmen.[949] In Ausnahmefällen aber, in denen sich der Urheber grundlos, oder zumindest aus einem den Interessen des Lizenznehmers unterliegenden Grundes weigert[950], räumt der Gesetzgeber die Möglichkeit der (klageweise) verpflichtenden Zustimmung ein. Würde durch AGB eine Unterlizenzierung vollständig ausgeschlossen, ergäbe sich für den Lizenznehmer eine negative Regelungsdivergenz. Diese wäre aber nur insoweit problematisch, als in der Zustimmungspflicht ein wesentlicher Grundgedanke des Urheberrechts zu sehen wäre. Das prägende Bild der Regelung zur Unterlizenzierung ist dagegen die generelle Zustimmungspflicht des Schutzrechtsinhabers zur Unterlizenzierung. Darin kommt die Vorstellung des Gesetzgebers[951] zum Ausdruck, dass das Lizenzvertragsverhältnis ein persönliches Verhältnis darstellt, das die Kontrolle des Schutzrechtsinhabers über die Verwertung des Schutzrechts erhält.[952] Ein genereller Ausschluss der Unterlizenzierung scheint eine konsequente Fortführung dieses

---

948 Ebenso für die Abhängigkeit der (Un-)Billigkeit von einer sachlichen Rechtfertigung durch die Bedürfnisse des Lizenznehmers BGH GRUR 1984, 45, 52; Loewenheim/*Loewenheim/J.B.Nordemann,* Handbuch des Urheberrechts, § 60 Rn. 39; Schricker/Loewenheim/*Schricker/Loewenheim*, UrhG, § 34 Rn. 28; wohl weitergehend und für den grundsätzlichen Verstoß gegen § 307 II Nr. 1 UrhG aber Dreier/Schulze/*Schulze*, UrhG, § 34 Rn. 51.

949 Dreier/Schulze/*Schulze*, UrhG, § 34 Rn. 18.

950 Die Treuwidrigkeit kann sich nicht nur aus der willkürlichen Zustimmungsverweigerung ergeben, sondern auch aus einer umfassenden Abwägung der gegenüberstehenden Interessen, Dreier/Schulze/*Schulze*, UrhG, § 34 Rn. 18; Dreyer/Kotthoff/Meckel/-*Meckel,* § 34 Rn. 8; Fromm/Nordemann/*J.B.Nordemann,* UrhG, § 34 Rn. 18; Schricker/Loewenheim/*Schricker/Loewenheim*, UrhG, § 34 Rn. 32; Berger/Wündisch/*Berger,* Urhebervertragsrecht, § 1 Rn. 167.

951 Amtl. Begr. BT-Drucks. IV/270, S. 57.

952 Ein wirtschaftliches Verwertungsinteresse des Lizenzgebers hingegen stünde der Unterlizenzierung nur eingeschränkt entgegen, da der Lizenzgeber der ausschließlichen Lizenz sich ohnehin im vereinbarten Gebiet der Vergabe weiterer Lizenzen enthalten muss. In Frage käme eine wirtschaftliche Beeinträchtigung freilich bei mangelnder Eignung des Unterlizenznehmers zum Vertrieb des Schutzguts oder zur Förderung durch Werbemaßnahmen, vgl. Berger/Wündisch/*Berger,* Urhebervertragsrecht, § 1 Rn. 167.

Grundgedankens zu sein. Der ausnahmsweisen Zustimmungspflicht hingegen kommt ein entsprechendes Gewicht nicht zu. Die Zustimmung soll nur in vereinzelten Fällen erfolgen müssen.[953] Die Erzwingbarkeit der Zustimmung im Einzelfall stellt im Übrigen auch kein scharfes Schwert für den Lizenznehmer dar. Er kann sich regelmäßig nicht – wie etwa der Mieter im Mietrecht[954] – durch ein mit der Verweigerung verknüpftes Sonderkündigungsrecht vom Vertrag lösen.[955] Vor diesem Hintergrund ist die Zustimmungspflicht der §§ 35 II, 34 I 2 UrhG nicht als wesentlicher Grundgedanke der Regelungen zur Unterlizenz zu sehen.[956] Der Ausschluss der Zustimmung zur Vergabe weiterer Lizenzen in AGB verstößt damit nicht gegen § 307 II Nr. 1 BGB.

2. Gewerblicher Rechtsschutz

Im gewerblichen Rechtsschutz existiert keine dem § 35 UrhG vergleichbare Regelung. Damit ist die Möglichkeit der Vergabe weiterer Lizenzen nicht durch eine spezialgesetzliche Regelung vorgegeben. So ist es auch zu erklären, dass es hinsichtlich der Berechtigung des ausschließlichen Lizenznehmers zur Unterlizenzierung diverse, auch in Bezug auf ein spezifisches geistiges Eigentumsrecht voneinander abweichende Meinungen gibt.[957] Der Inhaber einer ausschließlichen Markenlizenz soll mitunter nur nach Zustimmung des Lizenzgebers eine

---

953 Näher zu den Kriterien der Zustimmungspflicht Dreyer/Kotthoff/Meckel/*Meckel*, § 34 Rn. 8; Schricker/Loewenheim/*Schricker/Loewenheim*, UrhG, § 34 Rn. 32 f.; Wandtke/Bullinger/*Wandtke/Grunert*, § 34 Rn. 13; Berger/Wündisch/*Berger*, Urhebervertragsrecht, § 1 Rn. 167.

954 Vgl. § 540 I 2 BGB.

955 Vgl. aber Wandtke/Bullinger/*Wandtke/Grunert*, § 34 Rn. 13. Sie sehen die Möglichkeit einer außerordentlichen Kündigung gem. § 314 BGB aufgrund Verstoßes gegen den Nutzungsrechtsvertrag bei treuwidriger Weigerung. In anbetracht dessen, dass der Urheber aber grundsätzlich keiner Zustimmungspflicht unterliegt und dass das Kündigungsrecht nur bei Unzumutbarkeit der Vertragsfortführung zum Zuge kommt, dürfte § 314 BGB aber nur in krassen Fällen der treuwidrigen Verweigerung zum Zuge kommen, in denen durch die Blockade das Vertrauensverhältnis irreparabel erschüttert wurde.

956 So wohl auch Dreier/Schulze/*Schulze*, UrhG, § 34 Rn. 51 f.; Wandtke/Bullinger/-*Wandtke/Grunert*, § 34 Rn. 40, die nur in dem formularmäßigen Verzicht auf das Zustimmungserfordernis einen Verstoß gegen § 307 BGB sehen. Gegen die Beurteilung des Sonderkündigungsrechts des § 540 I 2 BGB als wesentlicher Grundgedanke des Mietrechts *Seyfarth* NZM 2002, 200, 202.

957 Vgl. dazu oben Erstes Kapitel B. II. 5. b).

Unterlizenz erteilen können.[958] Gleiches soll im Geschmacksmusterrecht gelten.[959] Der Inhaber einer ausschließlichen Patentlizenz soll nach überwiegender Meinung nur einfache Unterlizenzen auch ohne Zustimmung erteilen können.[960] Die einzelnen Meinungen sind aber jeweils nicht derart gewohnheits- oder richterrechtlich gefestigt, dass sie als gesetzliche Regelung im Sinne des § 307 II Nr. 1 BGB verstanden werden könnten.[961]

Wie oben bereits dargestellt wurde[962], können pachtvertragliche Regelungen als Maßstab des Lizenzvertrages herangezogen werden. Diese geben durch den Verweis auf das Mietrecht eine Regelung zur Unterverpachtung gem. §§ 581 II, 540 BGB vor. Gem. § 540 I 1 BGB ist der Mieter ohne die Erlaubnis des Vermieters nicht berechtigt die Sache einem Dritten zu überlassen, insbesondere sie weiter zu vermieten. Die Regelung entspricht im Grundsatz der Regelung des § 35 UrhG. Unterschiede bestehen aber hinsichtlich der Rechtsfolge bei ungerechtfertigter Verweigerung der Unterlizenzierung bzw. Untervermietung. I.R.d. §§ 35 II, 34 I 2 UrhG kann die treuwidrig verweigerte Zustimmung zur Unterlizenz gerichtlich erzwungen werden.[963] Das Sonderkündigungsrecht des § 540 I 2 BGB hingegen ist beim Pachtvertrag gem. § 584a I BGB ausgeschlossen, so dass dem Pächter kein wirksames Druckmittel bei grundlos verweigerter Zustimmung zusteht.

Soweit die pachtvertraglichen Regelungen mit § 35 UrhG übereinstimmen, können sie ohne weiteres als gesetzlicher Maßstab zur Beurteilung i.R.d. § 307 II Nr. 1 BGB herangezogen werden.[964] Die im gewerblichen Rechtsschutz zugrundeliegenden, wertenden Überlegungen, stehen bis auf spezifisch urheberpersönlichkeitsrechtliche Aspekte denen des Urheberrechts gleich und weichen auch nicht von denen des Pachtrechts ab: In allen Fällen hat der Verpächter, bzw. Lizenzgeber ein werthaltiges Rechtsgut inne, das er dem Pächter bzw. Lizenznehmer zur Nutzung überlässt. Die beiden Parteien stehen dabei in einem per-

---

958 BGH GRUR 2004, 8, 12; *Fezer,* Markenrecht, § 30 Rn. 24; Ströbele/Hacker/*Hacker,* MarkenG, § 30 Rn. 68; *Kurtz* GRUR 2007, 292, 295; a.A. *Ingerl/Rohnke*, MarkenG, § 30 Rn. 49.

959 Eichmann/von Falckenstein/*Eichmann,* GeschmMG, § 31 Rn. 10.

960 *Kraßer,* Patentrecht, § 40 V d); *Mes*, PatG GebrMG, § 15 PatG Rn. 39; hingegen für die Befugnis der Erteilung auch ausschließlicher Unterlizenzen Benkard/*Ullmann*, PatG, § 15 Rn. 92.

961 Zur Tragweite des Begriffs der gesetzlichen Regelung i.R.d. § 307 II Nr. 1 BGB vgl. oben Drittes Kapitel F. I.

962 S. o. Erstes Kapitel B. VII.

963 Schricker/Loewenheim/*Schricker/Loewenheim,* UrhG, § 34 Rn. 35; Wandtke/Bullinger/*Wandtke/Grunert,* § 34 Rn. 14.

964 Vgl. Ströbele/Hacker/*Hacker,* MarkenG, § 30 Rn. 68 (Fn. 112).

sönlichen, von Vertrauen geprägten Rechtsverhältnis, in dem der Verpächter/Lizenzgeber die Kontrolle über sein Rechtsgut bewahren soll.[965] Die von ihm unkontrollierte Nutzung durch Dritte muss er nicht hinnehmen. Es soll sowohl die übergebührliche wirtschaftliche Belastung vermieden werden, als auch ein berechtigter Vertrauensanspruch des Verpächters/Lizenzgebers an den Kreis der Nutzer gewahrt bleiben. Der Mangel an persönlichkeitsrechtlichen Belangen die das Urheberrecht mitprägen, lässt den Anspruch an die Auswahl der Nutzer auch nicht entfallen, denn der Schutzrechtsinhaber eines gewerblichen Schutzgutes nimmt mit der Erhöhung der Anzahl der Lizenznehmer ebenso ein erhöhtes Risiko durch unerlaubte Verbreitung und Schutzrechtsverletzung in Kauf. Eine entsprechend sorgfältige Auswahl vermag dieses Risiko aber zu minimieren. Eine von den vorstehenden Überlegungen abweichende Sachlage ist schließlich auch im Patentrecht nicht zu erkennen, so dass ein Zustimmungsrecht des Schutzrechtsinhabers auch dort anzuerkennen ist.[966]

In Bezug auf die oben, bereits zu § 35 UrhG gemachten Ausführungen kann insgesamt folgendes festgehalten werden: Der wesentliche Grundgedanke der heranzuziehenden gesetzlichen Regelung (§§ 581 II, 540 BGB) erfordert bei der ausschließlichen Lizenz auch im gewerblichen Rechtsschutz eine Zustimmung des Lizenzgebers zur Unterlizenzierung. Eine formularmäßige Abbedingung des Zustimmungserfordernisses stellt eine negative Regelungsdivergenz dar, soweit sie vom Lizenznehmer als Verwender der AGB eingeführt wird. Diese ist unbillig, solange und soweit der erkennbare Vertragszweck des Lizenzvertrages nicht die Verwertung des Schutzrechts durch den Lizenznehmer in Form der Vergabe von Unterlizenzen ist.[967]

Ein formularmäßiger, gänzlicher Ausschluss der Unterlizenzierung weicht hingegen aufgrund des Ausschlusses des mietrechtlichen Sonderkündigungsrechts im Pachtrecht (§ 584a I BGB) schon gar nicht vom Grundgedanken der gesetzlichen Regelung ab. Im Pachtrecht ist dem Kontrollbedürfnis des Verpächters durch die gesetzliche Regelung insoweit ausdrücklich Rechnung getra-

---

965 Für den gewerblichen Rechtsschutz Ströbele/Hacker/*Hacker,* MarkenG, § 30 Rn. 67 f.; *Kurtz* GRUR 2007, 292, 295; Zum Pachtvertrag Prot. Mugdan II, S. 877; MünchKommBGB/*Harke*, § 584a Rn. 1; Staudinger/*Sonnenschein/Veit*, § 584a Rn. 8; zum Mietrecht BGH NJW 1994, 558; OLG Hamm 1982, 2876, 2877; BeckOK BGB Bamberger/Roth/*Ehlert*, § 540 Rn. 1; Staudinger/*Emmerich*, § 540 Rn. 1.

966 Für die grundsätzlich zustimmungsfreie Unterlizenzerteilung des ausschließlichen Lizenznehmers im Patentrecht aber die h.M. Benkard/*Ullmann*, PatG, § 15 Rn. 92; *Mes*, PatG GebrMG, § 15 PatG Rn. 39; *Kraßer,* Patentrecht, § 40 V d); Pfaff/Osterrieth/-*Osterrieth,* Lizenzverträge, Teil B Rn. 343.

967 Siehe dazu schon oben Zehntes Kapitel B. I. 1.

gen.[968] Somit verstößt auch im gewerblichen Rechtsschutz ein Ausschluß der Unterlizenzierung durch AGB nicht gegen § 307 II Nr. 1 BGB.[969]

II. Unterlizenzierung bei einfachen Lizenzen

Die gesetzliche Regelung des § 35 UrhG bezieht sich nur auf die Erteilung weiterer Nutzungsrechte durch den ausschließlichen Lizenznehmer. Strittig ist, ob die Vorschrift analog auf einfache Lizenznehmer angewendet werden kann.[970] Der eindeutige Bezug des § 35 UrhG auf den ausschließlichen Lizenznehmer steht aber der Annahme einer planwidrigen Regelungslücke entgegen.[971] Damit ergibt sich für einfache urheberrechtliche Lizenzen kein gesetzlicher Vergleichsmaßstab i.S.d. § 307 II Nr. 1 BGB. Auch im gewerblichen Rechtsschutz fehlt es an einer gesetzlichen Regelung. Die ganz h.M. sieht aber schutzrechtsübergreifend den einfachen Lizenznehmer nicht als berechtigt an Unterlizenzen zu erteilen.[972]

Auch hier kann durch das Heranziehen des Pachtrechts als gesetzlicher Vergleichsmaßstab i.R.d. § 307 II Nr. 1 BGB ein angemessenes Ergebnis erzielt werden. Wesentlicher Grundgedanke der §§ 581 II, 540 BGB ist das Zustimmungserfordernis zur Unterverpachtung. Dies gilt im selben Maße für die Unterlizenzierung. Die Gründe, die bei der ausschließlichen Lizenz für ein Zustimmungserfordernis sprechen, können auch i.R.d. einfachen Lizenz angeführt werden.[973] Ein tragendes Argument kommt hier aber noch hinzu: Bei einer freien Unterlizenzierbarkeit würde der Schutzrechtsinhaber nicht nur die Kontrolle über sein Schutzrecht einbüßen, sondern – bedingt durch die Nicht-Ausschließlichkeit der Lizenz[974] - mit jeder Unterlizenz einen unerwünschten Konkurrenten akzeptieren müssen oder der Möglichkeit der eigenen Vergabe einer Lizenz an den Unterlizenznehmer beraubt werden.[975] Die formularvertrag-

---

[968] BGH NJW 1995, 2034, 2035; BeckOK BGB Bamberger/Roth/*Wagner*, § 584a Rn. 3; MünchKommBGB/*Harke*, § 584a Rn. 1; Staudinger/*Sonnenschein/Veit*, § 584a Rn. 8.

[969] Vgl. auch entsprechende Formulierungsvorschläge in BeckOF/*Jahn,* Kap. 12.2.2, Lizenzvertrag; BeckOF/*Redeker,* Kap. 14.2, Markenlizenzvertrag; FA-GewRS/*Bartenbach/Kunzmann,* Kap. 9 Rn. 25; Pfaff/Osterrieth/*Osterrieth,* Lizenzverträge, Teil B Rn. 342 f.

[970] So Schricker/Loewenheim/*Schricker/Loewenheim*, UrhG, § 35 Rn. 2; a.A. Dreier/Schulze/*Schulze*, UrhG, § 35 Rn. 5; zu den Voraussetzungen einer Analogie *Bydlinski,* Juristische Methodenlehre, S. 548; *Larenz/Canaris,* Methodenlehre der Rechtswissenschaft, S.202 ff.

[971] Berger/Wündisch/*Berger,* Urhebervertragsrecht, § 1 Rn. 186.

[972] Vgl. oben Erstes Kapitel B. II. 4. b).

[973] Vgl. oben Zehntes Kapitel B. I.

[974] Zum Umfang der einfachen Lizenz vgl. oben Erstes Kapitel B. II. 4. a).

[975] BGH GRUR 1974, 463, 464; *Henn,* Patent- und Know-how-Lizenzvertrag, Rn. 168.

liche Vereinbarung der Möglichkeit der Vergabe von Unterlizenzen verstößt bei einem einfachen Lizenzvertrag daher erst Recht gegen den wesentlichen Grundgedanken der zugrundegelegten Regelung. Die oben angeführte Ausnahme[976] der nicht unbilligen Abweichung bei Verträgen, deren Vertragszweck die Weiterverwertung durch Vergabe von Unterlizenzen ist, kommt beim einfachen Lizenzvertrag generell nicht in Frage. Eine derartige Unterlizenzklausel in AGB einfacher Lizenzverträge verstößt daher grundsätzlich gegen § 307 II Nr. 1 BGB.

Das formularvertragliche Gegenstück, die Vereinbarung des generellen Ausschlusses der Möglichkeit der Vergabe von Unterlizenzen, weicht dagegen schon gar nicht vom Leitbild des Pachtrechts ab.[977] Sie verstößt daher nicht gegen § 307 II Nr. 1 BGB.

C. Zusammenfassung

Bei der Vergabe von Unterlizenzen stehen sich widerstreitende Interessen der beiden Vertragsparteien gegenüber.[978] Während der Lizenzgeber die Kontrolle über die Verbreitung seines Schutzrechts behalten möchte, kann der Lizenznehmer ein Interesse daran haben das Nutzungsrecht Dritten zur Verwertung zu überlassen.

Bei der ausschließlichen Lizenz verstößt die pauschale lizenznehmerseitige Vereinbarung in AGB, dass der Lizenznehmer weitere Unterlizenzen vergeben darf, grundsätzlich gegen § 307 II Nr. 1 BGB.[979] Im Urheberrecht ergibt sich dies im Abgleich mit der gesetzlichen Regelung des § 35 UrhG.[980] Im gewerblichen Rechtsschutz kommt man zu einem übereinstimmenden Ergebnis unter Bezug auf die pachtvertragliche Regelung der §§ 581 II, 540 BGB.[981] Ausnahmen von diesem Grundsatz ergeben sich nur solange und soweit der erkennbare Vertragszweck der lizenzvertraglichen Vereinbarung die Drittverwertung ist.[982] Der genrelle Ausschluss der Vergabe von Unterlizenzen hingegen verstößt nicht gegen § 307 II Nr. 1 BGB.[983] Im Urheberrecht ergibt sich dies daraus, dass die Erlaubnis der Unterlizenzierung im Einzelfall keinen wesentlichen Grundgedanken der gesetzlichen Regelung darstellt.[984] Im gewerblichen Rechtschutz – unter Be-

976 Vgl. oben Zehntes Kapitel B. I. 1., 2.
977 Vgl. oben Zehntes Kapitel B. I. 2.
978 Vgl. oben Zehntes Kapitel A.
979 Vgl. oben Zehntes Kapitel B. I.
980 Vgl. oben Zehntes Kapitel B. I. 1.
981 Vgl. oben Zehntes Kapitel B. I. 2.
982 Vgl. oben Zehntes Kapitel B. I.
983 Vgl. oben Zehntes Kapitel B. I.
984 Vgl. oben Zehntes Kapitel B. I. 1.

zug auf das Pachtrecht – ist eine Erlaubnis der Unterverpachtung schon erst gar nicht vorgesehen.[985]

Zu entsprechenden Ergebnissen kommt man schließlich bei Lizenzverträgen über einfache Lizenzen. Mangels spezialgesetzlicher Regelung im Urheberrecht ist auch hier auf die pachtvertraglichen Regelungen zurückzugreifen. Somit ergibt sich einheitlich für einfache Lizenzverträge, dass eine Vereinbarung der freien Unterlizenzierung durch AGB gegen das pachtvertragliche Leitbild der §§ 581 II, 540 BGB und somit gegen § 307 II Nr. 1 BGB verstößt.[986] Gegen den formularvertraglichen Ausschluss der Unterlizenzierung bei einfachen Lizenzverträgen hingegen bestehen aus den für den ausschließlichen Lizenzvertrag bereits genannten Gründen keine Bedenken.[987]

---

[985] Vgl. oben Zehntes Kapitel B. I. 2.

[986] Vgl. oben Zehntes Kapitel B. II.

[987] Vgl. oben Zehntes Kapitel B. II.

Elftes Kapitel: Gewährleistungs- und Haftungsfreizeichnungsklauseln

Die typischen Risikofelder bei der Verwertung geistiger Eigentumsrechte im Wege der Lizenz sind der Bestand des Schutzrechts sowie seine Verwertbarkeit.[988] Die Zuweisung dieser Risiken zwischen den Vertragsparteien findet maßgeblich durch Gewährleistungs- und Haftungsregelungen statt.

Betrachtet man das gesamte Gebiet des geistigen Eigentumsrechts, fällt auf, dass die Risikoverteilung auf bestimmten Gebieten gleich, auf anderen aber unterschiedlich geregelt wird. Sowohl im Urheberrecht als auch im gewerblichen Rechtschutz wird das Verschaffungsrisiko dem Schutzrechtsinhaber zugewiesen.[989] Der Inhaber des Schutzrechts versichert insoweit allein verfügungsberechtigter Inhaber des Schutzrechts zu sein und bisher keine entgegenstehenden Verfügungen getroffen zu haben. Auch hinsichtlich der Verwertbarkeit bestehen überwiegend einheitliche Formularvorgaben. Das Risiko der technischen und wirtschaftlichen Verwertbarkeit wird meist auf den Lizenznehmer übertragen.[990]

Unterschiede ergeben sich hingegen bei den Regelungen zum (Fort-) Bestand des Schutzrechts. Im gewerblichen Rechtsschutz garantiert der Rechtsinhaber regelmäßig, dass ihm keine Rechte Dritter positiv bekannt sind, die den

---

988 *Bartenbach,* Patentlizenz- und Know-how-Vertrag, Rn. 52; Busse/*Keukenschrijver,* PatG, § 15 Rn. 54; *Jestaedt,* Patentrecht, Rn. 762; vgl. auch zum Bestands- und Nutzungsinteresse oben Erstes Kapitel B. III. 3. a) f.

989 BeckOF/*Jahn,* Kap. 12.2.2, ausschließlicher Lizenzvertrag; Münchener Vertragshandbuch/*Schultz-Süchting,* Band 3, S. 651; Münchener Vertragshandbuch/*Nordemann-Schiffel,* Band 3, S. 836; Pfaff/Osterrieth/*Osterrieth,* Lizenzverträge, Teil B I, ausschließlicher Patentlizenzvertrag § 13 I.

990 *Bartenbach,* Patentlizenz- und Know-how-Vertrag, Rn. 3405; BeckOF/*Jahn,* Kap. 12.2.2, ausschließlicher Lizenzvertrag; Pfaff/Osterrieth/*Osterrieth,* Lizenzverträge, Teil B I, ausschließlicher Patentlizenzvertrag § 13 IV; dem steht die Auffassung in Literatur und Rspr. gegenüber, dass grundsätzlich der Lizenzgeber das Risiko der technischen Verwertbarkeit, der Lizenznehmer hingegen das Risiko der wirtschaftlichen Verwertbarkeit zu tragen hat, vgl. BGH GRUR 1955, 338, 341; BGH GRUR 1960, 44, 45; BGH GRUR 1965, 298, 301; BGH GRUR 1979, 768, 769; BGH GRUR 2001, 223, 225 f.; Busse/*Keukenschrijver,* PatG, § 15 Rn. 111; *Mes,* PatG GebrMG, § 15 PatG Rn. 50; FA-GewRS/*Bartenbach/Kunzmann,* Kap. 9 A. Rn. 161 f.; *Groß,* Der Lizenzvertrag, Rn. 292; *Henn,* Patent- und Know-how-Lizenzvertrag, Rn. 308; *Pahlow,* Lizenz und Lizenzvertrag, S. 325; *Kraßer/Schmid* GRUR Int 1982, 324, 337; zur formularvertraglichen Aufteilung in diesem Sinne BeckOF/*Grapentin,* Kap. 9.2.1, Software-Lizenzvertrag; Münchener Vertragshandbuch/*Schultz-Süchting,* Band 3, S. 652; *Pagenberg/Beier,* Lizenzverträge, Muster 1 (Vertragstext) § 11 II, III.

Bestand oder die Ausnutzung seines Schutzrechts beeinträchtigen können.[991] Eine Haftung darüber hinaus wird nicht übernommen.[992] Im Urheberrecht hingegen sieht das übliche Vertragsmuster vor, dass der Urheber voll dafür einsteht, dass hindernde oder entgegenstehende Rechte Dritter nicht existieren.[993] Während im gewerblichen Rechtsschutz also die Haftung des Lizenzgebers für entgegenstehende Rechte Dritter auf die positive Kenntnis des Schutzrechtsinhabers beschränkt werden soll, sehen urheberrechtliche Vertragsformulare eine Garantiehaftung des Schutzrechtsinhabers vor. Die vertragliche Risikozuweisung richtet sich damit diametral aus und weicht in beiden Fällen vom gesetzlichen Grundsatz der Haftung bei Verschulden in Form von Vorsatz oder Fahrlässigkeit ab.

Ob und inwieweit die genannten Regelungen der Inhaltskontrolle Stand halten, wird im Folgenden dargestellt. Zunächst wird die grundsätzliche Einschränkbarkeit des Miet- bzw Pachtrechts durch Formularvertrag dargestellt. Darauf folgt ein Abgleich der herausgearbeiteten Zulässigkeit formularvertraglicher Disposition mit typischen lizenzvertraglichen Klauselwerken.

A. Grundlagen der Gewährleistung und des formularvertraglichen Gewährleistungssausschlusses nach Pachtrecht

I. Rechtsfolgen einer Leistungsstörung auf Lizenzgeberseite

Leistungsstörungen, die der Lizenzgeberseite zuzuschreiben sind, haben zur Folge, dass der Lizenznehmer sich in der Nutzung seines lizenzierten Rechts beeinträchtigt oder gänzlich an der Nutzung gehindert sieht.[994] Obwohl die Meinungen zu den auf den Lizenzvertrag anwendbaren Rechtsregeln auseinander gehen[995] und unter anderem von den allgemeinen Regeln des Schuldrechts über

---

991 BeckOF/*Jahn,* Kap. 12.2.2, ausschließlicher Lizenzvertrag; BeckOF/*Redeker,* Kap. 14.2, Markenlizenzvertrag; Fezer/*Fammler,* Handbuch der Markenpraxis, Bd. II Rn. 111; Münchener Vertragshandbuch/*Schultz-Süchting,* Band 3, S. 651; *Pagenberg/Beier,* Lizenzverträge, S. 44; Pfaff/Osterrieth/*Osterrieth,* Lizenzverträge, Teil B I, ausschließlicher Patentlizenzvertrag § 13 II.

992 BeckOF/*Jahn,* Kap. 12.2.2, ausschließlicher Lizenzvertrag; BeckOF/*Redeker,* Kap. 14.2, Markenlizenzvertrag; Fezer/*Fammler,* Handbuch der Markenpraxis, Bd. II Rn. 111; Münchener Vertragshandbuch/*Schultz-Süchting,* Band 3, S. 651; *Pagenberg/Beier,* Lizenzverträge, Muster 1 (Vertragstext) § 11 I; Pfaff/Osterrieth/*Osterrieth,* Lizenzverträge, Teil B I, ausschließlicher Patentlizenzvertrag § 13 II.

993 Münchener Vertragshandbuch/*Nordemann-Schiffel,* Band 3, S. 836; Münchener Vertragshandbuch/*Nordemann-Schiffel/Czychowski,* Band 3, S. 920.

994 S.o. Viertes Kapitel D.

995 S. o. Drittes Kapitel D.

kaufvertragliche Regelungen bis zu pachtrechtlichen Regelungen reichen, werden für die Rechtsfolgen von Leistungsstörungen dieselben Wege eingeschlagen.[996] Zur Debatte stehen bei einem Mangel der Lizenz ein Recht auf Herabsetzung der Lizenzgebühr, ein Kündigungsrecht sowie der Anspruch auf Schadensersatz. Genau diese Rechtsfolgen ergeben sich im Pachtrecht aufgrund der Verweisung des § 581 II BGB auf die §§ 536 ff. BGB. Sie bilden den Maßstab für die Inhaltskontrolle gem. § 307 I Nr. 1 BGB.[997] Die Beurteilung der Angemessenheit formularvertraglicher Abbedingungen pachtrechtlicher Gewährleistung erfolgt dabei nach den Maßstäben, die auch für die Geschäftsraummiete gelten.[998]

1. Minderung

Liegt ein Sach- oder Rechtsmangel[999] der verpachteten Sache vor, tritt die Minderung der verpachteten Sache kraft Gesetzes ein (§ 536 BGB).[1000] Damit unterscheidet sich die Minderung im Pachtrecht grundsätzlich von der Minderung des kauf- oder werkvertraglichen Gewährleitsungsrechts, das die Minderung als Gestaltungsrecht formuliert.[1001] Allen gemein ist aber der Grundsatz, dass die entsprechende Herabsetzung der Gegenleistungspflicht unabhängig von einem Verschulden des Vertragspartners vorgenommen werden kann.[1002] Für die Höhe der Minderung ist jedoch im Pachtrecht keine starre Formel vorgegeben, so dass sich die vom Gesetz statuierte „angemessene“ Herabsetzung grundsätzlich stark

---

996 *Bartenbach,* Patentlizenz- und Know-how-Vertrag, Rn. 1534 ff.

997 Vgl. o. Erstes Kapitel B. VII.

998 Staudinger/*Sonnenschein/Veit,* § 581 Rn. 323; Wolf/Lindacher/Pfeiffer/*Stoffels/-Dammann*, AGB-Recht, Klauseln, Rn. P 1.

999 Zur Anwendung der Begriffe auf den Lizenzvertrag oben Viertes Kapitel D. IV. 1.

1000 BGH NJW-RR 1988, 329; BGH NJW-RR 1991, 779, 780; OLG Hamm NJWE-MietR 1996, 80, 81; Schmidt-Futterer/*Eisenschmidt,* Mietrecht, § 536 Rn. 316; BeckOK BGB Bamberger/Roth/*Ehlert*, § 536 Rn. 1; MünchKommBGB/*Häublein*, § 536 Rn. 1; Palandt/*Weidenkaff*, § 536 Rn. 1; Staudinger/*Emmerich* § 536 Rn. 2; Lindner-Figura/Oprée/Stellmann/*Hübner/Griesbach/Fuerst,* Geschäftsraummiete, Kap. 14 Rn. 301; *Hau* JuS 2003, 130, 131.

1001 BGH NJW-RR 1991, 779, 780; BeckOK BGB Bamberger/Roth/*Faust*, § 441 Rn. 1; BeckOK BGB Bamberger/Roth/*Voit*, § 638 Rn. 1; MünchKommBGB/*Westermann*, § 441 Rn. 1; MünchKommBGB/*Busche*, § 638 Rn. 3; Staudinger/*Matusche-Beckmann* § 441 Rn. 1; Staudinger/*Matusche-Beckmann* § 441 Rn. 1; *Derleder* NZM 2002, 676, 677.

1002 Staudinger/*Emmerich* § 536 Rn. 52; Lindner-Figura/Oprée/Stellmann/*Hübner/Griesbach/Fuerst,* Geschäftsraummiete, Kap. 14 Rn. 300;

einzelfallabhängig und unter Betrachtung der wertmindernden Gesamtumstände ergibt.[1003]

Im gewerblichen Mietrecht[1004] stellt § 536 BGB dispositives Recht dar und kann zumindest durch Individualabrede sowohl eingeschränkt als auch gänzlich abbedungen werden.[1005] Grenzen werden hier lediglich durch § 536d BGB (Arglist), § 138 BGB (Sittenwidrigkeit) und § 242 BGB (Treu und Glauben) gezogen.[1006] Durch AGB sind lediglich Beschränkung des Minderungsrechts möglich, nicht hingegen ein vollständiger Ausschluss.[1007] Zulässig ist aber eine sog. Abkopplungsklausel, nach der der gewerbliche Mieter bei einem Mangel die Mietzahlungen nicht selbständig auf das angemessene Maß reduzieren kann, sondern die zuviel gezahlte Miete nachträglich im Wege eines Bereicherungsanspruches herausfordern kann.[1008]

Wenngleich im Ergebnis durch eine derartige formularvertragliche Modifikation des Pachtrechts die Vergütungsgefahr auf den Pächter abgewälzt wird, ist dies im Rahmen des geschäftlichen Unternehmensverkehrs eine hinnehmbare Abweichung.

1003 BGH NZM 2005, 455; OLG Hamm NJWE-MietR 1996, 80, 82; Schmidt-Futterer/*Eisenschmidt,* Mietrecht, § 536 Rn. 362; Staudinger/*Emmerich,* § 536 Rn. 57; Lindner-Figura/Oprée/Stellmann/*Hübner/Griesbach/Fuerst,* Geschäftsraummiete, Kap. 14 Rn. 305 f.; *Derleder* NZM 2002, 676, 677 f.

1004 Für das Wohnraummietrecht vgl. § 536 IV BGB.

1005 BGH NJW 1959, 1424; BGH NJW 1984, 2404, 2405; Lindner-Figura/Oprée/Stellmann/*Hübner/Griesbach/Fuerst,* Geschäftsraummiete, Kap. 14 Rn. 311.

1006 Lindner-Figura/Oprée/Stellmann/*Hübner/Griesbach/Fuerst,* Geschäftsraummiete, Kap. 14 Rn. 311.

1007 BGH NJW-RR 1993, 519, 520 (zum Pachtrecht); BGH NJW 1984, 2404, 2405; BGH NJW 2008, 2254; BGH NJW 2008, 2497; OLG München ZWR 1987, 16, 17; KG NJW-RR 2002, 948; OLG Hamburg ZMR 2004, 432, 433; Palandt/*Weidenkaff*, § 536 Rn. 1; Staudinger/*Emmerich* § 536 Rn. 73; Ulmer/Brandner/Hensen/*Christensen*, AGB-Recht, Mietverträge Rn. 39; Graf v. Westphalen/*Drettmann*, Vertragsrecht und AGB-Klauselwerke, Klauselwerke, Geschäftsraummiete Rn. 41; Wolf/Lindacher/-Pfeiffer/*Hau*, AGB-Recht, Klauseln, Rn. M35.

1008 BGH NJW-RR 1993, 519, 520; BGH NJW 2008, 2254, 2255; BGH NJW 2008, 2497, 2498; OLG Hamm 1998, 438; OLG Düsseldorf NZM 2010, 582 f.; KG NJW-RR 2002, 948; Palandt/*Weidenkaff*, § 536 Rn. 1; Staudinger/*Emmerich* § 536 Rn. 73; Ulmer/Brandner/Hensen/*Christensen*, AGB-Recht, Mietverträge Rn. 39; Graf v. Westphalen/*Drettmann*, Vertragsrecht und AGB-Klauselwerke, Klauselwerke, Geschäftsraummiete Rn. 41.

2. *Schadensersatz*

Der Schadensersatzanspruch des § 536a BGB kann innerhalb der Grenzen der §§ 536d, 138, 242 BGB sowohl individualvertraglich als auch formularvertraglich eingeschränkt werden.[1009] Dies gilt sowohl für die verschuldensunabhängige Haftung für anfängliche Sachmängel gem. § 536a I Alt. 1 BGB, als auch für die Haftung nach § 536a BGB insgesamt. Damit kann sich der Verpächter von der im System des BGB fremden Garantiehaftung freizeichnen.[1010] Eine Freizeichnung von der Haftung für vorsätzliches Handeln ist jedoch weder individual noch formularvertraglich möglich.[1011]

Formularvertragliche Ausschlüsse der Schadensersatzhaftung sind hingegen vor allem für leicht fahrlässiges Handeln möglich, sofern und soweit von dem Ausschluss keine Kardinalpflichten betroffen sind.[1012] Im Übrigen wird die Angemessenheitsbeurteilung nach § 307 I BGB maßgeblich durch den Grundgedanken des § 309 Nr. 7 BGB beeinflusst:[1013] Der Verpächter kann sich durch AGB nicht für grob fahrlässige Vertragsverletzungen seinerseits, bzw. vorsätzliche oder grob fahrlässige Pflichtverletzungen von Seiten seiner Erfüllungsgehilfen freizeichnen.[1014] In Bezug auf Integritätsverletzungen ist jeglicher Haftungsausschluss unwirksam.[1015]

1009 Palandt/*Weidenkaff*, § 536a Rn. 7; Schmidt-Futterer/*Eisenschmidt*, Mietrecht, § 536a Rn. 172 ff.; Lindner-Figura/Oprée/Stellmann/*Hübner/Griesbach/Fuerst*, Geschäftsraummiete, Kap. 14 Rn. 332.

1010 BGH NJW-RR 1991, 74, 75; OLG Köln NJW-RR 2001, 1302 f.; OLG Stuttgart NJW 1984, 2226; Schmidt-Futterer/*Eisenschmidt*, Mietrecht, § 536a Rn. 173; Graf v. Westphalen/*Drettmann*, Vertragsrecht und AGB-Klauselwerke, Klauselwerke, Geschäftsraummiete Rn. 42 .

1011 Schmidt-Futterer/*Eisenschmidt*, Mietrecht, § 536a Rn. 173; Lindner-Figura/Oprée/-Stellmann/*Hübner/Griesbach/Fuerst*, Geschäftsraummiete, Kap. 14 Rn. 332; vgl. auch § 536d BGB, dessen Anwendungsbereich allerdings nur eröffnet ist, soweit die Klausel einer Inhaltskontrolle standhält, BeckOK BGB Bamberger/Roth/*Ehlert*, § 536d Rn. 2; MünchKommBGB/*Häublein*, § 536d Rn 2.

1012 Ulmer/Brandner/Hensen/*Christensen*, AGB-Recht, Mietverträge Rn. 40; Lindner-Figura/Oprée/Stellmann/*Hübner/Griesbach/Fuerst*, Geschäftsraummiete, Kap. 14 Rn. 333; zu den Kardinalpflichten insbesondere *Joachim* NZM 2003, 387, 390 ff.

1013 Zum Einfluss der §§ 308, 309 auf die Beurteilung i.R.d. § 307 BGB siehe oben Achtes Kapitel C.

1014 OLG Düsseldorf NJW-RR 1999, 735 f.; Koblenz NZM 2000, 622; Köln NJW-RR 2001, 1302, 1303; Köln NZM 2005, 179 f.; Palandt/*Weidenkaff*, § 536a Rn. 7; Schmidt-Futterer/*Eisenschmidt*, Mietrecht, § 536a Rn. 175; Graf v. Westphalen/*Drettmann*, Vertragsrecht und AGB-Klauselwerke, Klauselwerke, Geschäftsraummiete Rn. 42; einschränkend OLG Koblenz NZM 2000, 622; vgl. auch *Mehrings* NZM

3. *Kündigung*

Unabdingbar ist der Grundsatz des § 543 I BGB nachdem bei einem wichtigen Grund außerordentlich gekündigt werden kann.[1016] Im Übrigen kann aber im Geschäftsraummietverhältnis formularvertraglich von den Kündigungsregeln des § 543 BGB abgewichen werden, solange der Vermieter den Mangel nicht arglistig verschwiegen hat.[1017] Die Überlassung der Mietsache an den Mieter stellt aber eine Kardinalpflicht dar.[1018] Die Kündigung nach Abs. 2 Satz 1 Nr. 1 wonach der Mieter kündigen kann, wenn ihm der Gebrauch nicht rechtzeitig gewährt wird, bzw. wieder entzogen wird, kann daher nur für den Fall ausgeschlossen werden, dass der Vermieter den Gebrauchsentzug nicht zu vertreten hat, oder aber beschränkt werden, indem die Kündigung von einem vorherigen Nachbesserungsversuch abhängig gemacht wird.[1019] Darüber hinaus wird ein unbefristeter zeitlicher Kündigungsausschluss gegen § 307 II BGB verstoßen, da der Mieter eines zu gewerblichen Zecken genutzten Raumes erheblichen wirtschaftlichen Nachteilen bis hin zur Existenzgefährdung ausgesetzt ist, wenn ihm das Miteobjekt nicht gewährt bzw. wieder entzogen wird.[1020]

2009, 386; ein entsprechender Klauselvorschlag zur Regelung der Schadensersatzhaftung findet sich bei *Joachim* NZM 2003, 387, 391.

1015 OLG Hamm NZM 1999, 804, 806; Ulmer/Brandner/Hensen/*Christensen*, AGB-Recht, Mietverträge Rn. 40; Lindner-Figura/Opreé/Stellmann/*Hübner/Griesbach/Fuerst,* Geschäftsraummiete, Kap. 14 Rn. 333; Graf v. Westphalen/*Drettmann*, Vertragsrecht und AGB-Klauselwerke, Klauselwerke, Geschäftsraummiete Rn. 42; *Joachim* NZM 2003, 387, 390 f.

1016 BT-Drucks. 14/4553, S. 43; BGH NJW 1992, 2628 (Pachtvertrag); BeckOK BGB Bamberger/Roth/*Ehlert*, § 543 Rn. 61; MünchKommBGB/*Bieber*, § 543 Rn. 74; Palandt/*Weidenkaff*, § 543 Rn. 3; Graf v. Westphalen/*Drettmann*, Vertragsrecht und AGB-Klauselwerke, Klauselwerke, Geschäftsraummiete Rn. 42.

1017 MünchKommBGB/*Bieber*, § 543 Rn. 74; Staudinger/*Emmerich* § 543 Rn. 100; Schmidt-Futterer/*Blank,* Mietrecht, § 543 Rn. 208.

1018 BGH NZM 2008, 522, 523; LG Hamburg NZM 2004, 948; BeckOK BGB Bamberger/Roth/*Ehlert*, § 536 Rn. 110; Schmidt-Futterer/*Eisenschmidt,* Mietrecht, § 536 Rn. 426; *Mehrings* NZM 2009, 386, 388.

1019 Ulmer/Brandner/Hensen/*Christensen*, AGB-Recht, Mietverträge Rn. 39; Schmidt-Futterer/*Blank,* Mietrecht, § 543 Rn. 208; Graf v. Westphalen/*Drettmann*, Vertragsrecht und AGB-Klauselwerke, Klauselwerke, Geschäftsraummiete Rn. 42.

1020 Schmidt-Futterer/*Blank,* Mietrecht, § 543 Rn. 208; Lindner-Figura/Opreé/-Stellmann/*Hübner/Griesbach/Fuerst,* Geschäftsraummiete, Kap. 14 Rn. 348; Graf v. Westphalen/*Drettmann*, Vertragsrecht und AGB-Klauselwerke, Klauselwerke, Geschäftsraummiete Rn. 47.

II. Rechtsfolgen einer Leistungsstörung auf Lizenznehmerseite

Die Leistungspflichten des Lizenznehmers, die sich aus der Natur des Vertrages ergeben, beziehen sich sowohl auf die Zahlung der Lizenzgebühren als auch auf den sorgfältigen Umgang mit dem lizenzierten Gut.[1021] Für den Verstoß gegen diese Pflichten sehen Formularverträge ein Kündigungsrecht zugunsten des Lizenzgebers vor.[1022] Dies entspricht auch der Gewährleistungsregelung des Pachtrechts gem. §§ 581 II, 543 BGB. Danach kann der Verpächter aus wichtigem Grund kündigen, wenn der Pächter die Pachtsache vernachlässigt, diesbezüglich die ihm obliegende Sorgfalt verletzt oder die Pachtsache Dritten unbefugt überlässt (§ 543 II Nr. 2 BGB), oder wenn der Pächter in einem bestimmten Zeitraum mit einem wesentlichen Teil der Pachtzahlungen in Verzug ist (vgl. § 543 II Nr. 3 lit. a und lit. b BGB). Die Grundsätze der formularvertraglichen Abdingbarkeit dieser Regelungen richten sich dabei ebenfalls nach dem Recht der gewerblichen Miete.[1023]

Wie schon bei der Kündigung infolge einer Störung auf Vermieterseite betont, kann der Grundsatz des § 543 I BGB nicht abbedungen werden.[1024] Auf das grundsätzliche Kündigungsrecht des Vermieters bei einer erheblichen Pflichtverletzung des Mieters kann also nicht wirksam verzichtet werden. Die Konkretisierung des wichtigen Grundes nach § 543 II 1 Nr. 2 BGB kann hingegen formularvertraglich ausgeschlossen werden.[1025] Dem Vermieter wäre somit die Kündigung erschwert. Eine Erleichterung der Kündigung des Vermieters ist allerdings nur begrenzt möglich, da dadurch die Vertragsbindung in Frage gestellt wür-

---

1021 Vgl. die Interessen des Lizenzgebers oben Zweites Kapitel B. I.

1022 BeckOF/*Jahn,* Kap. 12.2.2, ausschließlicher Lizenzvertrag; BeckOF/*Redeker,* Kap. 14.2, Markenlizenzvertrag; Münchener Vertragshandbuch/*Schultz-Süchting,* Band 3, S. 656; *Pagenberg/Beier,* Lizenzverträge, Muster 1 (Vertragstext) § 28 I, II; Pfaff/Osterrieth/*Osterrieth,* Lizenzverträge, Teil B I, ausschließlicher Patentlizenzvertrag § 18 III.

1023 Staudinger/*Sonnenschein/Veit,* § 581 Rn. 323; Wolf/Lindacher/Pfeiffer/*Stoffels/-Dammann*, AGB-Recht, Klauseln, Rn. P 1.

1024 BT-Drucks. 14/4553, S. 43; BGH NJW 1992, 2628 (Pachtvertrag); BeckOK BGB Bamberger/Roth/*Ehlert*, § 543 Rn. 61; MünchKommBGB/*Bieber*, § 543 Rn. 74; Palandt/*Weidenkaff* Rn. 3.

1025 OLG Hamm ZMR 1995, 248; Schmidt-Futterer/*Blank,* Mietrecht, § 543 Rn. 209.

de.[1026] Beispielsweise kann das Erfordernis der Abmahnung nicht abbedungen werden.[1027]

Auch bei § 543 II 1 Nr. 3 BGB sind Abweichungen zugunsten des Mieters formularvertraglich ohne weiteres vereinbar.[1028] Kündigungserleichterungen hingegen, also Abweichungen von § 543 II 1 Nr. 3 BGB zum Nachteil des Mieters sind nach § 307 BGB meist unwirksam.[1029] Beispielsweise sind sowohl Reduktionen des Rückstandsbetrages, der zur Kündigung berechtigt, als auch der Verzicht auf die Verschuldensvoraussetzung im Verzug der Mietzahlung unwirksam.[1030]

B. Zusicherung der Beschaffenheit und der Verfügungsberechtigung

I. Grundlagen

Eine echte Zusicherung wird nur begrenzt in Lizenzverträge aufgenommen. Unter ihr versteht man die vertragliche Erklärung, dass der Lizenzgeber unbedingt für eine bestimmte Eigenschaft oder einen bestimmten Umstand des Lizenzgegenstandes einstehen will.[1031] Zusicherungsfähig sind sowohl Eigenschaften des Lizenzgegenstandes selbst, als auch rechtliche oder tatsächliche Beziehungen, die für die Brauchbarkeit und den Wert des Lizenzgegenstandes erheblich

---

1026 Staudinger/*Emmerich* § 543 Rn. 100; Emmerich/Sonnenschein/*Emmerich*, § 543 Rn. 62; Bub/Treier/*Grapetin*, Handbuch der Geschäfts- und Wohnraummiete, Kap. IV Rn. 172; ebenso für Leasingverträge BGH NJW 1991, 102, 104.

1027 LG Hannover MDR 1984, 670; Schmidt-Futterer/*Blank,* Mietrecht, § 543 Rn. 209; Bub/Treier/*Grapetin*, Handbuch der Geschäfts- und Wohnraummiete, Kap. IV Rn. 172.

1028 BGH NJW 1987, 2506, 2507 (Pachtvertrag); Erman/*Lützenkirchen*, § 543 Rn. 2; MünchKommBGB/*Bieber*, § 543 Rn. 75; Palandt/*Weidenkaff*, § 543 Rn. 3.

1029 BGH NJW-RR 1987, 903, 904 f.; BGH NJW 1987, 2506, 2507 (Pachtvertrag); BGH NZM 1998, 718; Schmidt-Futterer/*Blank,* Mietrecht, § 543 Rn. 210; Erman/*Lützenkirchen*, § 543 Rn. 2; MünchKommBGB/*Bieber*, § 543 Rn. 75; Palandt/*Weidenkaff*, § 543 Rn. 3; Graf v. Westphalen/*Drettmann*, Vertragsrecht und AGB-Klauselwerke, Klauselwerke, Geschäftsraummiete Rn. 137.

1030 BGH NJW 1987, 2506, 2507 (Pachtvertrag); OLG Hamm ZWR 1992, 152; Palandt/*Weidenkaff*, § 543 Rn. 3 Graf v. Westphalen/*Drettmann*, Vertragsrecht und AGB-Klauselwerke, Klauselwerke, Geschäftsraummiete Rn. 137.

1031 So die Definition der Zusicherung im Mietrecht, BGH NZM 2000, 492, 494; BGH NJW 2005, 2152; BGH NZM 2006, 54, 56; BeckOK BGB Bamberger/Roth/*Ehlert*, § 536 Rn. 70; MünchKommBGB/*Häublein*, § 536 Rn. 22; Staudinger/*Emmerich* § 536 Rn. 34; zur Entbehrlichkeit der mietgewährleistungsrechtlichen Kategorie der Zusicherung nach der Schuldrechtsreform und zur Gleichstellung mit dem Begriff der Garantie insb. *Hau* JuS 2003, 130, 133.

sind.[1032] Beispiele dafür sind etwa Zusicherungen bezüglich des Bestandes des Schutzrechtes, der Rechte Dritter in Bezug auf das Schutzrecht, der Leistungsfähigkeit oder der Fabrikationsreife des Schutzrechts.[1033] Aufgrund der haftungsrechtlichen Folgen der Zusicherung werden aber an ihr Vorliegen strenge Voraussetzungen geknüpft.[1034] Es kann gerade nicht angenommen werden, dass jemand ohne weiteres derart weitreichende Zusicherungen abgibt. Der Lizenzgeber muss aus objektiver Sicht konkret und verbindlich und mit entsprechendem Rechtsbindungswillen geäußert haben, dass er für das Vorhandensein oder das Fehlen eines bestimmten Merkmals einstehen will.[1035] Eine bloße Beschreibung der Sache hingegen ist nicht ausreichend.[1036] Insbesondere ist die Qualifizierung als Zusicherung zweifelhaft, bei Beschreibungen des Lizenzgegenstandes, die nicht Bestandteil des Vertragstextes sind.[1037] Je konkreter derartige Angaben aber sind und je näher sie in Verbindung mit dem eigentlichen Vertragstext stehen, desto eher kann eine Zusicherung angenommen werden.[1038]

Im Gegensatz zum „beiläufigen“ oder „beschreibenden“ Charakter von Eigenschafts- oder Leistungsangaben werden aber Aussagen in Lizenzverträgen zur Rechtsinhaberschaft des Lizenzgebers bzw. mangelnden Rechten Dritter in Bezug auf das lizenzierte Schutzgut in verbindlicher Art getroffen. Entsprechen-

---

1032 Vgl. BGH NJW 2000, 1714; BGH NJW 2006, 899; Palandt/*Weidenkaff* § 536 Rn. 26; Staudinger/*Emmerich* § 536 Rn. 36; Bub/Treier/*Grapetin*, Handbuch der Geschäfts- und Wohnraummiete, Kap. III.B Rn. 1357.

1033 BGH NJW 1970, 1503; BGH 1979, 768, 769; Busse/*Keukenschrijver,* PatG, § 15 Rn. 112; *Groß*, Der Lizenzvertrag, Rn. 307; *Henn,* Patent- und Know-how-Lizenzvertrag, Rn. 307 ff.; *Kraßer,* Patentrecht, S. 944; vgl. auch Reimer/*Reimer,* PatG GebrMG, § 9 a.F. Rn. 36.

1034 Erman/*Lützenkirchen*, § 536 Rn. 38; MünchKommBGB/*Häublein*, § 536 Rn. 22; Staudinger/*Emmerich* § 536 Rn. 34; Schmidt-Futterer/*Blank,* Mietrecht, § 543 Rn. 296 f..

1035 Busse/*Keukenschrijver,* PatG, § 15 Rn. 112; *Groß*, Der Lizenzvertrag, Rn. 307; vgl. auch BGH DB 1981, 213; BGH NJW 2000, 1714, 1717; BGH NJW 2005, 2152; OLG Frankfurt 2005, 619, 620; BeckOK BGB Bamberger/Roth/*Ehlert*, § 536 Rn. 70; MünchKommBGB/*Häublein*, § 536 Rn. 22; Staudinger/*Emmerich* § 536 Rn. 34.

1036 BGH GRUR 1979, 768, 769; *Groß*, Der Lizenzvertrag, Rn. 307; *Henn,* Patent- und Know-how-Lizenzvertrag, Rn. 309; vgl. auch BGH NJW 2000, 1714; Palandt/*Weidenkaff*, § 536 Rn. 25; Schmidt-Futterer/*Blank,* Mietrecht, § 543 Rn. 297.

1037 Busse/*Keukenschrijver,* PatG, § 15 Rn. 112; *Groß*, Der Lizenzvertrag, Rn. 307; *Henn,* Patent- und Know-how-Lizenzvertrag, Rn. 309; a.A. *Lüdecke/Fischer,* Lizenzverträge, S. 112; vgl. auch Bub/Treier/*Grapetin*, Handbuch der Geschäfts- und Wohnraummiete, Kap. III.B Rn. 1355.

1038 BGH DB 1981, 213; *Henn,* Patent- und Know-how-Lizenzvertrag, Rn. 309; vgl. auch BGH NJW 2000, 1714; Erman/*Lützenkirchen*, § 536 Rn. 38 f.; Palandt/*Weidenkaff*, § 536 Rn. 25.

de Klauseln werden unter dem Titel „Gewährleistung“[1039] oder „Garantieklausel“[1040] in den Lizenzvertrag mitaufgenommen. Darin „versichert“ der Lizenzgeber z.B. über die Vertragsschutzrechte allein verfügungsberechtigt zu sein[1041], oder „garantiert“ dass das Schutzrecht nicht mit Rechten Dritter belastet ist bzw. nicht in Schutzrechte Dritter eingreift.[1042] Mit derartigen Klauseln gewährt der Vertragspartner das Vorhandensein einer bestimmten Eigenschaft und gibt seine Bereitschaft zu erkennen, für die Folgen des Fehlens einstehen zu wollen.[1043] Insbesondere wird hinsichtlich der „Garantie“ bzw. „Versicherung“ nicht näher eingeschränkt und damit der Wille des generellen Einstehens für die bezeichnete Eigenschaft zum Ausdruck gebracht.[1044] Derartige verbindliche Eigenschaftsbeschreibungen werden daher ohne weiteres als Zusicherung verstanden.[1045] Der Lizenzgeber steht daher für das Vorhandensein bzw. für das Fehlen der beschriebenen Eigenschaften unabhängig von einem Verschulden seinerseits ein.

Anders als die beschriebenen Zusicherungen müssen aber weitere lizenzvertragliche Zusagen bewertet werden, die oftmals unter demselben Titel angeführt werden. Soweit nämlich der Lizenzgeber darüber hinaus „versichert“, dass ihm keine entgegenstehenden Rechte Dritter, Abhängigkeiten von Schutzrechten Dritter, Sach- oder Rechtsmängel am lizenzierten Gut bekannt sind[1046], handelt es sich nicht um die eben beschriebene Zusicherung im juristischen Sinn. Der Lizenzgeber will in diesen Fällen lediglich dafür einstehen, dass er keine positive Kenntnis der erwähnten Eigenschaften besitzt.[1047] Somit will er nur für vorsätzliches Verhalten einstehen. Über ein fahrlässiges Verschulden im Übrigen ist

---

1039 BeckOF/*Jahn,* Kap. 12.2.2, ausschließlicher Lizenzvertrag; *Pagenberg/Beier,* Lizenzverträge, Muster 14 (Vertragstext) § 6; Pfaff/Osterrieth/*Osterrieth,* Lizenzverträge, Teil B I, ausschließlicher Patentlizenzvertrag § 13.

1040 *Pagenberg/Beier,* Lizenzverträge, Muster 1 (Vertragstext) § 11.

1041 Pfaff/Osterrieth/*Osterrieth,* Lizenzverträge, Teil B I, ausschließlicher Patentlizenzvertrag § 13 I.

1042 *Pagenberg/Beier,* Lizenzverträge, Muster 14 (Vertragstext) § 6 I.

1043 Vgl. zur Definition der Zusicherung BGH NJW 1980, 2127, 2128; BGH NJW 1985, 967; BGH NJW 1996, 1962, 1963; *Huber* AcP 202 (2002), 180, 238.

1044 Vgl. *Huber* AcP 202 (2002), 180, 239.

1045 Vgl. BeckOF/*Redecker,* Kap. 14.2, Markenlizenzvertrag § 4 III; Beck’sches Formularbuch Zivil-, Wirtschafts- und Unternehmensrecht/*Meents,* IT-Recht, Softwarelizenzvertrag § 7 I; Pfaff/Osterrieth/*Osterrieth,* Lizenzverträge, Teil B I Rn. 186 f.

1046 BeckOF/*Jahn,* Kap. 12.2.2, ausschließlicher Lizenzvertrag; *Pagenberg/Beier,* Lizenzverträge, Muster 1 (Vertragstext) § 11 I.

1047 Nur ausnahmsweise, falls weitere, besondere Anhaltspunkte gegeben sind kann sich der Klauselgegner darauf berufen, dass die Klausel unbeschadet der Arglist auch die zumindest grob fahrlässige Unkenntnis mit umfaßt, vgl. zur Formulierung „nach bestem Wissen“ *Huber* AcP 202 (2002), 180, 207.

damit keine Aussage getroffen. Das für die echte Zusicherung prägende Merkmal des verschuldensunabhängigen Einstehens für bestimmte Umstände[1048] fehlt hier.

II. Zulässigkeit von Zusicherungsklauseln die durch den Lizenzgeber eingebracht werden

Echte Zusicherungen in Formularverträgen durch den Lizenzgeber als AGB-Verwender unterliegen keinen besonderen AGB-rechtlichen Bedenken.[1049] Dies gilt sowohl für die bloße Zusicherung der Vertragsmäßigkeit der Leistung als auch für darüber hinausgehende selbständige Garantien, mit denen der Lizenzgeber z.B. den wirtschaftlichen Erfolg oder eine besondere Leistungsfähigkeit des lizenzierten Schutzguts verspricht.[1050] Sowohl in der Rechtsprechung[1051] als auch im Schrifttum[1052] sind derartige, lizenzvertragliche Zusicherungen in verschiedenen Formen auch anerkannt.

Probleme können sich lediglich dann ergeben, wenn durch besondere Zusicherungen ein dispositiv-rechtlich vorgesehender Haftungsumfang begrenzt werden soll bzw. dies in dieser Weise verstanden werden kann.[1053] Dies kann der Fall sein, wenn außerhalb des Lizenzvertrages liegende Garantievereinbarungen

---

1048 Vgl. BGH NJW 1980, 777, 778; BGH NJW 1991, 912; BGH NJW 2005, 2152; Palandt/*Weidenkaff*, § 536 Rn. 25; Schmidt-Futterer/*Blank*, Mietrecht, § 543 Rn. 295.

1049 Ulmer/Brandner/Hensen/*Christensen*, AGB-Recht, Garantieklauseln Grantieverträge Rn. 1; Graf v. Westphalen/*Graf v. Westphalen*, Vertragsrecht und AGB-Klauselwerke, Vertragsrecht, Garantieklauseln Rn. 16.

1050 Ulmer/Brandner/Hensen/*Christensen*, AGB-Recht, Garantieklauseln Grantieverträge Rn. 1; treten Garantiezusagen des Lizenzgebers neben die Gewährleistungsrechte des Lizenznehmers, sind sie also ein echtes Plus an Rechten des Lizenznehmers, sind derartige Bedingungen wegen § 307 III 1 BGB schon gar nicht kontrollunterworfen, BGH NJW 1988, 1726; MünchKommBGB/*Habersack*, Vor§§ 765-778 Rn. 40; Graf v. Westphalen/ *Graf v. Westphalen*, Vertragsrecht und AGB-Klauselwerke, Vertragsrecht, Garantieklauseln Rn. 39.

1051 RGZ 82, 155, 157; BGH GRUR 1960, 44, 45; BGH GRUR 1970, 547, 548 f.; BGH GRUR 1979, 768, 769.

1052 Benkard/*Ullmann*, PatG, § 15 Rn. 175, 187; Busse/*Keukenschrijver*, PatG, § 15 Rn. 112; *Groß*, Der Lizenzvertrag, Rn. 307; *Henn*, Patent- und Know-how-Lizenzvertrag, Rn. 307 ff.; vgl. Reimer/*Reimer*, PatG GebrMG, § 9 a.F. Rn. 36: „Gibt er [der Lizenzgeber] Zusicherungen, so ist es in keinem Fall eine für ihn unbillige Härte, wenn man ihn für das Vorhandensein des von ihm Zugesicherten voll einstehen läßt.“.

1053 Wolf/Lindacher/Pfeiffer/*Dammann*, AGB-Recht, Klauseln, Rn. G32 ff.; Graf v. Westphalen/*Graf v. Westphalen*, Vertragsrecht und AGB-Klauselwerke, Vertragsrecht, Garantieklauseln Rn. 19.

faktisch[1054] oder scheinbar[1055] auf die dort beschriebenen Ansprüche begrenzen wollen. Derartige Vereinbarungen sind dann an den Maßstäben der Haftungsbeschränkung zu messen[1056] und unterliegen im Falle der scheinbaren Begrenzung hauptsächlich der Transparenzkontrolle gem. § 307 I 2 BGB.[1057]

III. Zulässigkeit von Zusicherungsklauseln die durch den Lizenznehmer eingebracht werden

Anders stellt sich die Situation dar, wenn vertraglichen Zusicherungen, die den Lizenzgegenstand betreffen, nicht vom Lizenzgeber, sondern vom Lizenznehmer in den Vertrag mit eingebracht werden. Bestimmt eine derartige Klausel, dass der Lizenzgeber den Mangel an entgegenstehenden Rechten Dritter, eine bestimmte Leistungsfähigkeit oder die Rentabilität des Lizenzgegenstandes „versichert"[1058], soll dies eine verschuldensunabhängige Haftung des Lizenzgebers begründen.[1059] Dann ist in diesen Bestimmungen keine Garantieübernahme

---

1054 Vgl. BGH NJW 1981, 867, 868 f.; Wolf/Lindacher/Pfeiffer/*Dammann*, AGB-Recht, Klauseln, Rn. G10.

1055 Lediglich scheinbar begrenzt eine Garantievereinbarung vor allem dann den Haftungsumfang, wenn für den rechtsunkundigen AGB-Kunden die Garantievereinbarung als abschließend verstanden wird. Insoweit liegt dann ein Verstoß gegen das Transparenzgebot vor, vgl. Wolf/Lindacher/Pfeiffer/*Dammann*, AGB-Recht, Klauseln, Rn. G11; Graf v. Westphalen/*Graf v. Westphalen*, Vertragsrecht und AGB-Klauselwerke, Vertragsrecht, Garantieklauseln Rn. 25. Im B2B-Bereich hingegen dürfte aufgrund des erweiterten Verständnishorizonts ein Transparenzverstoß seltener vorliegen, vgl. BGH NJW 1985, 738; BGH NJW 1994, 1060, 1062;Ulmer/Brandner/Hensen/*Fuchs*, AGB-Recht, § 307 Rn. 345; Wolf/Lindacher/Pfeiffer/*Wolf*, AGB-Recht, § 307 Rn. 253; BeckOK BGB Bamberger/Roth/*Schmidt*, § 307 Rn. 46; *Berger/Kleine* NJW 2007, 3526, 3527; *Koch* WM 2002, 2173, 2177; *Köndgen* NJW 1989, 943, 952.

1056 Wolf/Lindacher/Pfeiffer/*Dammann*, AGB-Recht, Klauseln, Rn. G32 ff.; Graf v. Westphalen/*Graf v. Westphalen*, Vertragsrecht und AGB-Klauselwerke, Vertragsrecht, Garantieklauseln Rn. 19.

1057 Wolf/Lindacher/Pfeiffer/*Dammann*, AGB-Recht, Klauseln, Rn. G11; vgl. auch Graf v. Westphalen/*Graf v. Westphalen*, Vertragsrecht und AGB-Klauselwerke, Vertragsrecht, Garantieklauseln Rn. 22; Ulmer/Brandner/Hensen/*Christensen*, AGB-Recht, Garantieklauseln Grantieverträge Rn. 2.

1058 Vgl. Beispiele oben Elftes Kapitel B. I. a).

1059 Vgl. schon oben Elftes Kapitel B. I. a); soweit sich bei der Auslegung des Wortlauts der Klausel Zweifel ergeben können, ob (auch) eine Garantieübernahme gewollt ist, legt die Auslegung der AGB-Klausel im „kundenfeindlichsten Sinne" hinsichtlich der Wirksamkeitskontrolle eine Interpretation als Garantieübernahme nahe, vgl. BGH NJW 2008, 2172, 2173; BGH NJW 2008, 2254, 2255; BGH NJW 2009, 3422, 3423; Ulmer/Brandner/Hensen/*Ulmer/Schäfer*, AGB-Recht, § 305c Rn. 64; Wolf/Lindacher/-

im engeren Sinne, sondern vielmehr eine Erweiterung der Haftung des Verwendungsgegners zu erblicken.[1060]

Zu den wesentlichen Grundgedanken i.S.d. § 307 II Nr. 1 BGB zählt das Verschuldensprinzip als haftungsbegründendes Moment.[1061] Damit ist die formularvertragliche Aufbürdung einer verschuldensunabhängigen Haftung auch im unternehmerischen Verkehr grundsätzlich unangemessen gem. § 307 II Nr. 1 BGB.[1062] Eine Ausnahme vom Verschuldensprinzip bildet zwar die Regelung des § 536a I BGB, die durch die Verweisung in § 581 II BGB auch im Pachtrecht gilt, das als maßgebliches Leitbild der Inhaltskontrolle des Lizenzvertrages herangezogen werden kann.[1063] Trotz weitgehender Übereinstimmung der Interessenslagen des Pachtrechts und des Lizenzvertragsrechts, ist aber bereits dargestellt worden,[1064] dass die verschuldensunabhängige Haftung im Lizenzvertragsrecht teilweise zu unangemessenen Ergebnissen führt.[1065] Somit kann die verschuldensunabhängige Haftung des Miet- und Pachtrechts nicht

---

Pfeiffer/*Lindacher*, AGB-Recht, § 305c Rn. 131 ff.; jurisPK-BGB/*Lapp/Salamon*, § 305c Rn. 72 f.; MünchKommBGB/*Basedow*, § 305c Rn. 33 f.

1060 Wolf/Lindacher/Pfeiffer/*Dammann*, AGB-Recht, Klauseln, Rn. G5; Graf v. Westphalen/*Graf v. Westphalen/Thüsing*, Vertragsrecht und AGB-Klauselwerke, Vertragsrecht, Haftungserweiterungsklauseln Rn. 1.

1061 BGH NJW 1991, 1886, 1887; BGH NJW 1991, 2414, 2415; BGH NJW 2006, 47, 49; Wolf/Lindacher/Pfeiffer/*Dammann*, AGB-Recht, Klauseln, Rn. H4; Graf v. Westphalen/*Graf v. Westphalen/Thüsing*, Vertragsrecht und AGB-Klauselwerke, Vertragsrecht, Haftungserweiterungsklauseln Rn. 5.

1062 BGH NJW 1991, 1886, 1887; BGH NJW 1991, 2704; BGH NJW 2006, 47, 49; Wolf/Lindacher/Pfeiffer/*Dammann*, AGB-Recht, Klauseln, Rn. H4; Graf v. Westphalen/*Graf v. Westphalen/Thüsing*, Vertragsrecht und AGB-Klauselwerke, Vertragsrecht, Haftungserweiterungsklauseln Rn. 6; im Ergebnis auch Berger/Wündisch/*Ahrens*, Urhebervertragsrecht, § Rn. 11; vgl. aber *Manz/Ventroni/Schneider* ZUM 2002, 409, 413; differenzierend Loewenheim/*Loewenheim/J.B.Nordemann*, Handbuch des Urheberrechts, § 62 Rn. 7.

1063 Vgl. oben Viertes Kapitel.

1064 Vgl. oben Viertes Kapitel D. V.

1065 Gleichwohl wird verbreitet angenommen, dass die pachtrechtlichen Regelunen der verschuldensunabhängigen Haftung zumindest für den gegenwärtigen Bestand des Schutzrechts anwendbar sind, BGH GRUR 1960, 44, 45; BGH GRUR 1991, 332, 333; Pfaff/Osterrieth/*Osterrieth*, Lizenzverträge, Teil B. Rn. 177. Für den zukünftigen Bestand hingegen soll dies nicht gelten, vgl. BGH GRUR 1957, 595, 596; Benkard/*Ulmann*, PatG, § 15 Rn. 192; Pfaff/Osterrieth/*Osterrieth*, Lizenzverträge, Teil B. Rn. 177. Folgt man dieser Auffassung, ist die dargestellte Zusicherung soweit sie den gegenwärtigen Bestand betrifft schon gar keine Abweichung vom dispositiven Recht und daher unproblematisch.

generell als Leitbild i.R.d. § 307 II Nr. 1 BGB und damit nicht als Rechtfertigung der genannten formularvertraglichen Klausel dienen.

Dennoch können weitere Umstände und die Abwägung der beiderseitigen Interessen dazu führen, dass eine Klausel, die eine verschuldensunabhängige Haftung begründen will, als angemessen zu beurteilen ist.[1066] Zur Gesamtschau tragen beispielsweise die Haftungsverschärfung kompensierende Regelungen bei[1067], oder aber eine (billige) Überwälzung von Risiken, die allein der Sphäre des Verwendungsgegners entspringen (sog. Sphärenhaftung).[1068] Danach können solche Risiken auf einen Vertragsteil abgewälzt werden, die ihre Ursache ausschließlich in der Sphäre des betroffenen Vertragsteils haben und vom Verwender nicht beherrscht werden können.[1069] Die hier in Rede stehenden Formulierungen übertragen einerseits Risiken des gegenwärtigen Bestandes des Schutzrechts. Dazu zählen die bloße Existenz des Schutzrechts sowie die Inhaberschaft des Lizenzgebers und seine Verfügungsberechtigung im vertraglich vereinbarten Rahmen. Teilweise wird aber auch der zukünftige Bestand versichert, also das Risiko für entgegenstehende Rechte Dritter übernommen. Diese können sich beispielsweise durch Vorbenutzungsrechte oder Abhängigkeiten ergeben. Beide Risikoarten haften dem Lizenzgegenstand an und entstammen somit grundsätzlich der Sphäre des Lizenzgebers. Aufgrund dessen wird teilweise eine verschuldensunabhängige Haftung des Lizenzgebers für grundsätzlich gerechtfertigt erachtet.[1070] Bei genauer Betrachtung erscheint indes eine weitere Differenzierung angezeigt.

Soweit es sich um den gegenwärtigen Bestand des Schutzrechts handelt, scheint das Risiko erkennbar einseitig der Sphäre des Lizenzgebers zugewiesen

---

[1066] BGH NJW 1991, 1886, 1887; BGH NJW 1991, 2414, 2415; BGH NJW 1997, 1700, 1702; Wolf/Lindacher/Pfeiffer/*Dammann*, AGB-Recht, Klauseln, Rn. H5; Graf v. Westphalen/*Graf v. Westphalen/Thüsing*, Vertragsrecht und AGB-Klauselwerke, Vertragsrecht, Haftungserweiterungsklauseln Rn. 9.

[1067] BGH NJW 1991, 1886, 1887; BGH NJW 1991, 2414, 2415; BGH NJW 1992, 3158, 3161; BGH NJW 1992, 1761, 1762; BGH NJW 1997, 1700, 1702.

[1068] BGH NJW 1992, 1761, 1762; Wolf/Lindacher/Pfeiffer/*Dammann*, AGB-Recht, Klauseln, Rn. H5; Graf v. Westphalen/*Graf v. Westphalen/Thüsing*, Vertragsrecht und AGB-Klauselwerke, Vertragsrecht, Haftungserweiterungsklauseln Rn. 9.

[1069] BGH NJW 1992, 1761, 1762; BGH NJW 2002, 2234, 2235; OLG Oldenburg NJW 2004, 2907, 2908; OLG Koblenz NJW 2004, 3563, 3565; Staudinger/*Coester* § 307 Rn. 167; Lindner-Figura/Oprée/Stellmann/*Wolf*, Geschäftsraummiete, Kap. 13 Rn. 45; krit. *Langenbucher* NJW 2004, 3522, 3524; vgl. auch zum Rechtskauf *Haedicke*, Rechtskauf und Rechtsmängelhaftung, S. 130.

[1070] *Haedicke*, Rechtskauf und Rechtsmängelhaftung, S. 129 ff.; *Haedicke* GRUR 2004, 123, 124 ff.; vgl. auch Loewenheim/*Loewenheim/J.B.Nordemann*, Handbuch des Urheberrechts, § 62 Rn. 7; *Manz/Ventroni/Schneider* ZUM 2002, 409, 413.

werden zu können. Ihm sind z.B. Unterlagen zur Schutzrechtsanmeldung zugänglich oder Einsicht in die Schutzrechtserstellung, den Grad der technischen Neuheit, der Unterscheidungskraft oder der Schöpfungshöhe gegeben. Auch die Belastung mit Rechten Dritter fällt in seinen Einsichtsbereich: Soweit beispielsweise der Lizenzgeber das Schutzrecht selbst belastet hat, fällt ihm ein aktives Tun zur Last, das die ordnungsgemäße Erfüllung des Lizenzvertrages verhindert. Auch außerhalb der Garantiehaftung haftet er in diesen Fällen aufgrund verschuldeter Pflichtverletzung. Aber auch wenn der Lizenzgeber das (belastete) Schutzrecht von Dritten erworben hat, obliegt es ihm, den Bestand des Schutzrechts sicher zu stellen.[1071] Er hat insofern den Rechtsvorgänger als Veräußerer sorgfältig auszuwählen und alle erheblichen Umstände zu erforschen. Unabhängig vom Ursprung der Belastung des Schutzrechts trifft den Lizenzgeber also eine umfassende Erkundigungs- und Überwachungspflicht für den Bestand des Rechts. Als gemeinsames Merkmal der Bestandsmängel des Rechts kann dabei gelten, dass der Rechtsinhaber mit vernünftigem Aufwand den Bestand des Rechts erforschen und weitgehend sicherstellen kann.[1072] Dem Lizenznehmer andererseits ist der Zugang zu einer derartigen Erforschung zumindest erheblich erschwert. Eine erhöhte Risikoübernahme des Lizenzgebers über die verschuldete Unkenntnis von der Belastung hinaus erscheint daher interessensgemäß.[1073] Unterstützt wird diese Annahme durch die Verwendung entsprechender Klauseln in Formularverträgen.[1074] Dies präjudiziert freilich keinen Gerechtigkeitsgehalt.[1075] Gleichwohl vervollständigt sie nach der Feststellung der gerechtfertigten Risikoverteilung die These der redlicherweise erwartbaren Lastenverteilung.[1076] Eine entsprechende Klausel ist mithin nicht unangemessen i.S.d. § 307 II Nr. 1 BGB.

1071 So auch *Haedicke,* Rechtskauf und Rechtsmängelhaftung, S. 130; *Haedicke* GRUR 2004, 123, 124.

1072 Vgl. Dreier/Schulze/*Schulze*, UrhG, Vor §§ 31 ff. Rn. 31; Loewenheim/*Loewenheim/J.B.Nordemann,* Handbuch des Urheberrechts, § 62 Rn. 7; differenzierend Berger/Wündisch/*Ahrens,* Urhebervertragsrecht, § Rn. 11: „Gleichwohl darf man mit vertraglichen Garantien nicht leichtfertig umgehen und sie allenfalls unter den Voraussetzungen, die die Rechtsgeschäftslehre auch sonst praktiziert, bejahen. Im Zweifel wird eine solche Haftung also nicht in Betracht kommen."

1073 So im Ergebnis auch *Kraßer,* Patentrecht, S. 948; *Haedicke* GRUR 2004, 123, 124 ff.

1074 BeckOF/*Jahn,* Kap. 12.2.2, ausschließlicher Lizenzvertrag; *Pagenberg/Beier,* Lizenzverträge, Muster 14 (Vertragstext) § 6 I; Pfaff/Osterrieth/*Osterrieth,* Lizenzverträge, Teil B I, ausschließlicher Patentlizenzvertrag § 13.

1075 BGH NJW 1989, 582, 583; BGH NJW 1991, 2414, 2416; Staudinger/*Coester*, § 307 Rn. 266; *Becker,* Auslegung des § 9 AGBG, S.175; *Fastrich*, Richterliche Inhaltskontrolle, S. 288 f.; *v. Hoyningen-Huene,* Die Inhaltskontrolle nach § 9 AGBG, Rn. 211.

1076 Vgl. dazu oben Achtes Kapitel F. II.

Anders hingegen stellt sich dies bei Haftungserweiterungen dar, die dem Lizenzgeber die Zufallshaftung für Abhängigkeiten oder Vorbenutzungsrechte aufbürden.[1077] Diese Haftung betrifft den zukünftigen Bestand des Schutzrechts. Zwar kann auch hier argumentiert werden, dass das Risiko des Bestehenbleibens der Sphäre des Lizenzgebers entspringt.[1078] Unterschiede ergeben sich aber zur oben dargestellten Situation im Hinblick auf die Erforschungsmöglichkeiten sowohl des Lizenzgebers als auch des Lizenznehmers. Im oben dargestellten Verhältnis kann der Lizenzgeber mit vertretbarem Aufwand, selbst bei Erlangung des Schutzrechts von einem Dritten, die Belastungen des Schutzrechts hinreichend genau erforschen. In Bezug auf Abängigkeiten i.S.v. nutzungshindernden geistigen Eigentumsrechten Dritter hat der Lizenzgeber aber nicht diesselben Möglichkeiten. Aufgrund der Ubiquität geistiger Eigentumsrechte und des globalen Einsatzes kann sowohl der Umfang des potentiellen Verletzungsbereichs schwer abgrenzbar sein, als auch eine hinreichend genaue Recherche zu Überschneidungen mit fremden Schutzrechten erheblichen Schwierigkeiten unterliegen.[1079] Die Rechtsmängelfreiheit kann daher nicht mit letzter Sicherheit bestimmt werden.[1080] Gleichzeitig stehen dem Lizenznehmer diesselben Möglichkeiten zur Recherche über Abhängigkeiten offen.[1081] Damit ergibt sich für derartige Mängel keine besondere Interessenslage, die eine Abkehr vom Verschuldensmaßstab rechtfertigen kann.[1082]

IV. Zusammenfassung

Häufig „versichert" oder „garantiert" der Lizenzgeber in Lizenzformularen bestimmte Umstände oder Eigenschaften im Zusammenhang mit dem Lizenzgegenstand.[1083] Nur teilweise handelt es sich dabei um Garantien bzw. Zusicherungen im engen Sinn.[1084]

1077 *Pagenberg/Beier,* Lizenzverträge, Muster 14 (Vertragstext) § 6 I.

1078 In diesem Sinne *Haedicke,* Rechtskauf und Rechtsmängelhaftung, S. 129 ff.

1079 *Pahlow*, Lizenz und Lizenzvertrag, S. 309.

1080 *Kraßer,* Patentrecht, S. 947 ; *Pahlow*, Lizenz und Lizenzvertrag, S. 309.

1081 Vgl. *Kraßer,* Patentrecht, S. 947; *Pahlow*, Lizenz und Lizenzvertrag, S. 309.

1082 So auch Benkard/*Ullmann*, PatG, § 15 Rn. 173; *Pahlow*, Lizenz und Lizenzvertrag, S. 307 ff.; *Kraßer,* Patentrecht, S. 948; vgl. aber BGH GRUR 1979, 768, 769; Ströbele/Hacker/*Hacker,* MarkenG, § 30 Rn. 57; *Goldmann/Redecke* MMR 2002, 3, 5; vgl. für ausschließliche Lizenzen *Haedicke,* Rechtskauf und Rechtsmängelhaftung, S. 129 ff.; *Haedicke* GRUR 2004, 123, 124 ff.

1083 Vgl. oben Elftes Kapitel B. I.

1084 Vgl. oben Elftes Kapitel B. I.

Soweit der Lizenzgeber Verwender der AGB ist und durch eine Zusicherung seine Haftung erweitert, ist dies AGB-rechtlich grundsätzlich unbedenklich.[1085] Lediglich Sekundäreffekte der Zusicherung, i.e. eine faktische oder scheinbare Begrenzung weiterer Ansprüche durch die Garantie bedürfen einer genaueren Prüfung nach den Maßstäben der Haftungsbegrenzung.[1086]

Ist hingegen der Lizenznehmer Verwender der AGB, so handelt es sich bei den entsprechenden Klauseln nicht um Garantien, sondern um Haftungserweiterungen.[1087] Formularvertragliche Haftungserweiterungen durch den Lizenznehmer sind zulässig, soweit sie den gegenwärtigen Bestand des Schutzrechtes, mithin den Mangel aufgrund von (teilweiser) Nichtexistenz oder aufgrund von Belastungen des Schutzrechts betreffen.[1088] Unzulässig gem. § 307 I Nr. 1 BGB sind Haftungserweiterungen, die dem Lizenzgeber eine verschuldensunabhängige Haftung in Bezug auf den zukünftigen Bestand, z.B. Abhängigkeitsrechte oder Vorbenutzungsrechte Dritter, aufbürden.[1089]

C. Haftung für Tauglichkeitsmängel

I. Klauseln zur formularmäßigen Beschränkung der Tauglichkeitshaftung

Regelungen zu Tauglichkeitsmängeln finden vor allem im Patentlizenzrecht Beachtung.[1090] Beim Patent als Prototyp des technischen Schutzrechts ist die Gebrauchstauglichkeit eingeschränkt, wenn sich der erwartetete Erfolg, die Wirkungsweise oder aber die erwarteten Resultate nicht einstellen.[1091] Aber ebenso ist eine Einschränkung der Tauglichkeit des Gebrauchsmusters,[1092] der Sorte

---

1085 Vgl. oben Elftes Kapitel B. II.

1086 Vgl. oben Elftes Kapitel B. II.

1087 Vgl. oben Elftes Kapitel B. III.

1088 Vgl. oben Elftes Kapitel B. III.

1089 Vgl. oben Elftes Kapitel B. III.

1090 *Bartenbach,* Patentlizenz- und Know-how-Vertrag, Rn. 3405; BeckOF/*Jahn,* Kap. 12.2.2, ausschließlicher Lizenzvertrag; *Pagenberg/Beier,* Lizenzverträge, Muster 1 (Vertragstext) § 11 II; Pfaff/Osterrieth/*Osterrieth,* Lizenzverträge, Teil B I, ausschließlicher Patentlizenzvertrag § 13 IV; *Plassmeier/Steden*, Lizenzverträge in der Praxis, § 5 (Standard-Lizenzvertrag) Art. 3 I.

1091 Vgl. BGH GRUR 1955, 340; BGH GRUR 1965, 298; BGH GRUR 1979, 768, 769.

1092 BGH GRUR 1965, 298; vgl. Anmerkungen Nr. 6 bei BeckOF/*Jahn,* Kap. 12.2.2, ausschließlicher Lizenzvertrag, nach der dasselbe Formular Gültigkeit sowohl für die Patent- als auch Gebrauchsmusterlizenz besitzt; vgl. zur Übereinstimmung von Patent und Gebrauchsmuster schon oben Erstes Kapitel B. I. 1.

oder Software vortsellbar.[1093] Die Software kann sich z.B. aufgrund fehlender Kompatibilität mit vorhandenen Betriebssystemen oder schlichter technischer Betriebsfehler als untauglich erweisen.[1094] Im Marken- und im (klassischen) Urheberrecht hingegen sind derartige Sachverhalte zwar denkbar.[1095] Eine spürbare praktische Relevanz kommt den Tauglichkeitsmängeln in diesem Bereich aber nicht zu.[1096]

Zwar sehen einige Formularverträge im Patentrecht vor, dass der Lizenzgeber für die „technische Brauchbarkeit" des lizenzierten Gegenstandes haften soll.[1097] Überwiegend sichert der Lizenzgeber aber lediglich zu, keine positive Kenntnis von Tauglichkeitsmängeln zu besitzen.[1098] Darüber hinaus wird seine Haftung für die „technische Brauchbarkeit"[1099] oder aber sowohl für die „technische Ausführbarkeit" als auch für die „technische Brauchbarkeit"[1100] beschränkt.

1093 Vgl. Beck'sches Formularbuch Zivil-, Wirtschafts- und Unternehmensrecht/*Meents,* Kap. P. 1., Softwarelizenzvertrag.

1094 OLG Köln NJW 1988, 2477; OLG Karlsruhe CR 1990, 266; OLG Köln NJW-RR 1998, 1353; LG Duisburg CR 1989, 494, 495; ebenso kann die Software aber z.B. auch zur Verlangsamung des bestehenden Systems beitragen LG Essen CR 1987, 431; Graf v. Westphalen/*Hoeren*, Vertragsrecht und AGB-Klauselwerke, Klauselwerke, It-Verträge Rn. 44 ff.; *Hilty,* Lizenzvertragsrecht, S. 693 ff.

1095 Vgl. *Hilty,* Lizenzvertragsrecht, S. 691 f.; näher auch oben Viertes Kapitel. D. IV. 1.

1096 *Hilty* weist treffend darauf hin, dass im Markenrecht ein denkbarer tatsächlicher Mangel (z.B. fehlender Individualisierungserfolg) wie im Patentrecht durchaus mit einem rechtlichen Mangel (z.B. zugleich absolutes Schutzhindernis) zusammentreffen kann. „Im Unterschied zur Patentlizenz wird der Markenlizenznehmer sich aber vernünftigerweise auf den *rechtlichen* Mangel berufen, denn sein Haftungsanspruch wegen Nichterteilung oder Vernichtung – also eines *Rechtsmangels* – einer Marke ist ungleich *einfacher durchzusetzen* als ein *Mangel tatsächlicher Art."* Bei der allgemeinen urheberrechtlichen Lizenz hingegen geht es schon gar nicht um ein Funktionieren in technischer oder marktmässiger Hinsicht, wodurch auch die Problematik des *tatsächlichen* Mangels bei derartigen Lizenzgegenständen kaum zum Tragen kommen dürfte, *Hilty,* Lizenzvertragsrecht, S. 691 f.

1097 Beck'sches Formularbuch Zivil-, Wirtschafts- und Unternehmensrecht/*Koch,* Kap. Q. III 1., Patent- und Know How-Lizenzvertrag; *Pagenberg/Beier,* Lizenzverträge, Muster 1 (Vertragstext) § 11 II; *Plassmeier/Steden*, Lizenzverträge in der Praxis, § 5 (Standard-Lizenzvertrag) Art. 3 I.

1098 Zur Zusicherung der mangelnden positiven Kenntnis vgl. v.a. *Huber* AcP 202 (2002), 180, 207.

1099 BeckOF/*Jahn,* Kap. 12.2.2, ausschließlicher Lizenzvertrag; Pfaff/Osterrieth/*Osterrieth,* Lizenzverträge, Teil B I, ausschließlicher Patentlizenzvertrag § 13 IV.

1100 Ausschluss der Haftung bis auf Vorsatz *Bartenbach,* Patentlizenz- und Know-how-Vertrag, Rn. 3405

Festzustellen ist also eine scheinbare Gemengenlage an Haftungsregelungen, sowohl in Bezug auf den Anknüpfungspunkt der Haftung, als auch in Bezug auf die Reichweite der Haftung. Erschwert wird der Durchblick zusätzlich dadurch, dass der Begriff der „Haftung" selbst nicht klar festgelegt ist und sich auch nicht augenscheinlich aus dem Kontext lizenzvertraglicher Klauseln bestimmen lässt. Vor der Beurteilung der Grenzen AGB-rechtlicher Gestaltungsmöglichkeiten bedarf es daher im Folgenden einer Klärung der Bedeutung der angesprochenen Klauseln.

II. Inhalt und der Reichweite der entsprechenden Klauseln

Bei den genannten Regelungen muss zunächst gefragt werden, was Gegenstand des Ausschlusses bzw. der Beschränkung ist, was also mit technischer Brauchbarkeit bzw. Ausführbarkeit gemeint ist. Darauffolgend ist zu klären, was in dem Ausschluss mit inbegriffen sein soll, m.a.W. was unter der ausgeschlossenen bzw. beschränkten „Haftung" zu verstehen ist. Beides ist Gegenstand der Auslegung gem. §§ 133, 157 BGB.[1101] Es ist danach zu fragen, wie ein objektiver, redlicher Empfänger die Begriffe verstehen muss.[1102]

Der unterschiedlichen Terminologie hinsichtlich der *technischen Brauchbarkeit* und der *technischen Ausführbarkeit* dürfte dabei weniger eine konzeptionelle Differenzierung zugrunde liegen als vielmehr eine rein sprachliche Abweichung. Diese folgt aus der durch den *BGH*[1103] in Anlehnung an *Pietzcker*[1104] und im Anschluss in der Literatur[1105] weitergetragene Unterscheidung. Danach bezeichnet die technische Ausführbarkeit die Möglichkeit das technische Konzept an sich umzusetzen, also die Erfindung, wie sie in der Patentschrift oder anderweitigen Beschreibungen aufgeführt ist zu verwirklichen. Technisch brauchbar hingegen ist der Schutzgegenstand, wenn er sich zur erstrebten tech-

---

1101 *Flume,* Allgemeiner Teil des Bürgerlichen Rechts II, S. 291 ff.; *Larenz/Wolf,* AT BGB, § 28 Rn. 1 ff.

1102 *Bydlinski,* Juristische Methodenlehre, S. 465 ff.; *Larenz/Canaris,* Methodenlehre der Rechtswissenschaft, S. 167 f.; *Fikentscher*, Methoden des Rechts, S. 368 ff.; speziell zum Lizenzvertrag *Bartenbach,* Patentlizenz- und Know-how-Vertrag, Rn. 474; *Henn,* Patent- und Know-how-Lizenzvertrag, Rn. 240 ff.; *Lüdecke* GRUR 1954, 379, 380 f.

1103 Vgl. BGH GRUR 1955, 338, 340.

1104 *Pietzcker,* PatG GebrMG, § 6 Anm. 12.

1105 Benkard/*Ullmann*, PatG, § 15 Rn. 176; Busse/*Keukenschrijver,* PatG, § 15 Rn. 109; *Mes,* PatG GebrMG, § 1 Rn. 58 ff.; *Bartenbach,* Patentlizenz- und Know-how-Vertrag, Rn. 1570 ff.; *Henn,* Patent- und Know-how-Lizenzvertrag, Rn. 310 ff.

nischen Verwendung eignet.[1106] Ist z.B. eine spezielle Art von Mineralwolle herstellbar, hat sie aber nicht die vorgesehenen brandschützenden Eigenschaften, ist zwar die technische Ausführbarkeit nicht jedoch die technische Brauchbarkeit gegeben.[1107] Ist das Schutzrecht technisch brauchbar, setzt dies die technische Ausführbarkeit voraus.[1108] Soweit sich eine Klausel also nur auf eine Beschränkung der Haftung für die technische Brauchbarkeit bezieht[1109], lässt dies die Haftung für die technische Ausführbarkeit unberührt. Darüber hinaus sollte darüber nachgedacht werden, ob die Begriffe nicht zukünftig auch einheitlich verstanden werden können und eine genaue Differenzierung damit entbehrlich ist. Unterstützt würde dieser Ansatz dadurch, dass entgegen der sprachlichen Differenzierung in Rechtsprechung[1110] und Literatur[1111] Einigkeit besteht, dass die Tauglichkeit insgesamt zur Leistungspflicht des Lizenzgebers zählt und er ohne weitere Unterscheidung sowohl für die Ausführbarkeit als auch für die Brauchbarkeit einstehen muss. Rechtspraktisch erscheint eine begriffliche Unterscheidung damit obsolet und läuft dem Ziel der sprachlichen Klarheit zuwider. Vielmehr ist eine Abgrenzung zu einer nachgelagerten Stufe relevant: Ohne ausdrückliche oder konkludente Zusicherung soll der Lizenzgeber nicht mehr für die Fabrikationsreife einstehen müssen,[1112] die sich im Verwertungsprozess an die bloße Herstellung des Lizenzgegenstandes anschließt.

Daneben scheint der Begriff der Haftung selbst mehrdeutig. Denn obwohl „Haftung" überwiegend im Zusammenhang mit Regelungen zum Schadensersatz verwendet wird und von der „Gewährleistung" im Übrigen sprachlich diffe-

---

[1106] *Pietzcker,* PatG GebrMG, § 6 Anm. 12; Reimer/*Reimer,* PatG GebrMG, § 9 a.F. Rn. 37; *Bartenbach,* Patentlizenz- und Know-how-Vertrag, Rn. 1571; *Henn,* Patent- und Know-how-Lizenzvertrag, Rn. 310.

[1107] Vgl. BGH GRUR 1979, 768 ff.

[1108] BGH GRUR 1965, 298, 301; BGH GRUR 1981, 338 f.; BpatG GRUR Int 1996, 822, 824; *Bartenbach,* Patentlizenz- und Know-how-Vertrag, Rn. 1571; Pfaff/Osterrieth/-*Osterrieth,* Lizenzverträge, Teil B I Rn. 184.

[1109] Vgl. BeckOF/*Jahn,* Kap. 12.2.2, ausschließlicher Lizenzvertrag; Pfaff/Osterrieth/-*Osterrieth,* Lizenzverträge, Teil B I, ausschließlicher Patentlizenzvertrag § 13 IV.

[1110] RGZ 75, 400, 403; RGZ 163, 1, 6; BGH GRUR 1955, 338, 341; BGH GRUR 1960, 44, 46; BGH GRUR 1961, 466, 467; BGH GRUR 1965, 298, 301; BGH GRUR 1979, 768, 769.

[1111] Benkard/*Ullmann*, PatG, § 15 Rn. 176; Busse/*Keukenschrijver,* PatG, § 15 Rn. 109; Reimer/*Reimer,* PatG GebrMG, § 9 a.F. Rn. 37; *Bartenbach,* Patentlizenz- und Know-how-Vertrag, Rn. 1576; *Henn,* Patent- und Know-how-Lizenzvertrag, Rn. 310.

[1112] Vgl. BGH GRUR 1959, 616, 617; *Bartenbach,* Patentlizenz- und Know-how-Vertrag, Rn. 1583; *Groß*, Der Lizenzvertrag, Rn. 308.

renziert wird[1113], wird der Begriff auch mit der vertraglichen Gewährleistung insgesamt in Verbindung gebracht.[1114] Wird wie in den genannten Beispielen schlicht die Haftung für Tauglichkeitsmängel beschränkt, ohne weiter zwischen Schadensersatz und anderweitiger Gewährleistung zu unterscheiden und wird darüberhinaus auch im übrigen Vertragsdokument keine Regelung zu weiteren (Gewährleistungs-)Folgen eines Tauglichkeitsmangels getroffen, erhärtet sich der Verdacht, dass Gegenstand des generellen Haftungsausschlusses die aus einem Mangel folgenden Rechte insgesamt sein sollen. Unterstützt wird dieses Verständnis durch die im AGB-Recht innerhalb der Wirksamkeitskontrolle anerkannte Interpretation des Klauselumfangs im „kundenfeindlichsten" Sinne.[1115] In Anbetracht der Möglichkeit eines weiten Verständnisses des Haftungsbegriffes wird daher auf den Bestand der Klausel im Falle eines generellen Gewährleistungsausschlusses eingegangen. Kann der Begriff auf den Bezug zum Schadensersatz eingegrenzt werden, etwa aufgrund weiterer Anhaltspunkte im Lizenzvertrag, sind insofern auch nur die folgenden Ausführungen zum Schadensersatz von Interesse. In jedem Fall kann aber für die Kautelarpraxis eine eindeutige sprachliche Differenzierung angeregt werden.

Soweit der Lizenzgeber die „Haftung" für Tauglichkeitsmängel begrenzt bzw. ausschließt, bezieht sich dies in der Regel auf die Haftung für fahrlässiges

---

1113 Für Klauselwerke generell vgl. Graf v. Westphalen/*Graf v. Westphalen*, Vertragsrecht und AGB-Klauselwerke, Vertragsrecht, Freizeichnungs- und Haftungsbegrenzungsklauseln Rn. 1 ff.; Münchener Anwaltshandbuch Mietrecht/*Hannemann/Wiegner*, §§ 17, 18: „Haftung und Gewährleistung"; insbesondere für den Bereich der IP-Verträge: Graf v. Westphalen/*Hoeren*, Vertragsrecht und AGB-Klauselwerke, Klauselwerke, IT-Verträge Rn. 112: „Trennung Gewährleistung – Haftung"; Kilian/Heussen/*Koch*, Computerrechts-Handbuch, Abschn. Teil 2 Rn. 165 ff.: „Gewährleistung und Haftung"; Loewenheim/*Loewenheim/J.B.Nordemann*, Handbuch des Urheberrechts, § 62: „Gewährleistung und Haftung".

1114 BGH NJW-RR 1991, 342: „Gewährleistungshaftung"; BGH NZBau 2001, 261: „Gewährleistungsrechtliche Haftung"; Benkard/*Ullmann*, PatG, § 15 Rn. 159: „Gewährleistungshaftung"; Loewenheim/*Loewenheim/J.B.Nordemann*, Handbuch des Urheberrechts, § 62 Rn. 14: „gesetzliche Mängelhaftung", „...Einschränkung der Haftung durch § 309 Nr. 8b BGB..."; Pfaff/Osterrieth/*Osterrieth*, Lizenzverträge, Teil B Rn. 177:"...ergibt sich die Haftung des Lizenzgebers nun aus §§ 581 Abs. 2 i.V.m. 536 BGB."; *Schricker*, VerlagsR, § 8 Rn. 38: „Gewährleistungshaftung des Verfassers"; *Haedicke* GRUR 2004, 123: „Die Gewährleistungshaftung bei...Patentlizenzverträgen...".

1115 BGH NJW 2008, 2172, 2173; BGH NJW 2008, 2254, 2255; BGH NJW 2009, 3422, 3423; Ulmer/Brandner/Hensen/*Ulmer/Schäfer*, AGB-Recht, § 305c Rn. 64; Wolf/Lindacher/Pfeiffer/*Lindacher*, AGB-Recht, § 305c Rn. 131 ff.; jurisPK-BGB/*Lapp/-Salamon*, § 305c Rn. 72 f.; MünchKommBGB/*Basedow*, § 305c Rn. 33 f.

Verhalten. Durch die in den Formularen vorweggenommene Zusicherung des Lizenzgebers, keine positive Kenntnis von Tauglichkeitsmängeln zu besitzen, bringt er zum Ausdruck für Arglist einstehen zu wollen.[1116]

III. Vorgaben des dispositiven Rechts

Die Ermöglichung der Nutzung des geistigen Eigentumsrechts stellt die vertragliche Hauptleistungspflicht des Lizenzgebers dar.[1117] Stellt sich heraus, dass die Tauglichkeit des Lizenzgegenstandes beeinträchtigt ist, so ist die Nutzungsmöglichkeit des Lizenznehmers eingeschränkt und die Hauptleistungspflicht des Lizenzgebers verletzt. Nach den Maßstäben des Pachtrechts hat der Lizenzgeber gem. §§ 581 II, 536 ff. BGB die Möglichkeit zur Minderung der Lizenzgebühr, zur Kündigung des Lizenzvertrages sowie einen Anspruch auf Schadensersatz.[1118] Werden die genannten Ausschlussklauseln[1119] so verstanden, dass die Gewährleistungsrechte insgesamt berührt sind,[1120] halten sie einer AGB-Kontrolle nicht stand. Der Ausschluss sämtlicher Gewährleistungsrechte verstößt gegen § 307 II Nr. 1 BGB.[1121] Insofern wäre in der vertraglichen Formulierung zu differenzieren und die aus einem Mangel folgenden Rechte und ihre Begrenzungen ausführlich zu regeln.[1122]

Liegt ein Sachmangel in der Form eines Tauglichkeitsmangels vor kann zunächst eine angemessene Herabsetzung der Lizenzgebühr vertraglich festgehalten werden. Soweit keine Arglist des Lizenzgebers vorliegt, kann das Minderungsrecht im B2B-Bereich derart ausgestaltet werden, dass der Lizenznehmer zwar nicht selbständig die Lizenzgebühr auf ein angemessenes Maß herabsetzen kann, die zuviel gezahlte Gebühr aber im Wege eines Bereicherungsanspruches nachträglich herausfordern kann.[1123]

Auch die Kündigung bietet einen Gestaltungsspielraum, sofern sie mit Blick auf den Tauglichkeitsmangel vertraglich geregelt wird. Grundsätzlich tragen Li-

---

1116 Vgl. oben Elftes Kapitel B. I.

1117 Vgl. oben Viertes Kapitel C. II. 1.

1118 Vgl. oben Elftes Kapitel A. I.

1119 Vgl. oben Elftes Kapitel C. I.

1120 Vgl. oben Elftes Kapitel C. I.

1121 BGH NJW 1992; 2628; BGH NJW-RR 1993, 519, 520; BGH NJW 2008, 2254, 2255; Schmidt-Futterer/*Eisenschmidt,* Mietrecht, § 536 Rn. 426; vgl. auch BGH NJW 1977, 195, 196 wonach eine Klausel mit umfassendem Gewährleistungsausschluss aufgrund des Überraschungseffektes schon gar nicht Vertragsbestandteil wird.

1122 *Ann/Barona,* Schuldrechtsmodernisierung und gewerblicher Rechtsschutz, Rn. 131; *Groß*, Der Lizenzvertrag, Rn. 330.

1123 Vgl. oben Elftes Kapitel A. I. 1.

zenzvertragsformulare[1124] dem unabdingbaren Grundsatz[1125] Rechnung, dass die außerordentliche Kündigung bei Vorliegen eines wichtigen Grundes möglich ist.[1126] Das Recht zur fristlosen Kündigung kann aber zusätzlich - zeitlich begrenzt - ausgeschlossen werden, soweit der Tauglichkeitsmangel behebbar ist. Stellt der Lizenzgeber also einen untauglichen Lizenzgegenstand zur Verfügung, kann das Kündigungsrecht des Lizenznehmers von einem vorherigen Nachbesserungsversuch des Lizenzgebers abhängig gemacht werden.[1127] Denkbar ist aber auch, den Interessen des Lizenznehmers weiter entgegen zu kommen und ein Rücktrittsrecht zu vereinbaren. Liegen aufgrund des anfänglichen Tauglichkeitsmangels die allgemeinen Rücktrittsvoraussetzungen vor und ist der Leistungsaustausch des Vertrages noch nicht vorangeschritten ist die Rückabwicklung trotz dauerschuldvertraglichen Charakters anerkannt.[1128]

Neben den genannten Folgen kommen aber insbesondere Schadensersatzansprüche in Betracht, die sich aus der mangelnden Tauglichkeit ergeben können und einer differenzierten vertraglichen Regelung bedürfen. Nach den Maßstäben des Pachtrechts sind Schadensersatzansprüche des Lizenznehmers unabhängig von einem etwaigen Verschulden des Lizenzgebers gem. §§ 581 II, 536a I Alt.1 BGB. Wie bereits dargestellt, überzeugt jedoch die Übertragung der verschuldensunabhängigen Haftung des Pachtrechts auf den Lizenzvertrag nicht.[1129] Vielmehr ist bei anfänglicher Untauglichkeit Schadensersatz bzw. Aufwendungsersatz gem. §311a II 1 BGB zu leisten, so dass es für den Anspruch auf ein Verschulden des Lizenzgebers ankommt, § 311a II 2 BGB. Selbst

---

1124 Pfaff/Osterrieth/*Osterrieth,* Lizenzverträge, Teil B Rn. 233.

1125 Vgl. oben Elftes Kapitel A. I. 3.

1126 Wird hingegen ausdrücklich nur dem Lizenzgeber ein Recht zur außerordentlichen Kündigung aus wichtigem Grund eingeräumt, bedeutet dies zwar nicht den ausdrücklichen Ausschluss eines Kündigungsrechts des Lizenznehmers und damit eine Unwirksamkeit der Klausel gem. § 307 II Nr. 1 BGB, gleichwohl wird dadurch aber der zumindest der falsche Eindruck gefördert, dass ein solches Kündigungsrecht nur dem Lizenzgeber zustünde, vgl. BeckOF/*Jahn,* Kap. 12.2.2, ausschließlicher Lizenzvertrag, § 23. Eine derartige Klausel birgt daher die Gefahr wegen Verstoßes gegen das Transparenzgebot gem. § 307 I 2 BGB unwirksam zu sein, vl. Dazu schon oben Achtes Kapitel E. II.

1127 Vgl. oben Elftes Kapitel A. I. 3.

1128 Zur allgemeinen Parallelität des Rücktrittsrechts und des pacht- bzw. mietvertraglichen Kündigungsrechts siehe Palandt/*Weidenkaff* § 543 Rn. 12; Staudinger/*Emmerich* § 543 Rn. 15; a.A. Staudinger/*Sonnenschein/Veit* § 581 Rn. 223; zum Lizenzvertrag im Besonderen vgl. BGH GRUR 1959, 616, 617; BGH NJW 1987, 2004, 2006; Busse/*Keukenschrijver,* PatG, § 15 Rn. 99; *Henn,* Patent- und Know-how-Lizenzvertrag, Rn. 348.

1129 Vgl. oben Viertes Kapitel D. V.

wenn man bei Tauglichkeitsmängeln nicht von einer anfänglichen (teilweisen) Unmöglichkeit ausgeht, sondern grundsätzlich von einer Schlechtleistung und einem Schadensersatz gem. §§ 280, 281 BGB[1130], ändert dies nichts am zugrundegelegten Maßstab des Verschuldens, der AGB-rechtlich gleich gewertet wird.[1131]

Die Schadensersatzhaftung kann grundsätzlich auch formularvertraglich abbedungen oder eingeschränkt werden.[1132] Lediglich die Haftung für Vorsatz kann nicht im Voraus erlassen werden (§ 276 III BGB). Darüber hinaus gilt auch im unternehmerischen Geschäftsverkehr die Beweislastregel des § 280 I 2 BGB. Diese kann i.d.R. auch nicht formularvertraglich abgewälzt werden.[1133] Zum selben Ergebnis käme man selbst bei strenger Anwendung der pachtrechtlichen Maßstäbe und der Annahme einer grundsätzlich verschuldensunabhängigen Haftung.[1134] Auch die Haftung gem. § 536a I BGB ist grundsätzlich abdingbar.[1135] Dies gilt insbesondere für die strenge Garantiehaftung des § 536a I Alt. 1 BGB, da ihr aufgrund ihrer Atypizität im Haftungssystem des BGB keine Leitbildfuntkion zukommt.[1136] Auch im Pachtrecht kann also theoretisch die Haftung bis auf vorsätzliches Handeln (vgl. § 276 III BGB) abbedungen werden.

Sowohl für das Haftungsregime nach dem allgemeinen Schuldrecht als auch für die speziell pachtrechtliche Haftung gilt aber, dass der Haftungsausschluss nicht gegen die Grundsätze des § 309 Nr. 7 BGB verstoßen darf, der kraft seiner Indizwirkung über § 307 BGB auch im unternehmerischen Geschäftsverkehr

---

1130 *Bartenbach,* Patentlizenz- und Know-how-Vertrag, Rn. 1578; *Groß*, Der Lizenzvertrag, Rn. 306.

1131 MünchKommBGB/*Ernst*, § 311a Rn. 103.

1132 MünchKommBGB/*Ernst*, § 280 Rn. 43; Staudinger/*Otto*, § 280 Rn. H3.

1133 BGH NJW 1985, 3016, 3017; BGH NJW 2006, 47, 49; OLG Düsseldorf NJW-RR 2006, 1074, 1075 f.; BeckOK BGB Bamberger/Roth/*Becker*, § 309 Nr. 12 Rn. 12; MünchKommBGB/*Wurmnest*, § 309 Nr. 12 Rn. 21; Palandt/*Grüneberg,* § 309 Rn. 103.

1134 Vgl. BGH GRUR 1960, 44, 46; BGH GRUR 1979, 768, 769; Ströbele/Hacker/*Hacker,* MarkenG, § 30 Rn. 57; *Goldmann/Redecke* MMR 2002, 3, 5; *Haedicke* GRUR 2004, 123, 126 f.

1135 BGH NJW-RR 1993, 519, 520; BGH NJW 2002, 3232, 3233; jurisPK-BGB/*Münch*, §536a Rn. 29; MünchKommBGB/*Häublein*, § 536a Rn. 21; Palandt/*Weidenkaff,* § 536a Rn. 7.

1136 BGH NJW-RR 1991, 74, 75; BGH NJW 2002, 3232, 3233; BGH NJW 2010, 3152, 3153; OLG Düsseldorf NJW-RR 1999, 735 f.; OLG Koblenz NZM 2000, 622; BeckOK BGB Bamberger/Roth/*Ehlert*, § 536a Rn. 36a; MünchKommBGB/*Häublein*, § Vor 536 Rn. 21; Staudinger/*Emmerich*, § 536a Rn. 45; Wolf/Lindacher/Pfeiffer/*Hau*, AGB-Recht, Mietverträge, Rn. M38.

Anwendung findet.[1137] Danach ist auch ein formularvertraglicher Haftungsausschluss für grobes Verschulden mit § 307 BGB unvereinbar. Im Rahmen eines Formularvertrages bleibt mithin nur die Möglichkeit die Haftung für Mängel auszuschließen, die auf einfacher Fahrlässigkeit beruht. Diese Beurteilung gilt insoweit unabhängig davon, ob man – wie hier – für die Anwendung der verschuldensabhängigen Haftung auf den Lizenzvertrag plädiert[1138] oder für die strenge pachtrechtliche Haftung.[1139] Insoweit bedürfen die eingangs beschriebenen[1140], umfassenden Haftungsausschlüsse schon einer kritischen Betrachtung. Überdies ist aber nach der Rechtsprechung des BGH[1141] auch noch der Ausschluss der Haftung für einfache Fahrlässigkeit unzulässig, soweit es sich bei der ausgeschlossenen Pflicht um eine vertragswesentliche Pflicht handelt und der Ausschluss den Vertragszweck gefährdet (sog. Kardinalpflicht[1142]). Da die Rechtsprechung diesen Grundsatz auch im unternehmerischen Geschäftsverkehr

---

1137 BGH NJW-RR 2000, 998, 999; BGH NJW 2007, 3774, 3775; LG Hamm NJW-RR 1996, 969; OLG Karlsruhe NJW-RR 2009, 1322; BeckOK BGB Bamberger/Roth/*Becker*, § 309 Nr. 7 Rn. 46; Palandt/*Grüneberg*, § 309 Rn. 48; Staudinger/*Coester-Waltjen*, § 309 Nr. 7 Rn. 42; Ulmer/Brandner/Hensen/*Christensen*, AGB-Recht, § 309 Nr. 7 Rn. 43; a.A. Wolf/Lindacher/Pfeiffer/*Dammann*, AGB-Recht, § 309 Nr. 7 Rn. 135.

1138 Vgl. zur formularmäßigen Haftungsbegrenzung auf einfache Fahrlässigkeit allgemein BGH NJW 2007, 3774, 3775; Palandt/*Grüneberg*, § 309 Rn. 48; Ulmer/Brandner/Hensen/*Christensen*, AGB-Recht, § 309 Nr. 7 Rn. 43 ff.

1139 Vgl. zur formularmäßigen Haftungsbegrenzung auf einfache Fahrlässigkeit im Mietrecht OLG Düsseldorf NJW-RR 1999, 735; OLG Koblenz NZM 2000, 622; OLG Köln NZM 2005, 179, 180; jurisPK-BGB/*Münch*, §536a Rn. 29; Palandt/*Weidenkaff*, § 536a Rn. 7; Staudinger/*Emmerich*, § 536a Rn. 45.

1140 Vgl. Elftes Kapitel B. II. a).

1141 BGH NJW 1988, 1785, 1787; BGH NJW 2000, 3275, 3276; BGH NJW-RR 2000, 998, 999; BGH NJW 2001, 292; BGH NJW 2002, 673, 674; BGH NJW-RR 2005, 1496, 1505.

1142 Aufgrund der *Honda*-Entscheidung des BGH (BGH NJW-RR 2005, 1496, 1505) ist der Begriff der „Kardinalpflicht" – soweit die konkrete Formulierung von Klauseltexten betroffen ist - nur zurückhaltend zu gebrauchen. Auch wenn er von der Rechtsprechung geprägt und offen verwendet worden ist, gilt er, mangels näherer Erläuterung, in einem Formularvertrag als intransparent i.S.d. § 307 I 2 BGB; kritisch *Kappus* NJW 2006, 15 ff. Die vorliegende Untersuchung verwendet den Begriff pragmatisch, als prägnantes Schlagwort einer vieldiskutierten Thematik, vgl. nur Staudinger/*Coester*, § 307 Rn. 275 f.; Graf v. Westphalen/*Graf v. Westphalen*, Vertragsrecht und AGB-Klauselwerke, Vertragsrecht, Kap. 10 Rn. 36 ff.; *Arnold* ZGS 2004, 16, 17; *Tettinger* AcP 205 (2005), 1, 13 ff.; *Kappus* NJW 2006, 15 ff.; *Kötz* NJW 1984, 2447. Eine Formulierungsempfehlung entspringt der Wortwahl daher nicht.

verfolgt[1143], ist im folgenden noch zu klären, ob die Tauglichkeit eine solche Kardinalpflicht darstellt und die Haftung daher insgesamt nicht begrenzt werden kann.

IV. Tauglichkeit als Kardinalpflicht

Stellte die Tauglichkeit des Lizenzgegenstandes eine Kardinalpflicht des Lizenzgebers dar, „deren Erfüllung die ordnungsgemäße Durchführung des Vertrages überhaupt erst ermöglicht und auf deren Einhaltung der Vertragspartner regelmäßig vertrauen"[1144] dürfte, so wäre jede Haftungseinschränkung eine unangemessene Benachteiligung i.S.d. § 307 II Nr. 2 BGB. Welche Rechte und Pflichten wiederum in der beschriebenen Weise vertragswesentlich sind, bestimmt sich maßgeblich nach der Vertragsart und den objektiven, schützenswerten Erwartungen der Vertragspartner. Bei geregelten bzw. typisierbaren Vertragstypen stellen die im Synallagma stehenden Hauptleistungspflichten regelmäßig wesentliche Rechte und Pflichten dar.[1145] Nebenpflichten werden nur dann in diesen Kreis mitaufgenommen, wenn sie für den Schutz des Vertragspartners von grundlegender Bedeutung sind.[1146] Fehlte hingegen ein gesetzliches Leitbild müsste mit Hilfe einer objektivierenden und generalisierenden Betrachtung festgelegt werden, welche Leistungen die Vertragspartner typischer- und gerechtfertigter Weise erwarten durften.

Die im Gegenseitigkeitsverhältnis stehenden Hauptleistungspflichten des Lizenzvertrages sind die Nutzungsermöglichung durch den Lizenzgeber einerseits[1147], sowie die Zahlung der Lizenzgebühren andererseits.[1148] In ihrer Eigenschaft als Hauptleistungspflichten stellen diese Austauschpflichten auch ohne besondere typologische Einordnung des Lizenzvertrages vertragswesentliche

---

1143 BGH NJW-RR 1988, 559, 561; BGH NJW 1991, 2630, 2633; BGH NJW 1993, 335; BGH NJW-RR 1993, 560; BGH NJW 1994, 1060, 1061; BGH NJW-RR 1998, 1426, 1427; BGH NJW-RR 2003, 1056, 1059; BGH NJW-RR 2005, 1496, 1505.

1144 BGH NJW-RR 2005, 1496, 1505; Graf v. Westphalen/*Graf v. Westphalen*, Vertragsrecht und AGB-Klauselwerke, Vertragsrecht, Kap. 10 Rn. 24.

1145 BGH NJW 2002, 673, 675; BGH NJW 2005, 1774; BeckOK BGB Bamberger/Roth/*Schmidt*, § 307 Rn. 64; Palandt/*Grüneberg*, § 307 Rn. 33; Staudinger/*Coester*, § 307 Rn. 273; Ulmer/Brandner/Hensen/*Fuchs*, AGB-Recht, § 307 Rn. 274; Wolf/Lindacher/Pfeiffer/*Wolf*, AGB-Recht, § 307 Rn. 142; *Arnold* ZGS 2004, 16, 17; *Tettinger* AcP 205 (2005), 1, 13.

1146 BGH NJW 1985, 914, 916; BGH NJW 1988, 1785, 1786; Palandt/*Grüneberg*, § 307 Rn. 35; *Arnold* ZGS 2004, 16, 17.

1147 Vgl. oben Viertes Kapitel. C. II. 1.

1148 Vgl. oben Viertes Kapitel. C. III. 1.

Pflichten i.S.d. § 307 II Nr. 2 BGB dar.[1149] Aber auch im Lichte der pachtvertraglichen Einordnung des Lizenzvertrages wird diese Einordnung unterstützt. Als vertragswesentliche Hauptpflicht obliegt es dem Verpächter, die Pachtsache in einem Zustand zu überlassen, der den vertragsmäßigen Gebrauch der Pachtsache erlaubt (vgl. § 581 I 1 BGB).[1150] Beeinträchtigt wird die Nutzungsmöglichkeit bzw. der vertragsmäßige Gebrauch aber, wenn die Tauglichkeit des lizenzierten Gegenstandes eingeschränkt oder gar nicht gegeben ist.[1151] Die Gewährleistung der Tauglichkeit ist somit eine vertragswesentliche Pflicht bei der ein Haftungsausschluss regelmäßig nicht möglich ist.[1152]

Gleichzeitig müssen aber auch die Grenzen dieser Beurteilung verdeutlicht werden. Soweit ein bestimmter Verwendungszweck nicht vorgesehen ist, kann sich auch keine vertragswesentliche Pflicht ergeben.[1153] Freilich wird bei der Lizenzierung geistiger Eigentumsrechte selbst ohne ausdrückliche Erwähnung in den meisten Fällen ein bestimmter Verwendungszweck als vereinbart anzusehen sein, entspricht es doch der Natur der Lizenz das betroffene Schutzrecht auf eine konkrete Weise wirtschaftlich zu verwerten. Aber selbst wenn ein bestimmter Verwendungszweck vertraglich bestimmt ist, kann es Fälle geben, in denen die Tauglichkeit zur Erreichung des Vertragszwecks keine vertragswesentliche Pflicht darstellt. Dies gilt zum Beispiel, wenn eine technische Erfindung lizenziert werden soll, die sich noch in der Ausarbeitungsphase befindet und bei der die Erreichung des angestrebten Ziels noch nicht feststeht.[1154] Ist dies beiden

---

1149 BGH NJW 2002, 673, 675; BGH NJW 2005, 1774; BeckOK BGB Bamberger/Roth/*Schmidt*, § 307 Rn. 65; Staudinger/*Coester*, § 307 Rn. 273; *v. Hoyningen-Huene,* Die Inhaltskontrolle nach § 9 AGBG, Rn. 228.

1150 BeckOK BGB Bamberger/Roth/*Wagner*, § 581 Rn. 19; Staudinger/*Sonnenschein/Veit*, § 581 Rn. 293; Graf v. Westphalen/*Drettmann*, Vertragsrecht und AGB-Klauselwerke, Klauselwerke, Geschäftsraummiete Rn. 38; Schmidt-Futterer/*Eisenschmid,* Mietrecht, § 535 Rn. 15 f.

1151 Vgl. BGH GRUR 1955, 338, 340; BGH GRUR 1965, 298, 301; BGH GRUR 1979, 768, 769; Benkard/*Ullmann*, PatG, § 15 Rn. 177; *Nirk* GRUR 1970, 329, 333; *Kraßer/Schmid* GRUR Int 1982, 324, 337.

1152 Zum Pachtvertrag bzw. zur gewerblichen Miete entsprechend MünchKomm-BGB/*Wurmnest*, § 307 Rn. 108 f.; *Fritz* NJW 2002, 3372, 3374; *Joachim* NZM 2003, 387, 390; a.A. OLG Koblenz NZM 2000, 622 (Ablehnung einer Vertragszweckgefährdung im Einzelfall).

1153 Vgl. dazu *Hilty,* Lizenzvertragsrecht, S. 711.

1154 In diesen Fällen empfiehlt es sich allein schon der Klarheit wegen festzuhalten, dass die technische Umsetzbarkeit noch nicht feststeht und darüber hinaus klarzustellen von wem und in welchem Rahmen die weiteren Entwicklungen vorangetrieben werden sollen und wer schließlich das Risiko der Nichterreichung der Zielvorgaben zu tragen hat,

Vertragsparteien klar, mag zwar ein bestimmter Zweck der Erfindung im Lizenzvertrag festgehalten sein, die Erreichung des Zwecks ist allerdings Gegenstand einer bewusst in Kauf genommenen Unsicherheit und stellt somit keine vertragswesentliche Pflicht dar. Für die Feststellung einer vertragswesentlichen Pflicht kommt es daher entscheidend auf den Inhalt des Lizenzvertrages und somit auf die Vereinbarungen der Vertragsparteien an. Liefert der Lizenzvertrag keine ausdrücklichen Anhaltspunkte für die Vereinbarung einer bestimmten Zweckerreichung durch das lizenzierte Gut ist nach den allgemeinen Auslegungsgrundsätzen gem. §§ 133, 157 BGB nach dem wirklichen Willen der Vertragsparteien zu forschen.[1155] Dabei kommt es darauf an, wie der Erklärungsempfänger die Erklärung der anderen Seite nach Treu und Glauben mit Rücksicht auf die Verkehrssitte verstehen musste und durfte.[1156] Erkenntniserhellend können unter diesen Umständen vor allem die objektivierten, typischen Interessen und Erwartungshaltungen der Vertragspartner[1157], vorvertragliche Umstände[1158], „vertragsbegleitende" Dokumente[1159] oder aber auch das Verhalten der

---

vgl. *Bartenbach,* Patentlizenz- und Know-how-Vertrag, Rn. 1572; *Henn,* Patent- und Know-how-Lizenzvertrag, Rn. 312.

1155 Zu den Grundlagen der rechtsgeschäftlichen Auslegung vgl. nur *Flume,* Allgemeiner Teil des Bürgerlichen Rechts II, S. 291 ff.; *Larenz/Wolf,* AT BGB, § 28 Rn. 1 ff.

1156 Eingehend zur Vertragsauslegung *Bydlinski,* Juristische Methodenlehre, S. 465 ff.; *Larenz/Canaris,* Methodenlehre der Rechtswissenschaft, S. 167 f.; *Fikentscher*, Methoden des Rechts, S. 368 ff.; speziell zum Lizenzvertrag *Bartenbach,* Patentlizenz- und Know-how-Vertrag, Rn. 474; *Henn,* Patent- und Know-how-Lizenzvertrag, Rn. 240 ff.; *Lüdecke* GRUR 1954, 379, 380 f.

1157 BGH GRUR 1959, 384, 387; BGH NJW 2002, 747, 748; BeckOK BGB Bamberger/Roth/*Wendtland*, § 133 Rn. 25; Staudinger/*Singer/Benedict*, § 133 Rn. 48; *Bartenbach,* Patentlizenz- und Know-how-Vertrag, Rn. 474; Götting/Meyer/Vormbrock/-*Allekotte/Blumenröder*, Gewerblicher Rechtsschutz, § 11 Rn. 27; näher zu den vertragstypischen Interessen der Lizenzvertragsparteien oben Zweites Kapitel.

1158 RG GRUR 1934, 309, 310; BGH GRUR 1959, 384, 387; BGH GRUR 1969, 677, 679; BGH NJW 1987, 2437, 2438; BGH NJW 2003, 2235, 2236; MünchKommBGB/*Busche*, § 133 Rn. 55; *Bartenbach,* Patentlizenz- und Know-how-Vertrag, Rn. 474.

1159 Neben dem Vertragskorpus bilden ebenso die Präambel oder etwa die Anhänge – soweit auf diese ausdrücklich im Vertrag Bezug genommen wird – einen gleichbedeutenden Teil der vertraglichen Übereinkunft. Sie dienen damit als Primäre Erkenntnisquelle des vertraglich Gewollten. Insbesondere zur Bedeutung der Präambel als Grundlage historischer und teleologischer Auslegung vgl. *Bartenbach,* Patentlizenz- und Know-how-Vertrag, Rn. 487 ff.; Pfaff/Osterrieth/*Osterrieth,* Lizenzverträge, Teil B. Rn. 42. Daneben können aber z.B. auch Briefe der Vertragsparteien, insbesondere soweit diese vertragliche Nebenabreden enthalten, auslegungserhebliche Tatsachen wiedergeben, *Lüdecke* GRUR 1954, 379, 383.

Vertragspartner bei der Durchführung des Vertrages sein.[1160] Innerhalb der AGB-Kontrolle muss aber beachtet werden, dass Zweifel bei der Auslegung zu Lasten des Verwenders ausgelegt werden.[1161]

V. Einschränkbarkeit trotz Kardinalpflichtcharakter

Mangels entgegenstehender vertraglicher Vereinbarungen stellt sich also die Tauglichkeit des lizenzierten Schutzrechts dem vertraglich vereinbarten Zweck nachzukommen regelmäßig als vertragswesentliche Pflicht, also als sogenannte Kardinalpflicht dar. Damit ist die Haftung für diese Pflicht zwar grundsätzlich nicht einschränkbar. Möglich wäre eine Einschränkung der Haftung aber dennoch insoweit, als diese den Vertragspartner entgegen der Vermutung des § 307 II Nr. 2 BGB nicht unangemessen benachteiligt.[1162] Zwar ist eine Benachteiligung regelmäßig zu bejahen, sobald eine vertragswesentliche Pflicht eingeschränkt wird. Ausnahmsweise können aber besondere Konstellationen der Beherrschbarkeit[1163] bzw. der Versicherbarkeit[1164] des Vertragsrisikos der Unangemessenheit entgegenstehen.

Die Beherrschbarkeit eines Risikos ist nach der Rechtsprechung dann gegeben, wenn Risiken ausschließlich ihren Ursprung in der Sphäre des betroffenen Vertragsteils haben bzw. wenn auch dem betroffenen Vertragspartner vor Schadenseintritt alle zur Vermeidung notwendigen Informationen und Kontrollmöglichkeiten zur Verfügung stehen.[1165] An den entsprechenden Informationen und Handlungsmöglichkeiten fehlt es dem Lizenznehmer aber in der Regel. In Be-

---

1160 BGH NJW 1988, 2878, 2879; BGH GRUR 1998, 561, 563; BGH NJW-RR 801, 803; BeckOK BGB Bamberger/Roth/*Wendtland*, § 133 Rn. 25; MünchKommBGB/*Busche*, § 133 Rn. 55; *Bartenbach*, Patentlizenz- und Know-how-Vertrag, Rn. 474; Götting/Meyer/Vormbrock/*Allekotte/Blumenröder*, Gewerblicher Rechtsschutz, § 11 Rn. 27.

1161 Siehe bereits obn Fn. 1095.

1162 Staudinger/*Coester*, § 307 Rn. 222 ff.; Ulmer/Brandner/Hensen/*Fuchs*, AGB-Recht, § 307 Rn. 193 ff.; Graf v. Westphalen/*Graf v. Westphalen*, Vertragsrecht und AGB-Klauselwerke, Vertragsrecht, Freizeichnungs- und Haftungsbegrenzungsklauseln Rn. 42.

1163 BGH NJW 1968, 1718, 1719 f.; BGH NJW 1988, 1785, 1786 f.; BGH NJW 1991, 1886, 1888; Graf v. Westphalen/*Graf v. Westphalen*, Vertragsrecht und AGB-Klauselwerke, Vertragsrecht, Freizeichnungs- und Haftungsbegrenzungsklauseln Rn. 42.

1164 BGH NJW 1988, 1785, 1786; BGH NZM 2002, 116, 117; Graf v. Westphalen/*Graf v. Westphalen*, Vertragsrecht und AGB-Klauselwerke, Vertragsrecht, Freizeichnungs- und Haftungsbegrenzungsklauseln Rn. 42.

1165 Vgl. BGH NJW 1991, 1886, 1888; BGH NJW 2005, 422, 424; vgl. auch Ulmer/Brandner/Hensen/*Fuchs*, AGB-Recht, § 307 Rn. 290; Wolf/Lindacher/-Pfeiffer/*Wolf*, AGB-Recht, § 307 Rn. 142 .

zug auf technische Schutzrechte hat der Lizenzgeber und nicht der Lizenznehmer den Einblick in die Entwicklung und Erforschung des Schutzrechts. Der Lizenznehmer kann somit nicht oder nur unzureichend beurteilen, ob das Schutzrecht auch zur Erreichung des vereinbarten Zwecks in vollem Umfang oder zumindest teiweilse tauglich ist. Ebenso verhält es sich auch bei nichttechnischen Schutzrechten. So können z.B. nur die Entwickler einer Software hinreichend beurteilen, ob diese die gewünschte Leistung erbringt und die nötigen Kompatibilitätsanforderungen erfüllt. Eine Beherrschbarkeit des Risikos des Tauglichkeitsmangels durch den Lizenznehmer ergibt sich nach alledem nicht.

Teilweise wird die Versicherbarkeit des Schadens als unterstützendes Argument herangezogen.[1166] Soweit sich der benachteiligte Vertragspartner gegen die betroffenen Schäden üblicherweise versichern kann, kann dies gegen eine gegen § 307 II Nr. 2 BGB verstoßende Einschränkung sprechen.[1167] Problematisch ist, ob die Versicherbarkeit tatsächlich ein tragendes Argument gegen eine Einschränkung vertragswesentlicher Pflichten sein kann.[1168] Aber auch wenn man die Versicherbarkeit als Rechtfertigung für eine Einschränkung anerkennen würde, würde dies voraussetzen, dass die Versicherung gegen das betroffene Risiko zumindest üblich ist.[1169] Dies kann aber im vorliegenden Fall der mangelnden Tauglichkeit eines lizenzierten Gegenstandes ausgeschlossen werden.

Damit lässt sich auch eine Einschränkung der Haftung für die vertragswesentliche Pflicht der Tauglichkeitsgewährleistung nicht begründen. Die Haftung für die Tauglichkeit des lizenzierten Schutzrechts kann zumindest formularmäßig auch nicht vorsätzliches und grob fahrlässiges Verhalten begrenzt werden.[1170]

1166 BGH NZM 2002, 116, 118; *Jendrek* NZM 2003, 697, 698; vgl. aber Ulmer/Brandner/Hensen/*Fuchs*, AGB-Recht, § 307 Rn. 599.

1167 So zumindest für die Wohnraummiete BGH NZM 2002, 116, 117.

1168 Kritisch Ulmer/Brandner/Hensen/*Fuchs*, AGB-Recht, § 307 Rn. 599; unterstützend aber *Jendrek* NZM 2003, 697, 698.

1169 BGH NZM 2002, 116, 118: „…Abschluss eines allgemein angebotenen Versicherungsvertrages…“; *Jendrek* NZM 2003, 697, 698.

1170 Vgl. aber OLG Düsseldorf NJW-RR 1999, 735, 736 sowie OLG Koblenz NZM 2000, 622 wo zur gewerblichen Miete, teilweise ohne näheres Eingehen auf die Problematik der Kardinalpflichten, ein Ausschluss der einfachen Fahrlässigkeit für zulässig erachtet wurde. Diese Entscheidung ist aber (selbst nur im Hinblick auf den B2B-Bereich) nicht verallgemeinerbar, so dass weiterhin von einem strengen Freizeichnungsverbot ausgegangen werden muss, vgl. BGH NJW 1985, 3016, 3018; BGH NJW-RR 1988, 559, 561; BGH NJW 1993, 335; BGH NJW 1994, 1060, 1063; BGH NJW-RR 1996; 783, 788; OLG München NJW-RR 1990, 1358; MünchKommBGB/*Wurmnest*, § 309 Nr. 7 Rn. 37; *Stoffels*, AGB-Recht, Rn. 982; *Fritz* NJW 2002, 3372, 3374.

VI. Haftungserweiterung durch den Lizenznehmer

Gleichermaßen kann eine Klausel, die die Haftung für Tauglichkeitsmängel betrifft, vom Lizenznehmer eingeführt werden. Soll mit dieser Klausel eine verschuldensunabhängige Haftung des Lizenzgebers begründet werden, stellt dies eine Haftungserweiterung dar.[1171] Nach den bisherigen Ausführungen erscheint die Garantiehaftung für die Tauglichkeit des Lizenzgegenstandes auch nicht unangebracht: Handelt es sich bei dieser Pflicht des Lizenzgebers schon um eine vertragswesentliche Pflicht[1172] und kann der Lizenzgeber die „Haftung"[1173] für die Verletzung dieser Pflicht nicht formularmäßig begrenzen[1174], drängen sich – zumindest vordergründig – keine Zweifel für eine entsprechende Garantieübernahme auf.

Dennoch steht dem entgegen, dass die Verschuldensabhängigkeit der gesetzliche Normalfall und somit Leitbild i.S.d. § 307 I Nr. 1 BGB ist.[1175] Eine verschuldensunabhängige Haftung kann daher nur ausnahmsweise als angemessen angesehen werden. Wie oben bereits eingehend dargestellt[1176], kann eine solche Ausnahme dann begründet sein, wenn der betroffene Mangel in der kontrollierbaren Sphäre des Lizenzgebers begründet ist und gleichzeitig einer Kontrolle durch den Lizenznehmer entzogen ist. Eine derartige Sachlage wurde bereits für den Mangel in Form einer Belastung des Schutzrechts mit Nießbrauchs- oder Pfandrechten begründet.[1177] Für die Tauglichkeit des Schutzrechts kann sich damit nichts Abweichendes ergeben. Der Lizenzgeber weiß grundsätzlich am besten, ob das Schutzrecht die vorgesehene Tauglichkeit besitzt und sich für den vereinbarten Zweck eignet.[1178] Eine vergleichbare Möglichkeit der Einsicht und Überprüfung hat der Lizenznehmer in der Regel nicht. Die Begründung einer verschuldensunabhängigen Haftung für die Tauglichkeit des Lizenzgegenstandes

---

1171 Näher dazu oben Elftes Kapitel B. III.

1172 Vgl. oben Elftes Kapitel C. III.

1173 Zur Zweideutigkeit des Begriffes der Haftung vgl. oben Elftes Kapitel C. II.

1174 Vgl. oben Elftes Kapitel C. IV.

1175 BGH NJW 1991, 1886, 1887; BGH NJW 1991, 2414, 2415; BGH NJW 2006, 47, 49; Wolf/Lindacher/Pfeiffer/*Dammann*, AGB-Recht, Klauseln, Rn. H4; Graf v. Westphalen/*Graf v. Westphalen/Thüsing*, Vertragsrecht und AGB-Klauselwerke, Vertragsrecht, Haftungserweiterungsklauseln Rn. 5.

1176 Elftes Kapitel B. III.

1177 Elftes Kapitel B. III.

1178 BGH GRUR 1955, 338, 340 f.; *Pagenberg/Beier*, Lizenzverträge, Muster 1 Rn. 48 ff.; *Groß*, Der Lizenzvertrag, Rn. 302; Dreier/Schulze/*Schulze*, UrhG, Vor §§ 31 ff. Rn. 31; Loewenheim/*Loewenheim/J.B.Nordemann*, Handbuch des Urheberrechts, § 62 Rn. 7; so auch schon oben Elftes Kapitel C. IV.

durch eine lizenznehmerseitige Klausel ist daher nicht unangemessen i.S.d. § 307 II Nr. 1 BGB

VII. Zusammenfassung

Die Haftung für die Tauglichkeit des lizenzierten Schutzrechts wird in Lizenzverträgen unterschiedlich geregelt. [1179] Die Bandbreite reicht dabei von der Übernahme der Haftung durch den Lizenzgeber bis hin zum vollständigen Haftungsausschluss.[1180]

Eine klare inhaltliche Abgrenzung des Haftungsbegriffes findet allerdings nicht statt. Zwar wird der Begriff der Haftung überwiegend mit dem Schadensersatz in Verbindung gebracht.[1181] Diese Verbindung ist aber nicht zwingend und ergibt sich bei lizenzvertraglichen Formularen auch nicht abschließend aus dem Vertragskontext. Ohne eine genauere, ausdifferenzierte Vertragsgestaltung kann gerade ein genereller Ausschluss der Haftung als Ausschluss der Gewährleistung insgesamt verstanden werden.[1182] Die Unsicherheit über den Umfang des Begriffs hat nicht nur eine Unklarheit über die Rechtsfolgen eines Tauglichkeitsmangels zur Folge. Sie erhöht durch die Möglichkeit der weiten, „kundenfeindlichen" Interpretation auch die Gefahr der Unwirksamkeit der Klausel.[1183]

Um dem entgegen zu wirken ist für die Kautelarpraxis die Formulierung eines sprachlich differenzierenden, in sich geschlossenen Rechtsfolgensystems mit Minderungs-, Kündigungs- und Schadensersatzregelungen anzuregen. Dabei besteht für Minderungs- und Kündigungsvereinbarungen auch auf formularvertraglicher Basis ein erheblicher Gestaltungsspielraum.[1184]

Engere Grenzen sind hingegen dem Ausschluss der Schadensersatzhaftung gesteckt. Neben dem Verbot des Haftungsausschlusses für Vorsatz (§ 276 III BGB) bleibt auch im unternehmerischen Geschäftsverkehr zu beachten, dass der formularvertragliche Ausschluss der Haftung für grobes Verschulden aufgrund der Indizwirkung des § 309 Nr. 7 BGB gegen § 307 BGB verstößt.[1185] Dem darüber hinaus verbleibenden Bereich der einfachen Fahrlässigkeit steht ein Ausschlussverbot unter dem Gesichtspunkt der Einschränkung vertragswesentlicher Pflichten gem. § 307 II Nr. 2 BGB entgegen.[1186] Die Tauglichkeit des Schutzgegenstandes stellt regelmäßig eine sog. Kardinalpflicht dar, de-

---

[1179] Vgl. oben Elftes Kapitel C. I.
[1180] Vgl. oben Elftes Kapitel C. I.
[1181] Vgl. oben Elftes Kapitel C. II.
[1182] Vgl. oben Elftes Kapitel C. II.
[1183] Vgl. oben Elftes Kapitel C. II.
[1184] Vgl. oben Elftes Kapitel C. III.
[1185] Vgl. oben Elftes Kapitel C. III.
[1186] Vgl. oben Elftes Kapitel C. IV.

ren Gewährleistung nach höchstrichterlicher Rechtsprechung auch nicht auf die Fälle des Vorsatzes und des groben Verschuldens begrenzt werden kann.[1187] Eine begründete Ausnahme hiervon ist nicht ersichtlich.[1188] Damit kommt der Vertragsgestaltung erhebliche Bedeutung zu: Soll die Haftung für derartige Mängel begrenzt werden, muss z.B. aus dem Vertrag deutlich hervorgehen, dass sich das Schutzrecht noch in der Ausarbeitungsphase befindet und die Erreichung eines angestrebten Ziels noch nicht feststeht, um die Tauglichkeit dem Kreis der vertragswesentlichen Pflichten zu entheben.[1189]

Wird eine Klausel, die ein verschuldensunabhängiges Einstehen des Lizenzgebers vorsieht vom Lizenznehmer gestellt, stellt dies eine Haftungserweiterung dar.[1190] Die Garantiehaftung weicht zwar vom gesetzlichen Leitbild der verschuldensabhängigen Haftung ab, ist aber nach dem Grundsatz der Sphärenverantwortlichkeit nicht als unangemessen i.S.d. § 307 II Nr. 1 BGB anzusehen.[1191]

D. Haftung für Rechtsmängel

I. Klauseln zur formularmäßigen Beschränkung von Rechtsmängeln

Nach den gängigen lizenzvertraglichen Klauseln sichert der Lizenzgeber bezüglich des Rechtsbestands zu, dass er „Inhaber" des Schutzrechtes ist,[1192] bzw. dass er „berechtigt ist, über die Vertragsschutzrechte zu verfügen".[1193] In Bezug auf Rechtsmängel erklärt der Lizenzgeber regelmäßig, dass ihm keine der Lizenzierung entgegenstehenden Rechte Dritter sowie anderweitige Rechtsmängel des Vertragsschutzrechts selbst bekannt sind.[1194] Über die Zusicherung der mangeln-

---

1187 Vgl. oben Elftes Kapitel C. IV.

1188 Vgl. oben Elftes Kapitel C. V.

1189 Vgl. oben Elftes Kapitel C. IV.

1190 Vgl. oben Elftes Kapitel C. VI; näher dazu auch schon oben Elftes Kapitel B. III.

1191 Vgl. oben Elftes Kapitel C. VI.

1192 Beck'sches Formularbuch Zivil-, Wirtschafts- und Unternehmensrecht/*Koch*, Kap. Q. III. 1., Patent- und Know How-Lizenzvertrag.

1193 BeckOF/*Jahn*, Kap. 12.2.1, alleinige Lizenz; BeckOF/*Jahn*, Kap. 12.2.2, ausschließlicher Lizenzvertrag; BeckOF/*Jahn*, Kap. 12.2.3, nicht ausschließlicher Lizenzvertrag; Pfaff/Osterrieth/*Osterrieth*, Lizenzverträge, Teil B. I., § 13 Abs. 1 (ausschließlicher Lizenzvertrag); ganz ähnlich Fezer/*Fammler*, Handbuch der Markenpraxis, Bd. II Rn. 67, ausschließliche Markenlizenz.

1194 *Bartenbach*, Patentlizenz- und Know-how-Vertrag, Rn. 3405 f.; Beck'sches Formularbuch Zivil-, Wirtschafts- und Unternehmensrecht/*Koch*, Kap. Q. III. 1., Patent- und Know How-Lizenzvertrag; BeckOF/*Jahn*, Kap. 12.2.1, alleinige Lizenz; BeckOF/-*Jahn*, Kap. 12.2.2, ausschließlicher Lizenzvertrag; BeckOF/*Jahn*, Kap. 12.2.3, nicht ausschließlicher Lizenzvertrag; Fezer/*Fammler*, Handbuch der Markenpraxis, Bd. II

den positiven Kenntnis von einem Rechtsmangel hinaus wird jegliche Haftung für Rechtsmängel ausgeschlossen.[1195] Entgegengesetzte Regelungen finden sich hingegen im Urheberrecht. Über die Zusicherung der Inhaberschaft hinaus „garantiert" der Lizenzgeber, dass die lizenzierten Rechte frei von Rechten Dritter sind und sichert zu, den Lizenznehmer von Ansprüchen Dritter wegen Urheberrechtsverletzung freizustellen.[1196] Im Falle von auftretenden Ansprüchen Dritter soll der Lizenznehmer selbst gegen den Dritten vorgehen können.[1197] Der Lizenzgeber soll daraufhin Ersatz der durch die Rechtsverteidigung entstehenden Kosten leisten.[1198]

Teilweise greifen für die Fälle der beschränkten rechtlichen Tauglichkeit weitere Vertragsmechanismen. Im Falle der Beeinträchtigung der Verwertung durch Vorbenutzungsrechte kann zumindest bei einer spürbaren Beeinträchtigung[1199] die Höhe der Lizenzgebühr von den Vertragsparteien neu festgelegt werden.[1200] Ist das lizenzierte Schutzrecht von einem älteren Schutzrecht abhängig, kann es also nicht ohne gleichzeitige Benutzung des älteren Schuzrechts verwertet werden, verpflichtet sich der Lizenzgeber teilweise dazu, sich um den

---

Rn. 67, ausschließliche Markenlizenz; *Pagenberg/Beier,* Lizenzverträge, Muster 1 (Vertragstext) § 11 I; *Plassmeier/Steden*, Lizenzverträge in der Praxis, § 5 (Standard-Lizenzvertrag) Art. 3 I.

1195 *Bartenbach,* Patentlizenz- und Know-how-Vertrag, Rn. 3405 f.; Beck'sches Formularbuch Zivil-, Wirtschafts- und Unternehmensrecht/*Koch,* Kap. Q. III. 1., Patent- und Know How-Lizenzvertrag; BeckOF/*Jahn,* Kap. 12.2.1, alleinige Lizenz; BeckOF/-*Jahn,* Kap. 12.2.2, ausschließlicher Lizenzvertrag; BeckOF/*Jahn,* Kap. 12.2.3, nicht ausschließlicher Lizenzvertrag; Fezer/*Fammler,* Handbuch der Markenpraxis, Bd. II Rn. 67, ausschließliche Markenlizenz; *Pagenberg/Beier,* Lizenzverträge, Muster 1 (Vertragstext) § 11 I.

1196 BeckOF/*Rücker/Thalhofer,* Kap. 9.2.4, Content-Lizenzvertrag; BeckOF/*Kreile/Vollrath,* Kap. 21.2.1, Musikverlagsvertrag.

1197 BeckOF/*Rücker/Thalhofer,* Kap. 9.2.4, Content-Lizenzvertrag; BeckOF/*Kreile/Vollrath,* Kap. 21.2.1, Musikverlagsvertrag.

1198 BeckOF/*Rücker/Thalhofer,* Kap. 9.2.4, Content-Lizenzvertrag; BeckOF/*Kreile/Vollrath,* Kap. 21.2.1, Musikverlagsvertrag.

1199 *Osterrieth* nimmt dies bei einem Rückgang des Marktanteils der Vertragsprodukte in dem Vertragsgebiet aufgrund der Ausübung des Vorbenutzungsrechts von mehr als 20% an, Pfaff/Osterrieth/*Osterrieth,* Lizenzverträge, Teil B. I., § 5 Abs. 5 S. 1 (ausschließlicher Lizenzvertrag).

1200 *Pagenberg/Beier,* Lizenzverträge, Muster 1 (Vertragstext) § 27 III; Pfaff/Osterrieth/-*Osterrieth,* Lizenzverträge, Teil B. I., § 5 Abs. 5 S. 2 (ausschließlicher Lizenzvertrag). Dort soll gleichwohl die Reduzierung der Lizenzgebühr wegen Beeinträchtigung oder wegen Wegfalls eines Patents keine Notwendigkeit sein, soweit im Falle der Lizenzierung mehrerer Schutzrechte mindestens ein wesentliches Patent weiterbesteht, Pfaff/-Osterrieth/*Osterrieth,* Lizenzverträge, Teil B. I. Rn. 108.

Erwerb einer entsprechenden Lizenz an dem Abhängigkeitsrecht zu bemühen.[1201] Scheitern die Anstrengungen des Lizenzgebers hingegen, entfällt die Pflicht zur Zahlung der Lizenzgebühren und der Lizenznehmer erhält darüber hinaus das Recht zur außerordentlichen Kündigung.[1202] Wo dies möglich und sinnvoll erscheint wird ein Kündigungsrecht erst nach erfolglosem Nachbesserungsversuch gewährt.[1203] Für den Fall des Wegfalls des Schutzrechts endet der Lizenzvertrag entweder ohne weiteres Zutun[1204] bzw. wird dem Lizenznehmer ein außerordentliches Kündigungsrecht gewährt.[1205]

Die konträre Verteilung des Haftungsrisikos verschiedener Lizenzverträge gibt besonderen Anlass einer Kontrolle ihrer AGB-rechtlichen Zulässigkeit. Nachdem Lizenzverträge unabhängig vom zugrundeliegenden Schutzrecht dasselbe Grundverhältnis gemein haben[1206] und somit auch das Vergleichsraster den Angemessenheitsbeurteilung übereinstimmt[1207], könnten derart entfernte Positionen nur aufgrund berechtigter, entgegengesetzter Interessen einer Inhaltskontrolle standhalten. Der Beurteilung ist aber zunächst eine Vergegenwärtigung des Begriffs und der Tragweite der Haftungsbeschränkungen zugrunde zu legen.

II. Inhalt und Reichweite der Klauseln

Die rechtsmangelbezogenen Klauseln von Lizenzverträgen werden faktisch in zwei Blöcke unterteilt. Zum einen wird der gegenwärtige Bestand des Schutzrechts zugesichert. Zum anderen wird die Haftung für den zukünftigen Bestand des Schutzrechts, zumindest auf dem Gebiet des gewerblichen Schutzrechts, ausgeschlossen.

Durch die Zusicherung der Inhaberschaft und des gegenwärtigen Bestandes des Schutzrechts gibt der Lizenzgeber zu verstehen, dass er tatsächlich über das in Rede stehende Schutzrecht in dem vertraglich vereinbarten Umfang verfügen

---

1201 *Bartenbach,* Patentlizenz- und Know-how-Vertrag, Rn. 3401.

1202 *Bartenbach,* Patentlizenz- und Know-how-Vertrag, Rn. 3401.

1203 Beck'sches Formularbuch Zivil-, Wirtschafts- und Unternehmensrecht/*Meents,* Kap. P. 1., Softwarelizenzvertrag; Pfaff/Osterrieth/*Harte-Bavendamm,* Lizenzverträge, Teil B. IX., Markenlizenzvertrag.

1204 BeckOF/*Redeker,* Kap. 14.2, Markenlizenzvertrag, § 5 Abs. 2.

1205 Im Falle der Patentlizenzierung wird vielfach ein Bündel an Patentschutzrechten lizenziert. Das Recht zur außerordentlichen Kündigung soll sich dabei erst dann ergeben, wenn das zentrale bzw. das letzte wesentliche Schutzrecht wegfällt, *Bartenbach,* Patentlizenz- und Know-how-Vertrag, Rn. 3402; Pfaff/Osterrieth/*Osterrieth,* Lizenzverträge, Teil B. I., § 18 Abs. 2 (ausschließlicher Lizenzvertrag).

1206 Dazu insbesondere oben Erstes Kapitel B. und Zweites Kapitel.

1207 Vgl. dazu oben Viertes Kapitel und Fünftes Kapitel.

kann.[1208] Er schließt damit aus, dass seiner Primärpflicht, der Genussverschaffung, etwas Grundsätzliches im Wege steht. Ein denkbares Hindernis wäre das gegenwärtige Fehlen eines absoluten Schutzrechts, etwa mangels technischer Reife oder mangels entsprechender Schöpfungshöhe des Schutzrechts.[1209] Für ausschließliche Lizenzen kommt hinzu, dass bereits erteilte Lizenzen der Ausschließlichkeit entgegenstehen können und der Lizenzgeber die vertraglich vereinbarte exklusive Position nicht verschaffen kann.[1210] Der gegenwärtige Bestand des Schutzrechts wird nach dem Wortlaut lizenzvertraglicher Formulare garantiert. Derartige Zusicherungen sind bereits oben betrachtet worden.[1211] Hierbei handelt es sich um *echte* Zusicherungen, durch die der Lizenzgeber zu verstehen gibt, dass er verschuldensunabhängig für den gegenwärtigen Bestand des Schutzrechts und seine Inhaberschaft einstehen will.[1212] Eine solche Garantie des Lizenzgebers kann von beiden Vertragsparteien vorformuliert eingebracht werden und ist insoweit AGB-rechtlich unbedenklich.[1213]

Die Anwendungsfälle der Rechtsmängelhaftung, auf die regelmäßig im Anschluss an die erwähnte Garantie Bezug genommen wird, betreffen hingegen den zukünftigen Bestand des Schutzrechts. Sie beziehen sich sowohl auf den vollständigen oder teilweisen Wegfall des Schutzrechts als auch auf entgegenstehende Rechte Dritter.[1214] Grund für einen zumindest teilweisen Wegfall des Schutzrechts können Löschungsanträge[1215] oder Nichtigkeitsklagen[1216] sein. Als mögliche negative Dritteinflüsse kommen Abhängigkeiten oder Vorbenutzungsrechte in Betracht. Für diese Fälle soll durch verschiedene Formulierungen die Haftung des Lizenzgebers ausgeschlossen werden. Wie bereits bei den Tauglichkeitsmängeln stellt sich aber zunächst die Frage nach dem Umfang des Begriffs der *Haftung*.[1217] Es wurde gezeigt, dass der Begriff durchaus unscharf ist und sowohl auf die Gewährleistung insgesamt bezogen wird, als auch lediglich auf den Schadensersatz als einen Teil der Gewährleistungsrechte. Im Kontext

1208 Zur Auslegung und zum Umfang entsprechender Formulierungen eingehend oben Elftes Kapitel B. I.

1209 Vgl. die zusammenfassende Darstellung möglicher Rechtsmängel im Lichte des lizenzvertraglichen Gewährleistungsrechts bei *Hilty*, Lizenzvertragsrecht, S. 608 f.; *Kraßer/Schmid* GRUR Int 1982, 324, 337 f.

1210 Zu Umfang und Wirkung der ausschließlichen Lizenz siehe oben Erstes Kapitel B. II. 5.

1211 Vgl. oben Elftes Kapitel B.

1212 Vgl. oben Elftes Kapitel B. I.

1213 Vgl. oben Elftes Kapitel B. II.; Elftes Kapitel B. III.

1214 Zu Rechtsmängeln insbesondere oben Viertes Kapitel D. IV.

1215 Vgl. §§ 53 ff. MarkenG, 16 f. GebrMG, 18 SortSchG.

1216 Vgl. §§ 81 ff. PatG, 33 ff. GeschmMG, 13 HalblSchG.

1217 Vgl oben Elftes Kapitel C. II.

der Haftungsbegrenzungen bei (zukünftigen) Rechtsmängeln dürfte sich das Verständnis des Begriffes aber durchaus auf die Gewährleistung als Ganzes festlegen lassen.[1218] Der Ausschluss der Haftung bedeutet damit einen Ausschluss der Gewährleistungsrechte insgesamt. Diese Lesart ergibt sich aus mehreren Zusammenhängen. Zunächst wird bei den Rechtsmängeln ebenso wie bei den Tauglichkeitsklauseln lediglich der Begriff der Haftung benutzt, ohne weitere, zumindest sprachliche Differenzierung zu anderen Gewährleistungsrechten. Weitere Rechte des Lizenznehmers bei Rechtsmängeln werden in Lizenzvertragsformularen nur stellenweise angeboten[1219] und nicht regelmäßig im Zusammenhang eines in sich konsistenten Gewährleistungssystems.

Eine so geartete, generelle Verwendung der „Haftung" spricht schon für sich, nicht zuletzt im Wege der kundenfeindlichsten Interpretation von AGB-Klauseln[1220] für ein weites Verständnis des Haftungsbegriffes. Überdies sprechen aber Formularkommentare in der Erläuterung entsprechender Klauseln unzweideutig vom „Gewährleistungsausschluss" der durch diese Klauseln ausdrücklich fixiert werden soll.[1221] Dabei wird auch auf Rechtsprechung[1222] verwiesen, die im Falle des Rechtsmangels nicht die Frage des Schadensersatzes, sondern die der Herabsetzung der Lizenzgebühren zum Gegenstand hatte.

Darüber hinaus finden sich neben den Regelungen zur Rechtsmängel*haftung* in einigen Lizenzvertragsformularen weitere Bestimmungen über die Herabsetzung der Höhe der Lizenzgebühr und Kündigungsrechte als Folge rechtsmangelbedingter Einschränkungen.[1223] Damit erfolgt de facto eine sprachliche Differenzierung der Haftung von einer Gewährleistung im Übrigen. Nach objektiver

---

1218 Dies gibt gleichzeitig eine Interpretationshilfe zum Begriff der Haftung in Verbindung mit Tauglichkeitsmängeln. Der Begriff müsste sich dann in Betrachtung des gesamten Vertragskontexts als Gewährleistungshaftung interpretieren lassen. Ein Generalausschluss der Haftung für Tauglichkeitsmänel wäre dann erst recht unangemessen, vgl. oben Elftes Kapitel C. III. ff.

1219 *Bartenbach,* Patentlizenz- und Know-how-Vertrag, Rn. 3401; *Pagenberg/Beier,* Lizenzverträge, Muster 1 (Vertragstext) §§ 26, 28 II; Pfaff/Osterrieth/*Osterrieth,* Lizenzverträge, Teil B. I., § 5 Abs. 5 S. 2 (ausschließlicher Lizenzvertrag).

1220 Vgl. zur selben Problematik schon im Rahmen von Klauseln zur Beschränkung der Haftung für Tauglichkeitsmängel oben Elftes Kapitel C. II.

1221 Pfaff/Osterrieth/*Osterrieth,* Lizenzverträge, Teil B. Rn. 178 ff.

1222 RG GRUR 1935, 306, 308; BGH GRUR 1957, 595, 596 f.; BGH GRUR 1983, 237, 238 f.

1223 Vgl. *Bartenbach,* Patentlizenz- und Know-how-Vertrag, Rn. 3401; *Pagenberg/Beier,* Lizenzverträge, S. 52 ff.; Pfaff/Osterrieth/*Osterrieth,* Lizenzverträge, Teil B. I., § 5 Abs. 5 S. 2 (ausschließlicher Lizenzvertrag).

Auslegung[1224] kann in diesen Fällen unter „Haftung" nicht die Gewährleistung insgesamt verstanden werden. Gleichwohl werden in zahlreichen Formularen[1225] keine weiteren rechtsmangelbezogenen Ansprüche explizit erwähnt.[1226] Damit verbleibt auch bei rechtsmangelbezogenen Klauseln eine erhebliche Unsicherheit hinsichtlich der exakten Tragweite des Haftungsbegriffes.[1227] Wie schon bei den Formulierungen zur Haftung bei Tauglichkeitsmängeln ist daher zu empfehlen, Zweifel durch eine klare Formulierung und Abgrenzung zu beseitigen und damit auch zum Bestand der Klauseln im Rahmen der Inhaltskontrolle beizutragen.[1228]

III. Vorgaben des dispositiven Rechts

Ebenso wie die als Tauglichkeit bezeichnete, gewissermaßen *technische* Funktionsfähigkeit Voraussetzung für die Nutzung des geistigen Schutzrechts ist[1229], kann auch ohne die rechtliche Mangelfreiheit das Schutzrecht nicht im vereinbarten Rahmen genutzt werden. Haftet dem lizenzierten Schutzrecht ein Rechtsmangel an, ist die Hauptleistungspflicht[1230] des Lizenzgebers verletzt. Gem. §§ 581, 536 ff. BGB gibt dies dem Lizenznehmer die Möglichkeit die Lizenzgebühr zu mindern, den Lizenzvertrag zu kündigen sowie Schadensersatz zu verlangen.[1231] Das Gesetz differenziert in der Rechtsfolge insofern nicht zwischen Sach- und Rechtsmängeln.

1224 Dazu schon im Rahmen der Tauglichkeitshaftung mit entsprechenden Nachweisen, Elftes Kapitel C. II.

1225 BeckOF/*Jahn,* Kap. 12.2.1, alleiniger Lizenzvertrag; BeckOF/*Jahn,* Kap. 12.2.2, ausschließlicher Lizenzvertrag; BeckOF/*Jahn,* Kap. 12.2.3, nicht-ausschließlicher Lizenzvertrag; Fezer/*Fammler,* Handbuch der Markenpraxis, Bd. II Rn. 67, ausschließliche Markenlizenz.

1226 Dies schließt freilich nicht aus, dass Rechtsmängel gleichwohl unter den *wichtigen Grund* subsumiert werden können und daher auch im Rahmen dieser Verträge zur außerordentlichen Kündigung berechtigen.

1227 Zur Unschärfe des Haftungsbegriffes bei Klauseln, die die Haftung für Tauglichkeitsmängel betreffen oben Elftes Kapitel C. II.

1228 Vgl. *Ann/Barona,* Schuldrechtsmodernisierung und gewerblicher Rechtsschutz, Rn. 131; *Groß*, Der Lizenzvertrag, Rn. 330.

1229 Vgl. BGH GRUR 1955, 338, 340; BGH GRUR 1979, 768, 769 ff.; Benkard/*Ullmann,* PatG, § 15 Rn. 176; Busse/*Keukenschrijver,* PatG, § 15 Rn. 109; *Mes,* PatG GebrMG, § 1 Rn. 58 ff.; *Pietzcker,* PatG GebrMG, § 6 Anm. 12; *Bartenbach,* Patentlizenz- und Know-how-Vertrag, Rn. 1570 ff.; *Henn,* Patent- und Know-how-Lizenzvertrag, Rn. 310 ff.

1230 Zur vertraglichen Hauptleistungspflicht des Lizenzgeber oben Viertes Kapitel C. II. 1.

1231 Vgl. oben Elftes Kapitel A. I.

Soweit Klauseln, die die Haftung für Rechtsmängel bis auf den Vorsatz ausschließen[1232], so verstanden werden können, dass sämtliche Gewährleistungsansprüche betroffen sein sollen[1233], würde dies die genannten Rechtsfolgen insgesamt ausschließen. Ein derartiger Generalausschluss verstößt aber gegen § 307 II Nr. 1 BGB.[1234] Insofern muss der Lizenzgeber als Steller der *haftungs*beschränkenden Klauseln den unterschiedlichen Rechtsfolgen eines Rechtsmangels sowohl sprachlich als auch sachlich explizit Rechnung tragen, um die offensichtliche Unwirksamkeit der Klausel zu vermeiden. Entsprechende Gestaltungsmöglichkeiten stehen dem Lizenzgeber grundsätzlich in den Bereichen der Minderung der Lizenzgebühren und der Kündigung des Lizenzvertrages zur Verfügung.

IV. Einschränkung der Minderung

Zwar kann die Minderung der Lizenzgebühr auch im B2B-Bereich formularmäßig nicht vollständig ausgeschlossen werden,[1235] spürbare Einschränkungen sind aber vor allem durch sog. Abkopplungsklauseln möglich.[1236] Darüber hinaus ist aber eine Einschränkung nur in engen Grenzen möglich.[1237]

Kritisch zu sehen ist beispielsweise eine Vereinbarung, dass die Lizenzgebühr erst ab einem Rückgang des Marktanteils um 20% aufgrund der Ausübung eines Vorbenutzungsrechts gemindert werden kann.[1238] Die dispositivrechtlichen Vorgaben des Pachtrechts sehen insoweit nur einen Ausschluss der Herabsetzung des Entgelts bei nur unerheblicher Minderung der Tauglichkeit vor (§§ 581 II, 536 III, I 3 BGB). Die Beurteilung der Unerheblichkeit wiederum wird von der Frage geleitet, ob der Mangel nicht spürbar ins Gewicht fällt,

---

1232 Vgl. oben Elftes Kapitel D. I.

1233 Vgl. oben Elftes Kapitel D. II.

1234 Vgl. BGH NJW 1992; 2628; BGH NJW-RR 1993, 519, 520; BGH NJW 2008, 2497; BGH NJW 2008, 2254, 2255; Blank/Börstinghaus/*Blank*, Miete, § 536 Rn. 117, § 536a Rn. 36 ff.; Schmidt-Futterer/*Eisenschmidt,* Mietrecht, § 536 Rn. 426; MünchKommBGB/*Häublein*, § 536 Rn. 34; Staudinger/*Emmerich*, § 536 Rn. 73; nach BGH NJW 1977, 195, 196 verstößt ein derartiger Generalausschluss sogar gegen § 305c BGB und wird daher schon gar nicht Vertragsbestandteil.

1235 Vgl. oben Elftes Kapitel A. I. 1.

1236 Näher dazu Elftes Kapitel A. I. 1.

1237 Die Einschränkungsmöglichkeiten beziehen sich hauptsächlich auf die Verlagerungen bei der Geltendmachung der Minderung, nicht hingegen auf eine materielle Reduktion oder gar einen Ausschluss, vgl. BGH NJW-RR 1993, 914; BGH NJW 2008, 2497; Blank/Börstinghaus/*Blank*, Miete, § 536 Rn. 117; MünchKommBGB/*Häublein*, § 536 Rn. 34; Staudinger/*Emmerich*, § 536 Rn. 73; *Bieber* NZM 2006, 683 ff.

1238 Pfaff/Osterrieth/*Osterrieth,* Lizenzverträge, Teil B. I., § 5 Abs. 5 S. 1 (ausschließlicher Lizenzvertrag).

leicht erkennbar ist und mit geringen Kosten beseitigt werden kann.[1239] Ein Rückgang des Marktanteils um 20%, der sich auf einen Rechtsmangel zurückführen lässt, dürfte die nach diesen Kriterien gesetzte, niedrige Hürde der Erheblichkeit spürbar überschreiten. Eine Anhebung der Erheblichkeitsschwelle durch eine entsprechende Formularklausel dürfte AGB-rechtlich aber nicht zulässig sein. Hier sind keine weitreichenden Modifikationen anerkannt. Vielmehr spielen hier Überlegungen der Wahrung des Äquivalenzverhältnisses, also der Wahrung des Gleichgewichts zwischen Leistung und Gegenleistung die tragende Rolle.[1240] Ein formularvertraglicher, gänzlicher Ausschluss der Minderung für einzelne Mängel ist ebensowenig möglich wie eine Beschränkung der Minderung der Höhe nach.[1241] Eine Festlegung der Erheblichkeitsschwelle auf deutlich über 10% Abweichung aufgrund des Mangels muss daher i.S.d. § 307 II Nr. 1 BGB unwirksam sein.[1242]

Etwas anderes kann dann gelten, wenn beiden Parteien klar sein muss, dass aufgrund komplexer Lizenzgegenstände Überschneidungen auf dem Markt i.S.v. Vorbenutzungsrechten sehr wahrscheinlich sind.[1243] Wird beispielsweise auf industriellem Sektor eine Technologie lizenziert, die eine Vielzahl an einzelnen Patenten beinhaltet, bei denen eine Überschneidung mit Patenten von Konkurrenten, die auf dem gleichen Gebiet tätig sind wahrscheinlich ist, so kann sich

---

[1239] BGH NZM 2004, 776, 777; BGH NJW-RR 2004, 1450; KG NZM 2008, 526, 527 f.; BeckOK BGB Bamberger/Roth/*Ehlert*, § 536 Rn. 30; Staudinger/*Emmerich*, § 536 Rn. 11; typische Beispiele aus dem Mietrecht für nur unerhebliche Mängel sind Abweichungen zwischen angegebener und tatsächlicher Wohnungsgrößen unter 10% sowie nur vorübergehende Heizungsaufälle oder geringfügige Zugangshemnisse ohne nachweisliche Auswirkung auf den Mietgebrauch, vgl. BGH NJW 2004, 767; BGH NJW 2004, 2230; BGH NJW 2009, 664, 665; BGH NJW 2010, 164; BGH NJW 2010, 292; BGH NJW 2010, 1745; vgl. auch Übersicht zu Einzelfällen geringfügiger Mängel bei Schmidt-Futterer/*Eisenschmidt,* Mietrecht, § 536 Rn. 56 .

[1240] Schmidt-Futterer/*Eisenschmidt,* Mietrecht, § 536 Rn. 427; *Bieber* NZM 2006, 683, 688.

[1241] Schmidt-Futterer/*Eisenschmidt,* Mietrecht, § 536 Rn. 427; Ulmer/Brandner/Hensen/*Christensen*, AGB-Recht, Mietverträge Rn. 39.

[1242] Für eine generelle Erheblichkeitsgrenze von maximal 10% Einschränkung der Gebrauchstauglichkeit für die Beurteilung der Erheblichkeit i.S.d. § 536 I 3 BGB Blank/Börstinghaus/*Blank*, Miete, § 536 Rn. 117; vgl. auch *Bieber* NZM 2006, 683, 688.

[1243] Schmidt-Futterer/*Eisenschmidt,* Mietrecht, § 536 Rn. 427b sieht die Minderung bei der gewerblichen Miete auch nur dann als ausgeschlossen an, wenn der „mangelhafte" Zustand als vertragsgemäß vereinbart worden ist. Ein Minderungsausschluss bei tatsächlichem Vorliegen eines Mangels sei vorwiegend unter dem Gesichtspunkt der überraschenden Klausel, darüber hinaus aber auch aufgrund der Verlagerung des Äquivalenzverhältnisses bedenklich.

dies auch auf die Risikoverteilung und die Erheblichkeitsbeurteilung auswirken. Unter Umständen kann es in diesen Fällen dann schon der (konkludent) vereinbarten Beschaffenheit entsprechen, dass derartige Rechtsmängel existieren.[1244] Außerhalb solcher Vereinbarungen verstoßen formularvertragliche Beschränkungen aber immer dann gegen § 307 II Nr. 1 BGB, wenn das Risiko des auftretenden Mangels nicht einseitig aus der Sphäre des Lizenznehmers entspringen.[1245] Im Falle des Vorbenutzungsrechts ist dem Lizenznehmer zwar bestenfalls bewusst, dass es leicht zu Überschneidungen kommen kann. Das Risiko kann aber nicht einseitig seiner Sphäre zugeordnet werden. Ein Ausschluss der Minderung verstößt insoweit gegen § 307 II Nr. 1 BGB.[1246]

V. Einschränkung der Kündigung

In Bezug auf die Kündigung ist zwar die außerordentliche Kündbarkeit aus wichtigem Grund auch im B2B-Bereich ein unabdinbarer Grundsatz.[1247] Soweit aber z.B. der Rechtsmangel behebbar ist, kann die Kündigung von einem vorherigen Nachbesserungsversuch abhängig gemacht und insofern zeitlich befristet ausgeschlossen werden.[1248] Diesen Fall trifft eine Klausel, die im Falle der Abhängigkeit des lizenzerten Schutzrechts von einem anderen Schutzrecht vorsieht, dass ein Kündigungsrecht des Lizenznehmers erst nach erfolglosem Bemühen des Lizenzgebers um eine Lizenz am Abhängigkeitsrecht besteht.[1249] Der Rechtsmangel, i.e. die Möglichkeit der Blockade der Schutzrechtsverwertung durch einen Dritten, wird bei erfolgreichem Lizenzerwerb durch den Lizenzgeber verhindert und der Lizenznehmer kann das lizenzierte Gut in der vertraglich ursprünglich vorgesehenen Weise verwerten. Die Klausel ist angemessen i.S.d. 307 II Nr. 1 BGB.

1244 Schmidt-Futterer/*Eisenschmidt,* Mietrecht, § 536 Rn. 427b; vgl. dazu auch *Bieber* NZM 2006, 683 f.

1245 BGH NJW-RR 1987, 906; BGH NZM 2005, 863, 864; Schmidt-Futterer/*Eisenschmidt,* Mietrecht, § 536 Rn. 426a.

1246 Dies gilt unbeschadet der in diesem Abschnitt erläuterten Möglichkeit zur Festlegung einer Erheblichkeitsschwelle.

1247 Vgl. oben Elftes Kapitel A. I. 3.

1248 Ulmer/Brandner/Hensen/*Christensen,* AGB-Recht, Mietverträge Rn. 39; Schmidt-Futterer/*Blank,* Mietrecht, § 543 Rn. 214; Graf v. Westphalen/*Drettmann,* Vertragsrecht und AGB-Klauselwerke, Klauselwerke, Geschäftsraummiete Rn. 42.

1249 *Bartenbach,* Patentlizenz- und Know-how-Vertrag, Rn. 3401; Beck'sches Formularbuch Zivil-, Wirtschafts- und Unternehmensrecht/*Meents,* Kap. P. 1., Softwarelizenzvertrag; Pfaff/Osterrieth/*Harte-Bavendamm,* Lizenzverträge, Teil B. IX., Markenlizenzvertrag.

VI. Beschränkung der Schadensersatzansprüche

Schließlich stellt sich auch die Frage nach der Einschränkbarkeit der Schadensersatzhaftung durch AGB. Wie bereits gezeigt worden ist, stellt der verschuldensabhängige Schadensersatz den treffenden Vergleichsmaßstab für die Inhaltskontrolle dar.[1250] Nicht relevant ist insofern, ob eine rechtsmangelbedingte anfängliche Untauglichkeit und ein Schadens- bzw. Aufwendungsersatz gem. § 311a II 1 BGB angenommen wird, oder aber eine Schlechtleistung und ein enstprechender Schadensersatz gem. §§ 280, 281 BGB.[1251] Der Verschuldensmaßstab liegt den genannten Normen gleichermaßen zugrunde.[1252] Aber auch wenn man zumindest hinsichtlich des gegenwärtigen Schutzrechtsbestandes und der Verfügungsbefugnis das strenge pachtrechtliche, verschuldensunabhängige System als Vergleichsmaßstab heranzieht,[1253] gelangt man bezüglich der Inhaltskontrolle zu keinem abweichenden Ergebnis: Nach beiden Systemen kann im unternehmerischen Geschäftsverkehr die Schadensersatzhaftung grundsätzlich bis auf vorsätzliches Handeln formularvertraglich abbedungen werden.[1254] Eine Einschränkung findet die Ausschlussmöglichkeit allerdings in § 309 Nr. 7 BGB[1255] sowie in der ständigen Rechtsprechung des BGH zu den sog. Kardinalpflichten.[1256]

1250 Vgl. oben Viertes Kapitel D. V.

1251 Vgl. *Bartenbach,* Patentlizenz- und Know-how-Vertrag, Rn. 1578; *Groß*, Der Lizenzvertrag, Rn. 306.

1252 MünchKommBGB/*Ernst*, § 311a Rn. 103; vgl auch oben Elftes Kapitel C III.

1253 *Groß,* der Lizenzvertrag Rn. 311; *Kraßer/Schmid* GRUR Int 1982, 324, 338.

1254 So schon oben Elftes Kapitel C. III; Bei Zugrundelegung des verschuldensabhängigen Haftungsregimes ist der formularvertragliche Ausschluss grundsätzlich bis auf Vorsatz (vgl. § 276 III BGB) anerkannt, vgl. MünchKommBGB/*Ernst*, § 280 Rn. 43; Staudinger/*Otto*, § 280 Rn. H3; Für die Schadensersatzregelungen des Pachtrechts gilt dies aufgrund der Atypizität der verschuldensunabhängigen Haftung ebenfalls, vgl. BGH NJW-RR 1991, 74, 75; BGH NJW-RR 1993, 519, 520; BGH NJW 2002, 3232, 3233; BGH NJW 2010, 3152, 3153; OLG Düsseldorf NJW-RR 1999, 735 f.; OLG Koblenz NZM 2000, 622; BeckOK BGB Bamberger/Roth/*Ehlert*, § 536a Rn. 36a; jurisPK-BGB/*Münch*, §536a Rn. 29; MünchKommBGB/*Häublein*, § Vor 536 Rn. 21; Palandt/*Weidenkaff,* § 536a Rn. 7; Staudinger/*Emmerich*, § 536a Rn. 45; Wolf/Lindacher/Pfeiffer/*Hau*, AGB-Recht, Mietverträge, Rn. M38.

1255 Zur Anwendbarkeit auch im unternehmerischen Geschäftsverkehr eingehend bereits oben Elftes Kapitel C. III.; zur Rechtsprechung vgl. nur BGH NJW-RR 2000, 998, 999; BGH NJW 2007, 3774, 3775; LG Hamm NJW-RR 1996, 969; OLG Karlsruhe NJW-RR 2009, 1322; vgl. auch *Tettinger* AcP 205 (2005), 1, 19: „Zumindest wenn der Verkäufer seine Haftung für eigene grobe Fahrlässigkeit ausschließen will, weckt dies ernsthafte Zweifel an seinem Willen und seiner Fähigkeit, sich auch nur mit einem

Nach diesen Grundsätzen darf die Schadensersatzhaftung formularvertraglich nur auf Fälle der einfachen Fahrlässigkeit begrenzt werden (vgl. § 309 Nr. 7 BGB) und selbst dies auch nur soweit es sich bei der betroffenen Pflicht nicht um eine vertragswesentliche Pflicht handelt, deren Ausschluss den Vertragszweck gefährdet.[1257]

1. Rechtsmangelfreiheit als Kardinalpflicht

Soweit die Rechtsmangelfreiheit also eine sogenannte Kardinalpflicht darstellt, ist grundsätzlich jedwede formularvertragliche Haftungseinschränkung unangemessen i.S.d. § 307 II Nr. 2 BGB.

Entscheidend für die Beurteilung des Vorliegens einer vertragswesentlichen Pflicht ist ihre grundlegende Bedeutung für die Vertragsart, mithin ihre Bedeutung hinsichtlich des synallagmatischen Verhältnises sowie des schützenswerten Vertrauens des Vertragspartners.[1258] Hauptpflichten werden daher regelmäßig als vertragswesentliche Pflichten eingeordnet, Nebenpflichten nur insoweit sie die vorgegebenen Maßstäbe erfüllen.[1259]

Wie im Rahmen der generellen Analyse des Lizenzvertrages[1260] sowie im Speziellen auch schon bei der Tauglichkeitshaftung[1261] bereits erörtert wurde, stellt die Nutzungsermöglichung durch den Lizenzgeber gegen Zahlung des vereinbarten Entgelts den Kern des lizenzvertraglichen Leistungsaustausches dar.

Mindestmaß an erforderlicher Sorgfalt um die vertragsgemäße Leistungserbringung zu bemühen.“.

1256 Dazu bereits bei der Haftungsbeschränkung für Tauglichkeitsmängel oben Elftes Kapitel C. III sowie Elftes Kapitel C. IV.; zur neueren Rechtsprechung der Kardinalpflichten im B2B-Bereich vgl. nur BGH NJW-RR 2003, 1056, 1059; BGH NJW-RR 2005, 1496, 1505; ausdrücklich wird an dieser Stelle nochmals darauf verwiesen, dass seit der letztgenannten Entscheidung des BGH der Begriff der Kardinalpflicht nur zurückhaltend zu gebrauchen ist. In der vorliegenden Untersuchung wird er als prägnantes und von der Rechtsprechung selbst (!) geprägtes Schlagwort benutzt, in Formularverträgen hingegen gilt er, mangels näherer Umschreibung, selbst im B2B-Bereich als intransparent; kritisch dazu *Kappus* NJW 2006, 15 ff.

1257 Eingehend bereits zum Tauglichkeitsmangel oben Elftes Kapitel C. III.

1258 Vgl. oben Elftes Kapitel C. IV.

1259 BGH NJW 1985, 914, 916; BGH NJW 1988, 1785, 1786; BGH NJW 2002, 673, 675; BGH NJW 2005, 1774; BeckOK BGB Bamberger/Roth/*Schmidt*, § 307 Rn. 64; Palandt/*Grüneberg,* § 307 Rn. 33 ff.; Staudinger/*Coester*, § 307 Rn. 273; Ulmer/Brandner/Hensen/*Fuchs*, AGB-Recht, § 307 Rn. 274; Wolf/Lindacher/Pfeiffer/*Wolf*, AGB-Recht, § 307 Rn. 142; *Arnold* ZGS 2004, 16, 17; *Tettinger* AcP 205 (2005), 1, 13.

1260 Vgl. oben Erstes Kapitel B. sowie Zweites Kapitel B.

1261 Vgl. oben Elftes Kapitel C. IV.

Ein – im technischen Sinne – tauglicher Gegenstand[1262] ist für das Funktionieren des Leistungsaustausches ebenso Voraussetzung wie ein rechtsmangelfreier Lizenzgegenstand. Ebenso wie die Tauglichkeit stellt daher die Rechtsmangelfreiheit, aufgrund ihrer Eigenschaft als Hauptleistungspflicht[1263], selbst ohne besondere typologische Einordnung des Lizenzvertrages eine vertragswesentliche Pflicht dar.[1264] Pachtrechtlich wird diese Einordnung untermauert. Eine rechtsmangelbehaftete Pachtsache steht dem vertragsgemäßen Gebrauch entgegen.[1265] Das Gesetz trifft insofern keine Unterscheidung zwischen Sach- und Rechtsmängeln,[1266] so dass ebenso wie die Tauglichkeit[1267] auch die Rechtsmangelfreiheit vertragswesentliche Pflicht i.S.d. Pachtrechts ist[1268], deren Haftungsbeschränkung regelmäßig nicht möglich ist.[1269]

2. *Einschränkbarkeit trotz Kardinalpflichtcharakter*

Obwohl die Rechtsmangelfreiheit vertragswesentliche Pflicht ist, kann die Schadensersatzhaftung dafür beschränkt werden, wenn die Einschränkung der Haftung den Lizenznehmer nicht unangemessen benachteiligt i.S.d. § 307 II Nr. 2 BGB.[1270] Zwar ist die Angemessenheit der Einschränkung wegen

---

1262 Zum Begriff der Tauglichkeit eingehend oben Elftes Kapitel C. II.

1263 Vgl. BGH NJW 2002, 673, 675; BGH NJW 2005, 1774; BeckOK BGB Bamberger/Roth/*Schmidt*, § 307 Rn. 65; Palandt/*Grüneberg,* § 307 Rn. 33; Staudinger/*Coester*, § 307 Rn. 273; Wolf/Lindacher/Pfeiffer/*Wolf*, AGB-Recht, § 307 Rn. 142; *v. Hoyningen-Huene,* Die Inhaltskontrolle nach § 9 AGBG, Rn. 228; *Arnold* ZGS 2004, 16, 17; *Tettinger* AcP 205 (2005), 1, 13.

1264 Vgl. oben Elftes Kapitel C. IV.

1265 Vgl. § 581 I 1 BGB

1266 Vgl. §§ 581 II, 536 I, III BGB.

1267 Zur Einordnung der Tauglichkeit als Kardinalpflicht siehe oben Elftes Kapitel C. IV.

1268 Zum selben Ergebnis bezügl. der Tauglichkeit oben Elftes Kapitel C. IV.; mit demselben Ergebnis zum gewerblichen Mietrecht und somit auch zum Pachtrecht MünchKommBGB/*Wurmnest*, § 307 Rn. 109; *Fritz* NJW 2002, 3372, 3374; *Joachim* NZM 2003, 387, 390.

1269 Im Einzelfall bleibt freilich auch hier zu beachten, dass erhebliche Unsicherheiten hisichtlich des gegenwärtigen oder zukünftigen Rechtsbestandes des lizenzierten Schutzrechts beiden Vertragsparteien bewusst sein können. In diesen Fällen kann zumindest konkludent der *mangelhafte* Zustand als der vertragsgemäße vereinbart sein. Die Frage nach der Gewährleistung stellt sich in diesen Fällen somit nicht, vgl. bereits oben zur Minderung Elftes Kapitel D. IV. sowie zur parallel laufenden Erwägung im gewerblichen Mietrecht Schmidt-Futterer/*Eisenschmidt,* Mietrecht, § 536 Rn. 427b.

1270 Dazu bereits oben Elftes Kapitel C. V.; vgl. auch Staudinger/*Coester*, § 307 Rn. 222 ff.; Ulmer/Brandner/Hensen/*Fuchs*, AGB-Recht, § 307 Rn. 275; Graf v. Westphalen/*Graf v. Westphalen*, Vertragsrecht und AGB-Klauselwerke, Vertragsrecht, Freizeichnungs- und Haftungsbegrenzungsklauseln Rn. 42; *Arnold* ZGS 2004, 16, 18.

des Kardinalpflichtcharakters der Rechtsmängelfreiheit die Ausnahme. Die Rechtsprechung[1271] lässt aber vor allem dann solche Ausnahmen zu, wenn das Vertragsrisiko der Sphäre des betroffenen Vertragspartners zugeordnet werden kann oder ihm zumindest dieselben Informationen und Kontrollmöglichkeiten zur Vermeidung des Mangels zugänglich sind wie dem Klauselsteller.[1272] Ist m.a.W. das Vertragsrisiko von beiden Parteien gleichermaßen beherrschbar, kann dies der Unangemessenheit der Schadensersatzbeschränkung entgegenstehen.[1273]

Zur Beurteilung der Sphärenverantwortlichkeit bzw. der Beherrschbarkeit im Lizenzvertragsverhältnis ist zunächst zeitlich zu differenzieren. Auch wenn in der lizenzvertraglichen Formularpraxis der gegenwärtige Rechtsbestand des Schutzrechts regelmäßig Gegenstand von Zusicherungen ist[1274], bietet sich die Frage an, ob eine Einschränkung der Schadensersatzhaftung hierfür einer Inhaltskontrolle grundsätzlich standhielte. Beim gegenwärtigen Bestand und der Verfügungsbefugnis über das Schutzrecht stellt sich die Situation allerdings so dar, dass der Lizenzgeber weit überwiegend, wenn nicht sogar ausschließlich, Übersichts- und Kontrollmöglichkeiten besitzt.[1275] Ist das Schutzrecht aufgrund mangelnder Neuheit, mangelnder Schöpfungshöhe oder aufgrund anderweitiger Belastungen nicht in dem Umfang von Bestand, der vertraglich vereinbart wur-

---

1271 Zur Billigung von Benachteiligungen aufgrund atypischer Interessenslagen BGH NJW 1968, 1718, 1720; BGH NJW 1980, 1953, 1954 f.

1272 Vgl. zur Tauglichkeit bereits oben Elftes Kapitel C. V.

1273 BGH NJW 1968, 1718, 1719 f.; BGH NJW 1988, 1785, 1786 f.; BGH NJW 1991, 1886, 1888; Graf v. Westphalen/*Graf v. Westphalen*, Vertragsrecht und AGB-Klauselwerke, Vertragsrecht, Freizeichnungs- und Haftungsbegrenzungsklauseln Rn. 42.

1274 Vgl. BeckOF/*Jahn,* Kap. 12.2.1, alleinige Lizenz; BeckOF/*Jahn,* Kap. 12.2.2, ausschließlicher Lizenzvertrag; BeckOF/*Jahn,* Kap. 12.2.3, nicht ausschließlicher Lizenzvertrag; Beck'sches Formularbuch Zivil-, Wirtschafts- und Unternehmensrecht/*Koch,* Kap. Q. III. 1., Patent- und Know How-Lizenzvertrag; Pfaff/Osterrieth/*Osterrieth,* Lizenzverträge, Teil B. I., § 13 Abs. 1 (ausschließlicher Lizenzvertrag); *Bartenbach,* Patentlizenz- und Know-how-Vertrag, Rn. 3405 f.; Fezer/*Fammler,* Handbuch der Markenpraxis, Bd. II Rn. 67, ausschließliche Markenlizenz.; *Pagenberg/Beier,* Lizenzverträge, Muster 1 (Vertragstext) § 11; Zu derartigen Klauseln schon eingehend oben Neuntes Kapitel C. II.

1275 Vgl. BGH GRUR 1960, 44, 45; BGH GRUR 1991, 332, 333; Loewenheim/*Loewenheim/J.B.Nordemann,* Handbuch des Urheberrechts, § 62 Rn. 7; Pfaff/Osterrieth/*Osterrieth,* Lizenzverträge, Teil B. Rn. 177; *Haedicke,* Rechtskauf und Rechtsmängelhaftung, S. 130; *Haedicke* GRUR 2004, 123, 124; *Kraßer/Schmid* GRUR Int 1982, 324, 338.

de, so sind diese Umstände allenfalls dem Lizenzgeber ersichtlich.[1276] Dies gilt für technische Schutzrechte im selben Maße wie für das Urheberrecht. Dem Erfinder eines Patents ist der Entwicklungsprozess einsehbar und ggf. die bisherigen Lizenzvergaben bekannt.[1277] Der Schöpfer im Urheberrecht kann seine eigene Urheberschaft sowie die bisherige Lizenzvergabe im selben Maße beurteilen.[1278] Eine gleichwertige Informationslage besteht hingegen für den Lizenznehmer nicht. Eine mangelnde Beherrschbarkeit des Lizenzgebers oder aber eine gleichwertige Beherrschbarkeit des Lizenznehmers hinsichtlich des gegenwärtigen Bestandes liegt somit nicht vor.[1279] Eine Ausnahme von den von der Rechtsprechung entwickelten Grundsätzen zu vertragswesentlichen Pflichten ist mithin nicht geboten. Eine formularvertragliche Einschränkung der Schadensersatzhaftung für Rechtsmängel würde gegen § 307 II Nr. 2 BGB verstoßen.

Schwieriger stellt sich hingegen die Situation in Bezug auf den zukünftigen Bestand des Schutzrechts dar. Zwar wird teilweise argumentiert, dass der zukünftige Bestand des Schutzrechts ein Risiko sei, das der Sphäre des Lizenzgebers zuzuweisen und daher von ihm zu tragen sei.[1280] Der tragende Unterschied ist aber in den Erforschungsmöglichkeiten zu sehen: Der Lizenzgeber einerseits ist hinsichtlich des zukünftigen Bestandes einer erheblichen Unsicherheit durch die mangelnde Möglichkeit zur abschließenden Erforschung ausgesetzt.[1281] Sowohl die gewerblichen Schutzrechte als auch das Urheberrecht sind durch eine Ubiquität gekennzeichnet, die es nur mit unverhältnismäßigen Mitteln und schließlich auch nicht mit letzter Sicherheit erlaubt, Abhängigkeiten und ähnliche rechtsmangelbedingte Störungen auszuschließen.[1282] Andererseits stellt sich die Informationslage für den Lizenznehmer besser dar als bei der Beurteilung des gegenwärtigen Bestandes. Auch ihm steht die Möglichkeit zu einer umfang-

---

[1276] Selbst wenn das Schutzrecht nicht direkt durch den Lizenzgeber erschaffen worden ist, muss ihm im Falle des Erwerbs die entsprechende Erforschungspflicht auferlegt werden, vgl. *Haedicke,* Rechtskauf und Rechtsmängelhaftung, S. 130; *Haedicke* GRUR 2004, 123, 124.

[1277] Vgl. BGH GRUR 1960, 44, 45; Pfaff/Osterrieth/*Osterrieth,* Lizenzverträge, Teil B. Rn. 177.

[1278] Vgl. BGH GRUR 1991, 332, 333; Dreier/Schulze/*Schulze*, UrhG, Vor §§ 31 ff. Rn. 31; Loewenheim/*Loewenheim/J.B.Nordemann,* Handbuch des Urheberrechts, § 62 Rn. 7 f.; *Manz/Ventroni/Schneider* ZUM 2002, 409, 413.

[1279] Dazu schon oben Elftes Kapitel B. III.

[1280] Vgl. *Haedicke,* Rechtskauf und Rechtsmängelhaftung, S. 129 ff.

[1281] BGH GRUR 1957, 595, 596; BGH NJW 1982, 2861, 2862; Benkard/*Ulmann*, PatG, § 15 Rn. 192; Pfaff/Osterrieth/*Osterrieth,* Lizenzverträge, Teil B. Rn. 177; *Pahlow*, Lizenz und Lizenzvertrag, S. 309; a.A. *Goldmann/Redecke* MMR 2002, 3, 6; *Haedicke* GRUR 2004, 123, 127

[1282] *Kraßer,* Patentrecht, S. 947; *Pahlow*, Lizenz und Lizenzvertrag, S. 309.

reichen Recherche offen.[1283] Damit liegt sowohl eine schlechtere Informationslage des Lizenzgebers als auch eine verbesserte Infomationslage des Lizenznehmers vor. Aufgrund der besonderen Interessenslage bei Lizenzverträgen ist daher eine Einschränkung der Schadensersatzhaftung trotz Vorliegens einer sog. Kardinalpflicht nicht unangemessen. Hierbei ist, trotz der unterschiedlichen Gestaltung der Formularpraxis[1284], kein Unterschied zwischen gewerblichen Schutzrechten und dem Urheberrecht zu erkennen.

Damit ist eine Einschränkung der strengen Grundsätze der Rechtsprechung zu den Kardinalpflichten aus dem Gesichtspunkt der Beherrschbarkeit des Vertragsrisikos vorzunehmen. Die Schadensersatzhaftung kann somit für Rechtsmängel, die den zukünftigen Bestand betreffen, formularmäßig eingeschränkt werden. Entsprechende Klauseln verstoßen nicht gegen § 307 II Nr. 2 BGB.

VII. Haftungserweiterung durch den Lizenznehmer

Schließlich ist noch zu beleuchten, wie sich die Inhaltskontrolle zu haftungsrelevanten Klauseln in den Fällen verhält, in denen der Lizenznehmer Steller i.S.d. § 305 I 1 BGB ist. Relevant ist insbesondere der Versuch, eine verschuldensunabhängige Haftung des Lizenzgebers formularvertraglich zu verankern.[1285]

Geht man hinsichtlich des gegenwärtigen Bestandes des Schutzrechtes von der Anwendbarkeit pachtrechtlicher Maßstäbe und somit vom dispositivrechtlichen Leitbild der verschuldensunabhängigen Haftung aus[1286], stellt sich eine formularvertraglich fixierte verschuldensunabhängige Haftung schon gar nicht als Abweichung vom Gesetzesrecht dar, § 307 III 1 BGB. Sie unterliegt daher keinen Bedenken.

1283 Dazu schon oben Elftes Kapitel B. III; vgl. auch *Kraßer,* Patentrecht, S. 947; *Pahlow*, Lizenz und Lizenzvertrag, S. 309.

1284 Zur Diametralen Regelung der Haftungsbegrenzung in Formularen des gewerblichen Schutzrechts und des Urheberrechts oben Elftes Kapitel D. I.

1285 Dies ist vor allem im Urheberrecht der Fall, vgl. BeckOF/*Rücker/Thalhofer,* Kap. 9.2.4, Content-Lizenzvertrag; BeckOF/*Kreile/Vollrath,* Kap. 21.2.1, Musikverlagsvertrag. Hier liegt nahe, dass dies im Urhebervertragsrecht aufgrund der wirtschaftlich stärkeren Position der Lizenznehmer passiert, vgl. Loewenheim/*Loewenheim/-J.B.Nordemann,* Handbuch des Urheberrechts, § 62 Rn. 7: „Die verschuldensabhängige Haftung des Urhebers kann der *Verwerter* dadurch beseitigen, dass *er* mit dem Urheber eine verschuldensunabhängige Rechtsbestandsgarantie vereinbart." Gleichzeitig weisen die Autoren aber daraufhin, dass dies wegen der Leitbildfunktion der Verschuldensabhängigkeit aus Sicht der AGB-Inhaltskontrolle problematisch sein dürfte.

1286 Vgl. oben Viertes Kapitel D. V.; Elftes Kapitel B. III.; Elftes Kapitel C. III; Elftes Kapitel D. VI.; *Groß,* der Lizenzvertrag Rn. 311; *Kraßer/Schmid* GRUR Int 1982, 324, 338.

Geht man aber vom Maßstab einer verschuldensabhängigen Haftung beim gegenwärtigen Bestand aus, so stellt sich dies, ebenso wie bei einer formularvertraglich eingebrachten verschuldensunabhängigen Haftung für den zukünftigen Bestand, als Abweichung vom dispositiv-rechtlichen Leitbild dar.[1287] Eine derartige Abweichung kann ausnahmsweise begründet sein, wenn besondere Umstände vorliegen und der betroffene Mangel in der Sphäre des Lizenzgebers begründet und einer Kontrolle des Lizenznehmers entzogen ist.[1288] Wie oben dargestellt, ist eine solche Ausnahme zwar hinsichtlich des gegenwärtigen Rechtsbestandes, nicht jedoch hinsichtlich des zukünftigen Rechtsbestandes gerechtfertigt.[1289] Im Fall des gegenwärtigen Bestandes, unter der Prämisse des verschuldensabhängigen Leitbildes, ergäbe sich für die Verteinbarung einer verschuldensunabhängigen Haftung daher keine Unangemessenheit der Klausel gem. § 307 II Nr. 1 BGB. Im Fall des zukünftigen Bestandes ergibt sich aber eine Unangemessenheit haftungserweiternder Klauseln aus § 307 II Nr. 1 BGB.

VIII. Zusammenfassung

Lizenzvertragliche Klauseln, die Rechtsmängel zum Gegenstand haben, enthalten eine Zusicherung des Lizenzgebers für den gegenwärtigen Bestand des Schutzrechts.[1290] Die Haftung für den zukünftigen Bestand wird hingegen im gewerblichen Rechtsschutz überwiegend ausgeschlossen.[1291] Im Urheberrecht hingegen finden sich auch diesbezüglich Zusicherungen des Lizenzgebers.[1292] Nur teilweise finden sich kohärente Systeme, die im Falle der Leistungsstörung weitere gewährleistungsrechtliche Folgen beinhalten.[1293]

Soweit der Lizenzgeber Steller der Formularklauseln ist, erweisen sich die Zusicherungen hinsichtlich des gegenwärtigen Bestandes des Schutzrechts als echte Garantien.[1294] Diese sind AGB-rechtlich unbedenklich.[1295]

Hinsichtlich des zukünftigen Bestandes liegt zumindest dort, wo keine weiteren gewährleistungsrechtlichen Mechanismen verankert sind, das Verständnis

---

[1287] Vgl. oben Viertes Kapitel D. V.; Elftes Kapitel B. III.; Elftes Kapitel C. III; Elftes Kapitel D. VI.

[1288] Vgl. oben Viertes Kapitel D. V.; Elftes Kapitel B. III.; Elftes Kapitel C. III; Elftes Kapitel D. VI.

[1289] Vgl. oben Elftes Kapitel D. VI.

[1290] Vgl. oben Elftes Kapitel D. I.

[1291] Vgl. oben Elftes Kapitel D. I.

[1292] Vgl. oben Elftes Kapitel D. I.

[1293] Vgl. oben Elftes Kapitel D. I.

[1294] Vgl. oben Elftes Kapitel D. II.

[1295] Vgl. oben Elftes Kapitel D. II.

des *Haftungs*ausschlusses als Ausschluss der Gewährleistung insgesamt nahe.[1296] Ein derartiger Generalausschluss verstößt aber gegen § 307 II Nr. 1 BGB und ist somit unwirksam.[1297]

Soweit darüber hinaus gewährleistungsrechtlich differenziert und die Möglichkeit der Herabsetzung der Lizenzgebühr vertraglich verankert wird, bietet dieser Mechanismus durchaus vertragliche Gestaltungsmöglichkeiten.[1298] Eine Festlegung der Erheblichkeitsschwelle für die Minderung auf deutlich über 10% mangelbedingter Abweichung ist dagegen unwirksam i.S.d. § 307 II Nr. 1 BGB.[1299]

Ebenso kann die Kündigung Gegenstand formularvertraglicher Gestaltung sein. Zwar ist ein formularvertraglicher Ausschluss des außerordentlichen Kündigungsrechts unwirksam gem. § 307 II Nr. 1 BGB.[1300] Die Kündigung kann aber von einem vorherigen Nachbesserungsversuch abhängig gemacht werden.[1301] Eine Klausel, die im Falle der Abhängigkeit des Schutzrechts dem Lizenzgeber zunächst das Recht gewährt sich um eine Lizenz am Abhängigkeitsrecht zu bemühen, bevor eine Kündigung statthaft ist, ist damit angemessen i.S.d. § 307 II Nr. 1 BGB.[1302]

Hinsichtlich der Beschränkung des Schadensersatzes – und dies betrifft insofern auch Klauseln, deren *Haftungs*begriff als rein auf den Schadensersatz bezogen interpretiert werden kann – gelten engere Grenzen.[1303] Die Haftung für Vorsatz kann nicht ausgeschlossen werden (§ 276 III BGB). Auch im B2B-Bereich kann die Haftung für grobes Verschulden aufgrund der Indizwirkung des § 309 Nr. 7 BGB nicht formularvertraglich ausgeschlossen werden.[1304] Darüber hinaus stellt sich die Frage, ob zumindest die einfache Fahrlässigkeit ausgeschlossen werden kann. Die Rechtsmangelfreiheit stellt eine vertragswesentliche Pflicht dar, für die der Lizenzgeber grundsätzlich ohne Einschränkung einstehen muss.[1305] Eine Ausnahme hiervon kann nur durch eine besondere Interessenslage gerechtfertigt werden. Hinsichtlich des gegenwärtigen Bestandes wäre eine solche Ausnahme nicht statthaft.[1306] Eine entsprechende Klausel würde ge-

---

1296 Vgl. oben Elftes Kapitel D. II.

1297 Vgl. oben Elftes Kapitel D. III.

1298 Vgl. oben Elftes Kapitel D. IV.

1299 Vgl. oben Elftes Kapitel D. IV.

1300 Vgl. oben Elftes Kapitel D. V.

1301 Vgl. oben Elftes Kapitel D. V.

1302 Vgl. oben Elftes Kapitel D. V.

1303 Vgl. oben Elftes Kapitel D. VI.

1304 Vgl. oben Elftes Kapitel D. VI.

1305 Vgl. oben Elftes Kapitel D. VI. 1.

1306 Vgl. oben Elftes Kapitel D. VI. 2.

gen § 307 II Nr. 2 BGB verstoßen.[1307] Hinsichtlich des zukünftigen Bestandes ist durch die besondere Interessenslage und Risikoverteilung des Lizenzvertrages aber eine Ausnahme gerechtfertigt.[1308] Eine enstprechende Klausel ist nicht unangemessen i.S.d. § 307 II Nr. 2 BGB.[1309] Entgegen der verbreiteten Klauselpraxis kann also formularvertraglich die Haftung für den zukünftigen Bestand nicht für grobes Verschulden, sondern lediglich für einfache Fahrlässigkeit begrenzt werden.

Ist andersherum der Lizenznehmer Steller der Klauseln, stellt sich die Begründung der verschuldensunabhängigen Haftung als Haftungserweiterung dar.[1310] Diese unterliegt hinsichtlich des gegenwärtigen Rechtsbestandes des Schutzrechts keinen AGB-rechtlichen Bedenken.[1311] Hinsichtlich des zukünftigen Bestandes ergibt sich aber keine besondere Interessens- und Risikoverteilung, die eine solche Haftungserweiterung rechtfertigen kann.[1312] Eine solche Klausel ist unangemessen i.S.d. § 307 II Nr. 1 BGB. [1313]

1307 Vgl. oben Elftes Kapitel D. VI. 2.
1308 Vgl. oben Elftes Kapitel D. VI. 2.
1309 Vgl. oben Elftes Kapitel D. VI. 2.
1310 Vgl. oben Elftes Kapitel D. VII.
1311 Vgl. oben Elftes Kapitel D. VII.
1312 Vgl. oben Elftes Kapitel D. VII.
1313 Vgl. oben Elftes Kapitel D. VII.

§ 6 Ergebnisthesen

Die Ergebnisse dieser Arbeit lassen sich wie folgt zusammenfassen:

1. Absolute Schutzrechte als Gegenstand des Lizenzvertrages

Gegenstand lizenzvertraglicher Nutzungsermöglichungen sind durch Ausschließlichkeitsrechte geschützte Schutzrechte.[1314] Andere, nicht durch Ausschließlichkeitsrechte geschützte Güter werden zwar auf dieselbe Weise genutzt[1315] und auch die grundsätzlichen Interessen der Vertragsparteien sind ähnlich.[1316] Dennoch ergeben sich aufgrund des fehlenden absoluten Schutzes Besonderheiten in den konkreten Zusammenhängen der Nutzungserlaubnis,[1317] weshalb diese hier nicht näher behandelt werden.

2. Ausschluss der sog. negativen Lizenz

Betrachtet werden einfache und ausschließliche Lizenzen.[1318] Die sog. *negative* Lizenz wurde hier ausgeklammert. Ihr fehlt das wesentliche Merkmal der Verpflichtung des Lizenzgebers eine Nutzung positiv zu befördern.[1319]

3. Rechtsnatur einfacher und ausschließlicher Lizenzen

Einfache Lizenzen weisen generell nicht die typischen Merkmale eines dinglichen Rechts auf.[1320] Lediglich der Sukzessionsschutz wird ihnen ex lege gewährt.[1321] Die ausschließliche Lizenz gewährt dem Lizenznehmer im Gegensatz dazu das Recht, Dritte im jeweils sachlich, zeitlich und örtlich bestimmten Umfang auszuschließen.[1322] Ihr wird in weiten Teilen eine absolute Wirkung zuerkannt.[1323]

Die – mitunter unterschiedlichen – Annahmen einer lediglich schuldrechtlichen bzw. quasi-dinglichen Natur der einfachen bzw. der ausschließlichen Lizenz liefern Widersprüche.[1324] Eine strenge Kategorisierung wirkt erzwungen.

1314 Vgl. Erstes Kapitel B. I. 1. – 7.

1315 Vgl. Erstes Kapitel B. I. 8. a).

1316 Vgl. Erstes Kapitel B. I. 8. a); Erstes Kapitel B. I. 8. b).

1317 Vgl. Erstes Kapitel B. I. 8. c).

1318 Vgl. Erstes Kapitel B. II. 4.; Vgl. Erstes Kapitel B. II. 5.

1319 Vgl. Erstes Kapitel B. II. 3.

1320 Vgl. Erstes Kapitel B. II. 4. b).

1321 Vgl. Erstes Kapitel B. II. 4. b).

1322 Vgl. Erstes Kapitel B. II. 5. a).

1323 Vgl. Erstes Kapitel B. II. 5. b).

1324 Vgl. Erstes Kapitel B. II. 6.

Der status quo lässt sich am besten mit der Annahme eines generell relativen Rechts erklären, das durch gesetzliche Vorgaben oder rechtsfortbildende (gefestigte) Rechtsprechung teilverdinglicht ist.[1325]

4. Beachtung der Interessen der Lizenzvertragsparteien

Die Begründung und Anwendung eines Maßstabs für Lizenzverträge setzt jeweils eine Rückbesinnung auf die Interessen der Vertragsparteien voraus, um nicht dem Verdacht einer erzwungenen Pauschalisierung zu unterliegen. Schutzrechtsübergreifend stellt die wirtschaftliche Verwertung des Schutzrechts für den Lizenzgeber das maßgebliche Interesse dar.[1326] Allgemein besteht infolgedessen z.B. auch sein Interesse an der Kontrolle der Richtigkeit der bezahlten Lizenzgebühren.[1327] Je nach Ausgestaltung der Lizenz als einfache oder ausschließliche Lizenz kann aber z.B. das Interesse an der Kontrolle der Benutzung und Ausübung unterschiedlich ausgeprägt sein.[1328]

5. Pachtvertragliche Regelungen als Leitbild einfacher und ausschließlicher Lizenzverträge

a) Unterschiedliche Einordnung auf nationaler Grundlage

Selbst auf europäischer[1329] und internationaler[1330] Ebene findet sich kein kohärentes Normensystem, das den Lizenzvertrag regelt. Die Diskussion um die Einordnung des Lizenzvertrages in das deutsche Recht wird daher weit überwiegend unbeeinflusst von extra-nationalen Regelungen geführt. Im System des BGB wird im Wesentlichen eine Einordnung des Lizenzvertrages als Rechtspacht, Rechtskauf oder als Vertrag sui generis diskutiert.[1331]

b) Die Rechtspacht als Leitbild einfacher Lizenzverträge

Eine genaue Untersuchung – ausgehend von der einfachen Lizenz – zeigt, dass das Pachtrecht im Stande ist, das Lizenzvertragsverhältnis schlüssig abzubilden.[1332] Argumente, die für die Nichtanwendung von rechtspachtvertraglichen Vorschriften angeführt werden, sind überwiegend nicht durchgreifend.[1333] So-

---

1325 Vgl. Erstes Kapitel B. II. 6.
1326 Vgl. Zweites Kapitel B. I. 1. a).
1327 Vgl. Zweites Kapitel B. I. 1. c).
1328 Vgl. Zweites Kapitel B. I. 2.
1329 Vgl. Drittes Kapitel A. II.
1330 Vgl. Drittes Kapitel A. III.
1331 Vgl. Drittes Kapitel D.
1332 Vgl. Viertes Kapitel.
1333 Vgl. Viertes Kapitel B.

weit die Bedenken im Einzelfall berechtigt sind, widersprechen sie nicht der generellen Adäquanz des pachtvertraglichen Systems, sondern erfordern lediglich eine Modifikation im Einzelfall. Hierzu gehört, dass die verschuldensunabhängige Haftung des Pachtrechts keine Anwendung in lizenzvertraglichen Verhältnissen finden kann.[1334]

c) Die Rechtspacht als Maßstab ausschließlicher Lizenzverträge

Soweit eine Abbildung des einfachen Lizenzvertrages durch die Rechtspacht gerechtfertigt ist, gilt dies auch für die ausschließliche Lizenz.[1335] Abweichende Meinungen gründen hauptsächlich in einer Diskussion um die Verfügungsebene im Rahmen des ausschließlichen Lizenzvertrages.[1336] Gesteht man aber ein, dass eine dingliche Ausgestaltung getrennt vom schuldrechtlichen Grundverhältnis zu betrachten ist, steht der Anwendung der Rechtspachtregeln kein überzeugendes Argument mehr gegenüber.[1337] Die Kritik bietet auch keine vorzugswürdige Alternative.[1338]

d) Die gebotene Grenze des rechtspachtvertraglichen Leitbildes

Eine Differenzierung des heranzuziehenden Maßstabs ist schließlich auf folgender Ebene geboten: Solange und soweit den betrachteten Lizenzvertragsverhältnissen ein Dauerschuldcharakter innewohnt, bieten die Regelungen der Rechtspacht in dem dargestellten Umfang ein angemessenes Leitbild.[1339] Gleichwohl findet dieses seine Grenze dort, wo Lizenzverträge lediglich auf einen punktuellen Austausch gerichtet sind.[1340] Für diesen Fall kann und will auch die im Fortgang auf Basis der pachtvertraglichen Regelungen durchgeführte Inhaltskontrolle keine Gültigkeit beanspruchen.

6. Lizenzverträge als AGB

Gerade weil der Lizenzvertrag nicht normiert ist, werden Formulare verwendet, die als AGB i.S.d. § 305 BGB zu qualifizieren sind.[1341] I.R.d. gewerblichen

---

1334 Vgl. Viertes Kapitel D. VI.
1335 Vgl. Fünftes Kapitel.
1336 Vgl. Fünftes Kapitel B. I.
1337 Vgl. Fünftes Kapitel B. I.
1338 Vgl. Fünftes Kapitel B. II. 2.
1339 Vgl. Sechstes Kapitel.
1340 Vgl. Sechstes Kapitel.
1341 Vgl. Achtes Kapitel A.

Rechtsschutzes handelt es sich dabei regelmäßig um B2B-Verhältnisse.[1342] Aber auch urheberrechtliche Lizenzverträge fallen vielfach in diese Kategorie.[1343]

7. *Der kontrollfreie Kern von Lizenzverträgen*

Zum kontrollfreien Kern (§ 307 III 1 BGB) von lizenzvertraglichen AGB gehören die synallagmatischen Primärpflichten, i.e. die Nutzungsermöglichung gegen eine Lizenzgebühr.[1344] Persönliche, räumliche, zeitliche und sachliche Beschränkungen der Lizenz zählen ebenso zu jenem engen Kern der Leistungsvereinbarungen, der einer Inhaltskontrolle entzogen ist.[1345] Unterlizenzklauseln hingegen liegen nur teilweise im kontrollfreien Bereich lizenzvertraglicher Formulare.[1346]

8. *Die Transparenzkontrolle gem. § 307 I 2 BGB*

Ist der Anwendungsbereich der Inhaltskontrolle eröffnet, stellt schon die Transparenzkontrolle i.R.d. § 307 I 2 BGB deutliche Anforderungen an die Verständlichkeit, die Bestimmtheit sowie die Richtigkeit von Lizenzvertragsformularen.[1347] Die Erfüllung dieser Kriterien erscheint bei einzelnen lizenzvertraglichen Formularen mindestens zweifelhaft.[1348]

9. *Der Anwendungsbereich des § 307 II BGB*

Die Generalklausel des § 307 I 1 BGB stellt sich als zu unbestimmt dar, als dass sie ohne weiteres in ihrer Anwendung auf den Lizenzvertrag fruchtbar gemacht werden könnte.[1349] Ihr verbleibt die Bedeutung des Auffangtatbestandes hinter den Regelbeispielen des § 307 II BGB.[1350] Diese wiederum lassen sich in ihrer (abstrakten) Anwendung auf den Lizenzvertrag folgendermaßen bestimmen: Soweit vor allem die pachtvertraglichen Regelungen, darüber hinaus aber anderweitige dispositiv rechtliche Regelungen oder gefestigte Rechtsprechung auf den Lizenzvertrag Anwendung finden können, sind diese als Maßstab des Abgleichs i.R.d. § 307 II Nr. 1 BGB heranzuziehen.[1351] Fehlen derartige Regelungen zum Abgleich, ist die Inhaltskontrolle anhand des § 307 II Nr. 2 BGB vor-

---

1342 Vgl. Achtes Kapitel C.
1343 Vgl. Achtes Kapitel C.
1344 Vgl. Achtes Kapitel B.
1345 Vgl. Achtes Kapitel B.
1346 Vgl. Achtes Kapitel B.
1347 Vgl. Achtes Kapitel E. II. 1. – 2.
1348 Vgl. Achtes Kapitel E. II. 2.
1349 Vgl. Achtes Kapitel E.
1350 Vgl. Achtes Kapitel E.
1351 Vgl. Achtes Kapitel F.

zunehmen,[1352] der sich am typischen Erwartungshorizont der redlichen Lizenzvertragsparteien orientiert.[1353]

10. Bezugsbindungsklauseln

Bezugsbindungsklauseln sind bei der formularmäßigen Verwendung kritisch zu betrachten und auszugestalten. Voraussetzung für eine Wirksamkeit insgesamt ist, dass es für den Erfolg des lizenzierten Schutzguts auf einen bestimmten Qualitätsstandard ankommt.[1354] Aber auch darüber hinaus bedarf es zur Wirksamkeit einer umsichtigen Abstimmung zwischen der Bezugsverpflichtung und entsprechender Möglichkeiten einer Alternativbeschaffung, um die Klausel dem vertragszweckgefährdenden Unwirksamkeitsbereich zu entheben.[1355]

11. Unterlizenzklauseln

Sowohl beim ausschließlichen als auch beim einfachen Lizenzvertrag ist die pauschale, lizenznehmerseitige Vereinbarung der freien Unterlizenzierung problematisch.[1356] Regelmäßig ist eine derartige Vereinbarung unwirksam.[1357] Ausnahmen hiervon ergeben sich v.a. für die ausschließliche Lizenz, solange und soweit die Unterlizenzierung einen erkennbaren Vertragszweck darstellt.[1358]

Für den vorformulierten Ausschluss der Unterlizenzierung durch den Lizenzgeber, ergeben sich im genannten Umfang keine Bedenken.[1359]

12. Klauseln zur Zusicherung der Beschaffenheit und Verfügungsberechtigung

a) Keine Zusicherung i.e.S.

Vorformulierte Vertragsbedingungen, die ihrem Wortlaut nach „zusichern“ oder „garantieren“, bedürfen einer genauen Betrachtung. Häufig stehen derartige Formulierungen im Zusammenhang mit der „Zusicherung“ des Lizenzgebers keine positive Kenntnis vertragshindernder Umstände zu besitzen und stellen daher lediglich günstig lautende Formulierungen im Zusammenhang mit Haf-

---

[1352] Vgl. Achtes Kapitel F. III.
[1353] Vgl. Achtes Kapitel F. II.
[1354] Vgl. Neuntes Kapitel.
[1355] Vgl. Neuntes Kapitel.
[1356] Vgl. Zehntes Kapitel B.
[1357] Vgl. Zehntes Kapitel B.
[1358] Vgl. Zehntes Kapitel B. I.
[1359] Vgl. Zehntes Kapitel B.

tungsbegrenzungen dar.[1360] Solche Formulierungen sind daher keine Garantie bzw. Zusicherung im eigentlichen Sinne.[1361]

b) Echte Zusicherung

(1) Der Lizenzgeber als Steller

Enthalten lizenzvertragliche AGB darüber hinaus vom Lizenzgeber eingebrachte echte Garantien bezüglich des Schutzrechts, ist dies grundsätzlich unbedenklich.[1362] Unbeschadet dessen muss aber beachtet werden, dass nicht Sekundäreffekt der Zusicherung eine faktische oder scheinbare Begrenzung der Ansprüche des Lizenznehmers ist.[1363]

(2) Der Lizenznehmer als Steller

Wird aber eine solche „Garantie" von Lizenznehmerseite gestellt, handelt es sich in Wirklichkeit um eine Erweiterung der Haftung des Lizenzgebers.[1364] Soweit diese Haftungserweiterung den gegenwärtigen Bestand des Schutzrechts betrifft, ist die Klausel wirksam.[1365] Soweit die Klausel aber eine verschuldensunabhängige Haftung des Lizenzgebers für den zukünftigen Bestand begründet, ist sie als unzulässig zu verwerfen.[1366]

13. Klauseln zur Haftung für Tauglichkeitsmängel

a) Problem der begrifflichen Unschärfe

Die üblichen Klauseln in Lizenzverträgen zur „Haftung" für die Tauglichkeit des lizenzierten Schutzrechts weisen eine deutliche Unsicherheit über die Tragweite des Begriffs der Haftung aus.[1367] Mangels ausdifferenzierter und zusammenhängender Gestaltung ergibt sich häufig allzu leicht die Gefahr der Unwirksamkeit der Klausel durch die Interpretationsmöglichkeit des (vermeintlich gewollten) Ausschlusses der Gewährleistung insgesamt.[1368] Eine über die regelmäßige Pra-

---

[1360] Vgl. Elftes Kapitel B. I.
[1361] Vgl. Elftes Kapitel B. I.
[1362] Vgl. Elftes Kapitel B. II.
[1363] Vgl. Elftes Kapitel B. II.
[1364] Vgl. Elftes Kapitel B. III.
[1365] Vgl. Elftes Kapitel B. III.
[1366] Vgl. Elftes Kapitel B. III.
[1367] Vgl. Elftes Kapitel C. II.
[1368] Vgl. Elftes Kapitel C. III.

xis hinausgehende ausdifferenzierte formularvertragliche Regelung ist daher dringend anzuraten.[1369]

b) Keine Begrenzung der Schadensersatzhaftung durch den Lizenzgeber

(1) Kein Ausschluss grob fahrlässigen Verschuldens

Soweit der Bezug des Haftungsausschlusses auf den Schadensersatz begrenzt werden kann, ergeben sich durch die gerichtliche AGB-Kontrolle Grenzen, die durch die Kautelarpraxis durchweg deutlicher zu reflektieren sind. Der formularvertragliche Ausschluss der Schadensersatzhaftung für grobe Fahrlässigkeit ist auch in Lizenzverträgen unwirksam.[1370]

(2) Insbesondere: Kardinalpflichtproblematik

Da die Tauglichkeit des lizenzierten Gegenstandes regelmäßig eine sog. Kardinalpflicht darstellt,[1371] kann der Lizenzgeber seine Schadensersatzhaftung aufgrund höchstrichterlicher Spruchpraxis formularvertraglich noch nicht einmal für den Bereich der einfachen Fahrlässigkeit begrenzen.[1372]

c) Haftungserweiterung durch den Lizenznehmer

Eine vom Lizenznehmer eingebrachte Klausel, die eine verschuldensunabhängige Schadensersatzhaftung des Lizenzgebers für die Tauglichkeit des Lizenzgegenstandes begründet, ist als wirksam anzuerkennen.[1373]

14. Klauseln zur Haftung für Rechtsmängel

a) Problem der begrifflichen Unschärfe

Die terminologische Unschärfe des *Haftungs*ausschlusses in Bezug auf Rechtsmängel[1374] birgt – wie schon im Kontext der Haftung für Tauglichkeitsmängel – die deutliche Gefahr der Unwirksamkeit durch die Interpretation eines gänzlichen Gewährleistungsausschlusses.[1375]

[1369] Vgl. Elftes Kapitel C. VII.
[1370] Vgl. Elftes Kapitel C. III.
[1371] Vgl. Elftes Kapitel C. IV.
[1372] Vgl. Elftes Kapitel C. V.
[1373] Vgl. Elftes Kapitel C. VI.
[1374] Vgl. Elftes Kapitel D. II.
[1375] Vgl. Elftes Kapitel D. III.

b) Insbesondere: Formularvertraglicher Gestaltungsspielraum

Dort wo hingegen differenziert wird und Gewährleistungsmechanismen formularvertraglich reflektiert werden, bieten sich auch im Rahmen der Inhaltskontrolle spürbare Gestaltungsmöglichkeiten im Hinblick auf Minderungs-[1376] und Kündigungsrechte.[1377]

c) Teilweise Begrenzung der Schadensersatzhaftung durch den Lizenzgeber

(3) Kein Ausschluss grob fahrlässigen Verschuldens

Deutlichere Aufmerksamkeit ist bei der formularvertraglichen Gestaltung von Lizenzverträgen auch im unternehmerischen Geschäftsverkehr der Beschränkung der Schadensersatzhaftung für Rechtsmängel zu schenken. Auch im B2B-Bereich kann die Haftung für grobes Verschulden nicht ausgeschlossen werden.[1378]

(4) Teilweiser Ausschluss der einfachen Fahrlässigkeit

Gleiches gilt für die einfache Fahrlässigkeit in Bezug auf den gegenwärtigen Bestand des Schutzrechts.[1379] Dies folgt aus der Qualifikation der Rechtsmangelfreiheit als vertragswesentliche Pflicht.[1380] Eine gerechtfertigte Ausnahme ist aber aufgrund der Interessenslage und Risikoverteilung des Lizenzvertrages hinsichtlich des zukünftigen Bestandes zu machen.[1381] Dort kann die Schadensersatzhaftung auf die einfache Fahrlässigkeit reduziert werden.[1382]

d) Teilweise Erweiterung der Schadensersatzhaftung durch den Lizenznehmer als Steller

Ist der Lizenznehmer Steller der haftungsbezogenen Klauseln, unterliegt die Haftungserweiterung hinsichtlich des gegenwärtigen Bestandes keinen Bedenken.[1383] Unwirksam hingegen ist die Haftungserweiterung, wenn sie eine verschuldensunabhängige Haftung des Lizenzgebers begründen soll.[1384]

1376 Vgl. Elftes Kapitel D. IV.
1377 Vgl. Elftes Kapitel D. V.
1378 Vgl. Elftes Kapitel D. VI.
1379 Vgl. Elftes Kapitel D. VI. 2.
1380 Vgl. Elftes Kapitel D. VI. 1.
1381 Vgl. Elftes Kapitel D. VI. 2.
1382 Vgl. Elftes Kapitel D. VI. 2.
1383 Vgl. Elftes Kapitel D. VII.
1384 Vgl. Elftes Kapitel D. VII.

www.ingramcontent.com/pod-product-compliance
Ingram Content Group UK Ltd.
Pitfield, Milton Keynes, MK11 3LW, UK
UKHW021915290926
8980IPUK00015B/1270

9 783631 640555